U0450182

国家社会科学基金重大项目"21世纪世界马克思主义发展状况与前景研究"（16ZDA001）
复旦大学马克思主义学院"望道书库"
教育部人文社会科学重点研究基地复旦大学当代国外马克思主义研究中心

21世纪世界马克思主义研究丛书
主编 王凤才

多重视角中的马克思
21世纪世界马克思主义发展趋向
上卷

Marx in Multiple Perspectives

The Development Trend of
World Marxism in the 21st Century

王凤才 等 著

中国社会科学出版社

图书在版编目（CIP）数据

多重视角中的马克思：21世纪世界马克思主义发展趋向：全二卷／王凤才等著．—北京：中国社会科学出版社，2021.2（2023.4重印）
（21世纪世界马克思主义研究丛书）
ISBN 978-7-5203-7746-1

Ⅰ．①多… Ⅱ．①王… Ⅲ．①马克思主义—发展—研究—世界—21世纪 Ⅳ．①A81

中国版本图书馆CIP数据核字（2021）第015839号

出 版 人	赵剑英
责任编辑	杨晓芳
责任校对	张 婉
责任印制	王 超

出　　版	中国社会科学出版社
社　　址	北京鼓楼西大街甲158号
邮　　编	100720
网　　址	http://www.csspw.cn
发 行 部	010-84083685
门 市 部	010-84029450
经　　销	新华书店及其他书店
印　　刷	北京明恒达印务有限公司
装　　订	廊坊市广阳区广增装订厂
版　　次	2021年2月第1版
印　　次	2023年4月第2次印刷
开　　本	710×1000　1/16
印　　张	49
字　　数	803千字
定　　价	269.00元（全二卷）

凡购买中国社会科学出版社图书，如有质量问题请与本社营销中心联系调换
电话：010-84083683
版权所有　侵权必究

总 目 录

21 世纪世界马克思主义基本格局（代总序） ················· （1）

导　论 ··· （1）

第一篇　21 世纪欧陆国家马克思主义研究

第一章　重新发现马克思
　　　　——21 世纪德国马克思主义发展趋向 ············· （37）
第二章　走向后阿尔都塞时代
　　　　——21 世纪法国马克思主义热点问题 ············· （78）
第三章　低潮中艰难前行
　　　　——21 世纪意大利马克思主义的挑战与前景 ······· （129）
第四章　理论探索与现实关注
　　　　——21 世纪西班牙马克思主义的理论关切与
　　　　　　发展趋向 ··· （163）

第二篇　21 世纪英语国家马克思主义研究

第五章　基于本土经验的马克思主义
　　　　——21 世纪英国马克思主义研究的多重视角 ······· （191）
第六章　传承经典与关注当下
　　　　——21 世纪美国马克思主义发展趋向 ············· （235）

第七章　另辟蹊径的马克思主义研究
　　——加拿大马克思主义的发展路径 …………………（278）
第八章　深受英国传统影响的"本土化"努力
　　——21世纪澳大利亚马克思主义发展趋向 …………（302）

第三篇　21世纪原苏东国家马克思主义研究

第九章　可替代道路的抉择
　　——21世纪俄罗斯马克思主义发展趋向 ……………（323）
第十章　马克思主义回归与复兴
　　——21世纪中东欧马克思主义的演变与发展 ………（359）

第四篇　21世纪非洲—拉美国家马克思主义研究

第十一章　马克思主义在非洲
　　——历史、现状与展望 ………………………………（405）
第十二章　多样性与本土化相向而行
　　——21世纪拉美马克思主义发展趋向 ………………（433）

第五篇　21世纪亚洲国家马克思主义研究

第十三章　各具特色的马克思主义研究
　　——日本、韩国和印度 ………………………………（461）
第十四章　坚持与创新中的马克思主义
　　——越南和老挝 ………………………………………（530）
第十五章　继往开来
　　——21世纪中国马克思主义新发展 …………………（571）

结　语 …………………………………………………………（647）

附　录 …………………………………………………（668）

参考文献 …………………………………………………（716）

后　记 …………………………………………………（745）

Contents

Basic Structure of Marxist Studies of the World in the 21st
    Century (Foreword) ··· (1)

Introduction ·· (1)

Part One   Marxist Studies of Continental European Countries in the 21st Century

Chapter 1   Rediscovery of Marx: The Development Trends of
             German Marxism in the 21st Century ················ (37)
Chapter 2   Towards the post-Althusserian Era: Hot Issues of
             French Marxism in the 21st Century ················ (78)
Chapter 3   Moving with Difficulty in a Hard Time: Challenges and
             Prospects of Italian Marxism in the 21st Century ········ (129)
Chapter 4   Theoretical Exploration and Practical Concerns: Theoretical
             Concerns and Development Trends of Spanish Marxism
             in the 21st Century ··································· (163)

Part Two   Marxist Studies in English-speaking Countries in the 21st Century

Chapter 5   Marxism Based on Local Experience: Multiple
             Perspectives of Marxist Studies in Britain in the
             21st Century ·· (191)

Chapter 6 Classic Inheritance and Present-focused: The Development Trends of American Marxism in the 21st Century ········· (235)

Chapter 7 Marxist Studies with Different Approaches: The Development Path of Canadian Marxism ················ (278)

Chapter 8 "Localization" Heavily Influenced by British Tradition: The Development Trends of Australian Marxism in the 21st Century ···················· (302)

Part Three Marxist Studies in Countries of the Former USSR and CEE in the 21st Century

Chapter 9 The Choice of Alternative Paths: The Development Trends of Russian Marxism in the 21st Century ············ (323)

Chapter 10 The Return and Revival of Marxism: The Evolution and Development of Marxism in Central and Eastern Europe in the 21st Century ···················· (359)

Part Four Marxist Studies in Countries of African and Latin America in the 21st Century

Chapter 11 Marxism in African Countries: History, Present Situation and Prospect ···················· (405)

Chapter 12 Diversity and Localization Together: The Development Trends of Marxism in Latin America in the 21st Century ···················· (433)

Part Five Marxist Studies in Countries of Asia in the 21st Century

Chapter 13 Marxist Studies with Distinctive Features: Japan, Korea and India ···················· (461)

Chapter 14   Persistence and Innovation of Marxism:
              Vietnam and Laos .... (530)
Chapter 15   Carry forward the Cause and Forge ahead into the
              Future: New Development of Chinese Marxism in the
              21st Century .... (571)

Conclusion .... (647)

Appendix .... (668)

References .... (716)

Afterword .... (745)

21世纪世界马克思主义基本格局
（代总序）

马克思主义自诞生之日起，就经历着曲折发展过程。苏东剧变后，马克思主义在西方世界被进一步边缘化，在原苏东国家失去了在意识形态与学术领域原有的主导地位。然而，经过短暂沉寂之后，马克思主义迅速复兴；21世纪以来，在世界范围内甚至还出现了"马克思热"。从基本格局看，21世纪世界马克思主义主要分为五大区域：（1）21世纪欧陆国家马克思主义，主要包括德国、法国、意大利、西班牙等国家的马克思主义发展状况；（2）21世纪英语国家马克思主义，主要包括英国、美国、加拿大、澳大利亚等国家的马克思主义发展状况；（3）21世纪原苏东国家马克思主义，主要包括原苏联国家、中东欧国家的马克思主义发展状况；（4）21世纪非洲－拉美国家马克思主义，主要包非洲国家、拉美国家的马克思主义发展状况；（5）21世纪亚洲国家马克思主义，主要包括中国、印度、日本、韩国、越南、老挝的马克思主义发展状况，尤其是21世纪中国化马克思主义的最新理论成果。21世纪国外马克思主义与21世纪中国化马克思主义一起，构成了21世纪世界马克思主义基本格局；从"单数的、非反思的马克思主义"到"复数的、创新的马克思主义"，构成了21世纪世界马克思主义研究基本框架；21世纪世界马克思主义与21世纪社会主义—新共产主义思潮、激进左翼思潮、新社会运动交织在一起，构成了当代世界社会、经济、政治、思想文化领域的一道亮丽风景线。

一　21世纪世界马克思主义阐释路径

第一，国外马克思学阐释路径

根据目前掌握的材料，"马克思学家"概念最早是由梁赞诺夫提出的。1928年,在《马克思主义历史概论》"序言"中,梁赞诺夫提到"各种马克思学家"①。不过,"马克思学"概念则来自吕贝尔创办的《马克思学研究》(Etudes de Marxologie, 1959)。吕贝尔说,马克思的大量思想遗产、社会活动、众多门徒、著作发表史、迄今尚无可靠的著作全集,以及各种马克思主义流派之间巨大的意识形态分歧,使得马克思学研究成为必要②。

学界一般认为,"马克思学"并非统一的学派或系统的学科,其共同性仅仅在于研究对象。总起来说,"马克思学"是对马克思的生平著述、著作版本、思想发展、理论观点、学术关系,以及马克思所有后继者的思想和各种马克思主义学派之间的差异进行跨学科、超意识形态、纯学术的研究。这主要集中在三个方面:(1)文献学考证。例如,《资本论》之马克思手稿与恩格斯编辑稿的关系问题;《黑格尔法哲学批判》以及《导言》的撰写时间问题;等。(2)文本学解读。例如,《德意志意识形态》、"巴黎手稿"的文本学研究;等。(3)理论问题研究。例如,马克思与马克思主义的关系问题、马克思思想的来源问题、马克思思想的发展逻辑问题、MEGA²中的马克思恩格斯学术关系问题、马克思与意识形态问题;马克思与伦理学问题;剩余价值分配理论问题;等。③

第二,正统马克思主义阐释路径

根据目前掌握的材料,"马克思主义者"概念最早出现于查苏利奇给马克思的信(1881.2.16)中。她这样写道:那些鼓吹"农村公社注定要灭亡"的人,自称是"你的学生和马克思主义者"④。马克思回信(第二草稿第二点)说:关于您所讲到的俄国的"马克思主义者",我完全不知道。现在和我保持个人联系的一些俄国人,就我所知,是持有完全相反的观点的⑤。那么,作为名词的"马克思主义"概念,是否可以说最早出现于1882年呢?在恩格斯致伯恩施坦的信(1882.11.2—

---

① 杜章智:《一个反马克思主义的"马克思学家":M.吕贝尔》,载《马列主义研究资料》第5辑,1982年,第232页。
② 转自叶卫平《西方"马克思学"研究》,北京出版社1995年版,第5—6页。
③ 详见鲁克俭《国外马克思学研究的热点问题》,中央编译出版社2006年版。
④ 《马克思恩格斯全集》第25卷,人民出版社2001年版,第757页。
⑤ 《马克思恩格斯全集》第25卷,人民出版社2001年版,第471页。

3)中,有这样的说法:"您屡次硬说的'马克思主义'在法国威信扫地,所依据的也就是这个唯一的来源,即马隆的陈词滥调。诚然,法国的所谓'马克思主义'完全是这样一种特殊的产物,以致有一次马克思对拉法格说:'有一点可以肯定,我不是马克思主义者'"①。

所谓"正统马克思主义",主要包括恩格斯以及第二国际马克思主义、列宁主义以及第三国际马克思主义、原苏东国家的传统马克思主义,西方共产党理论,以及今天西方国家(和非西方国家)的马克思主义正统派。尽管具体观点有所不同,但都以恩格斯的"马克思主义观"为基础,经过普列汉诺夫、列宁、到斯大林被固定化为传统教科书体系。

在正统马克思主义阐释路径中,马克思主义包括三个组成部分,即马克思主义哲学、马克思主义政治经济学、科学社会主义。其中,马克思主义哲学首先是辩证唯物主义;辩证唯物主义是在费尔巴哈唯物主义("基本内核")和黑格尔辩证法("合理内核")基础上形成的;将辩证唯物主义推广和运用到社会历史领域,就形成了历史唯物主义。

这条阐释路径对后世产生了深刻影响,迄今为止的马克思主义研究仍未完全从"权威结论"中摆脱出来②。目前,这条阐释路径在欧陆国家、英语国家、原苏东国家、中国的马克思主义研究中仍然不同程度地存在着。

第三,西方马克思主义阐释路径

目前一般认为,"西方马克思主义"概念最早出现在《〈马克思主义和哲学〉问题的现状——一个反批评》一文(柯尔施,1930)中:"现在,一场关于今日马克思主义总体状况的根本论争已经开始,(新老正统马克思主义的)家族内部之争已经成为次要的甚至已经消逝,在所有重大的决定性的问题上,相互对立的双方是:以考茨基为代表的马克思主义老正统派和俄国的或'列宁主义'的马克思主义新正统派的联盟为一方;以今日工人运动理论中所有批判的进步的趋向为另一方。"③ 因而,尽管对俄国马克思主义与西方马克思主义的这种批评性

---

① 《马克思恩格斯全集》第35卷,人民出版社1971年版,第385页。
② 参见俞吾金、王凤才《关于诠释学视阈中的马克思哲学的学术对话》,《晋阳学刊》2009年第5期。
③ Karl Korsch, *Gesamtausgabe Krise des Marxismus*, Band 3. S. 373.

比较来自今日俄国执政党的一个政治反对派，然而它的作者却是一个正统的普列汉诺夫信徒，一个在哲学上站在俄国马克思主义一边的人。因而，他的批评根本不是旨在反对"苏联的马克思主义"的一般历史结构，而是只反对它的最近的滑稽形式——它似乎使得"苏联的马克思主义"不像是俄国马克思主义理论传统的"发展和继续"而是"败坏和歪曲"。①

"西方马克思主义"概念，经过梅洛-庞蒂、P. 安德森、阿格尔的改造，出现了四种不同用法：（1）纯粹地域性概念，即把西方马克思主义等同于西方的马克思主义或西欧的马克思主义；（2）在地域性概念前提下，强调特定思想内涵（即意识形态性）；（3）在地域性概念前提下，强调世代更替与主题转换；（4）非地域性的纯粹意识形态概念，即把西方马克思主义等同于"新马克思主义"。②

我们认为，"西方马克思主义"概念应有以下规定性：（1）既有地域性限制，又有特定思想内涵——产生于西方并发展于西方的一种非正统马克思主义。这样，它就既不同于东欧新马克思主义，又不同于正统马克思主义。（2）既以马克思思想为依据，又主张马克思主义开放性、多元化——以马克思思想为依据，有些人甚至自称为马克思主义者，但又用不同西方思潮重释、补充、修正、重建马克思主义。这样，它就既不同于反马克思主义、非马克思主义，又不同于马克思学。（3）既批判资本主义，又批判现实社会主义；既批判工业文明，又批判性地反思人类文明本身——就批判资本主义和工业文明而言，它与正统马克思主义有共通之处；就批判现实社会主义而言，它与东欧新马克思主义有相似之处；就批判性地反思人类文明本身而言，这是它自己的特色。（4）从总体上看，西方马克思主义是一种体系庞杂、观点各异的非正统马克思主义思潮。

因而，西方马克思主义主要流派有：早期西方马克思主义；法兰克福学派批判理论；存在主义的马克思主义；弗洛伊德主义的马克思主

---

① 柯尔施：《马克思主义和哲学》，王南湜、荣新海译，重庆出版社1993年版，第72—73页，译文有改动。

② 详见王凤才《追寻马克思—走进西方马克思主义》，山东大学出版社2003年版；陈学明：《"西方马克思主义"论》，辽宁教育出版社1991年版；俞吾金、陈学明：《国外马克思主义哲学流派新编—西方马克思主义卷》，复旦大学出版社2002年版。

义；新实证主义的马克思主义；结构主义的马克思主义；文化马克思主义；分析的马克思主义；女性主义的马克思主义；后马克思主义；生态学马克思主义；等。这样，我们所理解的"西方马克思主义"就不包括"正统马克思主义""东欧新马克思主义""国外马克思学"，但包括"后马克思主义"①。

第四，东欧新马克思主义阐释路径

根据目前掌握的材料，"新马克思主义"概念最早出现于梅林在考茨基主编的《新时代》上发表的《新马克思主义》一文（1903）中。从广义上说，"新马克思主义"是指包括"西方马克思主义"在内的一切非正统马克思主义；从狭义上说，"新马克思主义"是指原东欧社会主义国家的非正统马克思主义，当时又称为"异端的马克思主义"或"持不同政见者的马克思主义"。我们倾向于狭义理解的新马克思主义，即东欧新马克思主义，主要包括南斯拉夫实践派、匈牙利布达佩斯学派、波兰意识形态批判学派、捷克人本主义学派，等。

东欧新马克思主义（1）从理论框架看，是以人为核心的哲学人本主义与实践本体论；以异化理论为基础的现实社会主义批判；以民主的、人道的、自治的社会主义为目标的社会改革方案。（2）从理论本质看，是二战以后在原东欧社会主义国家兴起的人道主义的马克思主义思潮；但它并非统一的政治派别或学术团体，共同点仅仅在于研究对象，即马克思主义；尽管具体观点有所不同，但都认为马克思主义是一种人道主义。因而，从本质上看，它是一种非正统马克思主义。（3）从学术贡献看，对马克思思想有深刻的阐述，对社会主义理论与实践、历史与命运有批判性反思，对现代性有独特的理论洞见。（4）从历史演变和学术影响看，从"马克思主义复兴"→人道主义的马克思主义（20世纪60—70年代中期）→左翼激进主义（70年代后期—80年代末）→后现代理论（80年代末90年代初—至今）。诚然，作为一种独立思潮的东欧新马克思主义已不复存在，但其历史影响仍然存在。②

---

① 关于后马克思主义与西方马克思主义、马克思主义之间的关系，详见王凤才《继承与超越、解构与重建—后马克思主义与马克思主义关系阐释》，载《当代国外马克思主义评论》（6），人民出版社2008年。

② 参见衣俊卿《东欧新马克思主义精神史研究》，黑龙江大学出版社2015年版，第5页。

第五，中国化马克思主义阐释路径

中国化马克思主义阐释路径，即马克思主义中国化。"马克思主义中国化"这个说法，最早出自1938年10月中共六届六中全会报告。在题为《论新阶段》的报告第七部分，即"中国共产党在民族战争中的地位"中，毛泽东指出："使马克思主义在中国具体化，使之在其每一表现中带着必须有的中国的特性，即是说，按照中国的特点去应用它，成为全党亟待了解并亟须解决的问题。"①

所谓"马克思主义中国化"，就是将马克思主义基本原理与中国革命、建设和改革开放的具体实践，以及中国优秀传统文化相结合，使马克思主义在中国实现具体化。在这个进程中形成的理论成果，称之为"中国化马克思主义"，它包括三方面内涵：（1）就是运用马克思主义基本原理解决中国革命、建设和改革开放过程中出现的实际问题；（2）就是将中国革命、建设和改革开放的实践经验和历史经验提升为（马克思主义）理论；（3）就是使马克思主义植根于中国的优秀文化之中、发展和创新马克思主义。②

"马克思主义中国化"的三次飞跃，产生了三大理论成果，即毛泽东思想（1945）、邓小平理论（1997）、习近平新时代中国特色社会主义思想（2017）。

第六，五条阐释路径的关系

21世纪世界马克思主义五条阐释路径有着共同点：都以马克思思想为理论来源，并以马克思主义为研究对象；都有批判精神和/或科学精神；都有乌托邦精神和/或实践精神。然而，五条阐释路径之间也存在着差异：（1）国外马克思学阐释路径偏重于文献学考证、文本学解读，强调学术性；（2）正统马克思主义阐释路径或偏重于经济阐释，或偏重于政治阐释，或介于经济与政治之间，但都强调意识形态性；（3）西方马克思主义阐释路径偏重于文化阐释，强调思想性；（4）东欧新马克思主义阐释路径从"马克思主义复兴"→人道主义的马克思主义→左翼激进主义→后现代理论，强调现实性；（5）中国化马克思

---

① 参见《中国共产党在民族战争中的地位》，载《毛泽东选集》第2卷，人民出版社1993年版。

② 参见《毛泽东思想和中国特色社会主义理论体系概论》，高等教育出版社2010年版，第3—5页。

主义阐释路径主张马克思主义基本原理与中国具体实际、中国优秀传统文化相结合，强调理论与实践统一，它是21世纪世界马克思主义发展过程中最具现实性、最有活力、最有发展前景的马克思主义。

二　21世纪世界马克思主义热点问题

第一，21世纪世界马克思主义问题域

1. 立足于MEGA^{2}的文献学与文本学研究，以及正统马克思主义最新发展研究。例如，MEGA^{2}编辑出版研究；MEGA^{2}中的马克思恩格斯关系研究；马克思恩格斯经典著作重新解读；马克思思想、马克思主义与当代社会思潮比较研究；马克思主义基础理论与当代价值研究；等。

2. "复数的马克思主义"最新发展研究。例如，欧陆国家西方马克思主义最新发展研究；英语国家西方马克思主义最新发展研究；原苏东国家新马克思主义最新发展研究；亚非拉国家马克思主义最新发展研究；等。

3. 当代资本主义最新发展研究。例如，自由主义史重新诠释；新自由主义与新帝国主义批判；金融资本主义与替代性选择；激进左翼思潮与新社会运动等。

4. 21世纪社会主义与新共产主义研究。例如，社会主义观念重新理解；现实社会主义实践批判性反思；从新社会主义到21世纪社会主义构想；从"告别社会主义先生！"到"回到共产主义"；等。

5. 中国化马克思主义最新发展研究。例如，历史唯物主义与中国特色社会主义道路研究；马克思主义政治经济学与中国特色社会主义市场经济研究；马克思主义社会政治哲学与中国现代化国家治理及共产党建设研究；马克思主义意识形态话语权与中国社会主义核心价值观研究；中国化马克思主义未来发展前景与中华民族伟大复兴研究；等。①

第二，21世纪世界马克思主义热点问题

1. MEGA^{2}编辑出版研究：（1）MEGA^{2}逻辑结构与编辑出版状况。从逻辑结构上看，MEGA^{2}分为四个部分，即Ⅰ/著作、文章、草稿；Ⅱ/

---

① 关于"中国化马克思主义最新发展研究"的内容，笔者采用了课题组成员张娜的概括，特此致谢！

《资本论》及其准备稿；Ⅲ/通信；Ⅳ/摘录、笔记、旁注。MEGA^{2}计划出版114卷122册。截至2020年8月，MEGA^{2}共编辑出版67卷，尚有47卷在编/待编。（2）马克思主义经典著作编辑出版/再版。例如，国际马克思恩格斯基金会（IMES）出版了MEGA^{2}研究系列、《马克思恩格斯年鉴》；德国出版了《马克思恩格斯著作》（MEW再版）、《马克思恩格斯研究文献：新系列》《马克思恩格斯研究通讯》等。此外，拉美国家也出版了一系列马克思主义经典著作。（3）MEGA^{2}中的马克思恩格斯关系问题。关于马克思恩格斯关系问题，一直存在着不同理解："对立论""一致论""差异论""多变论"。21世纪世界马克思主义学者也没有摆脱这几种模式：或者强调马克思与恩格斯/马克思主义的对立；或者强调马克思与恩格斯/马克思主义的统一；或者论述马克思恩格斯思想的差异，认为尽管两人的关注点不同，但要真正创立"恩格斯主义"则是不可能的。不过，他们的独特之处在于：立足于MEGA^{2}讨论马克思与恩格斯/马克思主义的差异，尤其是在"利润率趋向下降规律"和"资本主义崩溃"问题上。

  2. 马克思经典著作研究：（1）《资本论》：从重新阅读到重新诠释。一是在结合MEGA^2、重新阅读《资本论》的基础上，深入地探讨了原始积累、拜物教、阶级、革命、霸权、历史必然性等核心概念，对《资本论》进行了重新诠释。二是试图发掘《资本论》的政治内涵，认为《资本论》不是对古典政治经济学的简单批判，而是对工人运动之动机和目标的分析，断定《资本论》是一部深刻的政治学著作。三是揭示《资本论》的现实意义，强调资本批判、劳动价值论、剩余价值理论、剥削、全球化等议题的当代价值。四是讨论《资本论》中经济规律与阶级斗争的关系问题，认为马克思揭示了被压迫者在反抗压迫的过程中创造出与压迫者逻辑不同的新逻辑。在重新诠释《资本论》过程中，学者们深化了对许多问题的研究。例如，根据恩格斯编辑稿与马克思原始手稿的关系，进一步强调马克思恩格斯之间的差异；论证恩格斯在"马克思—恩格斯体系"中的重要作用；阐发《资本论》与政治经济学批判复兴的关系；以及马克思的资本循环理论、资本的限度等问题；这就引导着人们重新塑造马克思形象。（2）对《德意志意识形态》《1844年经济学哲学手稿》《共产党宣言》《路易·波拿巴的雾月十八日》等经典著作进行深入研究。

3. 马克思思想及其当代价值研究：（1）"重新发现马克思"。在重新阅读马克思、重新诠释马克思的过程中"重新发现马克思"，认为只有立足于 MEGA^2 的马克思，才是"完整的马克思"，即真正的马克思。（2）"重新塑造马克思"。不仅围绕着"意识形态还是科学"这个核心问题，从马克思思想的实质、特征、未来命运等方面，重新塑造了一个不同于传统理解的"马克思"；而且从政治活动家角度重塑马克思形象，展现了一个"有血有肉"的马克思，而非仅仅将马克思视为哲学家、经济学家、政治思想家或者知识分子。（3）"比较视阈中的马克思"。一是在关于卢森堡与马克思的关系问题中，分析了卢森堡的资本积累理论与马克思的资本积累理论的异同，以及资本积累理论的现实意义。二是在关于凯恩斯与马克思的关系问题中，分析了凯恩斯经济学与马克思经济学相互补充的必要性，以及凯恩斯主义在当今欧洲的适应性问题。三是在宗教、道德、伦理学、女性主义、无政府主义与马克思主义的关系问题上，考察了宗教与道德、宗教批判与资本主义批判，以及伦理学、宗教社会主义、女性主义、无政府主义与马克思主义的关系。四是在心理分析与马克思主义的关系问题中，探讨了社会批判理论在何种程度上能够接受"文化病理学"视角，同时又能够保持自身的"解放之维"。五是讨论海德格尔与马克思、M. 韦伯与马克思、克尔凯郭尔与马克思，以及不同类型的马克思主义理论关联问题。（4）"回到马克思"，并非"原教旨主义地"回到马克思思想，而是以资本主义批判立场审视今日资本主义，从而揭示马克思思想的当代价值。

4. 西方马克思主义及其最新发展研究：（1）卢卡奇、葛兰西、阿尔都塞研究。例如，卢卡奇的物化思想、美学思想、本体论思想，以及卢卡奇与列宁主义的关系问题；葛兰西的霸权理论、组织危机理论、教育思想、实践哲学思想、政治经济学理论、文学理论与大众文化研究、民族复兴与国家统一思想，以及统一战线思想的时代意义；阿尔都塞思想的整体形象和基本特点、"认识论断裂""科学与意识形态区分"，以及与列宁主义的关系等问题。（2）法兰克福学派批判理论及其最新发展研究。例如，早期批判理论家（阿多尔诺、本雅明、马尔库塞等）思想研究；话语伦理学与协商民主理论进一步发展；承认理论、多元正义构想、民主伦理学；批判理论三期发展、批判理论的"政治伦理转向"、从批判理论到后批判理论；等。（3）西方马克思主义其他流派研究。例如，文化马克思主义研究；分析的马克思主义研究；女性主义的马克思主义研究；生态学马克思主义研究；等。

5. 阶级、阶级理论、两极分化问题研究：（1）阶级理论与阶级问题研究。一是关于阶级结构变化与阶级概念的适应性问题——学者们大都承认当代发达资本主义社会阶级结构的变化，但在阶级概念适应性问题上有不同的看法，主要分歧在于"告别"阶级概念还是"重新接受"阶级概念。二是关于阶级意识与阶级斗争问题——尽管学者们还在讨论阶级意识与阶级斗争问题，但也有学者认为与阶级意识和阶级斗争意识相比，阶级感受已经处于支配地位。因而，他们更愿意从文化象征方面探讨工人阶级，突出阶级的认同、感知和情感维度。三是关于马克思的阶级理论之现实性问题——尽管学者们的理解有所不同，但基本观点是：最近20年，西方世界出现了阶级分析与阶级理论的复兴，马克思的阶级理论在今天仍然具有现实性，但必须与社会结构分析、社会不平等问题，以及女性主义问题等相关研究结合起来，才具有生命力。此外，他们还考察了农民阶级问题、阶级流动性问题，以及社会阶级与劳工运动问题；等。（2）两极分化与贫困化问题研究。例如，资本主义全球化背景下劳资矛盾的深化问题；工人贫困化的原因与对策问题；等。

6. 民粹主义、民族主义与民族问题研究：（1）葛兰西的"人民的—民族的"概念与民粹主义关系研究，主要讨论葛兰西霸权理论中关于"民粹主义"的思想，从不同角度分析了葛兰西与民粹主义的区别；从马克思、列宁、葛兰西的"人民"概念出发探讨了民粹主义；指出葛兰西"人民的—民族的"概念与拉克劳的"民粹主义"的不同。（2）西班牙民族国家统一问题，讨论了民族国家统一与佛朗哥主义的关系，提出恢复主权、重建国家的方案；等。（3）非洲马克思主义与民族问题研究。例如，关注社会主义建设中的"非洲传统"；关注非洲社会主义与马克思主义的关系问题；对非洲社会主义运动的挫折进行反思；等。

7. 当代左翼思潮与新社会运动研究：（1）当代左翼思潮与新社会运动的关注点。例如，政党政治问题、工人的自我构成问题、新左翼与传统左翼的区分问题、激进主义与改良主义的区分问题，以及"泛左翼"联盟问题。（2）"21世纪左翼运动是否存在危机"问题。有人认为对左翼运动的传统认识不再适用于今天，左翼运动总体上是衰退的，左翼政治实践大部分失败了；有人认为左翼运动的理论基础仍然是有效的，马克思主义者必须关注左翼政治实践，而不是在理论上消除社会主义的现实性；有人认为当代左翼思潮和左翼运动的危机，根本上是政治实践危机，而非社会主义理论危机。

8. 金融资本主义批判与后期资本主义危机批判性剖析：（1）新自由主义、金融资本主义批判。一是关于新自由主义的本质特征与命运问题——新自由主义不仅是一种经济理论，而且是一种政治立场。二是关于新自由主义的命运有不同的看法。三是关于金融资本主义特征与2008年经济危机性质问题——今天的"金融资本主义"并不意味着资本主义性质发生了根本改变，而只是意味着资本主义发展到了一个新阶段——金融资本支配是金融资本主义的基本特征。至于这场经济危机的性质，学者们给出了不同的定位：全方位的系统危机；严重的过度生产危机；信贷危机、货币危机、金融市场危机。四是关于是否能够走出，以及如何走出金融危机问题——考察了这场经济危机的原因、社会政治影响，以及替代性选择问题，尤其是分析了"与凯恩斯一起走出危机的可能性"。（2）新帝国主义批判。一是关于帝国主义理论与新帝国主义问题。例如，帝国主义概念、理论及其现实性，尤其是列宁的帝国主义理论对革命的马克思主义政治纲领的现实意义；新帝国主义的经济基础、历史特征，新老帝国主义的结构形式；帝国主义意识形态与资产阶级意识形态、帝国主义政治的关系问题。二是关于世界体系变化与国际新秩序问题。例如，世界不均衡与南北关系；资本主义中心国家与边缘国家的关系；北美、西欧、日本"三角关系"终结，"新兴国家"崛起；中美俄关系对国际新秩序的决定作用；等。（3）后期资本主义批判性剖析，揭示后期资本主义的多样态和非线性特征。这里涉及到国家资本主义、民主资本主义、金融资本主义、债务资本主义、技术资本主义、加速资本主义、认知型资本主义、监督型资本主义、信息跨国资本主义、数字资本主义；等。

9. "现实社会主义"批判与未来社会构想：（1）社会主义观念重新理解与现实社会主义实践批判性反思，主要是对苏联模式社会主义，以及中东欧社会主义的批判性反思。（2）关于21世纪社会主义—新共产主义再认识。例如，俄罗斯"21世纪社会主义复兴运动"问题；拉美"21世纪社会主义"问题；从"告别社会主义先生！"到"回到共产主义"。在这里，提出了各种新社会主义构想。例如，民主社会主义、计算机—社会主义、市场社会主义、生态社会主义、新社会主义、21世纪社会主义。在他们的视阈里，"社会主义"应该有三个关键词，即："市场""民主""生态"作定语；讨论了"共产主义假说"（巴迪欧）、"共产主义观念"（C. 杜齐纳斯、齐泽克），而且试图重新"诠释共产主义"（G. 瓦蒂莫）、畅想"共产主义的现实性"（B. 波斯蒂尔）、展望"共产主义地平线"（J. 狄恩）；等。

10. 中国特色社会主义道路问题研究：（1）中国化马克思主义理论研究。例如，中国化马克思主义理论总体性研究；邓小平理论研究；"三个代表"重要思想研究；科学发展观研究；习近平新时代中国特色社会主义思想研究；等。（2）中国化马克思主义现实关切问题研究。例如，中国话语体系研究；生态文明研究；人类命运共同体研究；等。（3）中国道路问题研究。例如，关于中国道路的内涵问题；关于中国道路的特征问题；关于中国道路的意义问题。此外，还讨论了中国经济发展状况与经济性质问题；等。值得一提的是，关于中国道路问题，国外学者给出了不同的定位。例如，"效仿东亚模式的、国家资本主义道路"；"'政治实用主义'的、非资本主义道路"；"成功的、但非社会主义道路"；"超常规发展的、社会主义道路"[1]；等。

三 21世纪世界马克思主义发展前景

第一，21世纪世界马克思主义研究路向

1. 文献学路向（"寂寞的"马克思学家）。例如，W. F. 豪克、诺伊豪斯、胡贝曼、福尔格拉夫、黑克尔、巴加图利亚、大谷祯之介、平子友长等人，主要从事四项工作：（1）MEGA^2 编辑出版研究；（2）马克思恩格斯经典著作编辑出版；（3）《马克思恩格斯年鉴》《马克思主义历史批判辞典》等编辑出版；（4）创办"马克思—秋季学校"、设立"梁赞诺夫奖"。在这条研究路向中，学术为主，兼顾思想，不问现实，最重要的是学术。

2. 意识形态路向（"孤独的"马克思主义正统派）。例如，施蒂勒

---

[1] 详见王凤才、杨晓慧《德国马克思主义学者视野中的"中国发展道路"》，《中国浦东干部学院学报》2012 年第 2 期。

(1924—2007)、施泰格瓦尔德（1925—2016）、霍尔茨（1927—2011）、哈恩、迈彻尔、比朔夫、泽普曼、前期巴里巴尔、塞夫、舍普琴科、科索拉波夫等人，以正统马克思主义的立场、观点、方法解释社会现实问题。在这条研究路向中，是否学术无所谓，有无思想不重要，最重要的是信仰。

3. 政治经济学路向（"活跃的"马克思主义创新派/反思派）。例如，胡弗施密特、莱比格尔、利贝拉姆、杜梅尼尔、梅茹耶夫（1933—2019）、布兹加林等人，以广义理解的马克思主义分析社会现实问题，并试图对马克思主义进行反思、批判、创新。在这条研究路向中，学术是基础，思想是灵魂，最重要的是现实。

4. 政治伦理学路向（"潇洒的"马克思主义重建派/批判派）。例如，霍耐特、维尔默（1933—2018）、奥菲、R. 弗斯特等人，尽管也试图借助马克思思想资源批判当代资本主义悖谬，但侧重点是进一步推进和最终完成后期哈贝马斯开启的法兰克福学派批判理论的"政治伦理转向"。在这条研究路向中，学术性、思想性、现实性统一，最重要的是思想。此外，法国的 J. 比岱、E. 雷诺等，也可以视为马克思主义重建派。

第二，21 世纪世界马克思主义关键问题

如何把握21 世纪世界马克思主义基本格局与基本框架？如何理解21 世纪世界马克思主义理论实质与当代价值？如何理解21 世纪国外马克思主义对21 世纪中国化马克思主义的意义？如何理解21 世纪中国化马克思主义对21 世纪世界马克思主义的意义？这是21 世纪世界马克思主义研究的核心问题，也是21 世纪世界马克思主义研究的目的所在。

21 世纪世界马克思主义研究的难度体现在：（1）21 世纪世界马克思主义研究队伍、阐释路径、思想倾向、理论观点各不相同，缺乏统一的马克思主义观念与系统的马克思主义理论框架，这就增加了全面把握、深入理解21 世纪世界马克思主义发展状况、研究主题、基本特点、发展前景的难度。（2）21 世纪世界马克思主义问题域非常广阔、内容非常丰富、问题十分复杂——既有理论问题，又有现实问题。在理论问题中，既有基础理论问题，又有理论前沿问题，既有马克思主义理论本身问题，又有当代西方理论问题。在现实问题中，既有本国现实问题，又有世界范围内现实问题。因而，21 世纪世界马克思主义研究问题域界划、研究框架确立，也是一个难点问题。（3）21世纪世界马克思主义研究方法之跨学科、整体性、全方位、多维度，研究内容之复杂性、多样性，研究结论之不确定性、不成熟性；以及21世纪世界马克思主义研究之开拓性和前沿性，需要阅读大量外文资料（涉及到十几种语言），这就决定了宏观把握与微观分析的困难性。（4）21世纪世界马克思主义发展之未完成性，以及世界各国与中国在经济、政治、文化、历史、现实等方面的巨大差异，决定了21世纪世界马克思主义研究对中国化马克思主义的启示难以准确估计。

具体地说，21世纪世界马克思主义研究的难点问题主要有：（1）马克思思想与马克思主义的关系问题；（2）马克思主义之科学性与批判性的关系问题；（3）马克思主义之理论与实践的关系问题；（4）马克思主义科学与共产主义信仰的关系问题；（5）马克思主义作为意识形态与作为学术的关系问题；（6）马克思主义之学术性、思想性、现实性的关系问题；（7）马克思主义之学术话语、体制话语、大众话语的关系问题；（8）马克思主义之世界性与民族性、普遍性与特殊性的关系问题；（9）马克思主义之单数性与复数性、统一性与多样性的关系问题；（10）国外马克思主义与中国化马克思主义的关系问题。

第三，21世纪世界马克思主义研究意义

21世纪世界马克思主义研究，通过对21世纪世界马克思主义发展状况与前景的回顾、反思、展望，对21世纪世界马克思主义进行跨学科、整体性、全方位、多维度研究，这是对最近二十年来世界各国马克思主义发展的深度思考。因而，该研究不仅具有重大学术价值，而且具有重大现实意义。

1. 把握了21世纪世界马克思主义基本格局，确立了21世纪世界马克思主义基本框架——从"单数的、非反思的马克思主义"到"复数的、创新的马克思主义"——这可以推进21世纪世界马克思主义研究的拓展和深化。

2. 实现马克思主义之学术研究与意识形态，以及学术性、思想性、现实性的统一，既可以推进21世纪国外马克思主义研究，又可以使马克思主义在中国语境中得到进一步发展，并坚持马克思主义在我国哲学社会科学领域的指导地位。

3. 不仅能够对21世纪国外马克思主义研究起到积极的推动作用，

而且有助于马克思主义中国化、时代化、大众化，有助于"马克思主义理论研究与建设工程"，对当代中国马克思主义发展起到积极的推动作用，以实现中国马克思主义研究的第三次拓展和深化，即从马克思列宁主义→西方马克思主义→国外马克思主义→世界马克思主义。

4. 不仅有助于在国际视野中构建中国特色的学科体系、学术体系、话语体系，加快构建中国特色、中国风格、中国气派的哲学社会科学；而且对当代中国的思想文化建设、民主政治建设、人际关系道德重建、生态文明建设、经济建设，乃至整个中国社会发展模式，都有重要指导意义。

不过，21世纪世界马克思主义研究要反对三种错误倾向，即教条主义、虚无主义、实用主义，要从理论与实践两个维度坚持、继承与创新、发展马克思主义。只有这样，才能实现中国马克思主义研究的第三次拓展与深化，才能达到马克思主义发展的新境界。

"21世纪世界马克思主义研究丛书"源于国家社科基金重大项目"21世纪世界马克思主义发展状况与前景研究"。与本人主编的"批判理论研究丛书"不同——如果说"批判理论研究丛书"经过了长时间酝酿才得以"出炉"，那么"21世纪世界马克思主义研究丛书"则几乎是"瞬间"确定的，即与中国社会科学出版社杨晓芳女士迅速达成共识的产物。因此，首先应该感谢中国社会科学出版社，尤其是责任编辑杨老师；没有她的大力支持，这套丛书不会这么顺利地"诞生"。其次，应该感谢这套丛书的每一位作者（包括未来可能的作者）；正是你们的积极参与，才使这套丛书变成现实。当然，还应感谢为这个国家社科基金重大项目做出贡献的所有人；没有这个重大项目立项，也许就没有这套丛书。

值得一提的是，在课题组首席专家构思、策划、协调、组织下，在各个部门、广大同仁的大力支持和积极配合下，围绕着"21世纪世界马克思主义发展状况与前景研究"这个重大课题，已经打造了一个具有较大影响的、全方位的、全国性的学术平台——"21世纪世界马克思主义论坛"，包括：（1）一个研究主题：21世纪世界马克思主义思潮；（2）一个学术团队：跨学科、跨院校、跨文化的高水平创新团队；（3）一个杂志专栏：《学习与探索》"21世纪世界马克思主义论坛"；（4）一个微信公众号："21世纪世界马克思主义论坛"；（5）一个全国性学术论坛："21世纪世界马克思主义论坛";(6) 一个学科方向：2018 年，复旦大学"国外马克思主义研究"二级学科博士点，下设"21 世纪世界马克思主义"学科方向；(7) 一套丛书：21 世纪世界马克思主义研究丛书。

总之，"21 世纪世界马克思主义研究丛书"将以"21 世纪世界马克思主义思潮"为核心，协调国外马克思主义、中国化马克思主义、马克思主义发展史、马克思主义哲学的关系；进一步提升国外马克思主义学科的整体水平，为全国马克思主义理论学科与哲学学科的建设与发展做出应有的贡献。

上卷目录

导 论 ……………………………………………………………… （1）

第一篇　21世纪欧陆国家马克思主义研究

第一章　重新发现马克思
——21世纪德国马克思主义发展趋向 ……………… （37）
一　从沉寂到复兴 ……………………………………… （38）
二　21世纪德国马克思主义研究路向 ………………… （46）
三　21世纪德国马克思主义热点问题 ………………… （53）
四　重新发现马克思 …………………………………… （75）

第二章　走向后阿尔都塞时代
——21世纪法国马克思主义热点问题 ……………… （78）
一　马克思哲学及其当代价值研究 …………………… （78）
二　《资本论》研究 …………………………………… （86）
三　西方马克思主义研究 ……………………………… （95）
四　新自由主义与当代资本主义批判 ………………… （111）
五　左翼政治哲学研究 ………………………………… （117）

第三章　低潮中艰难前行
——21世纪意大利马克思主义的挑战与前景 ……… （129）
一　共产主义政党边缘化与马克思主义研究的衰落 … （130）
二　21世纪意大利马克思主义研究路径 ……………… （137）
三　21世纪意大利马克思主义主要议题 ……………… （142）

四　意大利的葛兰西研究：路径与问题 …………………… (151)
　　五　21世纪意大利马克思主义面临的挑战与发展前景 …… (160)

第四章　理论探索与现实关注
　　——21世纪西班牙马克思主义的理论关切与
　　　　发展趋向 ………………………………………………… (163)
　　一　"联合左翼"的理论与实践探索 ……………………… (164)
　　二　西班牙共产主义运动与马克思主义理论反思 ………… (167)
　　三　现实问题思考：西班牙与欧盟 ………………………… (169)
　　四　资本主义制度危机批判与21世纪社会主义
　　　　方案反思 ………………………………………………… (176)
　　五　21世纪西班牙马克思主义发展趋向 …………………… (178)

第二篇　21世纪英语国家马克思主义研究

第五章　基于本土经验的马克思主义
　　——21世纪英国马克思主义研究的多重视角 …………… (191)
　　一　马克思主义经济学研究与政治经济学批判 …………… (192)
　　二　基于本土经验的西方马克思主义研究 ………………… (205)
　　三　具有现实指向的当代资本主义批判 …………………… (218)
　　四　关于乌托邦与未来新社会构想 ………………………… (229)

第六章　传承经典与关注当下
　　——21世纪美国马克思主义发展趋向 …………………… (235)
　　一　基于经典著作的马克思主义研究 ……………………… (236)
　　二　西方马克思主义及其最新发展研究 …………………… (249)
　　三　当代资本主义全方位批判 ……………………………… (269)
　　四　工会问题与新左派运动 ………………………………… (276)

第七章　另辟蹊径的马克思主义研究
　　——加拿大马克思主义的发展路径 ……………………… (278)
　　一　加拿大马克思主义总体状况 …………………………… (278)

二　加拿大马克思主义研究路径 …………………………………（283）
三　加拿大马克思主义主要派别 …………………………………（286）
四　加拿大马克思主义研究问题聚焦 ……………………………（297）

第八章　深受英国传统影响的"本土化"努力
　　　　——21世纪澳大利亚马克思主义发展趋向 …………（302）
一　深受英国传统影响的马克思主义文化研究 …………………（303）
二　与马克思主义有关的历史研究和哲学研究 …………………（307）
三　聚焦于资本主义分析的政治经济学研究 ……………………（311）
四　关注澳大利亚本土问题的左翼政治文化研究 ………………（314）

导　论

马克思主义自诞生以来，就经历着曲折的发展过程[①]。苏东剧变后，马克思主义在西方世界被进一步边缘化，在原苏东国家失去了在意识形态与学术领域原有的主导地位。然而，经过短暂沉寂之后，马克思主义迅速复兴。21世纪以来，在世界范围内甚至还出现了"马克思热"。从基本格局看，21世纪世界马克思主义主要分为五大区域：（1）21世纪欧陆国家马克思主义，主要包括德国、法国、意大利和西班牙等国家的马克思主义发展状况；（2）21世纪英语国家马克思主义，主要包括英国、美国、加拿大和澳大利亚等国家的马克思主义发展状况；（3）21世纪原苏东国家马克思主义，主要包括原苏联国家和中东欧国家的马克思主义发展状况；（4）21世纪非洲－拉美国家马克思主义，主要包非洲国家、拉美国家的马克思主义发展状况；（5）21世纪亚洲国家马克思主义，主要包括中国、印度、日本、韩国、越南、老挝的马克思主义发展状况，尤其是21世纪中国化马克思主义的最新理论成果。21世纪国外马克思主义与21世纪中国化马克思主义一起，构成了21世纪世界马克思主义基本格局；从"单数的、非反思的马克思主义"到"复数的、创新的马克思主义"，构成了21世纪世界马克思主义研究基本框架；21世纪世界马克思主义与21世纪社会主义——新共产主义思潮、激进左翼思潮、新社会运动交织在一起，构成了当代世界社会、经济、政治和思想文化领域的一道亮丽风景线。

一　MEGA² 编辑出版研究

第一，MEGA² 逻辑结构与编辑出版状况。

[①]　例如：恩格斯逝世后，伯恩施坦引发的"修正主义论争"，苏共二十大赫鲁晓夫掀起的"去斯大林主义化"，苏东剧变引发的"马克思主义终结论"等。

2 导　论

MEGA 是一项"百年工程，它的开始、中断、再生直接反映了 20 世纪的历史悲剧"①。MEGA¹，即《马克思恩格斯全集（历史考证版第 1 版）》原计划出版 42 卷，实际上只出版了 12 卷 13 册②。MEGA²，即《马克思恩格斯全集（历史考证版第 2 版）》经过长时间酝酿和艰苦磋商，最终于 1972 年试编，1975 年正式出版。然而，苏东剧变使这项工作在苏联和东欧国家"戛然而止"。不过，1990 年，荷兰阿姆斯特丹国际社会史研究所、俄罗斯社会史与政治史国家档案馆、柏林布兰登堡科学院 MEGA 编辑部、特里尔马克思故居博物馆与研究中心组建的国际马克思恩格斯基金会（IMES）又使 MEGA² "凤凰涅槃"。IMES 组建编辑出版委员会接手 MEGA²，试图以国际合作方式推进其编辑出版工作。该委员会不仅与德国科学院签订合作协议（1992），重新确立编辑原则（1992）；而且调整了出版计划（1995），更换出版社（1998）③。MEGA² 准备将马克思恩格斯的全部作品"原原本本地"呈现给公众。正如 U. 劳尔夫所说："去政治化、国际化、学术化，是与 MEGA² 编辑出版继续推进联系在一起的三个愿望。"④

2015 年 10 月，德国公共科学会议（GWK）决定继续资助 MEGA² 编辑出版工作，期限为 16 年。这标志着 MEGA 编辑出版工作进入了第四个时期。简言之，第一个时期（1927—1941）：MEGA¹；第二个时期（1975—1989）：MEGA² 前期；第三个时期（1990—2015）：MEGA² 重新规划与进一步推进；第四个时期（2015—），确定了 MEGA² 的数字化出版计划。就是说，MEGA² 未出版的大部分将以电子版面世并对公众开放。其中，《德意志意识形态》的数字化工作已经展开，电子版包括了根据原始手稿整理出来的文本和手稿的影印件，可以按照读者自己的理解来选择排序方案，以帮助人们更清楚地了解马克思恩格斯的笔迹和修改过程。此外，电子版还复原了 MEGA¹ 的阿多拉茨基版、MEGA²

---

① http://www.marxforschung.de/mega.htm.
② 王凤才：《重新发现马克思——柏林墙倒塌后德国马克思主义发展趋向》，人民出版社 2015 年版，第 11 页。
③ 详见王凤才《重新发现马克思》，第 21 页。
④ *Frankfurter Allgemeine Zeitung* vom 7, Oktober 1998.

试编版、广松涉版、涩谷正版,以方便读者进行比较研究①。

值得一提的是,在日本学者与其他国家学者的共同努力下,MEGA² "Ⅱ/《资本论》及其准备稿"共15卷,已于2012年全部出齐。迄今为止,这是MEGA²四个部分中唯一出齐的部分,从而为《资本论》研究提供了最为完整、最为可靠的第一手资料。目前,日本学者又承担了MEGA² "Ⅳ/摘录、笔记、旁注"第17—19卷的编辑工作,主要涉及马克思从1863年5月至1869年9月期间的摘录和笔记。

从逻辑结构上看,MEGA²分为四个部分,即Ⅰ/著作、文章、草稿(拟出版32卷,已出版22卷);Ⅱ/《资本论》及其准备稿(拟出版15卷,2012年已出齐);Ⅲ/通信(14400封)(拟出版35卷,已出版14卷);Ⅳ/摘录、笔记、旁注(拟出版32卷,已出版15卷)。根据1995年调整后的出版计划,MEGA²拟出版114卷122册。截至2020年8月,MEGA²共编辑出版67卷,尚有47卷在编及待编②。其中,1975—1989年,出版34卷(不过,第4卷第2册、第3册,直到1993年和2012年才得以出版);1990—2019年,出版33卷(外加第4卷第2册、第3册)。

MEGA²逻辑结构与编辑出版状况(截至2020年8月)

逻辑结构	计划卷数	出版卷数			在编/待编卷数
		1975—1989	1990—2019	1975—2019	
Ⅰ:著作、文章、草稿	32	13	10	23	9
Ⅱ:《资本论》及其准备稿	15	8(−4.2/4.3)	7(+4.2/4.3)	15	0
Ⅲ:通信(14400封)	35	7	7	14	21
Ⅳ:摘录、笔记、旁注	32	6	9	15	17
合计	114	34	33	67	47

---

① [日]平子友长:《MEGA²第Ⅰ部门第5卷附录〈德意志意识形态〉CD-ROM版的编辑问题》,田文译,《马克思主义与现实》2007年第6期(关于MEGA编辑出版工作分期问题,本书作者根据实际情况做了细微修改)。

② 根据Marxforschung预告,MEGA²第三部分剩余的21卷、第四部分剩余的17卷(除第10卷、11卷、19卷之外),将不再出版纸质版,只出版电子版(https://marxforschung.de/mega2/)。

第二，马克思主义经典著作编辑出版及再版。

马克思生前公开出版的著作并不多。马克思逝世后，《马克思恩格斯全集》编辑出版工作历经千辛万苦，从1955年到1972年最终完成了《马克思恩格斯全集》俄文第2版，共50卷53册①。此后，几乎所有文字的版本都以《马克思恩格斯全集》俄文第2版为母本。例如，《马克思恩格斯著作》德文版（MEW，41卷43册，1957—1975）；日文版（第2版41卷43册，1959—1975）；英文版（50卷，1975—2007）；中文第1版（50卷53册，1956—1985）；中文第2版（拟出版70卷，1995— ），以中文第1版为基础，参考 MEGA²/MEW，重新编辑和译校"内容全、编译质量高、可长期使用的新版本"。

21世纪以来，马克思主义经典著作编辑出版及再版工作也在继续推进。例如，国际马克思恩格斯基金会出版了 MEGA² 研究系列、《马克思恩格斯年鉴》；德国出版了《马克思恩格斯著作》（MEW 再版）、《马克思恩格斯研究文献：新系列》《马克思恩格斯研究通讯》等。此外，拉美国家也出版了一系列马克思主义经典著作，包括《工资、价格和利润》《共产党宣言》《共产主义运动中的"左派"幼稚病》等。

值得注意的是，日本学者继续关注《资本论》手稿的修改轨迹和理论进展。例如，大谷祯之介在《从"资本论"手稿读马克思的苦斗：〈资本论〉第2卷第Ⅷ稿全文及相关资料》一书中指出，恩格斯修订稿与马克思手稿的最大不同在于，前者没有显示出马克思为《资本论》第2卷苦斗的思想轨迹，更没有理解马克思反复易稿的苦心。在大谷看来，第Ⅱ稿相对于第Ⅰ稿的理论进步有以下几点：（1）资本循环论和资本周转论的进步；（2）折旧资金挪用到积累资金的可能性问题的解决；（3）资本与资本、资本与收入、收入与收入的交换想法的放弃；（4）再生产图式的登场；（5）关于第3章课题的新观点。大谷认为，《资本论》第2卷的第Ⅴ、Ⅶ稿主要体现了马克思与资本循环论的"格斗"，从中可以看出马克思的战果主要是以下两点：（1）货币资本的货币功能与资本功能的明确区分；（2）商品资本循环独立性的明确化。第Ⅷ稿第3章相对于第Ⅱ稿第3章的变化体现如下：（1）对斯密教条的

---

① 详见聂锦芳：《清理与超越——重读马克思文本的意旨、基础与方法》，北京大学出版社2005年版。

最终总结；（2）社会生产的两个部类的内容变更；（3）放弃二重叙述方法与货币运动的全面引入。

第三，MEGA² 中的马克思恩格斯关系研究①。

马克思恩格斯关系问题是一个历久弥新的话题。20 世纪 90 年代以来，这个问题又成为 MEGA² 研究的关键问题之一。关于这个问题，国内外学界一直存在着几种不同观点："对立论""一致论""差异论""多变论"。21 世纪以来，国内外学界关于这个问题的看法，基本上仍然处于以下几个模式中：（1）强调马克思与恩格斯及马克思主义的对立，认为马克思恩格斯思想统一是"神话"；断定恩格斯的自然辩证法追求一种普遍有效的规律，这已经偏离了马克思恩格斯原来的共同信念而陷入了实证主义。有学者甚至指出，传统马克思主义的核心是"恩格斯主义"，所谓"马克思主义"实际上是"恩格斯主义"。（2）断言马克思恩格斯思想的"高度一致性"，以及马克思学说与马克思主义的统一性。譬如，有学者指出，马克思恩格斯不仅拥有共同的理论框架、实践视角，而且一系列研究也表明晚年恩格斯的独立文献，恰好为马克思主义的创造性阐发做出了贡献。（3）认为尽管马克思恩格斯关注点不同，但要真正创立"恩格斯主义"则是不可能的。因为一是在马克思主义形成时马克思无疑起到了主要作用；二是"对立论"没有经过严格论证，《反杜林论》1885 年版序言曾经指出该书是在马克思督促下撰写的，马克思本人甚至还撰写了"政治经济学史"部分；三是马克思恩格斯对待无产阶级政党和组织问题的立场，都经历了从不成熟向成熟的发展过程，实际上两人的立场没有根本性差异；四是马克思与恩格斯在对待资产阶级议会制与工人运动和平斗争方面也保持了一致。

此外，日本 MEGA² 编委会仙台小组的编辑工作新进展，也为研究马克思恩格斯关系问题提供了文献上的支持。众所周知，《资本论》第 2—3 卷编辑出版工作是由恩格斯完成的，而恩格斯在多大程度上忠实于马克思原意，这一直是颇受学界关注的问题。随着 MEGA² "Ⅱ/《资本论》及其准备稿"的出版，这个疑问将有望得到解答。② 例如，仙台小组在第 2 卷"附属材料"部分增加了三个特殊附录，即"结构比较"

---

① 详见王凤才《重新发现马克思》，第 44—69 页。
② 在此，笔者吸收了课题组成员张利军的研究成果，特此致谢！

"出处一览""出入一览",希望为解答上述疑问提供帮助。其中,"结构比较"列举了恩格斯编辑稿的结构与马克思原始手稿章节之间的区别;"出处一览"标明了恩格斯采用马克思原始手稿的出处;"出入一览"则揭示了恩格斯对马克思原始手稿的改动、补充和删除等具体情况。据估计,恩格斯对马克思原始手稿的改变有5000多处,比恩格斯本人在《资本论》第2卷序言中所承认的改变要多得多,而且有些改变未必"只是形式上的改动",实际上涉及对《资本论》内容的理解。①

二 马克思经典著作研究②

第一,《资本论》研究

《资本论》是马克思历经40年、最终由恩格斯等人共同完成的宏伟巨著。在国内外学界,《资本论》一直是马克思主义研究的重点。《资本论》研究是从多个维度展开的,既包括对《资本论》核心概念、基本思想的再阐释,也包括对《资本论》的政治内涵、现实意义的发掘,还包括对其中所蕴含着的经济规律与阶级斗争关系的考察等。

1.《资本论》:从重新阅读到重新诠释。(1)从"阅读《资本论》"活动到"马克思—秋季学校",在结合 MEGA^2 和重新阅读《资本论》的基础上,深入地探讨了原始积累、拜物教、阶级、革命、霸权、历史必然性等核心概念,扩大了《资本论》在青年知识分子和社会中的影响。(2)对《资本论》中马克思恩格斯的关系、《资本论》第3卷与《政治经济学批判大纲》的关系、《资本论》的方法论与黑格尔逻辑学的关系、《资本论》与政治经济学批判复兴的关系等问题进行了深入研究。(3)《马克思主义政治经济学的埃尔加指南》③一书61个词条涵盖了从资本积累、分析的马克思主义、人类学、危机理论、依附理论到

---

① 参见韩立新《〈资本论〉编辑中的"马克思恩格斯问题"》,《光明日报》2007年4月10日。
② 这里,主要是王凤才、周爱民、吴猛、孙秀丽、鲁绍臣、张利军等人的研究成果,特此说明。
③ Saad Filho, Alfredo and Fine, Ben and Boffo, Marco, eds, *The Elgar Companion to Marxist Economics*, Cheltenham: Elgar. 2012.

国家、激进政治经济等内容。该书不是单纯的知识性梳理，它还试图对今日资本主义经济危机进行解释。其中，提出了许多有启发性的观点，例如：（A）《资本论》（第1卷）第6章"直接生产过程的结果"是从第1卷向第2卷过渡的桥梁；（B）资本形态变化及其循环形式，既是形式区分又是事实区分，这对从不同视角反思今日资本主义问题具有重要意义；（C）《资本论》第2卷为资本的再生产功能方式提供了重要见解；（D）金融资本主义是资本主义发展的一个特殊历史阶段；（E）"形式"是马克思的核心概念，因而要从形式分析角度理解《资本论》，将"形式"理解为具有"内容"的、积极的现实性力量；（F）借用阿尔都塞对《资本论》的逻辑之共时性和历时性考察，阐明贯穿于《资本论》三卷中"价值"概念含义的变化，将之界定为社会必要抽象劳动时间等。

2. 发掘《资本论》的政治内涵。（1）将公共领域概念与马克思的政治经济学批判联系起来，指出公共领域并不是超越结构的形而上的政治空间，而是现代资本主义结构的拜物教结果。（2）主张从财富与商品形式的对抗出发阅读《资本论》，以便探究它所具有的现实政治意义。（3）认为马克思的价值理论不是一种经济理论，而是现代社会"非人格的社会统治"理论。（4）断定《资本论》不是对古典政治经济学的简单批判，而是对工人运动之动机和目标的分析，是一部深刻的政治学著作。

此外，英国左翼杂志《历史唯物主义》召开了一系列年会，试图在新形势下重构马克思主义关于今日社会经济转型与解放政治的关系。例如，"资本的空间、斗争的时刻"（2011）；"限制、障碍和边界"（2016）；"《资本论》与革命的再思考"（2017）等。

3. 揭示《资本论》的现实意义。学者们试图激活《资本论》的现实性，尤其是资本批判、劳动价值论、剩余价值论、剥削、全球化等议题的当代价值。例如，哈维出版了不少关于《资本论》研究的著作，讨论《资本论》的现实性。其中，《马克思〈资本论〉指南》（2010）指出，尽管《资本论》的写作是为了回应19世纪工业化引发的政治经济问题，但它对分析当代资本主义危机仍然具有现实意义；《历史与理论：对马克思〈资本论〉方法的评论》（2012）指出，在马克思的政治经济学著作和历史著作之间存在某种裂缝，因而，需要理解马克思理论如何能够更好地适用于特殊状况。只有将历史性思考运用到对资本运动规律的理解中,才能分析从资本主义向社会主义转变的可能性;《马克思〈资本论〉第2卷指南》(2013)指出,"大萧条"之后规模最大的经济危机并没有真正结束,马克思著作仍然是我们理解这个导致衰退的循环性危机的关键等。

4. 关于《资本论》中的经济规律与阶级斗争的关系研究。如果说《资本论》揭示的是资本主义发展规律,那么无产阶级斗争在其中起到了什么样的作用呢?围绕着这个问题,大多数学者认为《资本论》为阶级斗争留下了空间。(1)马克思揭示了被压迫者在反抗压迫的过程中创造出与压迫者逻辑不同的新逻辑。这样,无产阶级一方面就能够把握资本主义发展逻辑,另一方面也能够自觉地选择异于这种逻辑的新逻辑。(2)重新理解马克思的"规律"概念是将经济规律与阶级斗争结合起来的关键:这里的"规律"不是指自然规律,而是从特定社会形态的经济基础来理解的资本主义内在规律;它是一种趋向性规律,重点并不在于绝对必然性,而在于存在着若干可能促进或阻碍某种结构性趋势的要素,这些要素中就包含无产阶级斗争。(3)借用辩证法概念看待《资本论》中的经济规律与无产阶级斗争的关系,强调马克思要表达的意思不是历史正沿着某个方向前行,而是每种生产方式(包括资本主义生产方式)都为自己设置了界限。因此,给参与历史建构的、自觉行动的无产阶级留有足够的空间与可能性等。

此外,俄罗斯经济学家布兹加林讨论了《资本论》的核心问题,分析了商品、货币、资本、市场、剥削关系等基本范畴在新的历史时期的新特征,并在此基础上对金融化、全球化、普遍剥削等现象进行马克思主义的解读。英国学者戴尔海姆和沃尔夫的《马克思的未完成体系——对作为时代挑战的〈资本论〉的批判性阅读》[①] 一书,关注《资本论》第三卷的未完成性对今日理论与实践提出的挑战,认为《资本论》第三卷的出版不能离开恩格斯的工作。

第二,《德意志意识形态》等经典著作研究。

1.《德意志意识形态》研究。《德意志意识形态:对费尔巴哈、B.

---

① Judith Dellheim and Frieder Otto Wolf (ed), *The Unfinished System of Karl Marx: Critically Reading Capital as a Challenge for our Times*, Palgrave Macmillan, Switzerland, 2018.

鲍威尔、施蒂纳为代表的现代德国哲学及各式各样先知所代表的德国社会主义的批判》是马克思恩格斯试图"清算从前信仰"、第一次比较系统地阐发唯物史观的重要著作。因而,该书是唯物史观形成的标志,为科学社会主义奠定了理论基础。但对于《德意志意识形态》最重要的"费尔巴哈"章的作者问题,即是马克思,还是恩格斯,抑或两人的共同作品一直存在着争论。日本学者大村泉的研究为此画上了句号。大村泉借助新的科学验证方法对手稿进行了细致观察和研究,发现"费尔巴哈"章左栏的文本尽管99%显示为恩格斯的笔迹,但手稿中所体现的撰写习惯不是恩格斯的,而是口述者马克思的,恩格斯仅仅是笔录者①。

2.《1844年经济学哲学手稿》研究。《1844年经济学哲学手稿》第一次试图对资本主义经济制度和资产阶级政治经济学观念进行批判性考察,并初步阐述了自己的新的经济学、哲学观点和共产主义观点。(1)有学者指出,对《1844年经济学哲学手稿》的理解不能忽视其自然主义的哲学立场和异化分析的政治意义,而这不仅需要梳理文本涉及的概念和内容,更要还原和把握马克思创作时所面对的哲学背景和政治背景。(2)反对阿尔都塞提出的所谓"认识论断裂",认为在"手稿"中马克思塑造了一种既不同于黑格尔哲学也不同于费尔巴哈哲学的"感性本体论",这种本体论构成了《资本论》的本体论前提。因此,《1844年经济学哲学手稿》是理解成熟时期马克思著作的关键等。

3.《共产党宣言》研究。《共产党宣言》的经典定位是"这部著作以天才的透彻而鲜明的语言描述了新的世界观,即把社会生活领域也包括在内的彻底的唯物主义、作为最全面最深刻的发展学说的辩证法、以及关于阶级斗争和共产主义新社会创造者无产阶级肩负的世界历史性的革命使命的理论"②。围绕着《共产党宣言》,学者们做了大量工作。(1)出版了《〈共产党宣言〉剑桥指南》③。在这里,研究者讨论了《共产党宣言》的写作背景、政治回应、思想遗产及不同的英译本等;分析了《共产党宣言》的革命背景、修辞局限和阶级分析,以及全球

---

① [日]大村泉:《〈德意志意识形态〉"费尔巴哈"章作者身份问题再考察》,盛福刚、陈浩译,《武汉大学学报》(哲学社会科学版)2019年第2期。
② 《列宁全集》第26卷,人民出版社1990年版,第50页。
③ Terrell Carver/James Farr (ed.), *The Cambridge Companion to The Communist Manifesto*, Cambridge University Press, 2015.

化和后资本主义时代下《共产党宣言》等问题；补充了《共产党宣言》相关的导引文章、传记内容以及书目历史的介绍；发掘了《共产党宣言》关于政治、社会、人性、科技、劳动、生产、经济、贸易、道德、家庭、女性、观念、行动、阶级、战争、和平、政府以及民族等问题的论述。(2) 分析了不同版本的《共产党宣言》"序言"及其演变过程，由此分析了马克思主义传播史和发展史，并将《共产党宣言》、马克思主义与国际工人运动、世界社会主义思潮和新共产主义运动的盛衰史联系在一起[①]等。

值得一提的是，2018 年适逢《共产党宣言》发表 170 周年，世界各国纷纷主办纪念活动。(1) 强调《共产党宣言》在今天仍然具有现实性。例如，德国左翼学者指出，尽管当今时代的许多特征与自由资本主义时代相比已经发生了很大变化，但《共产党宣言》的基本原理至今仍然有效，对当代资本主义现实仍然具有很强的解释力。(2) 认为马克思恩格斯对资本主义的许多预测都被证实了。譬如，今天世界经济全球化、资本主义持续危机等。(3) 提醒人们不能只聚焦于马克思经济学方面的贡献，断言马克思经济学总是政治经济学，因此不能离开阶级理论和世界政治发展谈论马克思思想。(4) 揭示《共产党宣言》产生广泛影响的原因，主要在于《德意志意识形态》阐述的历史唯物主义的理论支撑。(5) 强调在整体视角中来理解《共产党宣言》，这样既可以避免教条式的理解，也可以回应一些指责。

4.《路易·波拿巴的雾月十八日》研究。《路易·波拿巴的雾月十八日》运用唯物史观总结分析了 1848 年法国革命经验；阐明了马克思主义国家学说以及工农联盟思想。这是马克思的一部比较独特的文本，同时也遭受很多争议。有研究者提出要从方法论层面对《路易·波拿巴的雾月十八日》进行解读，指出马克思之所以研究法国的"即时历史"，并非仅仅出于对历史的兴趣，而是具有强烈的政治意味，其与这种政治兴趣相关的是"预见的决心"。在这里，马克思显示出了一个革命者的诉求。该著作尤为重视阶级斗争的复杂性，因而没有把政治斗争还原为阶级冲突，而是认为其具有更为丰富的内涵等。

[①] Francesco Galofaro, *Le prefazioni del Manifesto. Colpo d'occhio sullo sviluppo del marxismo in Italia*, Marx Ventuno rivista comunista, No. 1 – 2, 2018.

三 马克思思想及其当代价值研究

第一，重新发现马克思。

例如，德国马克思主义学者试图在重新阅读马克思、重新诠释马克思的过程中"重新发现马克思"，并体现出四个基本特点：（1）立足于 MEGA²，对马克思思想与马克思主义进行了反思、批判、创新，或者说，"反思、批判、创新"是德国马克思主义研究的核心议题。（2）跨学科、多层面、整体性研究马克思思想与马克思主义。（3）以广义理解的马克思主义反思历史、阐释现实和预测未来。（4）缺乏完整的马克思主义理论框架和统一的马克思主义概念，因而，形成了不同的研究路向：一是文献学路向——学术为主，兼顾思想，不问现实，最重学术；二是意识形态路向——学术思想都不注重，最重信仰；三是政治经济学路向——学术是基础，思想是灵魂，最重现实；四是政治伦理学路向——学术性、思想性与现实性相统一，最重思想。然而，从总体上看，德国马克思主义研究存在着以下问题：一是与马克思主义研究相关的学术活动非常热闹，但"热闹"背后显露出急躁情绪与焦虑心态；二是文献学研究逐渐成为热点，但有陷入"有阅读、有研究、无信仰"的危险境地；三是过分注重马克思主义经济学、伦理学、美学等维度，哲学维度有所淡化；四是过分关注社会现实问题，理论深度有所弱化；五是研究视野过于宽泛，马克思主义研究与左翼思潮研究边界不明；六是研究队伍渐趋老化，后继人才亟需补充；七是被主流社会边缘化，经济状况不佳，社会政治地位堪忧。[①]

第二，重新塑造马克思。

例如，英国马克思学家 T. 卡弗致力于重新塑造马克思理论形象：（1）从政治活动家角度重塑马克思形象，而不是将马克思单纯地视为一个哲学家、经济学家、政治思想家或者知识分子[②]。（2）远离传统的政治意识形态解读路径，将马克思置入 19 世纪的历史、政治和观念背景，尤其是德国古典哲学脉络中去介绍马克思的所惑与所思，展现一个

[①] 王凤才：《重新发现马克思》，第 304—305 页。
[②] Terrell Carver, *Marx*, Cambridge: Polity, 2018.

"有血有肉"的马克思①。(3) 指出马克思理论分析在 21 世纪仍然具有有效性,如对全球资本主义经济发展动力及其摧毁力量的分析,以及对资本主义通过制造内部矛盾实现增长机制的分析等②。此外,俄罗斯学者基于对俄罗斯现代化道路的反思,主张重建历史唯物主义:(1) 深入地剖析经济决定论的哲学基础、表现形式以及与历史唯物主义核心范畴之间的根本界限。(2) 批判历史领域中的实证主义立场。在苏联学界,长期存在着两种对马克思主义的伪科学诠释:一是将马克思主义作为乌托邦理想或未来必然达到的世界图景;二是向实证主义与保守主义退却。这两种倾向都是关于人类社会历史进程(非辩证的)的形而上学立场。我们认为,"马克思"只有一个,但其至少有四个理论形象,即作为"哲学人类学家"的马克思、作为"政治经济学家"的马克思、作为"历史人类学家"的马克思,以及"作为政治革命家"的马克思。在马克思的全部精神遗产中,有四种精神是最为重要的,即科学精神、批判精神、实践精神和乌托邦精神。

第三,比较视域中的马克思。

(1) 在"卢森堡与马克思的关系问题"中,德国学者考察了卢森堡的资本积累理论与马克思的资本积累理论之异同,以及资本积累理论的现实意义。(2) 在"凯恩斯与马克思的关系问题"中,德国学者分析了凯恩斯经济学与马克思经济学相互补充的必要性,以及凯恩斯主义在当今欧洲的适应性问题。(3) 在宗教、道德、伦理学、女性主义、无政府主义与马克思主义的关系问题中,德国学者分别考察了宗教与道德、宗教批判与资本主义批判,以及伦理学、宗教社会主义、女性主义、无政府主义与马克思主义的关系问题。(4) 在"心理分析与马克思主义关系"问题中,法国学者 K. 热内尔(Katia Genel)沿用了阿多尔诺的说法,将法兰克福学派关于马克思思想与心理分析的结合方式区分为"弗洛姆式"(弗洛姆、哈贝马斯、霍耐特)和"赖希式"(赖希、阿多尔诺、马尔库塞),并指出梳理法兰克福学派与心理分析关系史的意义,在于探讨社会批判理论在何种程度上能够接受"文化病理

---

① Gareth Stedman Jones, *Karl Marx: Greatness and Illusion*, Penguin UK, 2016.
② Eric Hobsbawm, *How to Change the World. Tales of Marx and Marxism*, Little, Brown, 2011.

学"视角，同时又仍然能够保持自身的"解放之维"。（5）比较海德格尔与马克思、M. 韦伯与马克思、克尔凯郭尔与马克思、无政府主义与马克思主义，以及不同类型的马克思主义之间的理论关联。（6）就马克思与汤因比、斯宾格勒、亨廷顿等人在历史发展方向、文明形态冲突等问题上的分歧，俄罗斯学者展开了积极的论争，这对分析俄罗斯独特的文明样态与民族复兴道路具有重要意义。

第四，回到马克思①。

针对当代欧洲资本主义危机，法国左翼学术界再次提出了"回到马克思"②的口号。不过，这并非"原教旨主义地"回到马克思思想，而是以马克思的资本主义批判立场审视今日之资本主义。在这个口号下，主要有以下主张：（1）概括了马克思哲学思想的重要贡献③：一是思考哲学概念的独特方式，突破了理论与实践、理智与感知、抽象与具体之间的对立，但并不消除它们的矛盾；认为哲学是概念中的理论实践，而概念是现实本身的形式。二是建构了一个社会现实分析框架，指明社会现实的异化模式及其经济根源。三是从共产主义高度揭示了今日生活的意义，将关于人的理论、关于社会的思想、经济学和关于未来的诗联结在一起，认为其是人的解放、社会性的显现以及现实本身的现实化。（2）将马克思毕生理论工作的目标理解为从科学视角对资本主义经济进行批判④，认为马克思的全部批判基于一个基础本体论，将生活着的个体行动者之主体性活动界定为现实的根源，将理论领域理解为人们的现实生活过程的体现。（3）断言马克思主义仍然是对抗新自由主义的最主要思想资源，其理论力量在于论证了只有基于资本主义的充分发展，共产主义才具有历史可能性。"充分发展"并非仅指物质生产的充分发展，更是指民主形式的充分发展。因而，与其说共产主义具有本体论的必然性，不如说它是康德意义上的道德律令，它着眼于人类的整体利益，为后资本主义时代的到来敞开了可能性。

尤其值得一提的是，2018 年是马克思诞辰 200 周年，世界各国主

---

① 在这里，借鉴了课题组成员吴猛的研究成果，特此致谢！
② Yvon Quiniou, *Retour à Marx. Pour une société post-capitaliste*, Buchet Chastel, 2013.
③ Olivier Dekens, *Apprendre à Philosopher avec Marx*, Ellipses Marketing, 2013.
④ Jean Vioulac, Révolution et démystification dans la pensée de Karl Marx, *Actuel Marx*, n° 53, 2013.

办了各种纪念活动,发表论文、出版著作,从不同维度拓展和深化马克思思想及其当代价值研究。例如,马克思思想整体性研究、马克思主义经典理论与关键概念研究和马克思思想当代价值研究等。

四　西方马克思主义及其最新发展研究①

第一,卢卡奇、葛兰西、阿尔都塞研究。

1. 作为西方马克思主义奠基人之一,卢卡奇及其思想历来是西方马克思主义研究的热点之一。21世纪以来,卢卡奇研究主要体现在以下四个方面。(1)卢卡奇物化思想研究,讨论了物化问题视野下的卢卡奇政治思想、卢卡奇物化思想与费希特哲学的关联。(2)卢卡奇美学思想研究,讨论了后期卢卡奇美学思想所关注的主要问题②,对卢卡奇关于20世纪先锋作家的某些偏见进行了批判性反思。(3)后期卢卡奇本体论思想研究,从本体论角度对海德格尔生存论与后期卢卡奇思想进行比较,分析了《社会存在本体论》中的发生学视角和过程学视角之间的内在张力。(4)讨论《尾巴主义与辩证法》中卢卡奇与列宁主义的关系问题等。

2. 作为西方马克思主义奠基人之一,葛兰西思想研究呈现出多样性,这主要表现在以下六个方面。(1)葛兰西的霸权理论研究,梳理了霸权的不同含义及其流变,认为霸权理论是对民主社会的政治斗争进行的解释③。近年来,关于霸权与市民社会问题的研究更多地集中在文化、文艺领域。(2)葛兰西的组织危机理论研究。学者们认为,西方社会最致命的危机不是经济危机,而是事关霸权的"组织危机",或曰"整体国家"危机。(3)葛兰西教育思想研究④,将葛兰西讨论的学校中的"教—学关系"理解为权力运作的实践形式。(4)葛兰西的"人民的—民族的"概念与民粹主义的关系研究。(5)从语言政治学角度

---

① 在这里,借鉴了课题组成员吴猛、孙秀丽、贺羡、李凯旋、袁东振等人的研究成果,特此致谢!

② Pierre Rusch, Esthétique et anthropologie. approche de la dernière esthétique de Georg Lukács, *Actuel Marx* n°45, 2009.

③ Fabio Frosini, Hégémonie. une approche génétique, *Actuel Marx*, n°57, 2015.

④ Daniel Frandji, Rapport pédagogique et école unitaire dans la conceptualization gramscienne du pouvoir, *Actuel Marx*, n°57, 2015.

重新解读葛兰西思想,将葛兰西研究与当代全球经济文化和国际政治联系起来成为新的研究趋向。(6)葛兰西生平与思想演变史以及葛兰西思想在世界范围内的传播史和接受史研究。此外,还有关于葛兰西的实践哲学思想研究、政治经济学理论研究、文学理论与大众文化研究、民族复兴与国家统一思想,以及统一战线思想的时代意义研究等。

3. 作为结构主义的马克思主义奠基人和最主要代表人物,阿尔都塞思想研究也非常活跃。21世纪以来,阿尔都塞研究主要集中在以下四个方面。(1)阿尔都塞思想的整体形象和基本特点研究,指出不能将阿尔都塞思想与具体的历史情境分开——尽管阿尔都塞思想充满着异质性,但他从未动摇过对马克思主义的信念。(2)对阿尔都塞提出的所谓"认识论断裂"观点提出的挑战,这主要围绕着两个问题展开:青年马克思是费尔巴哈主义者还是属于青年黑格尔派?马克思在1845—1846年的思想转变是认识论的转变还是哲学—社会学的转变?认为阿尔都塞关于科学与意识形态的区分问题,可以在阿尔都塞的《关于〈社会契约论〉》一文中找到线索。(3)关于阿尔都塞与列宁主义的关系。(4)关注早期阿尔都塞对马克思的解读,以及阿尔都塞在20世纪60年代末的思想转变问题等。

第二,法兰克福学派批判理论及其最新发展研究。

1. 早期批判理论的深入研究。(1)通过阿多尔诺伦理思想与美学思想研究,发掘批判理论的审美维度和乌托邦维度,以及20世纪中期人道主义的马克思主义在美国的活动及其影响研究。(2)为了纪念本雅明逝世70周年,西班牙《工具》杂志第43期(2010)推出了"本雅明专题研究",对本雅明思想进行了细致研究。例如,"危机与批判——对本雅明现实性的分析""本雅明与现代性的体现""革命与进步——本雅明的生态社会主义的现实性"。(3)在《马尔库塞:艺术的解放》(2012)①中,M. 米尔斯(Malcolm Miles)通过讨论马尔库塞的审美理论与哲学、艺术、历史、政治之间的联系,指出马尔库塞的一个启发性洞见,即在失去控制的资本主义大变动中,过度需求已经越来越超出社会与生态环境所能承受的范围。

2. 话语伦理学与协商民主理论的进一步发展。21世纪以来,话语

---

① Malcolm Miles, *Herbert Marcuse*: *An Aesthetics of Liberation*, London: Pluto Press, 2012.

伦理学与协商民主理论得到了进一步发展。N. 弗雷泽、艾里斯·扬、S. 本哈比、J. 博曼等人在哈贝马斯的话语民主理论基础上，兼顾规范性与事实性，进行跨学科、跨领域研究，同时回应来自不同领域的挑战，进一步发展了协商民主理论。例如，N. 弗雷泽的一元三维正义论框架、艾利斯·扬的深层民主构想、S. 本哈比的文化多元主义背景下民主的可能性问题，以及 J. 博曼对协商民主与代议制民主的结合等。

3. 承认理论、多元正义构想与民主伦理学的进一步发展。20 世纪 90 年代以来，由于霍耐特的《为承认而斗争》的出版，承认理论又一次活跃于国内外学界。国内外学者全面分析了"在他者中认出自身"这个问题①，考察了霍耐特承认理论与黑格尔和马克思的关系，认为即使历史唯物主义与承认理论具有共同点，霍耐特与 N. 弗雷泽论争的问题仍然存在：人的解放是以认同为核心的承认概念，还是以社会地位平等为基础的正义概念。不仅如此，学者们还考察了承认、正义和伦理的关系问题。例如，霍耐特的《承认：欧洲的观念史》（2018）一书，系统地梳理了欧洲思想传统中对承认观念的不同理解——在法国，追求承认被视为会导致"自我的丧失"；在英国，承认被理解为一种可促进共同体福祉的积极的"自我控制"；在德国，承认则被视为平等个体之间的相互尊重，是主体达成"自我规定"的条件。霍耐特认为黑格尔的承认理论能够对这几种理解进行融合。这样，霍耐特对"承认"的理解就有了更多思想史的资源。在承认理论进一步发展的基础上，霍耐特的多元正义构想与民主伦理学也得到了进一步阐发。

4. 法哲学和权利批判思想的继续推进。自哈贝马斯的《事实与价值》出版以来，法哲学逐渐成为批判理论的重要研究领域之一。其中，霍耐特在继承哈贝马斯基本观点的基础上更精细地解析了资本主义法律体系，分析了过度法治化问题。当然，他并不否认资本主义法治化，而是认为抽象法确立的自由仅仅是一种可能的自由，其真正实现依赖于广阔的社会生活领域，法治化过度发展意味着将法律误认为自由的实现，将本来应诉诸社会交往解决的问题转交给法律。德国学者门克（Christoph Menke）和洛伊克（Daniel Loic）对现代资本主义权利进行了更为

---

① Bryan Smyth, *Comment to The Philosophy of Recognition, Historical and Contemporary Perspectives*. Lexington Books, Plymouth, 2010.

激烈的批判。门克诉诸阿多尔诺的辩证法传统和卢曼的系统论思想，认为当代资本主义市民法从整体上扭曲了现代法的反思结构。实际上，真正的现代权利形式是反权利，而这种权利被误解为主体权利。因而，必须消除市民法的权利形式以确立反权利。洛伊克则立足于社会哲学，断定资本主义法律体系阻碍了个体自我实现所需要的社会性，以至于不仅未实现自由，反而造成各种病理行为。

5. 从各个角度对批判理论进行批判性反思与推进。（1）当代资本主义社会矛盾现象后全景式研究。例如，霍耐特领导的学术团队从宏观的整体社会到中观的市场经济领域，再到微观的家庭与婚姻关系，结合社会哲学、美学、法学和实证社会科学对资本主义进行了全景式研究，其中包括五个子项目：矛盾的思想史的规范重构；法律平等的矛盾；儿童福祉的矛盾；平等、民主及其文化产业的矛盾；亲子关系中的平等矛盾。该项目兼顾理论思考与现实关切，获得了学界和公众的广泛关注。（2）将批判理论与政治经济学批判融合起来，推进批判理论的进一步发展。例如，N. 弗雷泽和耶给（Rahel Jaeggi）的《资本主义：批判理论内部的对话》一书对之进行了深入论述；A. 亚普（Anselm Jappe）的《墙上的书写：论资本主义的解构及其批判》试图将马克思的政治经济学批判与自卢卡奇以来的西方马克思主义传统结合起来，以社会批判方式复兴马克思的政治经济学批判。（3）法兰克福大学社会哲学讲座教授 M. 萨尔（Martin Saar）试图为哲学与时代的关系提供一种新理解，认为它们的关系是不稳固的、模糊的、偶然的，哲学既非完全臣服于、又非完全独立于时代，而是处于一种移动状态。只有这样，批判和抵抗才可能。柏林自由大学社会哲学教授克利卡特斯（Robin Celikates）立足于批判理论传统，关注批判理论的方法论问题，以及公民不服从、民主、移民和公民身份等问题，尤其是公民不服从问题，深挖其中承认关系的冲突特征，将其视为一种辩证的超越力量。

6. 主办批判理论相关会议和课程班。例如，2016 年西班牙"马克思主义研究会"思想部与马德里大学欧洲—地中海大学研究所联合主办的"历史唯物主义与批判理论"第四期继续教育课程，主题便是"法兰克福学派与社会批判理论"。关于"批判理论"的会议，在中国已经召开过很多次。譬如，全国"国外马克思主义论坛"至今已经召开了 14 届，几乎每届论坛都有"批判理论"议题，甚至第 8 届论坛主题就是:"法兰克福学派与美国马克思主义——纪念阿多尔诺诞辰110周年"(2013,武汉)。"批判理论论坛"至今已经召开了5届;此外,还召开过不少批判理论国际会议,譬如,"社会自由与民主的理念——跨文化视野中的霍耐特社会哲学"(2016,台北),"否定与承认——批判理论及其最新发展"国际学术会议(2017,上海),"中德学者关于批判理论的对话"(2018,北京),"东欧新马克思主义文化批判理论"(2018,成都),"批判理论的旅行"(2019,北京)等。

7. 批判理论的"政治伦理转向"研究。例如,自2004年以来,在法兰克福学派批判理论研究领域,王凤才提出了几个原创性观点,即"批判理论三期发展""批判理论的'政治伦理转向'""从批判理论到后批判理论"。他指出,法兰克福大学社会研究所是法兰克福学派的大本营,批判理论是法兰克福学派的标志性贡献,甚至是法兰克福学派的代名词;但并非社会研究所所有成员都属于法兰克福学派,并非社会研究所所有理论成果都属于批判理论。法兰克福学派并非铁板一块、批判理论并非整齐划一,而是存在着众多差异、矛盾甚至对立。尽管第一代批判理论家内部有着这样或那样的差异,但总体上都属于"老批判理论",体现着批判理论第一期发展;尽管第二代批判理论家内部有着三条不同的研究路径,但与"老批判理论"相比,基本上都属于"新批判理论",体现着批判理论第二期发展;尽管第三代批判理论家有着不同的学术取向,但总体上属于批判理论第三期发展,标志着批判理论最新发展阶段("后批判理论"),体现着批判理论最新发展趋向("批判理论的'政治伦理转向'")。批判理论第三期发展已经不再属于传统的西方马克思主义范畴,而是已经进入与当代西方实践哲学主流话语对话的语境之中①。

第三,西方马克思主义其他流派研究。

在西方马克思主义研究当中,除了早期西方马克思主义、法兰克福学派和结构主义的马克思主义研究之外,还有许多其他流派也非常引人注目。

1. 文化马克思主义研究。"文化马克思主义"有狭义和广义之分,

---

① 参见王凤才《蔑视与反抗——霍耐特的承认理论与法兰克福学派批判理论的"政治伦理转向"》,重庆出版社2008年版。

从广义上看，近年来的"文化马克思主义研究"主要涉及：（1）关于阿多尔诺形象的新描述问题。研究者认为阿多尔诺既不是高雅文化的辩护者，也不是流行文化的贬低者，而是在探讨经典音乐和流行音乐中共有的机械化和标准化问题。（2）关于马尔库塞的审美理论与哲学、艺术、历史分析和政治分析的关系问题。（3）剖析霍尔著作中的政治动力问题，认为它不仅对占支配地位的文化范式进行政治挑战，而且对霸权政治进行文化挑战。（4）关于文化多元主义的局限性和盲区问题。研究者认为它是一种全球主义的经济认识论，实际上是一种殖民主义策略等。

2. 分析的马克思主义研究。国内外学者主要讨论了分析的马克思主义主要代表人物柯恩对罗尔斯式自由主义的批评，说明他们关于差异原则的表述存在着某种不一致性；借助分析的马克思主义对全球化问题展开了持续的关注和批判性反思；深入研究了分析的马克思主义正义论，并从政治哲学、道德哲学视角讨论了马克思与正义、马克思与道德等问题。

3. 女性主义的马克思主义研究。关于女性主义的马克思主义研究有越来越热之势，关注的主要问题有：（1）分析女性主义运动发展历程、女性主义发展新阶段、女性主义政治和解放政治的结合等问题。（2）将性别、身份和述行行为结合起来，采用历史、哲学、文学、艺术史和其他视角研究性别、性别正义与社会平等问题。（3）在现代性与规范性的关系中考察女性主义批判理论的核心观点。（4）从权力在主体间性层面对主体性建构，对自我本质的阐释角度讨论女性主义问题。（5）对社会再生产进行研究，揭露对女性家务劳动的掩饰和否认，对剥削理论与性别化的关系进行研究。（6）从心理分析视角讨论女性主义，探讨心理分析中的女性气质、女性的屈从状态等。

4. 生态学马克思主义研究。随着生态问题日益严重，随着人们对生态文明的向往越来越强烈，关于生态学马克思主义的研究日趋热烈，主要表现在以下四个方面。（1）分析产生全球生态环境问题的根源及其出路，认为资本积累导致了生态危机和生态灾难。因而，无限制的资本积累和保护地球之间存在着不可调和的矛盾。他们断定，"绿色资本主义"不是最终解决方案，解决问题的唯一方案仍然是社会主义。（2）借助马克思的新陈代谢断裂理论，对自然与当代资本主义社会的关系进行批判；强调马克思的生态唯物主义对解决21世纪的生态危机和生态灾难具有的重要意义；强调某些环境问题具有全球性质，因而需要世界性而非地方性的解决办法；立足于人类中心主义立场确立马克思主义与生态学之间的内在关联；批判生态殖民主义问题。（3）21世纪以来，中国生态文明建设思想得以深化，实施可持续发展战略与建设资源节约型、环境友好型社会等重要举措。总之，生态文明问题已经成为21世纪世界马克思主义研究的热点问题之一。例如，经典马克思主义生态文明思想研究；西方马克思主义生态文明思想研究；中国化马克思主义生态文明思想研究；社会主义生态文明问题研究。（4）中东欧新社会运动集中在乡村生态运动上，致力于创建乡村文化与城市文化的新融合，保障动物福利，追求乡村的可持续发展等。

五　阶级理论、阶级问题和两极分化问题研究[①]

第一，阶级理论与阶级问题研究。

（1）关于阶级结构变化与阶级概念的适应性问题。学者们大都承认当代发达资本主义社会阶级结构的变化，但在阶级概念适应性方面有不同的看法，主要分歧在于："告别"阶级概念还是"重新接受"阶级概念。（2）关于阶级意识与阶级斗争问题。尽管学者们还在讨论阶级意识与阶级斗争问题，但也有学者指出与阶级意识和阶级斗争意识相比，阶级感受已经处于支配地位。因此，他们从文化象征方面探讨工人阶级，突出阶级的认同、感知和情感维度，强调对阶级的分析不能被还原为一个没有情感因素的论争或纯粹抽象的代数关系，社会变迁不只是政治经济的变迁，同时还是文化观念的变迁；平等问题也不只是政治经济的平等，同时也是文化和象征的平等。（3）关于马克思的阶级理论的现实性问题。学者们的理解有所不同，但基本观点是：最近20年，尤其是2008年经济危机以来，西方世界出现了阶级分析与阶级理论的复兴，马克思的阶级理论在今天仍然具有现实性，不过，必须与社会结构分析、社会不平等以及女性问题等研究结合起来，才具有生命力[②]。

[①] 这里，主要是王凤才、吴猛、孙秀丽、焦佩等人的研究成果，特此说明。
[②] 详见王凤才《新世纪以来德国阶级问题研究》，《中国社会科学》2016年第4期。

(4) 关于农民阶级问题。众所周知（尤其是在西方国家），关于马克思主义阶级理论的讨论往往是围绕着无产阶级理论展开的，而农民阶级问题被视为其附属。近年来，学者们开始关注农民阶级，认为马克思主义在农民阶级问题上并非没有解释力，并从多个角度考察马克思主义的农民阶级理论。(5) 关于阶级流动性问题。人们往往认为马克思没有关于阶级流动性的思想资源，近年来有学者从思想史角度进行反驳，并从多个方面考察马克思关于阶级流动性的论述，指出社会流动性问题不能被抽象地看待，而应该将其放在具体的时空中加以讨论。关于阶级结构和阶级行动等问题的研究表明，马克思是将阶级意识问题和社会流动性问题结合在一起讨论的；同时，马克思对精英阶层的流动和选拔等问题也以自己的方式进行过思考。(6) 关于社会阶级与劳工运动问题。学者们强调在当今社会政治研究中，市场分析法混淆了现象与本质，从而使现实问题神秘化。在他们看来，阶级分析法仍然是唯一有效的方法。通过对21世纪初出现的妇女就业、移民和知识分子劳动者等新现象的剖析，认为工人阶级必须重新团结起来，劳工组织的变革应该与进步的左翼政治力量团结在一起。(7) 分析了20世纪末21世纪初以来工人阶级力量的变化：一方面工人阶级力量日益萎缩；另一方面各种松散、去中心化的抗议活动又日益频繁。但这些新型工人运动实际上是一种拒绝主义+实用主义的运动。因而，在全球视野下探讨当今资本主义条件下工人阶级的自我构成是马克思主义者的重要任务。

第二，两极分化与贫困化问题研究。

(1) 学者们注意到资本主义全球化背景下劳资矛盾和劳劳矛盾的深化，因而要求分析跨国剥削和劳动正义问题；在此基础上，展望跨国公司中的劳动者国际联盟的前景。(2) 主张跳出单纯的经济领域，从人文角度探求两极分化的原因和对策。例如，从城市空间角度切入，分析城市化过程中出现的两极分化现象，提出城市共享权和居住平等权概念；分析金融全球化背景下社会各个方面的变化。(3) 通过统计数据、访谈、问卷等多种方法考察社会阶级结构的变化，发现在有些国家出现了城市中产阶级不断消失、在企业进军农业的背景下农民生活困顿、教师群体深陷学阀体系和等级制度，以及难民和非法移民处于劳动剥削的最底层等现象，并得出了这样的结论：新自由主义条件下社会各个领域的劳动剥削都在加深且两极分化越来越严重。(4) 在工人贫困化问题上，学者们指出，低工资的真正原因并不在于低生产率和低增长率，而在于政府在分配领域的不作为导致的机会不均等、教育资源分配不公平等。

六 民粹主义、民族主义与民族问题研究[①]

第一，葛兰西的"人民的—民族的"概念与民粹主义关系研究。

笼统地说，"民粹主义"可以分为左翼民粹主义与右翼民粹主义，它们有着漫长的历史。"民粹主义"不仅是一个理论问题，而且是一个现实问题。2008年金融危机爆发后，在世界范围内，民粹主义异军突起，力量日益强大，从而引起了学界关注。例如，国际葛兰西学会—意大利分会2018年以"葛兰西与民粹主义"为主题召开了一场学术研讨会。在会上，学者们讨论了葛兰西霸权理论中关于"民粹主义"的思想，从不同角度分析了葛兰西与民粹主义的区别：（1）指出差异化的"人民"是有组织的霸权重构中的"人民"，超越于政治之上。尽管葛兰西对"古老小世界"有所同情，但没有对人民"自然纯洁"的崇拜，也没有对民粹主义的赞赏。（2）从马克思、列宁和葛兰西的"人民"概念出发探讨民粹主义，指出葛兰西的"人民的—民族的"概念与当今的民粹主义完全不同。（3）对葛兰西"人民的—民族的"概念与拉克劳的"民粹主义"进行了比较，指出了它们之间的差异。

第二，西班牙民族国家统一问题。

在西班牙，民族国家统一问题是一个重要的历史问题，也是一个现实问题。2017年，西班牙的加泰罗尼亚独立风波，引起了西班牙马克思主义学界的极大关注。学者们从马克思主义国家理论和阶级理论等视角出发，对西班牙民族国家统一问题、加泰罗尼亚独立风波的历史成因及解决之道进行了探讨。（1）民族国家统一与佛朗哥主义的关系。对佛朗哥主义，西班牙左翼持有两种观点：一是将西班牙的思想传统与佛朗哥主义联系在一起；二是拒绝这样的历史关联，甚至将捍卫西班牙民族国家统一作为左派的实践纲领。这次风波之后，学者们再次讨论了这一问题，分析了西班牙民族问题没有从马克思主义左派立场得到解决而

---

① 在这里，借鉴了课题组成员李凯旋、贺钦、林子赛等人的研究成果，特此致谢！

走向分离主义的原因,并提供了面向未来的、切实可行的政治实践方案。(2) 提出恢复主权、重建国家的方案,主张在各民族自由自愿联合的基础上捍卫联邦制国家的主权,尊重各民族国家的主权,通过有效机制以保障社会权利等。

第三,非洲马克思主义与民族问题研究。

经历过了苏东剧变后的停滞期,21 世纪非洲马克思主义研究又有复兴趋势;与之相关,非洲社会主义运动的研究非常注重非洲国家的民族独立和人民解放进程。这主要表现为以下三点。

1. 关注社会主义建设过程中的"非洲传统":(1) 非洲的权力结构和地位结构仍然沿袭传统状态,大多数城镇由部落和民族组成,它们不是资本主义的创造物,而是殖民主义的产物。(2) 非洲的传统精神源于把社会视为核心家庭延伸的观念,强调团结的重要性。因而,非洲社会主义的基础是"扩大了的家庭"(Extended Family)。(3) 从民族文化传统角度理解殖民主义,指出殖民主义不同于以往的扩张和统治(如种族奴役),而是旨在消除被殖民地区的民族文化和价值观。(4) 植根于非洲文化传统的法律有着独特的民族标记和本土精神,不能全盘西化,也不能照搬东方经验。(5) 非洲马克思主义政党建设带有群众性色彩,政党领导人所代表的是一个民族。

2. 关注非洲社会主义与马克思主义的关系问题。(1) 二者的区别在于:(A) 非洲社会不存在马克思意义上的资本主义阶级结构,因而不能完全套用马克思主义的阶级斗争理论分析非洲问题。(B) 在某种意义上,非洲社会主义是由反殖民主义的民族解放运动转化而来的,不是无产阶级运动的产物。对此,有学者提出"非洲的民族解放运动是否是阶级斗争的一部分?"这个问题,并结合列宁的观点对之进行分析。(C) "非洲社会主义"这个名称涵盖了许多内容,但它们从来都不是"科学社会主义",而是与民族主义联系在一起的,非洲民族主义先于非洲社会主义。(2) 二者的联系在于:(A) 非洲的反殖民主义斗争是20 世纪世界反帝国主义斗争的重要组成部分。(B) 非洲社会主义者认为非洲文化传统本身就有集体主义精神,可以孕育出社会主义的种子;非洲社会主义从某种程度上告诉人们:没有阶级斗争也可以引入社会主义。(C) 通过分析非洲民众的抗议、工人阶级和形成、阶级认同和阶级意识、阶级斗争的历史、组织形式和有效性,主张恢复工会和工人行动主义的文化维度。（D）对民族自决和种族主义的理解与工人阶级团结联系起来考察，认为白人工人也是种族主义受害者。（E）考察马克思主义与黑人激进主义的关系和非洲的批判理论与黑人激进主义的关系，指出非洲的批判理论更加重视种族主义、性别主义和殖民主义对非洲的影响。

3. 对非洲社会主义运动的挫折进行反思。非洲学界对非洲社会主义运动的失败进行了批判性反思，认为非洲社会主义运动存在以下问题：（1）重独立、轻建设，而且建设经验不足，导致经济落后、人才流失。（2）马克思主义政党主要领导人急躁冒进。（3）在社会主义建设过程中没有处理好腐败问题。（4）非洲国家主要领导人混淆了泛非主义和社会主义。不过也有人认为，社会主义仍然是非洲发展的替代性选择，强调中国特色社会主义道路对非洲发展的启示意义和借鉴作用。

七 当代左翼思潮与新社会运动研究[①]

第一，当代左翼思潮与新社会运动的关注点。

当代左翼思潮与新社会运动关心的问题主要有：（1）政党政治问题。学者们基本持两种不同的观点：一是认为应当取消政党在社会运动中的作用，或者干脆消灭政党本身，预言新社会运动将会带来一种崭新的政治。二是认为如果没有政党的领导和引导，新社会运动的作用将是微乎其微的（譬如，2008 年以来的各种抵抗运动）；只有通过政党这种组织形式，才有可能促进社会转型。当然，目前左翼政党面临着各种困境：德国左翼党人数不足 6 万，并受多方掣肘；意大利左翼政党碎片化、边缘化；西班牙联合左翼并未提出受欢迎的纲领；拉美左翼政府最终大多采用了资本主义发展模式等。（2）工人的自我构成问题。学者们强调应在全球视野中探讨今日工人阶级的自我构成，认为工人阶级是在种族主义和帝国主义背景下，在日常斗争和政治行动中形成的。（3）新左翼与传统左翼的区分问题。新左翼反对传统左翼政党领导下的中央集权，更加重视社会解放自下而上的自主性、差异性和多样性；新左翼与新自由主义之间具有复杂的关系，即一方面它猛烈抨击新自由

[①] 在这里，借鉴了课题组成员吴猛、户晓坤等人的研究成果，特此致谢！

主义观念，另一方面也大力赞颂市民社会在未来社会解放中的地位和作用，尤其推崇其个人主义的社会文化。（4）激进主义与改良主义的区分问题。欧洲的历史经验表明，在资产阶级革命时期，激进主义政治运动是成功的；但在后革命时期，改良主义政治运动是有效的。有学者认为，目前改善社会生活、减少经济和社会分化，以及内部紧张问题成为人们的普遍诉求。因而，从资本主义到社会主义的渐进改良是可能的。（5）当代左翼要不断地真正革新，并广泛地联系各种新社会运动，如女性主义、生态主义和少数族群争取权益的斗争等，甚至确立一种"泛左翼"模式。

第二，21世纪左翼运动是否存在危机。

关于21世纪左翼运动是否存在危机问题，基本上可以分为三种立场。

1. 存在危机。研究者认为对左翼运动的传统认识不再适用于今天，左翼运动总体上是衰退的，并对左翼运动提出了三点质疑：（1）20世纪左翼运动的政治实践大部分失败了。（2）发达资本主义国家的经济和社会形势发生了显著改变，传统无产阶级的数量迅速减少，其生存状况、社会地位也发生了变化，阶级之间的界限日渐模糊，信息化社会改变了个体交往方式，工人之间的原子化倾向使其很难作为整体被组织起来，左翼运动的革命主体被瓦解了。（3）现代左翼运动领导人的立场是循规蹈矩的，其政策无非是通过社会改革，为民众争取最低生活保障和社会福利，追求选民的支持高于一切，而非致力于探求社会可持续发展途径；同时，左翼政党也缺乏国际主义姿态。

2. 不存在危机。（1）关于左翼主体性问题，大多数学者依然认为西欧和第三世界社会民主党和前共产党构成了左翼的核心力量。最近10年来，"左翼"是由反对行动的积极参与者、社会运动理论家，以及公共领域的代表构成的。（2）左翼运动仍然关心再分配问题，即不仅仅关心社会福利、社会最低保障等收入分配，更关心在迈向知识型社会的过程中保障公民受教育以及发挥创造力的机会的公平性问题。（3）后工业社会的支配原则仍然是资本和市场原则，只要这一点不变，资本主义社会的内部矛盾和冲突就不会发生根本改善。因此，左翼运动的批判对象仍然存在。（4）左翼的理论基础仍然是有效的，即社会发展过程不是线性的，而是多场景的、矛盾的，包括曲折和倒退、历史过程的逆转与回归。马克思主义者必须关注左翼政治实践，而不是在理论上消除社会主义的现实性。

3. 危机只是策略问题，而非理论危机。左翼运动是以劳动与资本的内在矛盾为基础的。因而，只要资本原则没有改变，就不可能消解社会主义与资本主义的对立。当代左翼运动的危机在于试图取消上述根本原则的对立，机会主义的左翼政党组织为争取政治经济权力、社会保障而斗争，却试图回避资本原则，从而疏远了现代工人阶级。所以说，当代左翼思潮和左翼运动的危机，根本上是政治实践危机，如斯大林的极权主义模式、当代左翼政党的机会主义斗争策略，而非社会主义理论危机。

八 金融资本主义批判与后期资本主义危机批判性剖析①

第一，新自由主义和金融资本主义批判②。

1. 新自由主义的特征与命运问题。（1）关于新自由主义的特征问题，学者们普遍认为，新自由主义不仅是一种经济理论，而且是一种政治立场，它根源于冷战时期的反共思维以及对以国家干预经济为核心的凯恩斯主义公共政策的反动。譬如，J. 比岱便将新自由主义理解为一种霸权政体。（2）关于新自由主义的命运问题，学者们有不同看法。他们分析了反抗新自由主义的各种形式，提出了不同的替代性选择，譬如，市场社会主义、民主社会主义和生态社会主义等。另外，还对以往的新自由主义研究进行了批判性反思。

2. 金融资本主义的特征与2008年金融危机的性质问题。学者们认为，资本主义发展至今天，可以称为"金融资本主义"；但这并不意味着资本主义性质发生了根本变化，只是意味着资本主义发展到了以金融资本支配为基本特征的金融资本主义这一新阶段。至于这场经济危机的性质，从总体上看，学者们基本上都将它与新自由主义联系起来，但又给出了不同的定位。例如，全方位的系统危机、严重的过度生产危机、信贷危机、货币危机和金融市场危机等；甚至有学者认为这也是一场生

---

① 这里，主要是王凤才、贺羡、周爱民、户晓坤等人的研究成果，特此说明。
② 详见王凤才《重新发现马克思》，第206—224页。

态危机，并导致"经济衍生伤害"，强调这场危机对经济、政治、文化和意识形态等方面的消极影响。

3. 能否走出，以及如何走出金融危机的问题。学者们考察了这场经济危机的爆发原因、社会政治影响，以及替代性选择问题，尤其是分析了"与凯恩斯一起走出危机的可能性"。他们提出了国家资本主义和民主资本主义、金融资本主义、债务资本主义、技术资本主义、加速资本主义、认知型资本主义、监督型资本主义、信息跨国资本主义、数字资本主义等模式。他们认为，从总体上看，未来有三种可能性：（1）随着另一种资本主义体系的成功再造，危机将被消解。（2）全球性的阶级斗争将彻底颠覆资本主义世界体系。（3）建立一种新的世界体系，这种体系建立在生态可承受性和满足一般人口基本需求的基础之上，是一种高层次的经济、社会和政治民主。特别值得一提的是，在替代性选择问题上，学者们表现出了一种严谨的克制。譬如，M. 布里指出，社会主义只有建立在资本主义生产力高度发展的基础之上才切实可行，否则就只会沦入野蛮主义之中；霍耐特也认为，不存在完全的替代性选择，社会主义对新自由主义的扬弃仅仅是一种内在批判，即对资本主义所宣扬的"自由、平等、博爱"理念内在矛盾的揭示。

第二，新帝国主义批判。

（1）关于帝国主义理论与新帝国主义问题。学者们探讨了以下问题：帝国主义概念、理论及其现实性，尤其是列宁的帝国主义理论对革命的马克思主义政治纲领的现实意义；新帝国主义的经济基础、历史特征，新老帝国主义的结构形式；帝国主义意识形态与资产阶级意识形态和帝国主义政治的关系等问题。（2）关于世界体系变化与国际新秩序问题。学者们主要关注的是：世界不均衡与南北关系，即北方国家与非洲国家之间的新殖民关系；资本主义中心国家与边缘国家的关系；北美、西欧、日本"三角关系"终结及"新兴国家"的崛起；中美俄关系对国际新秩序的决定作用，譬如，由于中国的参与，北方国家对非洲国家的剥削在一定程度上被弱化等。

第三，后期资本主义批判性剖析。

这主要集中在（后苏联时期）俄罗斯"批判的马克思主义"对后期资本主义的批判性剖析上，主要表现为：（1）承续马克思在政治经济学批判中揭示资本逻辑历史限度的思想方法，通过从抽象上升为具体的方法论架构分析和把握当代资本主义世界体系的内在矛盾及演化。（2）聚焦于分析经济因素与非经济因素相互作用的结构性、过程性与矛盾性，反对在哲学社会科学领域占据主导地位的实证主义与后现代主义方法论，以马克思"革命的"辩证法为基本立场，依循马克思社会—历史分析法把握后期资本主义的总体趋势与系统危机，研究后期资本主义社会矛盾的特殊表现形式及其向社会主义过渡的现实可能性。（3）以俄罗斯思想及其独特的社会现实阐释《资本论》的理论与方法，回应新自由主义经济学及其实践对马克思主义的质疑和挑战。（4）指出后期资本主义的多样态和非线性特征，强调个人在历史中的作用、非物质劳动的创造性、个体的文化素质与精神状态等，主张运用具体的多因素分析法，尤其关注特定社会历史阶段的复杂性、多维性和替代性。另外，有学者也用"后资本主义社会"指称这样一种变化了的社会：在今日资本主义社会生产与消费对立关系缓和的情况下，新的经济主体登场，形成了不同于以往形态的新资本主义社会形态；或者说，在反资本主义全球化浪潮中，在资本主义内部诞生了以信息技术、信息产品和协作生产为基础的新社会形态。

九 现实社会主义批判与未来社会构想[①]

第一，"现实社会主义"批判性反思。

1. "社会主义"观念重新理解与"现实社会主义"实践批判性反思。（1）重新理解社会主义观念，即社会主义革命并不是要彻底消除资本主义社会的核心价值观念；在制度层面，并不是在观念层面对社会制度进行重新安排。（2）批判性反思"现实社会主义"实践：不仅讨论了民主德国与社会主义、社会主义与民主的关系，而且分析了民主、人权、解放与社会主义的关系，揭示了民主德国社会主义失败与民主社会主义萌芽问题。

2. 苏联模式社会主义批判性反思。对苏联模式社会主义进行批判性反思，无疑构成了俄罗斯马克思主义独特的研究路径，其独特性在

---

① 这里，主要是王凤才、户晓坤、赵司空、孙建茵、袁东振等人的研究成果，特此说明。

于：拒斥后现代主义消解历史宏大叙事的悲观主义立场和新自由主义的市场极权主义倾向；运用马克思主义的矛盾分析法把握苏联模式社会主义的突变性质与非线性特征；将对苏联社会主义经济、政治、文化的矛盾分析与根源解剖作为向社会主义过渡的理论探索，主要包括：（1）形成了关于苏联模式社会主义之过程性和矛盾性的溯因分析，认为苏联模式社会主义的形成与消亡是辩证统一的；（2）认为苏联"解冻"时期，一方面取得了许多成就，另一方面由于政治经济体制总体上仍然是僵化的，最终走向"停滞"时期；（3）对"停滞"时期苏联计划经济模式深层矛盾的内在根源进行分析，认为计划经济的高效优势是通过向精英阶层妥协实现的。而高度集权无法适应经济形势的变化，就成为苏联社会主义经济体系瓦解的重要原因。

3. 中东欧社会主义批判性反思：经历过20世纪末期的沉寂之后，21世纪马克思主义研究在匈牙利、波兰和捷克等国出现复兴。学者们既反思历史又批判现实，既审视社会主义也审视资本主义，主要表现为：（1）对中东欧社会主义以"消费为导向"的福利专政政策进行批判，认为匈牙利等国在社会主义时期实行的福利政策，尽管短期内维持了社会稳定和党的领导权，但从长期来看却为体制的瓦解埋下了伏笔；（2）对斯大林式意识形态的历史影响进行反思，考察了左翼专制主义与政治、民主与自由市场资本主义的必然关系，以及斯大林主义意识形态的政治用途和社会影响。

第二，21世纪社会主义—新共产主义再认识。

1. 关于俄罗斯"21世纪社会主义复兴运动"问题的研究。在研究后工业社会性质与资本逻辑全球化本质的基础上，俄罗斯学者推动的"21世纪社会主义复兴运动"具有的时代性与现实性，远远超出了学术的或理论的旨趣，从根本上具有寻求俄罗斯民族复兴道路的实践意义。围绕着"21世纪社会主义"这个主题，俄罗斯学者主要讨论了以下问题：如何理解社会主义的性质？如何在资本逻辑全球化背景下诊断后期资本主义症候？如何探索向社会主义过渡的理论基础与现实道路等重大主题？并形成了两条不同路径：（1）俄罗斯左翼政党将马克思主义作为构建社会主义制度的理论基础与政治纲领，寻求它在经济、政治、文化和社会生活领域中的具体实现；（2）俄罗斯左翼学者遵照马克思的历史发展理论，将社会主义作为通往共产主义的必经阶段，从西方资本主义文明的历史限度及俄罗斯进入这一文明类型的非现实性角度，深入反思了苏联社会主义实践经验、阐释21世纪社会主义的基本性质与特征，并积极地探索将传统社会主义理论与左翼运动政治实践结合起来的方案。

2. 关于拉美"21世纪社会主义"问题。21世纪以来，拉美左翼又开始怀念马克思主义，各种思想观念杂糅形成了"21世纪社会主义"的理论内核。拉美学者对"21世纪社会主义"的探索主要包括以下倾向。(1) 对21世纪社会主义进行正面评价（以 M. 哈内克为代表），提出五个方面的思考：21世纪社会主义的特点；生产组织的基本特征；完善激励机制和提高意识水平的重要性；关于社会主义阶段与向社会主义过渡的进程；参与式规划的核心是社会占有生产资料和生产方式。(2) 对21世纪社会主义负面评价（以 H. 迪特里希为代表），否定查韦斯的"21世纪社会主义"，指出拉美的民族社会主义已经终结；批评古巴的社会主义模式是一种不符合时代要求的"历史社会主义"。在批判性反思的基础上，提出了自己关于21世纪社会主义的理论主张。(3) 对拉美21世纪民族社会主义的阐释（以 Á. 加西亚为代表），主张包括：新自由主义是可以被战胜的；通过民主革命方法确立由边缘国家主导的全球化；"社群社会主义"和"美好生活社会主义"是未来社会发展前景。(4) 对21世纪社会主义的反思（以 S. 洛佩斯为代表），概括了21世纪社会主义的特点：生产资料社会化；国家对经济的主导作用；强调人民主权；尊重政党和媒体多样化等。

3. 从"告别社会主义先生！"到"回到共产主义"。21世纪以来，学者们不仅讨论了"共产主义假说"（巴迪欧）、"共产主义观念"（C. 杜齐纳斯、齐泽克）、《共产主义理念（第2卷）》（齐泽克主编）；而且试图重新"诠释共产主义"（G. 瓦蒂莫）、畅想"共产主义的现实性"（B. 波斯蒂尔）、展望"共产主义地平线"（J. 狄恩）等。

总之，在21世纪，学者们从不同视角对社会主义—共产主义进行重新理解。例如，从激进民主视角对新社会主义—新共产主义进行反思，讨论21世纪社会主义—新共产主义的可能性，认为激进民主理论是新社会主义构想的重要理论基石。在此基础上，提出了各种不同的新社会主义构想。例如，民主社会主义、"计算机—社会主义"、市场社会主义和生态社会主义，以及21世纪社会主义等不同方案。概括起来，

"社会主义"应该有三个关键词,即"市场""民主""生态"应作为其定语。

十 中国特色社会主义道路问题研究①

第一,国外学界的研究。

中国特色社会主义道路的理论与实践,既区别于西方现代化发展模式,又区别于苏东现代化发展模式,从而激发了各国马克思主义学者、左翼学者的研究热情。其中,日本学者的研究范围广泛、内容深刻、成果丰硕。例如,

1. 关于中国经济性质问题。(1) 日本马克思主义经济学界约有1/3的人认为,中国当前的经济是"具有中国特色的资本主义经济",其特点就是:政府过度干预市场,使得市场经常出现扭曲;存在过度竞争,常常造成重复建设和资源浪费;潜规则大量存在,造成经济效率的低下。② (2) 部分学者坚持"资本主义经济论",其依据在于:推动国有企业民营化、承认并奖励私营企业发展、无止境地剥削工人和压榨农民、社会贫富分化日益扩大、政府官僚腐败严重、允许私营企业家入党、社会主义意识形态衰落等。(3) 部分学者坚持"资本原始积累阶段论",认为中国当前的经济发展处于资本主义初期,属于马克思主义政治经济学所说的资本原始积累阶段。(4) 少数学者支持"中国特色社会主义经济",认为中国经济发展具有自己的特点,其构成主要有:土地国有、生产手段公有制为主体与经营管理的多样化、协商型的劳资关系。因而,"中国特色社会主义未来发展的经济基础是坚持以公有制为主体,将市场经济作为补充,中国经济体制在21世纪史上将具有重要意义"③。

2. 关于中国经济发展状况问题,日本学者持以下几种观点:(1) 尽管当前中国经济高速发展,但与日本相比仍然有40年的差距。

---

① 在这里,借鉴了课题组成员张利军、闫宇豪、张娜等人的研究成果,特此致谢!
② [日] 加藤弘之、久保亨:《進化する中国の資本主義》,岩波書店2009年版,第37—38页。
③ [日] 中兼和津次:《体制移行の政治経済学》,日本経済評論社2010年版,第291页。

（2）中国经济发展的动力是廉价劳动力，并将永远保持下去。（3）"中国经济崩溃论"认为中国经济最终将因许多深刻的问题得不到解决而崩溃。不过，有的日本学者将俄罗斯的"休克疗法"与中国的"渐进改革"和"增量改革"进行比较，指出中国的渐进改革更有优势，因而是成功的①。

3. 关于中国发展道路问题，德国学者给出了不同的定位。例如，"效仿东亚模式的、国家资本主义道路""'政治实用主义'的、非资本主义道路""成功的、但非社会主义道路""超常规发展的、社会主义道路"②。

第二，中国学界的研究。

1. "中国化马克思主义理论研究"主要聚焦的问题：（1）中国化马克思主义理论总体性研究，如中国化马克思主义理论的内涵、意义，以及如何创新发展中国化马克思主义；（2）邓小平理论研究，如邓小平理论的内涵与特点、邓小平理论与马克思主义、毛泽东思想的关系问题，以及邓小平理论的地位问题；（3）"三个代表"重要思想研究，如"三个代表"重要思想与马克思主义、毛泽东思想和邓小平理论的关系问题，它要回答的根本问题，它的科学理论体系，以及如何落实"三个代表"的问题；（4）科学发展观研究，如科学发展观的内涵，以及科学发展观与马克思主义、毛泽东思想和邓小平理论的关系问题；（5）习近平新时代中国特色社会主义思想研究，如该思想与形成发展与马克思主义、毛泽东思想、邓小平理论的关系问题，习近平新时代中国特色社会主义思想体系、理论品质，以及地位问题。

2. "中国化马克思主义现实关切问题研究"主要聚焦于：（1）中国话语体系问题研究，如中国话语体系的内涵、建构意义和建构策略等；（2）生态文明问题研究，如经典马克思主义生态文明思想、生态学马克思主义思想、社会主义生态文明思想和中国化马克思主义生态文明思想，尤其是习近平生态文明思想；（3）人类命运共同体问题研究，如人类命运共同体的内涵、理论基础、构建路径和人类命运共同体理念

---

① ［日］中兼和津次：《体制移行の政治経済学》，日本経済評論社2010年版，第130页。

② 详见王凤才、杨晓慧《德国马克思主义学者视野中的"中国发展道路"》，《中国浦东干部学院学报》2012年第2期。

的意义等问题。

3. 中国道路问题研究。2004年，乔舒亚·库珀·雷默发表"北京共识"研究报告，提出"中国模式"，从而掀起了关于中国模式和中国道路的研究热潮。党的十七大将中国特色社会主义事业概括为中国特色社会主义道路与中国特色社会主义理论体系的结合。所谓"中国道路"，即中国特色社会主义道路，就是在中国共产党领导下，立足于基本国情，以经济建设为中心，坚持四项基本原则，坚持改革开放，解放和发展社会生产力，巩固和完善社会主义制度，建设社会主义市场经济、社会主义民主政治、社会主义先进文化和社会主义和谐社会，建设富强民主文明和谐的社会主义现代化国家。党的十八大将中国特色社会主义事业概括为中国特色社会主义道路、中国特色社会主义理论体系与中国特色社会主义制度的统一。习近平总书记在十二届人大一次会议闭幕式讲话中明确指出，"中国道路"就是中国特色社会主义道路。至此，关于什么是"中国道路"，在国内已经基本达成共识。从此以后，关于中国道路问题的研究更加深入。（1）关于中国道路的内涵问题，即政治经济文化社会生态等方面的全面推进，在全球化的时代背景下，坚持独立自主与开放包容相统一。（2）关于中国道路的特征问题，学者们从不同角度对之进行了探讨。例如，有学者认为，实践理性、强势政府、稳定优先、民生为大、渐进改革、顺序差异、混合经济和对外开放是中国道路的特征；强调中国道路的创新特质，认为中国道路是一个既不同于资本主义，又大相径庭于苏联的社会主义制度[1]，因此，坚持社会主义是中国道路的根本特征。（3）关于中国道路的意义问题。有学者认为，中国道路的贡献在于：阐明了社会主义发展阶段理论、论述了社会主义本质、探索了社会主义发展动力、发展了科学社会主义的建党学说[2]，并且，中国道路还具有世界意义：开辟出了一条不同于西方化却更成功的现代化道路，在发展经济、摆脱贫困方面，为第三世界指出了奋斗方向，开创出了当代社会主义的新形态[3]。

---

[1] 孙力:《制度创新：中国道路的核心机制》，《江苏行政学院学报》2011年第5期。
[2] 陈学明:《论中国道路对科学社会主义理论的发展》，《中国浦东干部学院学报》2015年第6期。
[3] 徐崇温:《中国道路的国际影响和世界意义》，《毛泽东邓小平理论研究》2018年第1期。

当然，21世纪中国马克思主义关于中国道路问题的研究，还应该重点关注以下几对重大关系。例如，中国道路的普遍性与特殊性关系问题、现代化道路与社会主义道路的关系问题、改革开放前后道路的关系问题、坚持中国道路与排除各种干扰的关系问题、坚持走和平发展道路与坚决维护国家核心利益的关系问题等。

综上所述，21世纪世界马克思主义研究已经取得了很大成就，但仍然存在着不少需要深入思考的问题。例如，学术性需进一步提升，思想性需进一步深化，现实性需进一步加强。关键是如何将学术性、思想性、现实性统一起来，如何处理好学术研究与意识形态的关系，更进一步地说，21世纪世界马克思主义研究需处理好以下十个关系：（1）马克思思想与马克思主义的关系；（2）马克思主义之科学性与批判性的关系；（3）马克思主义之理论与实践的关系；（4）马克思主义科学与共产主义信仰的关系；（5）马克思主义作为意识形态与作为学术的关系；（6）马克思主义之学术性、思想性和现实性的关系；（7）马克思主义之学术话语、体制话语和大众话语的关系；（8）马克思主义之世界性与民族性、普遍性与特殊性的关系；（9）马克思主义之单数性与复数性、统一性与多样性的关系；（10）国外马克思主义与中国化马克思主义的关系。在21世纪世界马克思主义研究中，要确立对待马克思主义的正确态度，即从理论与实践两个维度，继承、坚持与发展、创新马克思主义；反对三种错误倾向，即马克思主义的教条主义化、虚无主义化和实用主义化。只有这样，才能将21世纪世界马克思主义以完整真实的形象呈现在世人面前，才能开创马克思主义发展新境界。

第一篇

21世纪欧陆国家马克思主义研究

第一章　重新发现马克思
——21世纪德国马克思主义发展趋向

德国,既是马克思恩格斯的诞生地,也是马克思主义的故乡。尽管德国社会民主党[①]从来就不是一个地道的马克思主义政党,而是一个具有改良主义倾向的社会主义政党;但在19世纪80年代末,马克思主义在社会民主党那里就已经占据了支配地位。在马克思的直接传人中,既有"民主社会主义鼻祖"伯恩施坦、"正统马克思主义教皇"考茨基,又有革命马克思主义者卢森堡、倍倍尔、李卜克内西、蔡特金、梅林等,当然,还有"奥地利马克思主义中坚"希法亭等。进入20世纪,深受德国文化传统影响的卢卡奇,以及德国哲学家柯尔施、E. 布洛赫开创了西方马克思主义传统,尤其是历经百年而不衰、至今仍有强大学术生命力和社会影响力的法兰克福学派,以及各种不同路向的当代德国马克思主义……

柏林墙倒塌、两德统一后,无论在意识形态领域还是在学术领域,马克思主义在德国被迅速边缘化;但马克思主义研究在德国并未完全沉寂,而是经过短暂沉寂之后迅速复兴。21世纪以来,甚至出现了"马克思热"。因而可以说,作为马克思主义故乡的德国,今天仍然是马克思主义研究重镇。在这里,我们试图对21世纪德国马克思主义研究进行历史考察与逻辑分析,尽管可能只是鸟瞰式的。在下面,我们将着重

[①] 德国社会民主党（SPD）由德国社会民主工党（SDAP,即爱森纳赫派,成立于1869年8月）与全德工人协会（ADAV,即拉萨尔派,成立于1863年5月）合并而成。1875—1890年称为德国社会主义工人党（SAP）;1890年改称为德国社会民主党。SPD从来就不是一个地道的马克思主义政党,而是一个具有改良主义倾向的社会主义政党。德国共产党（KDP）成立后,在SPD那里,日益难觅马克思主义踪迹。苏东剧变后,SPD成为一个反马克思主义、反共产主义的政党。尽管如此,SPD对马克思主义在德国的早期传播与发展还是作出了重要贡献。

讨论21世纪德国马克思主义研究:"从沉寂到复兴""四条研究路向""十大研究热点",以及如何"重新发现马克思"。

一　从沉寂到复兴

1989年10月7日,德意志民主共和国建国40周年。80多个由国家元首、党的主席或总书记率领的外国代表团参加了庆祝活动。但在民主德国首都(东)柏林,人民警察与年轻的示威者发生了冲突。由于自1971年以来一直任民主德国最高领导人的昂纳克①处置不当,从而进一步激化了社会政治矛盾。10月17日,德国统一社会党(SED)②中央政治局会议一致同意免除昂纳克总书记职务,并建议人民议院免除其国务委员会主席和国防委员会主席职务。10月18日,在德国统一社会党十一届九中全会上,昂纳克被迫以健康原因辞去党和国家的一切领导职务;原德国统一社会党中央政治局委员、中央委员会书记、国务委员会副主席克伦茨③当选为德国统一社会党中央总书记。10月24日,克伦茨又接任了民主德国国务委员会主席和国防委员会主席。11月9日,克伦茨下令凿开(1961年8月15日修筑的)"柏林墙"。这样,就使得横亘在两德之间长达28年之久的"柏林墙"轰然倒塌,从而拉开了"后89时代"的序幕。12月1日,原民主德国人民议院第13次会议决定,删除宪法第一条关于德国统一社会党领导地位的规定。这样,德国统一社会党的"领导地位"就失去了宪法保障。

1989年12月6日,德国统一社会党失去了执政党地位,并更名为"德国统一社会党—民主社会主义党"(SED/PDS),G.居西(Gregor

---

① 昂纳克(Erich Honecker, 1912—1994),原德国统一社会党中央总书记(1971年5月—1989年10月),原民主德国国务委员会主席和国防委员会主席(1976年10月—1989年10月);1989年12月2日,被开除出SED。

② 1946年4月21—22日,苏占区德国共产党(KDP)与德国社会民主党(SPD)合并为德国统一社会党(SED);1949年10月7日,SED成为新成立的民主德国执政党;1989年12月6日,更名为SED/PDS;1990年2月4日,SED/PDS又更名为PDS;2007年6月16日,Linkspartei.PDS与WASG合并为左翼党(DIE LINKE)。

③ 克伦茨(Egon Krenz, 1937—),原德国统一社会党中央总书记(1989年10月18日—12月3日)、民主德国国务委员会主席和国防委员会主席(1989年10月24日—1989年12月6日)。1990年1月21日,被开除出SED/PDS。1997年,被柏林州法院因对4桩柏林墙死亡案负有责任而判处6年半的有期徒刑。

Florian Gysi，1948— ）任主席。1990年2月4日，SED/PDS又更名为德国民主社会主义党，简称德国民社党（PDS）。1990年以前，德国统一社会党党员人数达220万；经过1989年和1990年两次更名后，党员人数锐减为7万—8万人。其中，原民主德国区域党员人数占95%，60岁以上占70%，女性占40%。同时，党员数量也在逐渐减少。1990年3月18日，德国民社党在大选中败于基督教民主联盟（CDU）和德国社会民主党（SPD），不过此时仍然是德国第三大党。4月12日，基督教民主联盟与德国社会民主党（原联邦德国执政党）联合组阁，德国民社党第一次成为在野党。1990年10月3日，民主德国并入联邦德国。这样，分裂达40年之久的德国又重新实现了统一。①

1993年，德国民社党制订了新党纲，将自身定位于"进步的、左翼社会主义政党"，但右翼在党内占据主导地位。1996年，德国民社党重新修订了党纲。经过励精图治，2002年，德国民社党与德国社会民主党联合执政。2005年，"红—绿"（社会民主党与绿党）联盟覆灭；社会民主党与基督教民主联盟、基督教社会主义联盟（CSU）联合执政。这样，德国民社党再次成为在野党。此时，左翼党是德国第四大党。2007年，第11届工会政策大会决定，德国左翼民社党（Linkspartei. PDS）、劳动与社会正义选举联盟（Wahlalternative Arbeit und Soziale Gerechtigkeit，缩略名：WASG）合并为德国"左翼党"（DIE LINKE），G. 居西与拉方丹（Oskar Lafontaine，1943— ）任主席。2011年，德国左翼党通过了新党纲，将自己定位于"为了美好未来而进行替代性选择的社会主义政党"。2017年，德国左翼党人数不足6万，其中，女性占比约37%，平均年龄为58岁。G. 吕茨施（Gesine Lötzsch，1961— ）和K. 恩斯特（Klaus Ernst，1954— ）任主席。但当时作为德国第四大党的左翼党，仍受到联邦宪法保护局监控，从而要求与其他政党"完全平等"地位。这足以说明，当年的执政党今天的地位多么尴尬！目前，德国左翼党人数为6.2万。现任主席是K. 基平（Katja Kipping，女，1978— ）和B. 利辛格尔（Bernd Riexinger，1955— ）。

除了曾经的执政党退居"二线"之外，其他领域中的"社会主义

---

① 联邦德国（BRD）1949年5月23日建立；民主德国（DDR）1949年10月7日建立。

成分"也遭到了清洗。在政治审查过程中,由于对学界和科学研究机构的大清除,超过一百万拥有学位的个人失去了工作,这些人构成了失业群体总人数的约50%,这在原民主德国创造了世界上失业率最高的百分比;所有大学的校长和国有企业的董事以及大约7.5万名教师都失去了工作,数以百计的"马列"教师(包括教授)被赶出大学,并被污名化为"极权主义信使",许多人都被列入了黑名单。

不过,由于社会民主党在新一轮欧洲议会选举(社会民主党仅获得15.8%的支持率,相比于2014年下降了11.5%)和不来梅地方选举中惨败(社会民主党以12%的支持率创造了历史最低纪录;绿党以27%的支持率取代默克尔的联盟党26%的支持率,成为德国人气最旺的政党),2019年6月2日,担任社会民主党主席仅13个月的安德烈娅·纳勒斯突然辞职,将会"动摇大联合政府!"这意味着,本来将持续到2021年的"默克尔时代"有可能提前结束①。更为严重的是,2018年当选基民盟主席、被普遍视为德国现任总理默克尔继承者的"小默克尔"——克兰普-卡伦鲍尔(Annegret Kramp-Karrenbauer,缩略名:AKK)于2020年2月10日表示,她不会在明年参加德国总理的竞选,并将在今年内辞去基民盟党主席一职,这立即引发了"德国将被带向何方?"的讨论②。

在这种背景下,德国政党格局出现了"戏剧性"画面——左翼党与极右翼政党崛起,传统政党CDU和SPD再次受挫。例如,在2019年10月27日图林根州议会选举中,左翼党以超过30%的得票率成为图林根州第一大党;德国选择党(AFD)得票率为23.4%,比上届选举增加了一倍多,位居第二;基民盟得票率为21.8%,比上届选举大跌11%,排名第三;社会民主党得票率仅为8.2%,比上届选举减少4%。③

尽管德国政党格局出现了上述变化,但从总体上看,柏林墙倒塌和两德统一后,马克思主义在德国已经退居政治舞台和学术舞台的边缘,已是不争的事实:在德国东部区域(原民主德国区域),马克思主义失

---

① 青木:《德国社民党主席突然辞职,"默克尔时代"或将提前结束》,《环球时报》2019年6月4日。
② 《"小默克尔"宣布将辞职,各方势力角逐将把德国带往何方?》,《澎湃新闻》2020年2月11日。
③ 参见毕振山《德国政党格局面临洗牌》,《工人日报》2019年10月31日。

去了在意识形态领域和学术领域原有的支配地位；在德国西部区域（原联邦德国区域），德国社会民主党甚至转向了反马克思主义、反共产主义立场。

当然，德国马克思主义研究并未完全沉寂；相反，在经过短暂沉寂之后又迅速复兴，并逐渐活跃起来。[①] 目前在德国，与马克思主义研究有关的组织机构、学术论坛、学术杂志和学术网站多达几十家。

1. 柏林MEGA编辑出版资助协会（Berliner Verein zur Förderung der MEGA-Edition e. V.）前身是1990年4月9日成立的柏林MEGA基金会（MEGA-Stiftung Berlin e. V.）。1991年6月13日，被改组为柏林MEGA编辑出版资助协会。2007年9月4日，在柏林财政局资助下被确认为注册社团。2010年5月31日，由柏林税务局确认为非营利性的法人社团。该协会的目标是，参与作为欧洲人道主义文化遗产的马克思恩格斯遗稿的发掘和保护及其历史效果研究，尤其是资助MEGA^{2}编辑出版研究，借此为马克思恩格斯遗稿的科学史研究与社会史研究，以及这个领域的教育做出贡献。该协会第一任主席为福尔格拉夫（Carl-Erich Vollgraf）；第二任主席为延彻（Marianne Jentsch）；现任主席为黑克尔（Rolf Hecker）。

2. 柏林布兰登堡科学院MEGA编辑部（MEGA-Team an der Berlin-Brandenburgischen Akademie der Wissenschaften，缩略名：BBAW）原为德国统一社会党中央马克思列宁主义研究院，主要任务是与原苏共中央马克思列宁主义研究院共同编辑出版MEGA^2，以及作为MEGA^{2}辅助研究的《马克思恩格斯年鉴》。苏东剧变后，后者缩编、更名为俄罗斯社会史与政治史国家档案馆；前者缩编、更名为柏林布兰登堡科学院MEGA编辑部。作为国际马克思恩格斯基金会[②]的核心成员单位之一，BBAW的主要任务是对MEGA^{2}编辑出版进行终审。编辑部负责人为布鲁姆（Harald Bluhm）；编委会原主任为诺伊豪斯（Manfred Neuhaus）、现

---

① https://www.theguardian.com/world/2012/jul/04/the-return-of-marxism.
② 国际马克思恩格斯基金会（Internationale Marx-Engels-Stiftung，缩略名：IMES）酝酿于1989年秋，1990年10月成立于阿姆斯特丹。其成员单位有阿姆斯特丹国际社会史研究所、（由原苏联马克思列宁主义研究院更名改组而来）俄罗斯社会史与政治史国家档案馆、柏林布兰登堡科学院MEGA编辑部、（隶属于弗里德里希－艾尔伯特基金会）特里尔马克思故居博物馆与研究中心。IMES的目标为对作为马克思恩格斯的出版物、手稿、书信的完整的历史批判版的MEGA进行纯粹科学的、不依赖政治的研究（Aus der Satzung der IMES）。

任主任为胡贝曼（Gerald Hubmann）。

3. 隶属于弗里德里希－艾尔伯特基金会（Friedrich-Ebert-Stiftung）的特里尔马克思故居博物馆与研究中心（Karl-Marx-Haus Trier Museum und Studienzentrum）是德国唯一介绍马克思生平、著作和历史效果的博物馆（自莫斯科的马克思博物馆于1991年关闭后，它也是全世界唯一的纪念马克思的博物馆）。作为 IMES 的核心成员单位之一，它是弗里德里希－艾尔伯特基金会社会民主档案馆国际科学研究及其网络的科学合作与传媒合作伙伴，它以社会民主的基本价值为取向，并对社会政治问题进行超党派分析。

4. 乌帕塔尔马克思恩格斯基金会（Marx-Engels-Stiftung in Wuppertal）成立于1970年11月29日恩格斯诞辰150周年之际。与德国所有具有政治背景的基金会不同，它不依靠政党和国家的资助，只服务于自己的目的，即通过收集和出版马克思恩格斯著作和遗稿，主办国际学术会议、专题讨论会和小型研讨会，以及其他学术活动，研究马克思恩格斯的科学著作及其历史效果。其名誉主席为施泰格瓦尔德（Robert Steigerwald）；历任主席（按任职循序）是库姆普夫（Richard Kumpf）、泽普曼（Werner Seppmann）、蔡泽（Lucas Zeise）；现任主席是考普（Hermann Kopp）。

5. 马克思协会（Marx Gesellschaft e. V.）前身是1992年底由巴克豪斯（Hans-Georg Backhaus）、D. 贝伦斯（Diethard Behrens）、布兰克（Hans-Joachim Blank）在美茵河畔法兰克福共同创办的"马克思讨论会"（Marx Kolloquium），1994年10月，更名为马克思协会。该协会从学院内外关于马克思与马克思理论的讨论和接受状况出发，强调应该激发超越具体学科和政治团体的争论。因而，该协会研究的侧重点是对马克思的基础性文本、马克思理论和方法，在当代社会科学和精神科学中的地位和作用进行批判性重构。H. 莱希尔特（Helmut Reichelt）、V. 奥伊特恁（Vesa Oittinen）先后任主席。

6. 乌帕塔尔历史唯物主义中心，恩格斯故居和恩格斯博物馆（Das Historisches Zentrum Wuppertal mit Engels-Haus und dem Museum）成立于1995年。恩格斯故居位于德国鲁尔区乌帕塔尔市巴门恩格斯大街10号；恩格斯博物馆坐落在乌帕塔尔市 Werth 91；历史唯物主义资助协会与历史唯物主义研究中心坐落在乌帕塔尔市 Hofaue 51。作为学习教育基地，该馆已经得到当地人的承认。自从开馆以来，参观该馆的各个年级的学生超过 13 万人次。该馆在历史教育方面起到了很好的作用。历史唯物主义资助协会与历史唯物主义研究中心主席是格莱茨（Reinhard Grätz），董事会主席是布鲁马（Lars Bluma）。

7. 卢森堡基金会（Rosa-Luxemburg-Stiftung）位于柏林梅林大街 1 号，前身是 1990 年成立的柏林社会分析与政治教育协会（Gesellschaftsanalyse und politische Bildung e. V. Berlin），后来发展成为全德范围内的政治教育组织、批判思想与替代性政治选择的论坛，以及进步的社会发展研究平台。1992 年，被 PDS 视为全德范围内最接近左翼党的最有创造性的基金会，并与亲近左翼党的基金会、协会密切合作。目前，卢森堡基金会已经成为德国最大的政治教育机构和民主社会主义思潮的平台。基金会的目标是：组织政治教育，拓展在非正义、非和平的全球化世界中社会合作的知识；当代资本主义社会批判性分析；讨论当代民主社会主义、社会主义技术的、政治的替代性选择纲领；构建德国和国际左翼社会主义力量、左翼社会运动、左翼社会组织、左翼知识分子和非政府组织之间对话的论坛；为自决的社会政治行动提供动力，并成为支持世界和平与民族独立、社会正义与团结的舞台①。其董事会主席是恩克尔曼（Dagmar Enkelmann），副主席是汉德尔（Thomas Händel）、赖纳（Sabine Reiner）。

8. 慕尼黑社会生态经济研究所（isw：Institut für sozial-ökologische Wirtschaftsforschung）由批判的经济学家、社会学家、工会工作者于 1990 年 6 月在慕尼黑成立，被视为替代新自由主义主流分析和论证的经济研究所，并为科学的、社会学的论争提供事实，尤其涉及工会、社会运动、生态运动和和平运动之需要。其现任主席是 S. 施密特（Sonja Schmid），副主席是 L. 迈尔（Leonhard Mayer）、尚贝格尔（Kerem Schamberger）。

9. 马克思主义论坛（Marxismus-Forum. Marx und Marxismus bei der Initiative für Praxisphilosophie）由希克施（Uwe Hiksch）于 1995 年 6 月 6 日发起成立，目前已成为左翼党内不同马克思主义思潮在共产主义平台上联系的纽带，目标是对马克思所有构思、全部著作和文章，以及对其

---

① https://www.rosalux.de/stiftung/.

现实的或本质的讨论做出贡献，尤其是提升马克思主义研究水平。

10. **马克思主义大会**（Marxismus-konferenz）自1997年以来已经召开过两次："处于21世纪门槛上的马克思主义——第一届马克思主义大会"（汉诺威，1997.3.14—16），"21世纪马克思主义——第二届马克思主义大会"（柏林，2007.4.20—22）。马克思主义大会试图为作为反资本主义的左翼政治活动基础的马克思主义系统的、有益的传播提供范例，并为当代资本主义分析做出贡献，目的是为工人阶级反对新自由主义、反对资本主义的斗争确定政治方向。从战略上说，是为使左翼马克思主义者成为德国政治生活的现实要素而迈出的重要一步，并努力成为被普遍承认的争论与团结的左翼论坛之一。

11. **马克思—秋季学校**（Die Marx-Herbstschule）作为"阅读《资本论》活动"的延伸，是由卢森堡基金会、马克思协会和柏林MEGA编辑出版资助协会联合主办的全德范围内研读马克思著作的松散组织，主要阅读和研讨《资本论》的理论问题及其现实性。2008年开始的"阅读《资本论》活动"是德国马克思主义研究发展过程中的象征性事件，可以视为马克思—秋季学校第一期。每年一期（每期三个晚上）的马克思—秋季学校，结合着MEGA^{2}阅读和讨论了《资本论》（第1卷）第6章手稿，即"直接生产过程的结果"，以及"所谓原始积累"章；《资本论》第2卷，即"资本的循环过程"；《资本论》第3卷及其现实性；《资本论》第1—3卷中的"拜物教""货币"问题；并涉及到马克思的核心概念，如"阶级""革命""霸权""历史必然性"等问题。这不仅扩大了《资本论》在青年知识分子和整个社会中的影响，而且进一步拓展和深化了人们对《资本论》的理解。

12. **梁赞诺夫奖**（Rjazanov-Preises）酝酿于1930年梁赞诺夫诞辰60周年之际，当时苏共中央执委会曾经决定设立该奖，以鼓励对马克思恩格斯研究做出突出贡献者。然而，由于众所周知的原因，此奖项并未设立。2002年，柏林MEGA编辑出版资助协会主席团决定设立梁赞诺夫奖，以奖励在马克思恩格斯著作编辑出版研究领域做出杰出贡献的35周岁以下青年学者。该奖项期待对马克思恩格斯著作的创新性研究、与马克思恩格斯理论进行批判性论争的理论，以及对MEGA^{2}的编辑出版做出贡献。同时，对（苏联、原民主德国和世界范围内）马克思恩格斯编辑史与研究史的研究也希望能有所推进。①

此外，法兰克福大学社会研究所、《马克思恩格斯全集》历史考证版（第2版，即MEGA²）、《马克思恩格斯年鉴》《马克思恩格斯著作》（MEW再版）、《马克思恩格斯研究文献：新系列》《马克思主义历史批判辞典》《马克思主义创新杂志》《马克思主义杂志》《"社会主义"杂志》《阶级斗争问题：批判的社会科学杂志》《论据：哲学与社会科学杂志》《批判理论杂志》《WestEnd：社会研究新杂志》《我们的时代》（周刊）、《青年世界》（日报）、《社会主义报》（日报）等，都是目前德国对马克思主义进行研究的重要学术机构和学术杂志。

在德国，既有"左翼马克思主义精神导师"阿本德罗特（Wolfgang Abendroth，1906—1985）、"无家可归的左翼马克思主义偷渡者"柯夫勒（Leo Kofler，1907—1995）、美茵河畔法兰克福马克思主义研究所首任所长施莱弗斯泰因（Josef Schleifstein，1915—1992）、正统马克思主义哲学家施蒂勒（Gottfried Stiehler，1924—2007）、德国"左翼马克思主义声音"容克（Heinz Jung，1935—1996）、绿党最重要的社会主义理论家巴罗（Rudolf Bahro，1935—1997）、左翼马克思主义经济学家胡弗施密特（Jörg Huffschmid，1940—2009）、批判的马克思主义法学家豪伊尔（Uwe-Jens Heuer，1927—2011）、"传统马克思主义堡垒"霍尔茨（Hans Heinz Holz，1927—2011）、作为民主社会主义者的马克思主义理论家费彻尔（Iring Fetscher，1922—2014）、乌帕塔尔马克思恩格斯基金会名誉主席施泰格瓦尔德（1925—2016）和"总体危机论"提出者阿尔特法特（Elmar Altvater，1938—2018）等人的思想遗产；又有老一代马克思主义理论家，例如，左翼马克思主义法学家克勒纳（Hermann Klenner）、风光不再的马克思主义哲学家哈恩（Erich Hahn）、一体化马克思主义设计师迈彻尔（Thomas Metscher）、"出身名门"的马克思主义社会学家特雅登（Karl Hermann Tjaden）、"马克思主义独行侠"W. F. 豪克（Wolfgang Fritz Haug）、分析的马克思主义法学家P. 罗默（Peter Römer）、左翼党萨克森马克思主义论坛主席利贝拉姆（Ekkehard Lieberam）等人的孜孜以求；还有"年轻一代"马克思主义学者、左翼学者，例如，马堡大学政治研究所欧洲研究中心主任德佩（Frank

---

① https://marxforschung.de/rjazanov-preis/.

Deppe)、拉美裔德国马克思主义社会学家鲍里斯（Dieter Boris）、马克思主义巨擘比朔夫（Joachim Bischoff）、乌帕塔尔马克思恩格斯基金会现任主席蔡泽、乌帕塔尔马克思恩格斯基金会前主席泽普曼、左翼马克思主义经济学家莱比格尔（Jürgen Leibiger）等，同时，还有马克思学家，例如，国际马克思恩格斯基金会前秘书长诺伊豪斯、柏林布兰登堡科学院 MEGA 编辑部主任胡贝曼（Gerald Hubmann）、柏林 MEGA 编辑出版资助协会第一任主席福尔格拉夫、柏林 MEGA 编辑出版资助协会现任主席黑克尔等。正是有这些人的不懈努力，才可以说，作为马克思主义故乡的德国，今天仍然是马克思主义的研究重镇。①

总之，德国马克思主义学者对推进马克思主义学术化、大众化，推动重新恢复社会主义声誉方面做出了巨大贡献。据路透社报道，2008年针对原民主德国地区的德国人所作的一项调查显示，52%的人认为自由市场经济"不合适"，43%的人表示他们希望回归社会主义，而非马克思主义的学院派教授 W. 施特雷克甚至指出，"不管怎样，我相信，不使用一些可追溯到马克思的核心概念，人们便无法恰当地理解当下社会发展状况；并且在正在形成中的世界社会中，不断发展的资本主义市场经济的推动性作用越发显著，该情况就越加如此"②。

二 21 世纪德国马克思主义研究路向

柏林墙倒塌、两德统一后，德国学者立足于 $MEGA^2$ 的研究，从文献学、经济学、政治学、伦理学、社会学、美学、哲学、法学和历史学等视角，对马克思文本、马克思思想、马克思主义，以及当代社会理论问题和现实问题进行了广泛深入探讨，对马克思主义进行了反思、批判和创新，并以广义理解的马克思主义反思历史、阐释现实、预测未来，从而涌现出了许多新成果、新思想、新观点和新见解。21 世纪以来，出现了"马克思复兴"，近年来，甚至出现了"马克思热"。尽管德国学者跨学科、多层面、整体性研究马克思主义，但由于缺乏完整的马克

---

① 详见王凤才《重新发现马克思》，第 306—335 页。
② Wolfgang Streeck, *Gekaufte Zeit. Die vertagte Krise des demokratischen Kapitalismus*, Frankfurt/Main: Suhrkamp, 2013, S. 17f.

思主义理论框架和统一的马克思主义概念，从而形成了不同的研究路向。

第一，文献学路向（"寂寞的"马克思学家）。柏林 MEGA 编辑出版资助协会、柏林布兰登堡科学院 MEGA 编辑部、特里尔马克思故居博物馆和研究中心等组织机构，以及费彻尔、W. F. 豪克、诺伊豪斯、胡贝曼、福尔格拉夫、黑克尔等人，主要从事以下四方面工作：一是 $MEGA^2$ 编辑出版研究；二是编辑出版经典著作：《马克思恩格斯著作》（MEW 再版）、《马克思恩格斯研究文献：新系列》《马克思恩格斯研究通讯》等；三是编辑出版《马克思恩格斯年鉴》《马克思主义历史批判辞典》等；四是创办"马克思—秋季学校"、设立"梁赞诺夫奖"，以奖励在 $MEGA^2$ 编辑出版研究领域做出杰出贡献的青年学者。

德国马克思学家对重新还原和理解马克思思想做出了巨大贡献。例如，通过对《资本论》（第 2—3 卷）手稿的仔细对比分析，他们断定恩格斯编辑稿、刊印稿与马克思原始手稿相比存在着侧重点的变化。在关于利润率趋向下降问题上，马克思原始手稿中利润率趋向存在着不同的可能性（上升、持平和下降），马克思并未确定线性下降趋向，而恩格斯编辑稿、刊印稿则指明，利润率趋向下降是历史上起决定作用的趋势。与此相应的是，关于资本主义崩溃问题，也是通过恩格斯的编辑干预而被凸显出来的，并非马克思本人的思想。[①]

除了试图通过原始文本的编撰、梳理和评注，还原"真正的马克思"之外，德国马克思学家还试图积极地"复活"马克思。就是说，激活马克思思想的现实性始终是他们研究的重要议题之一。因而，他们对马克思作品接受史的考证与研究带有一定的批判色彩，更为关注《资本论》哪些重要方面被曲解了，更为热衷讨论资本批判、价值理论、剩余价值、剥削和全球化等议题的当代价值。例如，A. 佩希曼通过再次研究《资本论》的资本循环理论，尝试着将资本循环的三种形式当作真实的区别来理解，由此阐明每个循环过程中所产生的真实问题，从而试图将这种分析与当下实际问题衔接起来。他指出，根据资本流通中存在的这些真实差别所包含的不同问题、困难和危机现象，能够解释人们看待资本主义生产方式的不同视角及其不同理解，也能够激活《资本

[①] 进一步分析与争论，请参见王凤才《重新发现马克思》，第 65—69 页。

论》的当代价值。在马克思的商品循环分析中，货币资本的增值目的并非能够直接实现，它必须通过一系列中介环节，即货币资本必须转化为作为劳动力和生产工具的生产资本。因为剩余价值只有在生产过程中才会形成，所以货币资本的增值仅仅是对未支付报酬的剩余劳动的占有，即资本的价值增值是通过剥削劳动而发生的。这样，对货币增值的批判应当最终落脚于对资本主义生产方式的批判。他认为，马克思的这种洞见有助于对当今金融资本过度膨胀的批判。此外，商品转化为货币也异常重要，因为它关系到之后所有环节是否能够顺利进行。转化是否成功，关键在于消费者的消费欲望能否被生产者和销售者唤醒，从这方面又能够展开对消费社会、商品美学的批判性分析。

第二，意识形态路向（"孤独的"马克思主义正统派）。例如，施蒂勒、施泰格瓦尔德、霍尔茨、哈恩、迈彻尔、特雅登、比朔夫、蔡泽、泽普曼等人，以《马克思主义杂志》为阵地，试图捍卫正统马克思主义理论观点和思想方法，并站在正统马克思主义立场上解释社会现实问题。正如德国学者格伦斯（Willi Gerns）所说，《马克思主义杂志》一如既往地接受马克思主义的原初立场，与马克思、恩格斯和列宁的主导思想相符合，尤其是与德国共产党紧密地联系在一起，将革命理论与工人运动结合在一起①。

首先，马克思主义究竟是意识形态还是反意识形态？这是一个关系到马克思主义实质的关键问题。在马克思主义实质问题上，德国学者的观点不尽相同，甚至是相互对立的。有人（如希腊裔德国社会哲学家孔迪利斯）将马克思主义视为意识形态，或曰革命的意识形态；也有人（如德国正统马克思主义哲学家霍尔茨）将马克思主义视为"现实的历史唯物主义科学"②，因而不把马克思主义当作阶级意识形态，而只能理解为"反意识形态"（Antiideologie）。霍尔茨指出，尽管在马克思主义世界观内部存在着某些分歧，但"多元马克思主义"构想和"复数的马克思主义"（Marxismen）概念应当被抛弃。当然，不能抛弃的是马克思主义理论体系的第一原理和基本范畴，即生产关系是决定性的社会关系、阶级矛盾是所有制关系的产物、经济基础与上层建筑的辩证关

---

① http://www.neue-impulse-verlag.de/über-uns.html.
② Vgl. *Zeitschrift Marxistische Erneuerung*, Nr 67, September 2006, S. 183.

系、人与自然的关系，以及唯物主义思想等。德国经济学家 E. M. 米勒①也断言，马克思的经济学理论至今仍然具有现实性，所以应该将马克思主义理论运用于一切已经被证明或正在被证明为正确的地方。

不过，德国学者对马克思主义理论也有批判性反思。例如，德国文学家、美学家迈彻尔认为，马克思主义对后现代性的批判是彻底的，但也是片面的，它没有认识到被批判对象的"注释与怀疑价值"。事实上，马克思主义的意识形态批判不仅意味着解构被批判对象的错误，而且意味着对其真理要素的加工。在这个意义上，它与后现代话语对"怀疑价值"的维护并没有什么不同。况且，马克思主义并不是一个没有矛盾的理论体系，它是未完成的、不成熟的，"语言学是马克思主义理论的亏空领域……这对美学领域来说是同样适应的"②。

其次，马克思主义是批判的还是科学的？这是一个长期争论不休的问题。在《下层市民生活：关于哲学与哲学家》文集中，施泰格瓦尔德讨论了三个问题。（1）马克思哲学与黑格尔哲学的关系问题。他指出，"马克思对黑格尔进行从头到脚的颠倒"，这是哲学界流行的说法，但这个说法究竟意味着什么呢？实际上，黑格尔已经谈到了市民社会的结构和矛盾，也谈到了非市民阶层的日益贫困化问题。因而，应当承认黑格尔与其他思想家的价值。他认为，黑格尔等人作为资产阶级思想家，已经通过马克思跳出了资产阶级哲学而具体化，即借助物质生产进行分析。不过，马克思主义与资产阶级理论仍然存在着核心差异。（2）辩证唯物主义与进化论人道主义的关系问题。当施泰格瓦尔德与作为资产阶级实证主义最新类型的进化论人道主义论争时，辩证唯物主义哲学的质量是清楚的。换言之，施泰格瓦尔德利用宗教批判动摇了作为宗教之子的进化论人道主义；利用卓越的无神论动摇了先验的社会批判。"这样，他就非常清楚，马克思哲学在两个前沿阵地作战：一是反对精神所反对的实证主义（它使自然科学成为意识形态）；二是反对精神所反对的在宗教中或某些类型的资产阶级哲学中的观念论自我误

---

① E. M. 米勒（Eva Maria Müller，1928—2011），德国经济学家，原莱比锡卡尔·马克思大学国民经济学教授。

② Vgl. *Zeitschrift Marxistische Erneuerung*，Nr 65，März 2006，S. 191.

认。"① (3) 历史唯物主义与批判理论的关系问题。施泰格瓦尔德强调，历史唯物主义表明，社会不是任意行动着单个人意志的随意相遇，而是隶属于规律性的。这样，"社会规律性"（soziale Gesetzmäβigkeit）就成为他与弗洛伊德主义理论家 H. 达默尔（Helmut Dahmer）强烈论争的核心概念。在阿多尔诺批判理论传统中，H. 达默尔将资本主义解释为"伪自然"（Pseudonatur）、"重复强制"（Wiederholungszwang），断定即使规律性起作用也只是一种假象。

最后，未来马克思主义到底是复数的还是一体化的？这是一个难以达成共识的问题。在关于未来马克思主义命运问题上，德国马克思主义学者大致有两类观点。(1)"未来马克思主义"是根本不存在的，因为没有科学社会主义与工人运动的关联、没有共产主义视角，就不会有真正的马克思主义。因此，特雅登要求将马克思的劳动生产力、生产力与生产关系的关系、经济基础与上层建筑的关系作为马克思主义的枝节问题，而将恩格斯的文明形成理论、生产方式必然相互继承理论和资本主义经济学批判作为马克思主义的根本立足点。(2)"未来马克思主义"是存在的，但对此又有两种不同的理解：是复数的、多元的？还是单数的、一体化的？与 W. F. 豪克力主"复数的马克思主义"构想不同，迈彻尔提出了"一体化马克思主义"（Intergrativer Marxismus）构想，认为它有六个维度，即（历史作为辩证过程的）本体论维度、（人与社会关系总体作为自然本性的）人类学维度、（统一理智概念的）认识论维度、（生产关系的）形态史维度、（世界形成的美学的）文化史维度、（反对压迫的表达的人权的）伦理的、政治的实践维度。这样，"未来马克思主义"就是一种包括本体论、认识论、人类学、经济学、政治学、伦理学和文化学等在内的整体的马克思主义。泽普曼则考察了马克思主义的不同思潮，并试图使实践哲学成为对"未来马克思主义"讨论有效的概念，但却提出了一个含糊其词的假定：马克思主义理论框架被还原为获得实践决策合法化的工具。这样，泽普曼就保留了"还原论的马克思主义理解"，或者说，泽普曼是阿尔都塞客观主义变种的继续或同盟。因为在泽普曼眼里，作为实践哲学的马克思主义，最终必须奠

---

① Vgl. Tobias Fabinger, Unten, wo das buergerliche Leben konkrekt ist, in: *Zeitschrift Marxistische Erneuerung*, Nr. 82, June 2010, S. 203.

基于主客体辩证法。因此，他不再局限于马克思的成熟思想，而是也研究"有成功希望的干预"之客观前提。于是，泽普曼就有了这个洞见：人既是社会生活状态的结果又是其创造者，从而具有了双重性：人既是被决定的，又是独立的。

第三，政治经济学路向（"活跃的"马克思主义创新派）。例如，P. 罗默、利贝拉姆、阿尔特法特、胡弗施密特、莱比格尔等人，以《马克思主义创新杂志》为阵地，试图对马克思主义进行反思、批判、创新，并用广义理解的马克思主义（或称为"多元马克思主义"）分析社会现实问题，发出了德国"左翼马克思主义声音"。"在德国马克思主义运动处于低谷时，随着《马克思主义创新杂志》的出版，我们试图为理解马克思主义在我们国家重新开始的可能做出贡献。我们认为，在今天情况下，应该对马克思主义思想和行动（在政治遗产和文化传统方面的特有理论前提）进行质疑和彻底批评，应该重新论证代替资本主义的社会规划，并重新定义社会主义未来观念"[1]。

《马克思主义创新杂志》是美茵河畔法兰克福马克思主义创新论坛和马克思主义研究所编辑出版的学术季刊，酝酿于1989年秋，正式出版于1990年。主要创办人是左翼马克思主义经济学家容克，主要撰稿人包括马克思学家、马克思主义者、马克思主义学者、左翼学者、左翼政党和工会中的知识分子。该杂志秉承马克思恩格斯及其后继者的批判精神与开放传统，努力为作为思想理论与政治思潮的马克思主义创新性研究与多元化发展做出贡献，使马克思主义理论的自我理解与对当代资本主义的批判结合起来，为社会政治的现实性恢复名誉，全力推动、引导和组织各种国际性学术讨论，使国际讨论之间的联系组织化和文献化。总之，该杂志是与政党政治没有组织关系的"多元马克思主义"的出版物与讨论平台，发出了"德国左翼马克思主义的声音"[2]。

以《马克思主义创新杂志》为中心，倾向于政治经济学路向的马克思主义学者，陆续出版、发表了不少著作和文章，阐述《资本论》的有关理论问题。例如，劳动价值论、剩余价值论、商品循环理论和资本主义转型等。此外，他们还结合《资本论》的资本主义批判思想，分

---

[1] Vgl. *Zeitschrift Marxistische Erneuerung*, Nr. 1, März 1990, S. 174.
[2] http://www.zeitschrift-marxistische-erneuerung.de/.

析有关社会现实问题。例如,殖民与全球化问题、女性主义问题、德国左翼问题、难民问题、住房问题和劳工合同问题等。这些结合社会现实问题的理论分析,特别是他们提出的"资本主义双重转型"思想,为政治经济学路向的马克思主义学者赢得了较大的社会影响力,也为德国左翼政党介入德国学术界的争论提供了丰富的理论资源。

第四,政治伦理学路向("潇洒的"马克思主义重建派)。例如,霍耐特、维尔默、奥菲和 R. 弗斯特等人,以《WestEnd:社会研究新杂志》为阵地,从文化社会学、发展心理学、政治学、法学,以及哲学、政治经济学等不同视角对当今社会结构转型进行内容广泛的分析,并试图借助马克思思想资源来批判当代资本主义悖谬;但是侧重点在于进一步推进和最终完成后期哈贝马斯开启的法兰克福学派批判理论的"政治伦理转向"①。

关于"政治伦理路向",已经出版了《蔑视与反抗——霍耐特承认理论与法兰克福学派批判理论的"政治伦理转向"》(2008)、《从公共自由到民主伦理——批判理论语境中的维尔默政治伦理学》(2011)、《承认·正义·伦理——实践哲学语境中的霍耐特政治伦理学》(2017)等学术著作,还将出版《从批判理论到后批判理论》(2 卷本)等著作。因此,下面我们主要讨论德国马克思学家、德国马克思主义正统派和德国马克思主义创新派,而不再讨论德国马克思主义重建派。当然,也会涉及有关问题,譬如,霍耐特对马克思有关著作,尤其是《资本论》的批判性反思等。霍耐特指出,如果认为与马克思著作进行创新性论争是富有成效的,那无须过多辩护。因为世界经济危机已经动摇了人们对资本主义经济体系膨胀的信任,以至于理所当然地看到,马克思勾勒的资本主义批判的所有论据又一次成为有效的。"在整个 60 年代,当卡斯托里亚迪斯、哈贝马斯等人批判性研究马克思思想遗产时,似乎忘记了:马克思的全部著作都被视为同样好的,并论证它应用于今天的社会现实是无问题的。"② 不过,马克思思想中也有一些需要重新思考的问题。例如,对马克思异化理论(肯定性的)重新理解必须被视为成问

---

① 参见王凤才《霍耐特与批判理论的"政治伦理转向"》,《现代哲学》2007 年第 3 期。
② Vgl. Axel Honneth, Marx in der Disskusion (Ⅱ), in: *Deutsche Zeitschrift für Philosophie*, 2010. 2. S. 193.

题的，因为在那里出现了本质主义人类学；对马克思的政治经济学批判现实性的强调似乎要进行严格限制，因为经济关系由于全球重心转移、国家干预而发生了根本变化。"谁试图概述马克思的接受状况，那就必须说，很多人拥有其著作一再追求的善意洞见，但几乎不能正确地知道如何适当地实现它。"① 因而，在马克思著作中"死东西"与"活东西"标准不明确的情况下，最好或许是再后退一步，目的是阐释、重构马克思阐发的资本主义批判的某些细节。

三 21世纪德国马克思主义热点问题

第一，MEGA² 编辑出版研究。

MEGA 作为一项百年工程，它试图将马克思恩格斯的作品原原本本地即未经审查地呈现给公众。然而，由于政治等因素的影响，不仅妨碍了马克思恩格斯手稿的编辑出版，而且导致了马克思恩格斯手稿的散佚，以至于"没有一位理论家能够列出两位创始人的知识财富清单，也没有人致力于收集广泛而分散的通信"②。尽管 M. 穆斯托的这个说法有些夸张，但也不无道理。因为迄今为止，关于马克思恩格斯著作仍然没有完整的版本。

21 世纪以来，国外马克思学家并没有放弃这一浩瀚工程，而是在苏联和原民主德国工作的基础上，继续着 MEGA² 编辑出版研究工作——自1990年国际马克思恩格斯基金会接手 MEGA² 以来，通过国际合作方式积极地推进了这项工作。1992 年，重新确立了 MEGA² 编辑出版原则，即文本完整性、忠实于原文、描述文本发展过程、详细注释；1995 年，调整了编辑出版计划，即将原计划的 163 卷 172 册调整为 114 卷 122 册；1998 年，更换了出版社，即从迪茨出版社转到了柏林布兰登堡州科学院出版社。正如德国文献档案馆馆长 U. 劳尔夫（Ulrich Raulff）所说，MEGA² 重组后得以继续推进的前提条件："去政治化、国际化、学术化，这是与 MEGA² 编辑出版继续推进联系在一起的三个

---

① Vgl. Axel Honneth, Marx in der Disskusion（Ⅱ）, in: *Deutsche Zeitschrift für Philosophie*, 2010. 2. S. 193.
② ［加拿大］M. 穆斯托:《重新发现马克思》，李百玲译，《国外理论动态》2009 年第 4 期。

愿望。从迪茨出版社摆脱出来可以满足第一个愿望：它拔掉了政党投机者可能伤害文献学的最后一颗毒牙。落户于科学院出版社则保证了第三个愿望实现。"①

2015年10月，德国公共科学会议（GWK）决定继续资助MEGA²编辑出版工作，期限为16年。就如G.弗勒贝尔特（Georg Fülberth）所说，得到这样资助并非理所当然②。一方面，人文科学的资助金额是短缺的；另一方面，越来越多的申请者必须竞争有限的名额。所谓的长期研究计划越来越处于这种不利主张的压力之下，即它阻碍了那些声称能够带来创新的新申请者。例如，一个典型的案例就是格林词典的编纂项目，它尽管作为一个享有声望的研究计划不可撼动，但继续编纂计划还是遭到否定，无法继续获得资助。MEGA²的编辑出版尤其受到质疑：它进展缓慢、耗时耗力，随着现今数字化的发展，人们甚至怀疑纸质印刷版是否还有意义。实际上，这次MEGA²不是作为一个继续研究计划，而是作为一个新的研究计划，即以新的申报题目"新构想并符合21世纪接受习惯形式中的马克思恩格斯全集"，才获得了通过。G.弗勒贝尔特认为，这次会议标志了MEGA编辑出版工作进入了第四个时期。这四个时期分别是：第一个时期（MEGA¹）：1927—1941年，由梁赞诺夫、阿多拉茨基主持；第二个时期（MEGA²）：1975—1989年；第三个时期：1990—2015年，拯救、重新规划和推进MEGA²编辑出版工作；第四个时期：2015至今，确定了MEGA²的数字化出版方向，即MEGA²的剩余部分将以电子版方式面世并对公众开放③。在将来，不仅那些即将出版的电子版卷数对公众开放，之前的出版物将会被扫描成电子版上传到网上，也对公众开放。

从逻辑结构上看，MEGA²分为四个部分，即Ⅰ/著作、文章、草稿（拟出版32卷，已出版22卷）；Ⅱ/《资本论》及其准备稿（拟出版15卷，2012年已出齐）；Ⅲ/通信（14400封）（拟出版35卷，已出版14

---

① *Frankfurter Allgemeine Zeitung* vom 7，Oktober 1998.

② Georg Fülberth，Neues von der MEGA，in：*Zeitschrift Marxistische Erneuerung*，Nr. 105，2016，S. 106.

③ 根据Marxforschung预告，MEGA²第三部分剩余的21卷、第四部分剩余的17卷（除第10卷、11卷、19卷之外），将不再出版纸质版，只出版电子版（https：//marxforschung.de/mega2/）。

卷）；Ⅳ/摘录、笔记、旁注（拟出版 32 卷，已出版 15 卷）。MEGA² 计划出版 114 卷 122 册。

截至 2020 年 5 月，MEGA² 编辑出版 67 卷，尚有 47 卷在编或待编。其中，1975—1989 年编辑出版 34 卷，1990—2019 年编辑出版 33 卷。此外，还进行了 MEGA² 研究；出版了 MEGA² 研究系列、《马克思恩格斯年鉴》等。同时，自 2002 年起设立了"梁赞诺夫奖"，奖励在 MEGA² 编辑出版研究领域做出杰出贡献的青年学者。

毫无疑问，MEGA² 是研究马克思思想与马克思主义最为权威的文本。因而，我们必须重视 MEGA² 的编辑出版研究状况，以便更好地了解真正的马克思与马克思主义。当然，也不能从一个极端走向另一个极端，即从过去过分强调"经典文本""传统观点"到今天过分强调 MEGA²、"新观点"。

第二，MEGA² 中的马克思恩格斯关系问题。

20 世纪 90 年代以来，马克思恩格斯关系问题再次成为 MEGA² 研究的关键问题之一，从而再度成为德国学者关注的核心问题之一。

众所周知，马克思恩格斯学术关系问题，作为一个历久弥新的话题，一直存在着各种不同的理解："对立论""一致论""差异论""多变论"。德国学者也没有摆脱这几种模式：（1）强调马克思与恩格斯与马克思主义的对立，认为所谓"马克思主义"实乃"恩格斯主义"，马克思恩格斯思想统一是"神话"；断定恩格斯的自然辩证法已经离开了马克思恩格斯原来的共同信念，并努力追求所有现实领域普遍有效的规律，从而陷入了实证主义。例如，在《马克思主义历史批判辞典》中，W. F. 豪克等人指出，自 19 世纪后期以来，所谓的马克思主义不过是恩格斯通俗化工作的结果。在所有关键点上，它几乎不能与马克思思想相一致。I. 埃尔贝甚至指出，传统马克思主义的核心原本是"恩格斯主义"，《反杜林论》是其立足点。（2）强调马克思与恩格斯或马克思主义的统一，指出"两者统一是'神话'"的说法是错误的，断言马克思恩格斯思想的"高度一致性"，以及马克思学说与马克思主义的统一性。对《马克思主义历史批判辞典》关于马克思恩格斯不一致的解释，泽普曼持质疑态度，认为相互对立又相互补充的解释会让人无法理解马克思恩格斯的根本差异究竟在哪里。泽普曼指出，马克思恩格斯不仅拥有共同的理论框架、共同的实践视角，而且，一系列研究已表明晚年恩格斯的独立文献，恰好为马克思主义的创造性阐发做出了贡献。（3）论述马克思与恩格斯思想的差异，认为尽管马克思恩格斯关注点不同，但要真正创立"恩格斯主义"则是不可能的。例如，W. 格伦斯批评了费彻尔的观点，并强调指出：（A）在马克思主义形成时，马克思无疑起到了主要作用，这一点没有任何人比恩格斯强调得更多；（B）马克思与恩格斯、列宁对立的断言根本没有经过严格论证，事实上，《反杜林论》1885年版序言曾指出该书是在马克思督促下撰写的，而且马克思还撰写了"关于政治经济学史"部分；（C）马克思恩格斯对待无产阶级政党和组织问题的立场，都经历了从不成熟向成熟的发展过程，两人的立场没有根本性差异；（D）马克思与恩格斯在对待资产阶级议会制与工人运动和平斗争方面，也保持着一致性。

不过，德国学者的独特之处在于，他们立足于 $MEGA^2$ 讨论马克思与恩格斯和马克思主义的差异，尤其是在"利润率趋向下降问题"和"资本主义崩溃问题"上，出现了两种相互对立的观点：一种是占据支配地位观点，认为利润率趋向下降以及资本主义体系崩溃问题，是恩格斯的虚构而非马克思的看法；一种是非主流观点，认为利润率趋向下降以及资本主义体系崩溃问题，是马克思恩格斯共有的观点。实际上，这个问题并没有从根本上得到解决。因此，我们必须立足于 $MEGA^2$，认真地研究、正确地处理这个问题，以便能够正确地理解马克思恩格斯关系问题，从而准确地理解马克思思想与马克思主义。

第三，$MEGA^2$ 中的《资本论》：从重新阅读到重新诠释。

《资本论》作为马克思一生中最重要的宏伟巨著，在马克思生前只出版了第1卷；经过恩格斯十年的编辑加工，第2—3卷才得以面世。但这两卷的编辑出版，却引发了恩格斯编辑稿、刊印稿与马克思原始手稿异同问题的激烈争论。至于《资本论》第4卷，那是在恩格斯逝世多年后，由考茨基编辑出版的，但受到了不少马克思主义学者的指责，尤其是受到了原苏共中央马克思列宁主义研究院的指责："考茨基当年发表这部手稿时曾加以伪造，他在许多地方歪曲了马克思手稿的原文，破坏了它的结构"[①]。

为了弄清事实真相，也为了加深对《资本论》的理解，德国学者结

[①] 《马克思恩格斯全集》第1卷，人民出版社1956年版，"第二版说明"。

合着 MEGA² 对《资本论》进行了重新阅读、重新诠释，这主要体现在两个方面。（1）"阅读《资本论》活动"是德国马克思主义研究与发展过程中的象征性事件，"马克思—秋季学校"则是"阅读《资本论》活动"的拓展与延伸。在这个框架下，德国学者结合 MEGA² 阅读和讨论了《资本论》第 1—3 卷的有关内容。例如，"直接生产过程的结果""原始积累""资本的形态变化及其循环""社会总资本的再生产和流通"、商品拜物教、货币拜物教、资本拜物教、货币问题、《资本论》第 3 卷及其现实性问题，以及阶级、革命、霸权、历史必然性等问题。（2）在《资本论》的重新诠释过程中，德国学者深化了对许多问题的理解。例如，"《资本论》（第 2—3 卷）：恩格斯编辑稿、刊印稿与马克思原始手稿的关系"，进一步强调马克思与恩格斯之间的差异；"《资本论》第 2 卷：形成、流变、传播"，论证了恩格斯在"马克思—恩格斯体系"中的重要作用；《资本论》第 3 卷与《政治经济学批判大纲》的关系；《资本论》的方法论与黑格尔逻辑学的关系；《资本论》与政治经济学批判复兴的关系等。他们断言，今天仍然需要马克思的政治经济学批判，因为没有马克思就没有政治经济学批判复兴。

在这个方面，德国马克思主义学者提出了许多重要观点。例如：（1）《资本论》第 6 章"直接生产过程的结果"是从《资本论》（第 1 卷）向第 2 卷过渡的桥梁；（2）资本的形态变化及其循环形式，不仅可以被视为形式的区分，也可以被视作事实的区分，这种区分对从不同视角反思今日资本主义问题具有重要意义；（3）《资本论》第 2 卷在资本的再生产功能方式方面提供了最为重要的见解；（4）若主张自由生产者没有货币和利息的经济秩序乌托邦，那就是对马克思价值理论的错误理解；（5）金融资本主义是资本主义的一个特殊历史阶段；（6）恩格斯在编辑《资本论》（第 2—3 卷）过程中，对其作了多达 5000 处的改动，恩格斯编辑的《资本论》（第 2—3 卷）为资本主义的崩溃论做出了"重要贡献"等。

第四，马克思理论形象重新塑造。

20 世纪 90 年代以来，马克思理论形象重新塑造是德国学者孜孜以求的事情，这尤其体现在对马克思主义理论实质的重新界定，以及对马克思主义未来轮廓的重新勾画上。德国学者立足于 MEGA²，从多个视角对马克思文本、马克思思想、马克思主义进行重新阅读、重新诠释和重新理解，涌现出了许多新成果、新思想、新观点和新见解。

这主要体现在以下三个层面。（1）MEGA²中的马克思。德国马克思学家认为，正统马克思列宁主义视域中的"马克思"只是"部分的马克思"，即被片面理解甚至歪曲理解的"马克思"，因为马克思的大量手稿，尤其是早期著作长期以来不为人们所知。只有立足于MEGA²的马克思才是"完整的马克思"，即真正的马克思。（2）公共视域中的马克思。"马克思"不仅回到了学者的视域，而且来到了大众的视域；不仅回到了学术讨论会，而且来到了大学校园。在如此广阔的视域中，"马克思"被从多个维度加以重新理解。例如，新近的研究指明，马克思根本不能被视为决定论者，更不能被视为极权主义思想的代表和开放社会的敌人，从马克思的活动中可以引出"马克思思想中的民主改革路线"。同时，马克思不仅仅是整日浸泡图书馆的"吃书怪物"，而且也是试图在政治领域发挥作用的行动者。有学者甚至指出，"对未来而言，有希望拓展到作为历史学家、历史哲学家和哲学家的马克思"[1]。（3）围绕着"意识形态还是科学"这个核心问题，从马克思思想实质、基本特征、未来命运等方面，探讨了马克思主义究竟是意识形态还是反意识形态，是批判的还是科学的，是多元的还是一元的等问题。例如，在 W. F. 豪克主持的长达几十年的"意识形态理论研究规划"（PIT）中，他区分了作为名词的"意识形态"与作为形容词的"意识形态的"概念。"意识形态的"不再被理解为意识现象，而是被理解为物质机器，换言之，意识形态的东西是现实的霸权机器、制度，并与不同的物质实践、仪式等一起（无意识地）发挥作用，因而对意识形态的批判其实是对社会权力的批判，就此而言马克思主义是反意识形态的。

此外，德国学者还结合自己的理论传统，挖掘出马克思著作中不同方面的思想。例如，法兰克福学派批判理论家，结合马克思的政治经济学批判，对政治伦理问题的深入研究，充分拓展了马克思的批判精神，以及对资本主义更为客观公允的分析；马堡学派的马克思主义传统则不仅试图解释他们时代的具体社会关系，而且还试图通过科学实践改变这样的关系。不过，这里的"改变"，很少涉及原初的范式创造，而更多

---

[1] Vgl. Martin Hundt. Der Fortgang der MEGA und einige aktuelle Debatten um Marx' Werk. In: *Zeitschrift Marxistische Erneuerung*, Nr. 85, März 2011, S. 120.

地涉及重构、现实化和利用已有的历史与社会理论,即从"集体记忆"中被排除出去和被知识分子边缘化的马克思主义理论。通过这些讨论,他们重塑了一个不同于传统理解的"真正的马克思"。

关于马克思的理论形象,历来有着不同的理解。例如,"一个马克思",即"人道主义的马克思"或"科学主义的马克思";"两个马克思",即"'手稿'的马克思"与"《资本论》的马克思"或"批判的马克思"与"科学的马克思";"三个马克思",即"黑格尔式的历史哲学的马克思""李嘉图式的政治经济学的马克思""政治的马克思"。我们认为,马克思有四个理论形象,即"哲学人类学家"(《1844年经济学哲学手稿》)、"政治经济学家"(《资本论》)、"历史人类学家"(人类学笔记)、"政治革命家"(革命实践);马克思至少有"四种精神"值得我们铭记,即科学精神(求真务实)、批判精神(怀疑批评)、实践精神(改造世界)和乌托邦精神(理想向往)①。

第五,比较视阈中的马克思。

立足于 MEGA², 深入阅读马克思文本,是完整地、准确地理解马克思思想的前提条件;但又不能仅仅满足于此,为了完整地、准确地理解马克思,还必须"跳出马克思",即将马克思置于当代学术话语和当代社会现实之中。20世纪90年代以来,德国学者不仅从 MEGA² 出发重新塑造马克思理论形象,而且还在比较视域中重新诠释马克思。例如,卢森堡、凯恩斯与马克思的关系问题;宗教、道德与马克思主义的关系问题;伦理学与马克思主义的关系问题,以及女性主义、无政府主义与马克思主义的关系问题等。

(1)卢森堡与的马克思关系问题。在卢森堡的视域中,马克思主义绝不是伯恩施坦的修正主义意义上的马克思主义,而是主张社会改良与社会革命密不可分的马克思主义;马克思主义绝不是社会民主党和工会的保守主义,而是强调群众运动自发性与政党、领袖自觉性的辩证关系;强调自由与民主、民主与集中的辩证关系等。值得注意的是,卢森堡不仅与第二国际马克思主义、第三国际马克思主义不同,而且与马克思理论也有所区别。例如,在批评马克思的资本积累理论的基础上,卢

---

① 详见刘利霞、高旭《多元视角中的马克思——王凤才教授访谈录》(川大公管院微信公众号,2018年5月20日)。

森堡提出了自己的资本积累理论。她认为，马克思没有解决再生产理论分析的困难，即没有说明以剩余产品形式存在的剩余价值在资本主义社会究竟如何实现的问题。在她看来，剩余价值的实现需要一个非资本主义的经济环境，即资本主义需要非资本主义阶层作为实现剩余价值的市场，作为部分生产资料的供应来源和劳动力的后备源泉。这个思想为世界体系论奠定了理论基础，对弗兰克的依附理论、阿明的世界中心—边缘理论、沃勒斯坦的世界体系论都产生了重要影响。

（2）凯恩斯与马克思的关系问题。J. 莱比格尔认为，马克思与凯恩斯提出了共同的财政货币政策，都为左翼经济政策选择提供了理论基础；但他们在权力、所有制、财产等问题上的观点存在差异。马克思对资本主义的剖析是他描绘资本主义社会替代性选择构想的基础，但他却很少主动谈及资本主义经济政策的可能性；相反，凯恩斯将宏观经济和社会维度再次引入经济政策中，对左翼经济政策选择具有重要启示作用，但他却无法就反对现代资本主义经济政策的具体内容提供更有利的理论支持。因此，就经济政策是否符合工人利益而言，马克思理论是完善的，但若不与凯恩斯经济学理论相结合，它就很难在当代得到修正和发展。只有两者相互补充，才能够有效克服最近十年来因经济政策转变而导致的经济危机。①

（3）宗教、道德与马克思主义的关系问题。在德国马克思主义阵营中，宗教批判与资本主义批判的关系问题是理解马克思的关键议题之一。与拉美的解放神学不同，德国马克思主义者持保守态度，认为将宗教批判与资本主义批判等量齐观是可疑的②。例如，泽普曼指出，资本主义社会商品拜物教与宗教思想有着某些关联，但在很大程度上两者是对立的：根本差别在于，宗教意识通过超越性克服世俗性的幻想获得自我救赎，而坏的货币乌托邦则能够在舒服的现实中做到这一点。在《马克思主义伦理学批判及其现实性》中，M. 迈尔（Matthias Mayer）指出，"没有任何一种哲学像马克思主义哲学那样，如此紧密地与实践意向交织在一起——马克思主义哲学将现实关系的改变确立为阐释目标。然而，马克思根本没有构思和意识到'道德科学'（Moralwissenschaft），

---

① Vgl, *Zeitschrift Marxistische Erneuerung*, Nr 70, Juni 2006, S. 195.
② Vgl, Werner Seppmann, Religion als Utopie, in: *Marxistische Blätter*, 05/2010, S. 29.

或以任何方式被表征为道德科学。引人注目的是,在(苏联的)马克思主义标签下,唤醒了对道德科学的兴趣并试图重构(与马克思原初意向相违背的)道德。因此,为了把握介于道德哲学矛盾与意识形态极端性之间的马克思主义,重新确定它的起源是迫切的任务。"① 不过,即使马克思本人也没有留下简明的"肯定的伦理学"(positive Ethik)体系,但是从对马克思的思维方法的分析和重构中,既可以析出关于现实道德问题论争的文献,又可以析出批判理论规范基础的阐释。

这些研究,不仅拓展了马克思与当代社会理论和当代社会现实问题关系的研究,而且深化了对马克思思想与马克思主义的理解;不仅从政治经济学批判视角重新理解了马克思,而且从宗教批判、道德批判视角重新理解了马克思,从而使"马克思"变得更加丰满。

实际上,在马克思那里,政治经济学批判与伦理道德批判始终是统一的。不过,在马克思主义传播与发展过程中,有人(例如,第三国际马克思主义者)重视政治经济学批判而忽视伦理道德批判;有人(例如,第二国际修正主义者)重视伦理道德批判而忽视政治经济学批判。也许,只有政治经济学批判与伦理道德批判相结合,才能更好地完成对资本主义的批判,才能更准确地理解马克思理论实质。在这个意义上,霍耐特提出的"政治经济学批判需要道德维度补充"则是非常有意义的。霍耐特说,我们从马克思关于资本主义利润追求独立化趋向的分析中,可以看到许多很有价值的洞见。这归功于他对劳动力市场的讨论主要是围绕着这些事实展开的:马克思相信,那些除了拥有自己的劳动力而不拥有任何其他商品的市场参与者(即劳动者),能够被置入具有平等权利的契约伙伴状况中。与其说他们对相应的商谈条件的同意可以被视为自愿的,毋宁说,马克思更确信,生产资料占有者(即资本家),鉴于他们的垄断地位而总是拥有足够的权力手段,迫使劳动者或生产者接受他们的劳动契约条件。在马克思眼里,不论工资多高都不能偿付那些雇佣劳动者的实际贡献,因为劳动者的劳动被描述为经济价值创造的唯一源泉。这样,所有关于公正的或公平的劳动力价格的讨论,对他来

---

① Matthias Mayer, Aktualität und Kritik marxistischer Ethik, in: *Zeitschrift für kritische Theorie*, 2012, Heft 34 – 35, S. 30.

说似乎都是纯粹宣传,只是为掩盖资本主义剥削的一种更深层的事实。① 但在霍耐特看来,既然目前还看不到切实可行的替代市场经济的调控手段,那就应该从马克思资本主义批判的滥用转移到黑格尔、涂尔干的道德经济主义视域中,也就是说,既非剥削问题又非强制性契约问题,应该被理解为只有超越资本主义市场经济才能克服的结构性欠缺,而是通过它自身的规范承诺造成了这些欠缺,因而最终也只有在自身中才能克服这些挑战。如果要想将市场理解为社会自由领域,那就必须给出市场经济秩序能够无阻碍发展的社会条件。"这些成为资本主义经济体系本身制度前提的所有难题,是马克思在逻辑上已经初步研究过的问题。因为这些问题涉及:经济市场是否实际描述了一个纯粹的强制关系,因而排除了个体自由的任何形式的问题只有事先弄清楚,应当如何恰当地描述新经济体系,才能从根本上回答这些问题。"②

第六,阶级理论与阶级问题研究。

21世纪以来,德国学者围绕着阶级结构与阶级概念、经济阶级与政治阶级、阶级意识与阶级斗争、阶级理论与阶级分析等问题进行了广泛深入讨论,提出了一些新观点、新见解,甚至可以说在一定程度上丰富与发展了马克思主义阶级理论。这主要体现在三个方面。

(1) 关于社会阶级结构变化与阶级概念的当代适应性问题。德国学者大都承认当代发达资本主义的社会结构关系、阶级关系和阶级结构发生了根本变化,有人甚至认为社会阶级两极分化加剧,社会中间阶层萎缩,从而导致社会阶级分层模型失效。但是,他们在阶级概念的当代适应性问题上有着不同的看法。例如,在"告别阶级概念"还是"重新接受阶级概念"问题上存在着激烈争论,有人认为形成了"新无产阶级"或曰"下层阶级",有人认为"下层阶级"概念是可疑的意识形态用法,甚至有人认为既不存在工人阶级也不存在雇佣阶级。而他们在坚持传统的"经济阶级"概念还是转向"政治阶级"概念问题上也有激烈交锋。例如,德国法学家 N. 佩西指出,阿本德罗特坚持在当代民主社会中尤其需要马克思的阶级概念。就是说,阿本德罗特的民主理论

---

① Vgl. Axel Honneth, *Das Recht der Freiheit. Grundriß einer demokratischen Sittlichkeit*, Berlin: Suhrkamp 2013, S. 353–354.

② Axel Honneth, *Das Recht der Freiheit. Grundriß einer demokratischen Sittlichkeit*, Berlin: Suhrkamp 2013, S. 331.

的方法论基础和出发点就是马克思关于对抗阶级矛盾冲突的分析，其中包括社会和制度关系的异化与物化。阶级结构的最重要因素是对生产工具的私人占有，它导致经济与社会支配权的完全集中化。因此，阿本德罗特过去的论断在今天仍然有效。这些论断就是："社会的许多机构，不仅包括社会劳动过程创造出的既定的社会经济事实，而且包括政治组织（如国家）、法律规范、政治定理，表现为站立于人之上的独立存在的权力，而这些'独立权力'实际上是由人创造并培育出来的。只要这种情况一直存在，那么下述任务就一直存在，即把人提升为自己历史的主人，认清并消除异化与物化现象。"①

N. 佩西说，为了保证民主与福利国家之间的必然关联，必须转变现有的经济系统，使之成为代表整个社会利益的国民计划经济。换言之，民主化不能局限于政治机构，必须支配所有的社会组织机构。只有这样，才能从形式的政治民主过渡到实质的社会民主。在阿本德罗特看来，仅仅靠议会制民主宪法，无法保证继续平稳过渡到民主社会。因为没有人能够保证特权阶层会尊重法律秩序，尤其是当特权阶层认为在触及到自身利益时，如果改变对法律秩序的解释或干脆废除法律将非常有利于自身利益时。所以在一定程度上说，议会制民主宪法不过是民主的整合工具而已②。要想实现真正的社会民主，不仅涉及政治结构和政治制度的民主化，而且涉及生产组织与经济组织的民主化。从形式民主到实质民主的转变，要依靠对现有秩序不公正性的深刻认识，以及政治力量关系的变化。

（2）关于阶级意识与阶级斗争问题。毫无疑问，德国学者还在讨论阶级意识与阶级斗争问题，有些学者也承认阶级对抗是一个事实，甚至认为近30年德国出现了社会斗争复兴。例如，德国《"社会主义"杂志》编辑迪特耶（Richard Detje）指出，20世纪90年代初，德国社会还相对平静；到90年代中后期，德国出现了社会斗争复兴。在《"阶级意识"与"阶级斗争"概念是否过时？》中，弗勒贝尔特借助自己确

---

① Wolfgang Abendroth, Ist der Marxismus "überholt"? in: *Antagonistische Gesellschaft und politische Demokratie*, Neuwied 1968, S. 351.

② Wolfgang Abendroth, Demokratie als Institution und Aufgabe, in: *Arbeiterklasse, Staat und Verfassung, Materialien zur Verfassungsgeschichte und Verfassungstheorie der Bundesrepublik*, Hg. Von J. Perels, Frankfurt a. M. /Köln 1975, S. 28 - 29.

定的"事实"——今天，下层阶级以多种方式"从上面"进行阶级斗争——捍卫重构阶级意识的现实性，并阐明阶级意识形成于相关者的利益之中。然而，也有学者认为与阶级意识和阶级斗争意识相比，阶级感受处于支配地位；而且需要注意的是，最近 20 年来发达资本主义国家工人群体的阶级斗争，主要是为经济利益而斗争，没有关涉政治诉求。因而，社会斗争的内在动力在哪里？它有什么局限性与弱点？这些都是需要人们进一步思考的关键问题。例如，德国学者 O. 纳切威（Oliver Nachtwey）探讨了德国社会中新的社会冲突问题。他指出，在社会现实中劳工斗争继续发生，但斗争面貌有所改变，通常它不再与传统的蓝领工人形象相关，而更多的是与零售业和护理业的雇佣者相关，因此这些活动通常是由女性组织的。在涉及当今工薪阶层与阶级意识时，通过对原民主德国区域与联邦德国区域企业员工的调查，K. 多尔（Klaus Dörre）指出，绝大多数受访者都赞同资本主义批判命题，但工薪阶层内部也存在着分歧：54% 的受访者同意给失业者施加更大的压力。

（3）关于马克思的阶级理论与阶级分析方法的现实性问题。尽管德国学者有不同的看法，但他们的基本观点是：最近 20 年来，德国出现了阶级分析与阶级理论复兴，马克思的阶级理论在今天仍然具有现实性。例如，B. 迪特里希（Ben Dieterich）说，在德国，阶级分析与克服有产者—无产者对立的阶级模型相关联，"目的是为了将现实社会模型解释为符合趋势的或完全的去结构化"[①]。当然，只有与社会结构分析、社会不平等以及性别、种族等问题结合起来，马克思的阶级理论与阶级分析方法才能具有生命力。例如，在女性主义的马克思主义者 F. 豪克（Frigga Haug）看来，马克思的阶级分析方法是必要的，因为性别关系就是生产关系，社会实践形式是通过性别关系规定的。社会学家 M. 吉门兹（Martha Gimenz）也强调阶级分析的紧迫性，因为资本主义社会中的阶级关系被视为主导性的。不过，有争议的是：如何将不同的压迫形式，如种族、阶级、性别，理解为相互联系的交织物。

尽管德国学者关于德国社会阶级问题的观点未必完全正确，有些甚至可能是错误的。对此，我们需要仔细辨析。不过，他们对这些问题的关注和探讨是值得肯定的，涉及了许多需要认真思考的问题，提出了不

---

① Vgl. *Zeitschrift Marxistische Erneuerung*, Nr 65, März 2006, S. 59.

少有价值至少是值得认真对待的新观点、新见解;甚至可以说,在一定程度上丰富与发展了马克思主义阶级理论。这不仅有助于人们了解、把握当今德国社会的阶级问题,而且有助于人们重新思考马克思主义阶级理论。

第七,新自由主义、金融资本主义批判与替代性选择问题。

(1) 关于新自由主义的本质特征问题。德国学者不仅考察了新自由主义的理论基础和历史基础,而且分析了新自由主义的政治合法性、措施和结果,并对新自由主义的私人化、自由化战略进行了批评,揭露了新自由主义霸权对民主的威胁,并断定新自由主义不仅是一种经济理论,而且是一种政治立场。例如,德国马克思主义者蔡泽界定了新自由主义的本质。他指出,从意识形态层面看,新自由主义是自由主义的一个变种,即坚信国民经济只有由完全自由的市场主导,才能够繁荣昌盛。在古典自由主义那里,这种要求主要针对贵族的特权和王侯的独断专行。而新自由主义则针对国家干预,但主要是针对工人阶级的工会组织,因为工会组织不源于市场,而是在共同利益基础上旨在消除劳动力市场上的相互竞争状态。由此,新自由主义也反对20世纪上半叶由国家组织资本主义,即马克思主义所说的"国家垄断资本主义"。

(2) 关于新自由主义的命运问题,德国学者有不同的看法。其一,尽管存在着不同于新自由主义的替代性选择,但新自由主义政治并未失败,相反是特别成功的。因而,不能轻易地谈论新自由主义危机问题。其二,必须揭露新自由主义体系的内在矛盾,并反抗新自由主义的政治统治。其三,新自由主义信条将引人误入歧途,但若想终结新自由主义则任重而道远。不过,有一种很强的声音宣告新自由主义政治已经失败。例如,在《极权资本主义:试验台上的民主》[1]中,德国政治学家德佩一方面从历史层面考察资本主义与民主的关系,另一方面又认为政治民主在2008年以来的危机中面临着考验。就像后民主理论拥护者那样,德佩也认为,当代资本主义已经进入"极权资本主义"(Autoritärer Kapitalismus)时代,它瓦解了资本主义生产方式与自由民主之间的关联。在以往的民主资本主义当中,公共领域是政治民主的体现;但在新

---

[1] Frank Deppe, *Autoritärer Kapitalismus. Demokratie auf dem Prüfstand*, VSA-Verlag, Hamburg, 2013.

自由主义体制中,公共领域具有了两面性:(A)随着新自由主义胜利,公共领域开始走向私有化。这种私有化过程可以被理解为个体自由、责任心和参与性的增加,但同时也改变了私人领域概念,因为公共产品,如公共交通和运输、教育和社会保险等被私人接管,成为资本积累的工具。(B)私人领域开始走向公共化,如各种电视娱乐节目中的真人秀;但随着传媒的集中化,一小撮富豪控制了重要的政治新闻与信息,公共资源成为他们牟利的工具,因特网也成为各大利益集团的角斗场。德佩认为,这是金融市场资本主义时代公共领域转型的一个重要标志,它像民主的政治程序一样已经空心化。德国学者 W. 施特雷克直接断言,新自自由主义政治已经失败,西方所宣扬的民主资本主义已经终结:资本主义生产方式与政治民主,与其说互为条件,不如说相互背离。①"当人们去观察始于 20 世纪 70 年代以来的发展数据时,可以发现该过程完全是经济膨胀、国家负债和经济结构的普遍负债过程。从 80 年代开始,高收入与低收入之间的不平等差距开始扩大……这一切能够永远继续下去吗?答案是:当然不能!"②

(3)关于金融资本主义特征与 2008 年世界经济危机性质问题。毋庸讳言,今日资本主义已经过渡到"金融资本主义"或"金融市场资本主义"或"金融市场推动的资本主义",但这并不意味着资本主义性质发生了变化,只是意味着资本主义发展到了一个新阶段——金融资本主义的基本特征就是金融资本统治。至于 2008 年全球经济危机的性质,德国学者给出了不同的定位:全方位的系统危机,严重的过度生产危机,信贷危机、货币危机和金融市场危机。例如,鲍里斯认为,世界经济不均衡是造成危机的重要原因,而全球不均衡主要是由美国(包括其他发达工业国家)和亚洲新兴国家之间的某些对外经济结构引发的。在新自由主义全球化语境中,对外贸易透明化、劳动强化过程改变,以及吸收外资取向,强化了自 20 世纪 70 年代以来的中心—边缘之间的"新的国际劳动分工"。

W. 施特雷克指出,在金融资本主义时代,资本主义内部已经没有了反对派,或者说,反对派的力量已经被严重削弱,但这恰恰是金融资本

---

① Wolfgang Streeck, Wie wird der Kapitalismus enden? in: *Blätter für Deutsche und Internationale Politik*, 60 (4), 2015, S. 109 – 120.

② "Alles kommt einmal zum Ende" http://www.deutschlandfunk.de/kapitalismus-alles-kommt-einmal-zum-ende.1184.de.html?dram:article_id=313737.

主义走向危机的征兆。因为只有社会内部的多样性和组织原则的多元化，才会带来社会体系的兴盛。资本主义也能够从反对利润和市场的运动中获益。在凯恩斯主义和福特主义当中，对资本主义或多或少忠诚的反对派确保并稳定了总体需求，尤其是在经济衰退时期。正是在这个意义上，我们可以说，资本主义挫败反对派或许不过是"惨胜"（Pyrrhic victory），因为那些反对力量尽管有时会造成不便，但事实上却支撑了资本主义①。反过来说，资本主义由于摧毁了自身的反对派而正在走向终结。为了解释该过程，W. 施特雷克分析了当今发达资本主义的五个系统性失序——停滞、寡头性再分配、掠夺公共领域、腐败、全球无政府状态——它们都源于以各种各样的方式被削弱了的资本主义传统制度和政治限制。

（4）关于是否能够走出，以及如何走出金融危机的问题。德国学者特别考察了"与凯恩斯一起走出危机的可能性"：一种观点认为，这场经济危机不能在自身矛盾基础上被消除；另一种观点认为，尽管并不存在对市场的替代性选择，但可以期望在资本增值之外寻找新经济的可能性，因而必须与以生态可持续发展为取向的经济转型联系在一起。因而，要想走出金融危机，仅仅局限于反金融危机措施是不够的，还必须翻转"自下而上的"社会财产再分配方向，在生产中确立新的分配关系。然而，德国学者对翻转再分配方向的现实可能性持保守态度。有学者根据数据分析指出，社会民主党选举失败后所留下的政治空白，至今仍未被左翼党填充。因而，面对新自由主义的挑战，左翼党不仅没有明显削弱新自由主义的方针政策，而且至今仍未提供一个有说服力的社会模式以抗衡新自由主义②。

在替代性选择方面，德国马克思主义者 M. 布里（Michael Brie）首先完全赞同马克思关于资本主义社会与社会主义的断言，即社会主义只有建立在资本主义生产力高度发展的基础之上才是切实可行的，否则就只会沦入野蛮主义之中，"不说资本主义的长处，就应该免谈社会主义"③。

---

① Wolfgang Streeck, *How Will Capitalism End? Essays on a Failing System*, London & New York, 2016, pp. 60–61.

② Vgl. Nico Biver, Verschwindet die Linke? in: *Zeitschrift Marxistische Erneuerung*, Nr. 102, Juni 2015, S. 150.

③ Michael Brie, Die Produktivitaet des Kapitalismus und Optionen der Linken, in: *Zeitschrift Marxistische Erneuerung*, Nr. 100, Dezember 2014, S. 171.

他指出，在当今发达资本主义国家，首要问题是生产过剩条件下的政治问题，而不是满足基本需要的大规模生产问题。因此，在此情况下左派的发展方针应该在于：（A）清楚地意识到各种可能的路线设置的多元性，充分整合社会、政治、文化领域的各种力量与反对力量，若单枪匹马或与所有其他政党为敌，那只会使自身孤掌难鸣。（B）将策略行为与身份认同紧密结合起来，努力在精神层面与实践层面将各种不同的左派立场联系起来。不过，这只有借助有说服力的、能够经受住实践考验的叙述才能够完成。为此，M. 布里给出了"4U"建议：其一，出发点是"分配"（Umverteilung），即翻转从底层到上层、从公共领域到私人领域的分配方向，应扩大公共财富并保障社会安全环境；其二，尽可能地深入到社会层面和生态层面对所有生活方式的生产与再生产进行"改造"（Umgestaltung）；其三，实现民主的民主化，即"扭转"（Umsteuern）决策过程领域；其四，"全面的"（umfassende）团结、积极的和平政策、贯彻无暴力方针。（C）需要一个更加实际和更为可信的介入方案。（D）只有当左翼成功地发展出"中层和底层联盟"时，才有可能有所作为，因为如今代议制民主已然是非代议的了。例如，2013年德国议会选举时，占社会1/4的中上层有近90%的投票率，而占社会1/4的下层（失业者、社会救济金领取者和低学历者）只有不到50%的投票率。所以，M. 布里强调，左翼党必须放弃改革与革命的对立，争取社会上的大多数。因为目标与道路是联系在一起的：没有社会主义目标，左翼党将走向歧途；没有切实可行的道路，目标则是无意义的。

在霍耐特看来，根本不存在完全的替代性选择，因为社会主义对新自由主义的扬弃仅仅是一种内在批判，即对资本主义"自由、平等、博爱"理念内在矛盾的揭示。他认为，新自由主义主张的抽象自由原则与资本主义宣扬的博爱原则是冲突的。因此，为了在理念上克服新自由主义的缺陷，必须重新复活传统社会主义观念，即社会自由观念，但社会自由并不是对消极自由的彻底否定，而是对它的补充和完善，消极自由也是未来社会不可或缺的部分。

第八，新帝国主义与国际新秩序问题。

帝国主义理论与新帝国主义、世界体系变化与国际新秩序，一直是德国学者的重要议题之一。这主要体现在几个方面。（1）关于帝国主义理论与新帝国主义问题。德国学者主要围绕着帝国主义概念、帝国主义理论及其现实性，尤其是列宁的帝国主义理论对革命的马克思主义政治纲领的现实意义展开讨论。另外，还讨论了新帝国主义的经济基础、历史特征，新老帝国主义的结构形式，帝国主义意识形态与资产阶级意识形态、帝国主义政治的关系问题。（2）世界体系变化与国际新秩序问题。例如，世界不均衡与南北关系；资本主义核心国家与边缘国家的关系；北美、西欧、日本"三角关系"终结，新兴国家崛起。例如，从 G8 峰会到 G20 峰会，就是这种新国际秩序变化的表达；中美俄关系对国际新秩序的决定作用。

尤其需要指出的是，由于德国特殊的"难民危机"问题，从"难民危机"角度重思新帝国主义与国际新秩序也成为近年来的热点问题。在一次有 50 多人参加的"马克思主义学习周"（法兰克福，2016 年 3 月 14—18 日）中，德国学者讨论了最为棘手的欧洲难民危机问题。许多学术报告分析了今天和历史上的难民潮起因、资本主义生产条件和移民的普遍关联，以及阶级问题的重要性。例如，德国经济学家阿尔特法特讨论了全球资本主义矛盾和移民问题。他认为，资本积累必然导致无产者贫困化，这种贫困化在全球发展落差和最终的难民潮中达到顶峰。当然，环境灾难也是难民潮的起因之一。他指出，难民的困境使得进一步的政治参与成为不再可能。因此，为了在世界范围内遏制金融市场在社会经济方面对生活条件的负面影响，将金融市场重新嵌入到制度框架中，将是一个有意义的目标。不过，在改变社会生态和经济所需要的可能主体方面存在着论争。德佩阐述了资本主义社会劳动生产率提高与自由劳动力后备军即相对人口过剩的关系，强调移民与城市化是历史发展的结果。他认为，当下难民问题起因的根源在于历史上的殖民剥削与当今的新殖民关系。因而，必须在社会革命中创造符合人的尊严的生存条件。在这里，德佩提出了一个得到广泛讨论的问题，即如何才能将亨廷顿以来所鼓吹的文化斗争再次转变为阶级斗争。

另外，值得一提的是关于难民起因和对之斗争的讨论。例如，B. 马班察（Boniface Mabanza）阐述了北方国家与非洲国家之间的新殖民关系，包括结构上的适应方案、经济伙伴关系协定等。他指出，真正的"入侵"并不是那些涌入欧洲的难民们，而是几个世纪以来的欧洲殖民者。今天，尽管非洲联盟立场鲜明地反对这种殖民剥削，但在金融和制度方面仅仅是微弱地表达了这种立场。不过,随着更多国家如中国的参与,可以提供更多合作的可能性。这在一定程度上能够弱化这种剥削关系①。

第九,现实社会主义的批判性反思。

时值两德统一 30 周年,德国学者围绕着德国历史、两德统一与民主德国社会主义大做文章,他们不仅揭露了 1989 年和 1990 年之后的历史神话,而且考察了民主德国的历史向度,讨论了民主德国与社会主义、社会主义与民主的关系,进而对马克思主义的社会主义理论与现实社会主义实践进行了批判性反思。

(1) 社会主义观念需要重新理解。O. 内格特强调,以马克思主义的社会主义名义从事犯罪的人,必须要承担一定的"集体责任"(kollektive Haftung)。"对我来说,这不是纯粹的认识问题。因为这正好涉及,在这个观念名义下牺牲了许多人的善良信念和'热情'(Enthusiasmus)。因而,我们在讨论马克思、马克思主义和社会主义时,不能不重新考虑道德维度。"② 就是说,任何一个想从社会主义角度研究马克思的人,必须包含着"道德决断"。这样,就不仅要讨论资本强制逻辑与道德责任的关系,还要分析资本主义国家(包括边缘国家与核心国家)社会主义革命的可能性问题。在此,他们区分了两重意义上的社会主义革命:(A) 在规范观念层面,社会主义革命并不是要彻底消除资本主义社会的核心价值观念,而是要在更为广阔的价值观念中,融合资本主义社会中相互冲突的价值理论,如自由与团结、个体与集体的价值观念等,因此在这个方面不存在近代意义上彻底的革命,只有不断的改革。(B) 在现实制度层面,社会主义革命是对社会制度进行重新安排,德国马克思主义者、左翼学者认为这是可能的,认为经济危机的发生以及全球抗议运动,已经表明制度革命迫在眉睫。例如,在《没有贪婪的财富:我们如何脱离资本主义》中,左翼党理论家 S. 瓦根克内希特(Sahra Wagenknecht)甚至构想了四种具有社会主义性质的基本企业制度类型:合伙企业、合作企业、公共企业、公共福利企业,并认为这四

---

① Vgl. Boniface Mabanza Bambu, Fluchtursachen bekämpfen: Was ist damit gemeint? in: *Zeitschrift Marxistische Erneuerung*, Nr. 105, 2016, S. 67 – 76.

② Oskar Negt, Neuzugänge zum Marxschen Denken, in: *Zeitschrift Marxistische Erneuerung*, Nr. 30, Juni 1997, S. 38.

种企业类型并不是人们新创造出来的，有的在资本主义条件下已经得到了部分发展或尚未实现发展。她认为这四种企业类型背后共同的观念是：企业的发展必须被置于共同决定的框架中。在公司的政策中，每个职员都可以提出自己的观点和看法。在发展市场空白、改善现有产品和试验新想法等方面，它们的民主结构使得充分利用社会的创造性潜力成为可能。她说，这样的成就"没有其他任何机制能够很好地动员达到，只有许多生产者自由的竞争和对新进入者的持续市场开放"才能达到。[1] 这种替代性经济，其实是一种小型的、地区性的、民族的生产统一体。企业的未来也不是全球性的寡头垄断集团，不是国家集权的经济政治。由此可见，S. 瓦根克内希特勾画了自己对当今资本主义向未来社会主义转型的理解。

（2）现实社会主义实践批判性反思。两德统一 20 周年之际，德国学者围绕着德国历史、两德统一与民主德国社会主义大做文章。且不说学术著作、学术会议和其他杂志，仅《马克思主义杂志》《马克思主义创新杂志》就发表了十多篇相关文章。在这些文章中，德国学者深入讨论了如下问题：两德统一后 20 年，德国人们获得了什么？60 年前联邦德国、民主德国的战后重建留下了什么痕迹？历史能否被视为"极权主义教条与马克思主义历史观"之间的反题？例如：

在《民主德国研究与历史神话》（2009）中，德国历史学家 R. 汉内曼（Raiko Hannemann）提出了"民主德国是什么样的国家？"的问题。他指出，尽管民主德国的历史矛盾性使人们刻画它较为大众化的、恰当的形象变得困难，但民主德国研究的对象不应该被表征为昏暗不明的。实际上，自 1990 年以来，就有了民主德国研究的替代性选择开端。"因此，不应该驱逐批判的民主德国研究，它与为'恰当的'民主德国形象论争融合在一起。"[2] 那么，现在可以从批判的民主德国研究中期待什么呢？R. 汉内曼认为，显然不能期待东方学[3]与极权主义理论之间

---

[1] Sahra Wagenknecht, Reichtum ohne Gier. Wie wir uns vor dem Kapitalismus retten, Campus Verlag, Frankfurt/New York 2016, S. 161.

[2] Raiko Hannemann, DDR-Forschung und Geschichtsmythen. in: *Zeitschrift Marxistische Erneuerung*, Nr. 79, September 2009, S. 64.

[3] 东方学（Orientalism），是指研究亚洲和非洲（主要是北非）地区的历史、经济、语言、文学、艺术及其他物质文化和精神文化的综合性学科；酝酿于 16 世纪末到 18 世纪，正式确立于 19 世纪。1873 年第一届国际东方学会议的成功举办，标志着东方学的真正国际化。

的中间道路，而是期待（以现存的非东方学、非极权主义理论为基础的）新类型的民主德国研究。不过，令人担忧的是，其研究一方面陷入了意识形态，另一方面陷入了相对主义，从而导致民主德国历史关系消解而走向无关事件的汇集。另外，在《被规定的崩溃：关于80年代末民主德国经济状况的神话》（2009）中，德国经济学家 J. 勒斯拉（Jörg Rössler）讨论了"民主德国经济崩溃神话是如何出现的"问题。

在《民主德国作为社会主义社会形态的经验主体》（2009）中，德国政治学家利贝拉姆指出，最近20年，德国左翼马克思主义者不仅讨论了民主德国失败的原因与欧洲社会主义的尝试，而且还讨论了许多其他问题。然而，"核心问题在于必须回答：哪些现有的知识是从作为社会主义新组织'经验主体'的民主德国历史中产生出来的？"[①] 与此同时，关于民主德国的历史，在2009年的纪念活动中，也研究了比歧视史更多的东西：正如民意调查所表明的那样，积极的民主德国回忆总是占支配地位，长期大量过分的辱骂被超越了。

N. 佩西试图进一步解决下述问题：民主德国与社会主义的关系、民主德国与民主的关系、社会主义与民主的关系，以及民主解放与法治国家的关系。G. 斯图波认为，民主德国也有社会主义民主；P. v. 厄尔岑指出，社会主义是民主的必要条件，因为只有形式的民主权利，如政治自由、言论自由、出版自由等，并不是真正的民主，民主的实现必须依赖社会不平等的缩小，乃至社会不平等的消除。

由此可见，德国学者不仅揭露了1989年和1990年之后的历史神话，而且考察了民主德国的历史向度；不仅讨论了民主德国与社会主义、社会主义与民主的关系，而且分析了民主、人权、解放与社会主义的关系，并揭示了民主德国社会主义失败与民主社会主义萌芽问题。

第十，从新社会主义到新共产主义。

毫无疑问，激进民主理论是新社会主义构想的重要理论基石。作为马克思主义最新发展的重要理论思潮之一，其不仅在左翼政党中，在主流学术圈里也获得了诸多关注与回应。与激进民主相关，对社会主义和共产主义的重新反思，也成为左翼学者关注的焦点之一。与世界各国左

---

① Ekkehard Lieberam, Die DDR als Erfahrungsubjekt sozialistischer Gesellschaftsgestaltung, in: *Zeitschrift Marxistische Erneuerung*, Nr. 79, September 2009, S. 80 – 81.

翼学者相呼应，德国左翼学者也讨论了新社会主义—新共产主义的可能性问题。

尽管在左翼学者圈子中，基于激进民主理论的新社会主义—新共产主义构想已经"大行其道"。例如，L. 布朗施与 M. 布里主编的《共产主义》文集[①]等。但苏东剧变以后，西方民众对此普遍持有这样的心态——尽管资本主义制度的缺陷有目共睹，但一种更好的替代性选择却无迹可循。例如，G. 吕茨施曾经参与讨论"21 世纪通往共产主义之路"，这在德国引起强烈反响，但大众媒体与民众的普遍回应是："不要再说共产主义！"

与大多数主流知识分子对此表示沉默相反，德国马克思主义学者 W. 戈尔德施密特（Werner Goldschmidt）认为"共产主义问题"值得讨论，尤其是在当今资本主义处于深层的社会经济、政治与文化危机中，仍无法找到内在出路的背景下。不过他强调，在讨论通向共产主义之路前，应当先搞清楚什么是共产主义。他指出，对共产主义概念的经典解释源于《共产党宣言》，即"代替那存在着阶级和阶级对立的资产阶级旧社会的，将是这样一个联合体，在那里，每个人的自由发展是一切人的自由发展的条件"[②]。W. 戈尔德施密特认为，恩斯格准确地把握了马克思对共产主义的理解。在《资本论》（第 1 卷）中，马克思有类似的说法：每个人的全面自由发展，是作为资本主义之后更高社会形态的基本原则。只有在该基本原则被充分阐述清楚的情况下，共产主义社会的其他特征才能得到有意义的处理。

鉴于"现实社会主义"（Realsozialismus）在 20 世纪的失败，共产主义观念是否仅仅是一个纯粹乌托邦幻想，抑或仍然具有潜力，可以为解决人类在 21 世纪面临的问题提供切合实际与现实的视角呢？只有这个问题得到解决，才能在马克思主义意义上，为过渡到共产主义社会的必然性提供根据。W. 戈尔德施密特认为，马克思的论断为回答该问题提供了线索，即在《〈政治经济学批判〉序言》中的概括："无论哪一个社会形态，在它所能容纳的全部生产力发挥出来以前，是决不会灭亡的；而新的更高的生产关系，在它的物质存在条件在旧社会的胎胞里成

---

① Lutz Brangsch/Michael Brie, *Das Kommunistische*, Hamburg: Vsa Verlag, 2016.
② 《马克思恩格斯选集》第 1 卷，人民出版社 1995 年版，第 294 页。

熟以前，是决不会出现的。所以人类始终只提出自己能够解决的任务，因为只要仔细考察就可以发现，任务本身，只有在解决它的物质条件已经存在或者至少是在生成过程中的时候，才会产生。"① 根据该论断，人们可以发问：在当今高科技资本主义社会中，是否高度发展的生产力已经适合解放一个社会，该社会的基本原则不再是为了资本积累而积累、为了生产而生产，而是为了每个人的自由而全面的发展？W. 戈尔德施密特指出，在金融驱动的积累政策条件下，也在全球环境灾难的威胁下，基于微电子革命的新自由主义的高科技资本主义，既没有走向约束或管制资本主义生产之路，也没有走向缩短劳动时间之路，而是恰恰相反，"新自由主义许诺的'个体化'……导致工薪阶层进一步碎片化，这明显地表现为工会于 1980 年之后在社会和政治方面的权力丧失"②。

实际上，新自由主义政策陷入危机之后，生产者自由联合的思想又重新获得了吸引力。例如，ATTAC（征收金融交易税以援助公民协会）、占领华尔街运动、愤怒者运动和海盗党等。然而，当今高科技资本主义（就像 20 世纪 30 年代的泰勒制资本主义）不会在此危机中崩溃。因此，当今社会首先需要文化转型，需要一个可信的替代性选择。W. 戈尔德施密特相信，自己能够担当起重构马克思的共产主义概念之任。不过他认为自己无法预见：借助突飞猛进的信息技术和第四次工业革命，这次转型是获得加速还是遭到抵制？因为这是社会斗争的结果。但有一点可以确定，那就是：只要文化转型不是过渡到共产主义社会的结果，而是其前提性的必然环节，那这个过渡就不是短期事件，而是需要长期的过程。在这个过程中，摆在左翼面前的首要任务就是：在国家层面和国际层面成功地争取政治领导权和文化领导权。新自由主义政策在当今的戏剧性危机，以及与之相应的意识形态危机，为领导权转移提供了真实的契机，因此，W. 戈尔德施密特呼吁：此时不行动，更待何时③。

在《与民主德国一起走向 21 世纪社会主义》（2009）中，德国学

---

① 《马克思恩格斯文集》第 2 卷，人民出版社 2009 年版，第 592 页。
② Vgl. *Zeitschrift Marxistische Erneuerung*，Nr. 97，März 2014，S. 178.
③ Vgl. *Zeitschrift Marxistische Erneuerung*，Nr. 97，März 2014，S. 178.

者 S. 勃林格尔（Stefan Bollinger）宣称，只有当社会主义运动取得成功，并理解了 SED 与民主德国的历史错误时，才能够成功地创新社会主义。他指出，尽管社会主义有着不可调和的矛盾，但它仍然被视为对资本主义的替代性选择。这就存在着如何理解未来社会主义的问题：在这个新社会中，不仅有党与国家，而且要有公民社会。左派，即使在党的名义下，也是在激进的"21 世纪社会主义"与手工劳动的、改革的"骑虎难下的资本主义"之间来回厮杀，为的是在此时此地帮助人们，以至于不使他们陷入无保障状态并提出生存要求。"这是战胜资本主义并最终在将来实现社会主义力量的最大诉求与最纯诉求之间的冲突。今天，社会主义的目标是否还保留超越正义、团结、所有生活领域的民主化之上的乌托邦，在此是不清楚的。"①

总之，德国学者不仅对现实社会主义理论与实践进行了批判性反思，而且还提出了各种新社会主义构想。（A）关于通往新社会主义之路，德国学者提出了不同看法。例如，在今天，社会主义构想是不可能的，但在未来，民主社会主义既是必要的又是可能的；有人肯定"计算机—社会主义"构想，有人说"计算机—社会主义"在 21 世纪或许还不能实现，它只是未来共产主义远景目标；有人认为，未来 10—15 年，社会经济生态化转型也许是可能的，但要实现社会主义转型也许还不可能；有人提出，新社会主义追求，就是在社会主义道路上实现经济的、政治的、文化的彻底民主化。总之，尽管有民主社会主义、"计算机—社会主义"、市场社会主义、生态社会主义、新社会主义、21 世纪社会主义等不同方案，但概括起来，"社会主义"应有三个关键词，即"市场""民主""生态"作定语。（B）关于中国发展道路问题，德国学者有不同的定位。例如，效仿东亚模式的、国家资本主义道路；"政治实用主义"的、非资本主义道路；成功的、但非社会主义道路；超常规发展的、社会主义道路。

四　重新发现马克思

综上所述，尽管德国马克思主义研究的不同路向有着不同的侧重

---

① Stefan Bollinger, Mit der DDR zum Sozialismus des 21. Jahrhundert. in: *Zeitschrift Marxistische Erneuerung*, Nr. 79, September 2009, S. 102 – 103.

点，但它们都在重新阅读马克思、重新诠释马克思、重新塑造马克思、重新发现马克思。在这个过程中，德国马克思主义研究体现出四个基本特点：（1）立足于 MEGA^2，对马克思文本、马克思思想、马克思主义进行了反思、批判、创新，目的是"重新发现马克思"；（2）跨学科、多层面、整体性研究马克思主义，目的是塑造"完整的马克思""真正的马克思"；（3）以广义理解的马克思主义反思历史、阐释现实和预测未来，目的是更好地解释和改造社会，走向一个美好的未来；（4）然而，缺乏完整的马克思主义理论框架和统一的马克思主义概念，从而形成了不同的马克思主义研究路向：（A）文献学路向（"寂寞的"马克思学家）——这条路向是以学术为主，兼顾思想，不问现实，最重学术；（B）意识形态路向（"孤独的"马克思主义正统派）——在这条路向中，学术、思想不重要，最重要的是信仰；（C）政治经济学路向（"活跃的"马克思主义创新派）——这条路向中，学术是基础，思想是灵魂，最重要的是现实；（D）政治伦理学路向（"潇洒的"马克思主义重建派）——在这条路向中，学术性、思想性与现实性相统一，最重要的是思想。从总体上看，最后一条路向已经不属于传统的西方马克思主义范畴，而是已经进入到与当代西方实践哲学主流话语对话的语境之中。因而，下述"存在问题"不包括该路向在内。

从总体上看，德国马克思主义研究还存在着以下问题：一是与马克思主义研究相关的学术活动非常热闹，但缺乏统一的、稳定的群众基础，在"热闹"的背后显露出急躁情绪与焦虑心态；二是文献学研究逐渐成为马克思学研究热点，但有陷入"有阅读、有研究、无信仰"的危险境地；三是过分注重马克思主义经济学、伦理学、美学等维度，马克思主义哲学维度有所淡化；四是过分关注社会现实问题，理论深度有所弱化；五是研究视野过于宽泛，马克思主义研究与左翼思潮研究边界不明；六是研究队伍老化，后继人才亟需补充；七是被主流社会边缘化，经济状况不佳，社会政治地位堪忧。

尽管德国学者对马克思思想、马克思主义有着不同的诠释，而且某些研究还缺乏原创性和理论深度，但他们对马克思、马克思文本、马克思思想、马克思理论体系、马克思主义的热情和迷恋，以及对 MEGA^2 的编辑出版研究，值得我们钦佩、尊敬；他们结合 MEGA^2 阅读马克思的方式，以及重新阅读马克思、重新诠释马克思、重新塑造马克思、重新发现马克思的激情和努力，值得我们借鉴、深思；他们强烈的现实关怀、有针对性的历史反思、深刻的理论探索、广阔的国际视野，对马克思主义研究与发展具有重要推动作用，对中国的"马克思主义理论研究和建设工程"，以及马克思主义的中国化、时代化、大众化具有重要的启发和借鉴意义。

不过，对德国马克思主义研究不同路向要区别对待，对德国出现的"马克思热"要冷静思考。在马克思主义研究过程中，要避免从一个极端走向另一个极端，即从过去过分强调经典文本、传统观点到今天过分强调 $MEGA^2$、新观点；不要误解、曲解马克思，更不要歪解、肢解马克思，而是要对马克思思想与马克思主义进行跨学科、多层面、整体性研究，反对马克思主义的教条主义化、虚无主义化、实用主义化，要从理论与实践两个维度坚持、继承与创新、发展马克思主义，从而使马克思主义以完整真实的形象呈现在世人面前。

第二章 走向后阿尔都塞时代
——21世纪法国马克思主义热点问题

法国，向来是马克思主义传播与发展的重要阵地。早在马克思的第一代传人中，就不仅有"马克思主义天才传播者"拉法格，而且有马克思主义社会活动家盖德。1879年，拉法格与盖德一起，组建了法国第一个马克思主义政党：法国工人党（"法国社会主义工人党联盟"）。此外，还有工团主义革命理论家索雷尔，以及法国社会党创始人、第二国际领导人之一饶勒斯。进入20世纪，马克思主义在法国更是得到了巨大发展，除了法国共产党、法国社会党对马克思主义的坚持与发展、"修正"与"补充"之外，还有法国马克思学家对马克思思想的新阐释；尤其是出现了具有国际影响的隶属于西方马克思主义的四大流派，即存在主义的马克思主义、结构主义的马克思主义、马克思主义批评学派、法国调节学派，以及与西方马克思主义密切相关的法国激进左翼思潮。①

苏东剧变后，法国马克思主义研究，经过短暂沉寂之后迅速复兴；21世纪以来，法国马克思主义研究丰富而活跃，出现了不少重要的理论成果。在这里，我们不可能面面俱到，只能择其要者而述之。例如，马克思哲学及其当代价值研究、《资本论》研究、西方马克思主义研究、新自由主义与当代资本主义批判、左翼政治哲学研究等。

一 马克思哲学及其当代价值研究

"马克思哲学"是法国左翼学术界基本理论研究领域之一。"回到

---

① 上述内容由本书主编撰写，特此说明。

马克思"这个口号体现了人们重新考察马克思思想的热情,这在法国学者对马克思主义历史的再反思,以及对马克思文本与理论问题的多角度探讨中充分体现出来。

第一,"回到马克思"。

"回到马克思"是近年来法国左翼学术界提出的一个响亮口号。这个口号是 Y. 吉尼乌在《回到马克思:为了一个后资本主义社会》(2013)① 一书中,针对欧洲资本主义体系全面危机而提出的。据 Y. 吉尼乌解释,"回到马克思"这个口号,并不意味着简单地回到马克思文本,也不是"原教旨主义地"回到马克思思想,而是以马克思的基本立场即资本主义批判作为审视当代世界的根本出发点。Y. 吉尼乌认为,马克思主义在 20 世纪的社会历史经验中经历了许多挫折,但在当今仍然是与新自由主义争夺思想霸权最主要的精神资源。马克思主义重要的理论力量在于,论证了共产主义只有基于资本主义的充分发展才具有现实可能性。但 Y. 吉尼乌强调的是,资本主义的充分发展并非仅指物质生产方面的充分发展,更是指民主形式的充分发展。Y. 吉尼乌指出,马克思恩格斯的共产主义思想的意义和价值只有在当代才能真正凸显出来,从这个概念在当代思想中重新引起关注(像巴迪欧和齐泽克等都曾就共产主义问题发表过富有影响力的见解)就能够看出来。当然,这并不意味着共产主义的到来就像黑格尔的绝对精神那样具有本体论的必然性,毋宁说,共产主义乃是一种康德意义上的道德律令,它着眼于人类整体利益,为后资本主义时代的到来敞开了可能性。

毫无疑问,资本主义批判和共产主义思想无法与马克思哲学割裂开来。在 O. 戴肯看来,马克思哲学有三个重要的理论贡献②。(1) 马克思思考哲学概念的独特方式。马克思在使用自己的概念时,往往突破理论与实践、理智与感知、抽象与具体的对立。诚然,马克思并不否认这些对立面之间的区别,但也没打算将它们综合在一起,更没想过要消除其中的矛盾。在马克思那里,哲学就是概念中的(而不是概念使用中的)理论实践。像意识形态这样的概念,若从科学意义上看不是一个理论性概念,而是一个作为理论—实践概念的现实之反思性表达;而哲学

---

① Yvon Quiniou, Retour à Marx: *Pour une société postcapitaliste*, Buchet Chastel, 2013.
② Olivier Dekens, *Apprendre à Philosopher avec Marx*, Ellipses Marketing, 2013.

一般是对现实本身双重性的阐述，而非某种双重现实的理性表达。在 O. 戴肯看来，"人本身"这一体现着马克思思想之本体论深度的概念，既是抽象的也是具体的——说它是抽象的，是由于这里没有个体性；说它是具体的，是由于这一概念与物质关系紧密相连；而现实正是以"人本身"概念为基础的作为社会关系的人的关系。所以说，马克思所表述的这些概念的力量就在于，这些仿佛是马克思创造出来的概念其实是现实本身的表达形式。（2）通过《资本论》提出的全部概念，建构了一个社会现实分析框架。这个分析框架不仅能够指明社会现实的异化形式，也能够理解异化的经济根源。在人类历史上，《资本论》第一次使这一切（即异化）大白于天下。在《资本论》中，马克思对资本主义生产方式的分析，呈现了资本主义体系的内在缺陷。尽管这种呈现还不足以颠覆资本主义生产方式本身，但毫无疑问，对这个体系偶然性的意识本身是使该体系有可能被瓦解的第一步。（3）马克思对历史的解释模式。O. 戴肯将马克思的历史观称为"历史之诗"，这就是指马克思从共产主义高度出发揭示当下生活的意义，而这就增加了人们内心的希望。如果从政治哲学角度来理解为共产主义而进行斗争，那么很显然，这一斗争就把关于人的理论、关于社会的思想、经济学思想，以及关于未来的诗联结在一起。因此，这一斗争所带来的革命就既是人的解放，也是社会性的显现，更是现实本身的现实化。

在戴肯所分析的马克思哲学的三个理论贡献中，第二点是当下人们关注较多也强调最多的方面。譬如，在《马克思思想中的革命与神秘化》[①] 中，J. 维乌拉克明确地将马克思毕生的理论工作目标理解为从科学视角对资本主义经济进行批判。他指出，马克思是在古典经济学领域进行这一工作的，因为他承认该领域的科学性。所谓"科学性"，是指个体服从普遍的、必然的规律。科学的经济学研究将所有对立面都归于仅仅处于乌托邦的地位。马克思的全部批判奠基于一个基础本体论，这个基础本体论将生活着的个体行动者的主体性活动重新界定为现实的根源，因此将理论领域理解为人们现实生活过程的体现。马克思以这种方式强调了理论逻辑之特有的神秘化倾向，不过他同时也揭示了内在于资

---

① Jean Vioulac, *Révolution et démystification dans la pensée de Karl Marx*, Actuel Marx, no 53, 2013.

本主义生产机器的"平庸地发生的、真实而非想象的神秘化",这种神秘化过程创造了价值变化多端的形式。这就解释了何以无论从理论视角还是实践视角看革命都可以被界定为去神秘化。

第二,再思马克思主义历史。

"回到马克思"无疑是一个令人激动的口号,但问题是"回到"一个什么样的马克思?要想回答这个问题,再思马克思主义历史就是一个重要的基础性工作。

意大利马克思主义哲学家普莱维(Constanzo Preve)的《批判的马克思主义历史》一书法文版的出版,为人们再思马克思主义历史提供了契机。法国马克思主义哲学家 D. 科兰(Denis Collin)和 A. 托塞尔[1]分别为之撰写了"序"和"跋",围绕着今天应该如何理解和对待马克思哲学与马克思主义的问题进行了讨论。

在"序"[2]中,D. 科兰借助对该书的评论探讨了马克思与马克思主义的关系问题,为"马克思哲学"进行辩护,对"马克思主义"进行批判。D. 科兰强调,既然普莱维的该书是关于马克思主义历史的,那么首先要澄清的问题就是:马克思与马克思主义的关系是什么?D. 科兰赞成普莱维的观点,将马克思与马克思主义区分开来,并说这也是法国思想家吕贝尔(Maximilien Rubel)、昂利(Michel Henry)、樊尚(Jean-Marie Vincent)等人共有的观点。D. 科兰指出,对马克思,我们不应将他视为一个先知或知晓一切的思想家,而应在哲学传统中理解马克思的历史地位,应当将他理解为一个真正的哲学家,甚至可以像昂利那样将马克思视为人类历史上最伟大的哲学家之一。只有真正理解并超越马克思思想,才有可能开启全新的解放视野。因而,在当代语境中完整地理解马克思,就要理解马克思哲学的方法论特征和立场观点。从方法论上说,马克思哲学并不像一些马克思学家所认为的那样,马克思无法将自己的方法运用于自身;恰恰相反,如果说马克思在方法论上的显著特征是从社会起源来理解思想范畴的话,那么马克思哲学中几乎所有的范畴同样是具有社会历史性的。就是说,这些范畴都是历史地形

---

[1] A. 托塞尔(André Tosel, 1941—2017),法国哲学家。
[2] Denis Collin, *Préface à Histoire Critique Du Marxisme de Constanzo Preve*, Armand Colin, Paris, 2011.

成并在社会历史演进的特定阶段完全展现自身的,这正是《资本论》的核心要义。然而,将科学范畴与时代或生产方式联系在一起是否会导致相对主义或怀疑主义呢? D. 科兰的回答是否定的:马克思哲学的这种自我反思维度使得它能够有效理解社会关系(或生产关系)与意识形式的辩证统一关系——意识并非仅仅是对"基础"的反思,其实它是从另一个角度被把握的"基础"本身。但这样一来,马克思哲学是否还能够被称为唯物主义哲学就成了问题,因为如果说个体的关系是物质性的,即可以通过感官感知,那么与意识形式相对应的就是精神性的活动。这两者在马克思哲学中不能割裂,而是一枚硬币的两面。所以, D. 科兰强调,我们应当从这里出发重新理解马克思的哲学立场,即马克思哲学可以像普莱维所建议的那样被理解为"解放的观念论"。至于"马克思主义", D. 科兰认为其创立者是恩格斯而非马克思。在这里, D. 科兰也同意普莱维的观点,认为马克思主义的思想基础并不是哲学,也不是科学,而是一种关于被压迫阶级命运的宗教。但 D. 科兰同时认为,恩格斯固然不应被偶像化,但也不能被藐视,因为他毕竟天才地为 19 世纪处于上升阶段的社会力量(具体地说,就是德国和欧洲其他地方受过训练的工人)创立了一种能够成为意识形态的学说。因此,对马克思主义,我们所能做的事情,就是按照马克思的方法论分析在恩格斯之后出现的这些意识形态的社会根源。

在"跋"[①] 中, A. 托塞尔的观点与 D. 科兰的看法虽有交集却不尽相同。在这里,他讨论的核心问题是:我们应该消解马克思主义抑或应该为马克思主义重新奠基? A. 托塞尔的讨论从普莱维的哲学探索谈起。作为当代意大利哲学家中比较独特的一位,普莱维的独特性在于,他并未继承由拉布里奥拉和葛兰西开创的、在 1945 年之后的意大利马克思主义学界占主导地位的实践哲学传统,而更多地从阿尔都塞、布洛赫、后期卢卡奇那里寻找思想资源。A. 托塞尔认为,普莱维从阿尔都塞那里继承了批判的力量,从布洛赫那里继承了乌托邦想象的创造性力量;而更为重要的是,从后期卢卡奇那里继承了社会本体论观念,这突出体现在:普莱维将对日常生活、美学的人类学反思与对认识的反人类学反

---

① André Tosel, *La quête philosophique de Constanzo Preve*:*Postface à Histoire Critique Du Marxisme de Constanzo Preve*, Armand Colin, Paris, 2011.

思结合在一起，探讨人类在民主过程中以个体形式实现普遍化的尝试中。有鉴于马克思主义历史上的历史教训，A. 托塞尔赞同在社会哲学中引入人类学反思维度：从第二国际马克思主义开始，由于陷入了历史主义、经济主义、乌托邦主义而逐渐远离甚至彻底抛弃了马克思哲学的这三个维度，从而共同导致了传统马克思主义在实践领域的虚无主义（这在政治、道德和文化领域中都有突出体现）。只有重新构建具有当代性的人类学反思，才能有效消除这种虚无主义并真正建立起那些马克思主义者所不理解的马克思意义上的科学。A. 托塞尔认为，这种人类学反思的核心就是对人的本质生成进行反思。他说，"人的本质"概念之所以不能够被完全抛弃，乃是由于被剥削的、被操控的人们的反抗，以及在人们将消极条件转变为积极因素、将对矛盾性的环境的消极接受转变为积极行动的过程中体现出来的人的能力，才使资本主义生产方式的界限得以显现。在 A. 托塞尔看来，真理体现在（作为具体的普遍主义之基础的）历史和政治人类学的理论中，而黑格尔和马克思思想则是这种理论的典范：黑格尔的贡献在于提供了一种对资本主义社会整体性进行批判的模式；马克思在批判地继承黑格尔遗产的基础上，创立了一种独特的科学理论——将异化理论和价值理论、具体的普遍主义视角与自由的个人视角结合在一起。与此同时，A. 托塞尔也批评普莱维将人类学反思仅仅局限于民族国家范围内，因为当今重建人类学逻辑的一个关键环节，恰恰在于超越民族国家界限、对新近出现的新资本主义全球化形式进行反思，这显然不是黑格尔也不是马克思理论所能完全容纳的。基于以上讨论，A. 托塞尔提出，我们应当超越普莱维提出的"早期""中期""晚期"三个阶段的马克思主义以进入马克思主义演进的"第四个时期"，这是一个为政治经济学批判和资本主义社会本体论批判重新奠基的时期。这个时期的核心问题是：以批判的、辩证的方式思考可以归于全球化及其世界观念的各种现象，或它们所涉及的各种现象并使之概念化。

第三，马克思思想当代价值新探索。

21 世纪以来，尤其是 2008 年金融危机以后，法国学术界又开始重视探索马克思思想的当代价值。例如，对《1844 年经济学哲学手稿》的重视。其中，E. 雷诺的《阅读"1844 年手稿"》[1]就是代表作之一。

---

[1] Emmanuel Renault, *Lire les Manuscrits de* 1844. Presses Universitaires de France-PUF, 2008.

E. 雷诺是法国对马克思与德国古典哲学研究颇有建树的专家,而且是关于异化问题讨论的重要发起者之一。E. 雷诺指出,在过去的几十年里,人们对《1844 年经济学哲学手稿》的阅读尽管取得了诸多成果,但由于该手稿既涉及哲学批判又涉及政治经济学批判,而且参与讨论者的思想背景各异,因此对该手稿的研究往往掩盖了其时代性。他强调,对《1844 年经济学哲学手稿》的理解不能忽视其自然主义的哲学立场和异化分析的政治意义,而这不仅需要梳理该手稿涉及的概念和内容,还要还原和把握马克思创作时所面对的哲学背景和政治背景,理解马克思在参与当时各种论战时所使用的各种术语。

关于马克思的阶级理论,法国学术界往往围绕着无产阶级理论展开;而 I. 乔舒亚则将目光投向了一个人们容易忽视的角落:农民阶级①。I. 乔舒亚认为,在马克思思想尤其是革命理论中,农民阶级总是处于非常尴尬的境地,因为一方面这个阶级人口数目庞大,另一方面在现代历史舞台上并没有它的位置,只有无产阶级和资产阶级才是历史主角。尽管农民和工人一样生产使用价值,但对使用价值却有着一种顽固的保守主义情绪。正是这一点使得作为这个群体核心的小农阶层受到两个方面的限制:一是经常生产和出售剩余产品并雇佣劳动力的富农阶层,二是被迫出卖自己劳动力的无产阶级。这样,农民似乎真的成了一个多余的阶级。但 I. 乔舒亚指出,历史与现实已经显示出,农民阶级并非真的是多余的。我们对农民阶级的偏见很大程度上是由于我们的思想陷入了僵局。不过,I. 乔舒亚也不承认马克思主义在农民阶级问题上已丧失了解释力。在从多角度对马克思主义的农民阶级理论进行考察后,I. 乔舒亚认为,我们应该恰当地评价马克思主义留下的遗产:或许马克思主义经典作家在许多场合对未来生活的预测都是不确切甚至是错误的,但马克思恩格斯所断言的两件事已经成为现实:一是生产已经逐渐超越了原有的社会占有的基础而变得越来越社会化,二是社会生活逐渐向马克思所断言的二元化方向发展,即复杂的社会阶级关系被逐渐划归为劳动与资本的关系,而当代关于农民阶级的任何考察都无法回避这两个基本问题。

---

① Isaac Johsua, *La révolution selon Karl Marx: la classe en trop*. https://www.furet.com/livres/la-revolution-selon-karl-marx-isaac-johsua‒9782940189502.html.

在涉及社会流动性（阶级流动性）问题时，左翼学者通常认为马克思没有这方面的思想资源，因而要讨论这个问题就只能使用资产阶级话语。P. 马萨讨论了思想史上的这桩公案：马克思究竟有没有关于社会流动性的思想？[①] 这一公案源于熊彼特在《帝国主义与社会阶级》（1927）中对马克思的指责，即后者导致各阶级之间产生了无法突破的障碍观念。此后，雷蒙·阿隆在《进步的幻灭》（1969）中再次对马克思的阶级理论进行批评，认为马克思将现代社会的"阶级"（classe）等同于古代社会的"阶层"（Stände），而就这使得马克思关于现代各阶级关系的判断出现偏差。接下来，当代许多学者在谈到美国与法国对待社会流动性问题的态度时，都认为法国学术界正是由于长期受马克思的影响，所以才没有像美国同行那样对这个问题进行卓有成效的研究。然而，P. 马萨则试图从思想史角度对所有这些指责进行驳斥。（1）马克思在多个方面的论述中都讨论了这一问题，只是马克思的思考方式与资产阶级学者迥然有别罢了。因而，只有首先理解马克思关于社会流动性问题的基本出发点，才能对马克思思想进行公允的评价。（2）马克思并未从所谓中立的社会学立场上理解社会各阶级的关系及其变化，而是将这些问题与被剥削者的集体行动紧密联系在一起。换言之，马克思是站在与资产阶级的政治自由主义相对立的立场上，反对将阶级理解为原子式个人的聚集，更拒绝承认贯彻自由主义观念的现代选举制度能够真正改变社会。按马克思的逻辑，谈论一个自觉的和被组织起来的阶级流动性是荒谬的，但这并不等于说马克思只是以消极的方式看待社会流动性问题。在马克思看来，社会流动性问题不能被抽象地看待，而应放在具体的时间和空间中加以讨论。例如，在分析美国阶级斗争问题时，马克思发现在美洲殖民地背景下，美国的阶级状况与欧洲完全不同。如果说欧洲的阶级格局是老旧的，那么美国的阶级格局则是全新的；如果说欧洲的阶级格局是稳定的，那么美国的阶级格局则是不停变动的。尽管美国社会也存在着工人阶级与资产阶级的对立，但这一对立在一定时期内尚不足以对美国造成威胁，因为殖民地为消除危机提供了宽敞的出口（马克思的这一看法与尼采不谋而合）。（3）马克思关于阶级结构和阶级行为问题的研究表明，他是将阶级意识问题和社会流动性问题结合在

---

① Patrick Massa, Marx et la mobilité sociale, *Contre temps*, No10, 2e trimester 2011.

一起讨论的。例如，马克思指出，同业公会时代的学徒尽管受到压迫，但却并未成为普遍性的反抗阶级，因为他们对未来自己超过师父抱有预期。当一个群体的成员渴望进入另一个群体时，后者就拥有了评价甚至制定规范的功能，而前者则只有接受后者所认可的价值和规范，才能增加进入后者的可能性。(4) 马克思对现代学者所讨论的精英阶层的流动和选拔问题也以自己的方式进行过思考。从整体上看，马克思并不否认现代社会被压迫阶级或低层阶级的某些个人能够成为精英阶层的成员，但这并不能够改变现代阶级社会的根本性质或解决根本问题。这就让人们想起了马克思在《〈黑格尔法哲学〉批判》中所谈到的类似的观点：即使每一个公民都有机会成为官僚机构的公职人员，也不能够消除国家与私人利益之间，以及国家与公民社会之间的对立问题。

二 《资本论》研究

像在德国一样，《资本论》研究，也是近年来法国马克思主义学者们热衷的领域。其中，《资本论》与形式分析问题、《资本论》中的经济规律与阶级斗争关系问题，以及《资本论》的理论缺陷问题，则是法国马克思主义学者讨论的重中之重。

第一，《资本论》与"形式分析"问题。

将"形式分析"问题与马克思思想联系在一起，始于阿尔都塞在《阅读〈资本论〉》中所做的工作。20 世纪 80 年代，让-吕克·卡松为《马克思主义历史批评辞典》第 2 版撰写的"形式"词条中，又将"形式"作为马克思的核心概念，并从形式分析角度理解马克思的主要著作，特别是《资本论》[①]。卡松认为，马克思在《德意志意识形态》中所使用的"商业形式""财产形式"等表达中的"形式"概念，尽管还只是在法律关系意义上使用的，但已经具有了生产关系所建构的系统的含义。自《政治经济学批判大纲（1857—1858 年草稿）》《政治经济学批判》（第 1 分册，1859）以后，马克思开始有意识地将"形式"作为重要概念加以使用。在马克思那里，"形式"概念有两个基本内涵：一

[①] "Forme（s）". *Dictionnaire Critique du Marxisme*, （dir.） Georges Labica et Gérard Bensussan, Presses universités de France, 2e édition, 1985.

是指"与作为内容的生产力具有辩证关系并与之处于矛盾之中的生产关系";二是指"产生于生产关系系统的确定表象",如"社会意识形式""意识形态形式"等。在"生产力—生产关系"框架中理解的"内容—形式"具有内在的辩证关系,即具有矛盾性。总之,马克思的"形式"具有易变性,自身就能够生产消灭自身的条件。因而,马克思的"形式"并非一种空洞的、消极的、"形式化"的"框架",而是本身具有"内容"的、积极的现实性力量。

G. 本舒桑对马克思的"形式分析"的讨论与卡松关于这一问题的理解一脉相承①。在某种意义上,G. 本舒桑将卡松关于马克思的"形式"概念的观点彻底化了。G. 本舒桑认为,成熟时期马克思的作品(主要是《资本论》及其手稿)总体上都可被视为关于"形式"的分析。要理解这一点,首先要阐明马克思与"唯物主义"的关系,弄清这种形式分析是不是一种"形式主义"。在他看来,"形式主义"的根本特征是认为形式先于内容,而"唯物主义"则是以柏拉图主义方式对形式主义的颠倒,即认为在感性形式或可见的现象背后还有不可见但却具有"真实性"的"本质"。G. 本舒桑指出,尽管马克思在许多地方使用了"唯物主义"表达方式,将"形式"与"内容"或"现象"与"本质"对立起来,但从马克思的基本倾向来看,他的"唯物主义"内容其实主要是对"形式"的分析。青年时期马克思曾经对古希腊的、英国的和法国的唯物主义有所援引,但这一事实并不足以证明马克思的全部思想都具有传统意义上的"唯物主义"性质,因为马克思的主要目的在于,批判和摆脱黑格尔的绝对观念论,故而只是一种策略性运用,目的是发现一个"新大陆"。因为马克思很清楚,对以感性直观为基础的唯物主义来说,不仅"唯物主义"一词本身来自"观念论"(莱布尼茨),而且唯物主义的基本教义也正是来自"观念论"在自身运动中为自己"反向提出"的语言。在这里,G. 本舒桑将马克思的唯物主义姿态理解为探求人的生活的实际条件以及具体存在的现实性和有效性的理论张力的体现。因而,马克思的"唯物主义"要旨不在于简单地颠倒观念论、使物质取代观念的位置,而在于展现产品与形式的社会本

---

① Gérard Benssussan, Le Capital: Une Analytique des Formes, *Les Études Philosophiques*, October 2015 - 4.

质,澄清思想在其中被决定的现实关系,从而摆脱"思想逻辑"的控制。这种"没有物质"的"唯物主义"引导马克思走向对唯一的"现实",即"形式"的分析。对马克思来说,正是通过这些"形式",资本主义生产方式才体现为生产力与生产关系的联结。这些"形式"不是某种隐藏内容显现出来的面相,其本身就是"质料"。诚然,马克思的确区分了物的"自然形式"与"社会形式",但重点并不在于对自然与社会、物质与形式进行区分,而是用"两种形式"取代了"形式"与"内容"的对立。对马克思来说,在大部分情况下,"形式"是指一种确定的社会关系的存在。这种形式一方面外在于物及其自然性,另一方面也与自身的"形式性"无关。就是说,社会形式本身是"本质性"的,它们不是简单地作为现象的或空洞的、与内容相异质的形式,而是作为"在先的关系"和"决定性的力量"对诸如(物质性本身)产生"决定性作用"。

G. 本舒桑对《资本论》中的"形式分析"的理解与罗德里戈在《论马克思的本体论》[①]中的观点既相呼应,又形成了对比。罗德里戈反对阿尔都塞学派关于马克思思想存在"认识论断裂"的说法,强调应将马克思的全部思想作为一个整体来理解。罗德里戈认为,《1844年经济学哲学手稿》是理解包括《资本论》在内的成熟时期马克思著作的关键。因而,他重新探讨了《1844年经济学哲学手稿》与黑格尔、费尔巴哈的关系。罗德里戈指出,马克思通过对黑格尔的劳动概念和费尔巴哈的感性概念的批判性理解,塑造了一种既不同于黑格尔也不同于费尔巴哈的"感性本体论";正是这种本体论成为《资本论》的本体论前提。罗德里戈说,黑格尔的劳动概念对马克思的启示在于,它使马克思认识到"外化"的重要性,但同时也意识到黑格尔的"外化"只是自我意识的外化,因此黑格尔的劳动只是"精神劳动"。因此,黑格尔与他所称赞过的政治经济学一样,将异化劳动的形式永恒化了。费尔巴哈哲学,特别是关于"感性的人"的分析,为马克思继续前行指引了道路:现实的劳动不是自我意识的自我认识过程,而是有欲望的人的物质活动;但马克思将劳动着的"人"不是仅仅理解为与欲望直接对象

---

① Pierre Rodrigo, *Sur L'ontologie de Marx*: *Auto-Production*, *Travail Aliéné et Capital*, Librairie Philosophique J. VRIN, 2014.

有关的肉体的人，而是将其理解为"客观的主体性"，即在其活动中将自身把握为处于"绝对原初的敞开状态"中的具体的人。当然，这并不意味着马克思试图以某种方式规定人的不变的本质，因为在这里所展现的本体论视野中，有限的、历史性的个人总以某种"存在方式"（而非居于某种本质性的"存在"）与自然"共同原初"地出现。在《1844年经济学哲学手稿》中，马克思关于"具有普遍性的人"的讨论，体现的正是对人的"存在方式"的思考：与人具有本体论关系的并非欲望的直接对象，而是超越欲望对象的对象。在如此理解马克思本体论的基础上，罗德里戈强调，《资本论》尽管没有直接讨论"异化劳动"问题，但却同样处于《1844年经济学哲学手稿》所呈现的本体论视野中。与 G. 本舒桑一样，罗德里戈也认为《资本论》的主要分析方式是"形式分析"；但作为一个现象学家，罗德里戈侧重在"显像"或"现象"意义上理解"形式"。他认为，马克思的叙述起点即"庞大的商品堆积"其实只是一个"被给定的显像"，而马克思将商品中的"使用价值"要素"悬搁"起来，是为了对古典政治学关于商品价值的理解进行"本质还原"，从而揭示出古典政治经济学的形而上学基础在于将异化劳动形式理解为永恒的，而这正是以另一种方式再现了《1844年经济学哲学手稿》的主题。因此，《资本论》关于资本主义生产方式的"形式分析"表明，古典政治经济学通过一系列理论建构，既掩盖了生产者"非存在"的"存在方式"及其现实的社会历史处境，也掩盖了具体的人之"普遍性生活"和"自主生产"的本体论维度。

同样，在《实现哲学与超越哲学之间的马克思——以哲学方式阅读〈资本论〉的若干原则》[①] 一文中，J. 维乌拉克也试图从青年马克思的本体论立场出发来理解《资本论》的意义。他指出，尽管马克思在《德意志意识形态中》明确表达了对"哲学"的拒斥态度，但这并不表明马克思此后的著作只能被理解为实证科学意义上的科学。事实上，可以将马克思一生的理论工作视为他在 1843 年为自己制定的"实现哲学"目标的具体展开。1844 年之后，马克思找到了自己的"第一科学"即经济学，由此真正开启了对黑格尔思辨哲学的批判；而正是在这一批

---

① Jean Vioulac, Marx entre réalisation et dépassement de la philosophie: principes d'une lecture philosophique du capital, *Les Études Philosophiques*, Octobre 2015 – 4.

判中,"哲学"对马克思的独特意义才展现出来。因此,马克思所反对的"哲学",其实就是赋予理性自身运动以合法性的哲学(即精神哲学)。马克思用经济学取代物理学作为"第一科学",不仅意味着"人造物"而非"自然物"成为马克思思考的起点,更意味着马克思对作为实践领域基础的"理论领域",以及不断的"思辨方式"自我运动的概念体系的拒斥。J. 维乌拉克将马克思看作是对工业革命和大工业生产进行思考的第一位思想家,但同时认为马克思的思考方式与分析方式并非与德国古典哲学毫无关系:一方面,马克思继承了康德先验哲学的批判方式;另一方面,马克思在资本主义批判中也保留了黑格尔辩证法形式。而悖谬的是,这两个方面对德国古典哲学的继承恰恰又构成马克思新思想形成的契机。J. 维乌拉克将康德哲学中的"先验"理解为"将客体性还原为主体性",并由此认定,马克思正是循着康德的这一理路,将商品、货币、资本等对象的客观性还原为人的主体性的,只不过不是还原为人的先天理性能力,而是还原为客观化的人类活动即劳动。与此同时,在马克思那里,劳动有着"赋形"的含义。因此,马克思的"先验方法"的着眼点就在于"形式分析",即对"价值形式""商品形式"等进行批判,将其还原为人类劳动。为质料赋形的劳动必定内在地包含观念,但这种观念本身也是人类活动的产物。这样,劳动就必须被理解为在共同体中进行的活动,而非鲁滨逊式的个人活动。

第二,《资本论》中的经济规律与阶级斗争的关系问题。

从第二国际开始,人们就不断地追问:如果说《资本论》探讨的是资本主义发展的客观规律,而根据马克思揭示的这一发展规律,资本主义必将灭亡、共产主义必将到来,那么无产阶级斗争在这一过程中的位置和作用是什么呢?这一问题在法国理论界沉寂多年之后,近年来又回到了人们的视野中,并在新的语境中引发了一系列争论。

首先提出这一问题的是 P. 达尔多和 Ch. 拉瓦尔。他们的合著《马克思:名卡尔》①是法国马克思主义学界讨论的焦点之一。这部长达800 页的著作提出的核心问题是:如何统一马克思著作中的两个主题,即阶级斗争与资本主义的客观演进。在这里,P. 达尔多和 Ch. 拉瓦尔既反对阿尔都塞将马克思 1845 年以后的著作视为成熟时期著作,从而

---

① Pierre Dardot & Christian Laval, *Marx, Prénom. Karl*, Gallimard, 2012.

无视马克思青年时期著作；也反对葛兰西将《资本论》视为"没有为革命留下位置"故而抬高《共产党宣言》以贬低《资本论》。P. 达尔多和 Ch. 拉瓦尔指出，既要看到马克思思想中的确存在着某种张力，又要看到在马克思著作中存在着消除这种张力的线索和可能性。他们认为，《资本论》的主题就是对资本主义生产方式客观演进的科学描述，核心内容是资本的自我运动。在《资本论》中马克思所展现的，并非《阅读〈资本论〉》的作者阿尔都塞和巴里巴尔所认为的结构主义视野（即把资本主义生产方式理解为一个结构或系统），而是用黑格尔的语言勾勒的进化论视野，但这并不意味着马克思没有为阶级斗争留下空间。问题的关键在于，既不能以割裂客观规律与工人斗争关系的方式理解马克思的阶级斗争概念，也不能用弥赛亚主义方式来理解这一概念（如 E. 布洛赫和本雅明所做的那样），而应将其理解为与《资本论》对资本主义生产方式的客观演进所进行的科学的或严格的阐释之内在统一概念。在 P. 达尔多和 Ch. 拉瓦尔看来，马克思关于阶级斗争问题的理解，主要是受到复辟时代的自由主义历史学家（如基佐、梯也尔）的影响，但马克思并不仅仅在冲突和矛盾意义上理解阶级斗争，更是在战争意义上理解它。在战争意义上看待阶级斗争，就意味着马克思在讨论阶级斗争问题时，并不是仅仅将注意力放在斗争的结果上，而是更加关注策略在阶级斗争中的重要作用。由此可以看出，P. 达尔多和 Ch. 拉瓦尔是在福柯的视野中理解马克思的阶级斗争思想，断言马克思对阶级斗争的权力对抗机制进行了细致的研究，尤其是揭示了被压迫者在反抗压迫的过程中创造出与压迫者逻辑相异质的新逻辑过程。在面对自我运动的资本或资本主义机器时，无产阶级一方面能够科学地认识资本主义发展规律或逻辑，另一方面能够自觉地选择异于这种逻辑的新逻辑。

针对 P. 达尔多和 Ch. 拉瓦尔的观点，E. 雷诺表达了自己对历史规律与阶级斗争关系问题的理解[①]。E. 雷诺指出：（1）在 1868 年 4 月 30 日马克思写给恩格斯的信中已经明确表示《资本论》第 3 卷讨论的一个重点议题将是阶级斗争问题，但由于马克思并没有完成第 3 卷的撰写，故仅立足于目前所能看到的文本，就做出"《资本论》中没有阶级斗争

---

① Emannual Renault, Le Probleme de la Résistance Ouvrière Dans Le Capital, *Les Études Philosophiques*, Octobre 2015 – 4.

位置"的判断并不公允。(2)《资本论》(第1卷)中也有不少地方直接说明了阶级斗争在资本主义发展过程中的推动作用,只不过由于在第1卷中马克思所阐述的重点是资本主义生产的内在规律,因而并没有对阶级斗争问题着墨太多。E. 雷诺强调,我们不能忽视马克思在第1卷"序言"中使用过的那个比喻:"分娩的痛苦",马克思用这个比喻表明,暴力在新社会诞生过程中将起到助产士的作用;而在《资本论》(第1卷)近结尾处,马克思更是将经济过程视为"愤怒的工人"被组织起来的条件,并明确将经济的内在演进(资本集中趋势)与无产阶级的政治行动("剥夺剥夺者")结合在一起。因此,仅仅从经济发展的客观规律来理解旧社会被新社会取代,是不合适的。(3)要恰当地理解《资本论》如何能够将这两个方面结合在一起,关键在于重新理解马克思的"规律"概念:首先,马克思尽管曾经将资本主义发展称为自然历史过程(有其自身的"自然规律"),但这并不意味着马克思将资本主义发展规律视为如同自然规律一样的"规律"或认为它源于自然,而是意味着马克思与古典政治经济学家不同,是从特定社会形态的经济基础,而不是从抽象观念出发来理解资本主义内在规律的;其次,《资本论》中的"规律"概念更多地指趋向性规律,而这种趋向性规律的重点并不在于绝对必然性,而在于存在着若干可能促进或阻碍某种结构性趋势的要素,而在这些要素中就包含无产阶级斗争。譬如,利润率下降趋势将被工人争取缩短工作时间或提高工资的斗争所推动;最后,在马克思所讨论的这些趋向性规律中,有一部分可被称为对抗性矛盾,这是指由资本主义积累规律所界定的社会—政治矛盾(如在资本主义积累中产生的相对人口过剩和贫困化所蕴含的矛盾),而这些对抗性矛盾也将作为非经济性矛盾参与资本主义的发展进程。

与 E. 雷诺不同的是,L. 赫策尔更多地借用辩证法概念来看待《资本论》中的客观规律与无产阶级斗争的关系[1]。他指出,马克思在《资本论》中所运用的主要方法是辩证法,但这种辩证法并非黑格尔式的观念论辩证法,而是唯物主义辩证法。如果从结构与斗争的关系角度看,这种辩证法体现在三个层次上:(1)在"抵抗的人类学"层面上,资本主义生产方式中的劳动力与施加于其上的压迫性力量(即

---

[1] Ludovic Hetzel, Des Sujets au coeur du Capital, *Les Études Philosophiques*, Octobre 2015 – 4.

资本）展开不停歇的斗争。劳动力尽管由于被出售而成为商品，但它是一种特殊商品。它之所以不能被理解为一般商品，一是由于它的生产与其他商品完全不同，就是说，它的生产过程（即消费）的目的不是它自身即成为劳动力，而是为了保障劳动者的生活；二是由于劳动力的价值不是由它自身的生产确定的，而是由它在给定的社会—历史条件下所占有的、能够满足劳动者需要的商品的价值决定的。（2）"行动的社会学"层面的斗争主要是工人阶级与资本家阶级之间的阶级斗争。在这个斗争过程中，工人阶级的根本诉求是根据其对形式法（如公民权等）的认识而对国家提出制订保护性法律的要求。在《资本论》中，马克思将这些斗争视为自发性斗争，这就意味着，在马克思眼中，这些斗争是受资本主义生产发展过程决定的，因而尚不是工人阶级的自觉行动。但马克思并没有如人们通常认为的那样贬低这种自发行动，而是相反，在马克思那里，工人阶级的自发斗争正是所谓资本主义生产规律的构成要素。（3）在"结构与斗争的辩证法"层面上，工人阶级意识到，为了避免工人彼此间的竞争，必须建立超越各种具体差异的利益共同体；而要建立起这种利益共同体，就不能仅仅停留于对资本积累有所认识的层面上，更要进行针对剥削本身的阶级斗争。L. 赫策尔强调，问题的关键并不在于我们对这种自觉的无产阶级斗争应持乐观态度还是悲观态度，而在于资本逻辑总是无法耗尽或抵消社会生活逻辑。因此，作为《资本论》的读者，我们没有必要从宿命论角度或目的论角度来理解马克思诸如"剥夺剥夺者"这样的表达，因为马克思所要表达的意思并不是历史正在客观地走向某个方向，毋宁说，是每种生产方式（包括资本主义生产方式）都为自己设置了界限，并因此也在某种特定的生产推动下为自己生产了瓦解的条件。因此，在资本主义结构中，给参与历史建构的、自觉行动的无产阶级留下了足够的空间与可能性。

西巴黎大学哲学教授 S. 阿贝尔从另一个角度对 E. 雷诺和 L. 赫策尔形成了呼应。他说，《资本论》所理解的资本主义的客观性，也并非是完全静态的客观性[①]。按照传统马克思主义的历史观，所谓资本主义

[①] Stéphane Haber, Diversité et historicité du capitalisme d'après le livre I du capital: origines, évolutions, transformations, différenciations, *Les Études philosophiques*, Octobre 2015.

发展，就是《资本论》所描述的那种形式的工业资本主义发展。因此，可以将这种意义上的资本主义生产方式视为不断变化、因而是复数的，但资本主义本身则是单数的。在 S. 阿贝尔看来，这种看法并非全无道理，因为马克思在撰写《资本论》的过程中，确实将注意力过多地放在对资本主义结构的描述上，以至于《资本论》（第 1 卷）几乎可以被视为对成熟资本主义的本体论建构。在这种本体论下，19 世纪中叶的英国资本主义制度就成了成熟资本主义制度的代表，从而成为马克思的分析对象。马克思的这一倾向对后世影响很大，如阿尔都塞就由此出发，强调《资本论》在探讨共时性的结构方面所做的工作。但 S. 阿贝尔同时指出，即便《资本论》存在着这种倾向，也不表明《资本论》话语中没有异质性要素。事实上，在资本主义形态问题上，《资本论》还给出了另一种叙述方式，而这种叙述方式为打破成熟资本主义的本体论提供了可能性。

第三，《资本论》的理论缺陷。

2008 年以来，在席卷全球的金融危机面前，西方世界对《资本论》重新燃起了浓厚的兴趣。人们往往希望到《资本论》中寻找到解释，甚至寻找解决当前问题的良策。

A. R－艾瑞拉试图对将《资本论》理解为一种商品的劳动力的概念提出批评[①]。作者从价值的两种主要形式即商品和货币出发讨论了三个问题：（1）使用价值本身就是对象；（2）如果没有使用价值，就没有价值，使用价值的存在并非仅是一个符号；（3）如果没有剩余价值就没有价值。正是对这三个问题的讨论，使《资本论》（第 1 卷）第 1 章提出的商品概念的内涵成为由雇佣工人创造的劳动产品，它是剩余价值的载体。在将这种商品概念运用于劳动力时，无论马克思对两者的相似性如何作出规定，他都不得不面对一系列的理论困境，从而将自己置于一个非常困难的境地。因为马克思试图将劳动契约和对劳动的剥削解释为商品交换规律的产物，而这就使得他的商品理论和劳动力理论之间出现了不一致和矛盾之处。A. R－艾瑞拉认为，马克思将劳动力表述为"特殊商品"，并没有使他的剥削理论受到影响，但却导致贯穿《资本

---

① Adolfo Rodriguez-Herrera，L'invention du travail. Que la force de travail n'est pas une merchandise，exposé au Congrès Marx International VI. https：//ideas. repec. org/f/pro907. html.

论》始终的命题"人的行为是一切价值的源泉"与反题即"自行增值的价值或能动的主体本身并没有价值"之间的混淆。

Z. R. 维艾哈从另一个角度探讨了《资本论》的理论不足。通过对《资本论》及其手稿的研究，他指出在《1857—1858 年经济学手稿》第 1 章中，马克思对简单商品交换关系的分析具有含混性①。在该章中，马克思不是首先讨论生产或劳动力概念，而是首先围绕着交换价值问题展开讨论，将交换价值作为资本产生的决定性因素。这样，价值概念就设定了一个对所有商品而言的根本基础或共同的质。与此同时，马克思却又将价值理解为一种只有在交换关系中才能显现出来的、因而是变动的质。

三 西方马克思主义研究

西方马克思主义研究，也是法国马克思主义学界和左翼学术界的重要研究领域之一。进入 21 世纪，该领域的研究重点聚焦于卢卡奇、葛兰西、阿尔都塞等人的思想。

第一，关于卢卡奇思想的研究。

卢卡奇思想历来是法国马克思主义研究的兴趣点，最近关于卢卡奇思想的研究集中在三个问题上：一是卢卡奇物化理论的价值；二是卢卡奇美学思想；三是后期卢卡奇思想的意义。

1. 在卢卡奇的物化思想研究方面，F. 法斯讨论了卢卡奇物化问题视野下的政治思想。在《论卢卡奇的革命主体概念》②一文中，F. 法斯指出，当今的社会政治现实要求我们重新思考作为历史变化发动者的主体，同时不能坐等生产力的极大提高，不能在自觉的主体之外获得改变社会的力量。在《历史与阶级意识》中，围绕着人们参与社会关系的商业化即基于商品拜物教的物化过程这个事实，他阐述了对资本主义社

---

① Zaira Rodriguès Vieira, *La centralité des rapports d'échange dans le premier chapitre des Grundrisse et les imprécisions qui en découlent au sujet de la conceptualisation du temps de travail socialement nécessaire dans ces manuscrits*, exposé au Congrès Marx International VI. https：//www. escavador. com/sobre/9219618/zaira-rodrigues-vieira.

② Florencia Fassi, *Problématiques autour de la notion de sujet révolutionnaire chez G. Lukács*, exposé au Congrès Marx International VI. https：//actuelmarx. parisnanterre. fr/cm6/m6marx. htm#3.

会的批判性分析。这样，物化在这个体系的展开过程中就成为具有基础性的概念。在这个理论框架下，卢卡奇对资本主义秩序的批判核心就是异化了的主体。因而，只有使这种主体摆脱异化才能谈得上对资本王国的现实反抗。在这里，卢卡奇对马克思主义理论进行了革新。然而，卢卡奇的视角也带来了不少问题和严重的矛盾，特别是在社会存在本体论分析中更是如此。例如：（1）他的"主体"概念是浪漫主义的，这一概念带来了异化与对象化的混淆；（2）他的"物化"概念基本上是一个理想化的概念，而作为一个阶级的、具有救世主功能的"无产阶级"概念则是一个反唯物主义的概念；（3）他的"阶级意识"概念与"阶级"的关系完全是异化的。不过，F. 法斯认为，即便如此，我们还是能够从卢卡奇所提供的、有助于人们对当代社会进行分析的主体概念中得到有价值的启示，那就是：鉴于我们在当今资本主义危机面前，根本就无法进行有效的反抗，我们应当重新审视革命主体的本体论问题，并将最终得出结论，即这种主体只有在非异化的生命中的意识实践或意识经验中才能存在。

而 L. 文森蒂则指出，卢卡奇关于物化的思想是在对费希特哲学解释和批判的基础上得到的[①]。如果将费希特哲学看作是由康德哲学所开启的批判哲学之终点的话，那么按卢卡奇的思路，这种彻底的批判哲学则是有可能表达出物化思想的，但要实现这一目标，批判哲学本身就必须实现多重转变：因为在这种哲学中已成为主体的必然性的认识仍然把客体排斥在自身之外，而对这种根本性的排斥，发生学的解释是无法理解的，只能通过非理性的间断予以承认。在卢卡奇那里，非理性的间断将在与朝向实践的世界相遇后被取代，而这个被改造的世界只有在无限的过程之后才能真正成为主体的世界。卢卡奇将批判哲学的"思辨"认定为与面对实践理想的责任伦理相当的东西，由此他将上述转变表述为：思辨只是从方法论角度思考纯粹的形式的总和、思考运作的规律，而没有主体的干预。这种批判哲学代表着当代理性主义的雄心，但结果却是走向了自己所期望目标的反面。在 L. 文森蒂看来，对马克思主义的唯物主义来说，这种产品与生产者的对立并不难解释：产品只是一种

---

① Luc Vincenti, *Fichte*, *Lukács et la réification*. https：//crises.www.univ-montp3.fr/sites/default/files/cvlucvincenticrisesmai017.pdf.

映像，是"对现代社会之逻辑的和方法论的构建"，因为在现代社会中，人们生产的产品如同"第二自然"一样与人相对立。要理解自身创造的产品被剥夺这一现象，就要借助物化概念，这个概念在资本主义剥削以及与这种状况相应的意识形态生产之间体现出中介性概念的全部意义：我们将某些东西带到这个世界的同时，也远离这个世界，自己生产出与这个世界的分离。因此，我们不应从简单的经济交换出发思考物化问题，那样的话我们就误解了物化的真正本质，在这一点上，霍耐特与卢卡奇的观点是一致的。由于给物化提供空间的是资本主义剥削，而不是单纯的商品交换，这样，物化被超越的条件是这种剥削的终结。这种对资本主义剥削的超越自身将立即颠覆其客观形式，因为它只创造它自己的世界，只实现一种以发生实际变化为取向的实践原则：形式与内容的统一、主体与客体的统一。不过，L. 文森蒂不赞同霍耐特，认为对卢卡奇物化理论的理解不应从那些实际上是其不足的地方（即无法在认识之光中把握物化）开始，而要更好地理解卢卡奇，就必须牢牢记住一点：那就是卢卡奇是一个马克思主义者。因此对卢卡奇的物化理论，应当从拜物教到异化及其超越的运动过程出发。

2. 在卢卡奇美学思想研究方面，P. 于什讨论了后期卢卡奇美学思想关注的主要问题[①]。他指出，艺术品凸显了人类创作的时间性问题。一件作品之所以能够传世，不仅因其是物质载体，更是因其所承载的观念。马克思曾经表示，古希腊时期的艺术是人类童年时代的自我表达，在社会现实状态和人们对世界的想象之间达到了一种平衡状态。但这明显与美学经验相悖。其实，古代艺术从一开始就完全是以符号形式对玄妙和神秘之物的表达。对原始艺术的美学考察是从当代开始的，无论黑格尔还是马克思，都未能成功地开展此项工作。如果说社会整体性在全部历史中赋予人类以近期目标，并为人类的自我认同提供最终支持和保障的话，那么文化领域的独立性则使社会整体性逐渐复杂化——这就是后期卢卡奇美学思想关注的主要问题。P. 于什认为，没有任何其他思想家像卢卡奇那样试图从人类学角度去构建一个体系化的美学理论。在这里，人类社会的演进被视为是通过差异化来完成的：面对来自现实的

[①] Pierre Rusch, Esthétique et anthropologie. approche de la dernière esthétique de Georg Lukács, *Actuel Marx* No. 45, 2009.

压力，人类对实践秩序产生不同的回应。例如，认识—行为技术、生产劳动、社会组织、休闲，以及游戏、艺术、认识、道德等。这些领域尽管会有某些直接的联系，但总体上说彼此独立并不断分化。按梅洛-庞蒂的说法，身体本身的感知，并非仅增加了一些信息，而是产生了一个直接的综合。在此过程中，身体本身是作为一个独特的感觉器官而起作用的。对梅洛-庞蒂来说，这种通过身体确定世界形式的方式，与艺术创作是一致的：身体首先是一种风格。这里的"身体"不仅是处于行为本身之中的身体，更是在感知和塑造环境的身体。撇开方法不论不谈，就感知功能和行动功能综合能力的分析，现象学与卢卡奇是一致的。在卢卡奇那里，身体是作为一个有机整体具有功能的，正是通过身体的原初性综合，世界才得以向我们显现出来。在世界的反抗中、在人们的意向性行为与现实行为之间的断裂中，人类的劳动不仅使其生理机能而且使其意识日渐丰富。由于世界不断溢出自身，而主体能够选择的实现自己目的的道路又有无数条。因而，人若想对比自己在实践中遭遇到的不同对象，就必须通过抽象的一般范畴来进行。卢卡奇认为，这一逻辑上的一般化和抽象化过程和世界的社会化过程是一致的：一般范畴和集体主体同时出现。语言在这里发挥了首要作用，它固然是使社会凝聚的纽带，也更是使人类活动对象彼此连接的唯一抽象方式。由语言引导的普遍化，反映的是拥有共同习俗的个体实践活动的规范化。"有目的的行为"有两层内涵：客体化和表达。其中，"表达"是社会化过程的起点，就是说，主体要接受一种"为了"他者的客观存在，以便使"我"变为"我们"的一员。个人目标与公共目标是无法消除的，但个人能够将集体主体内化于自身之中，这种集体主体最终将包含人类整体。在卢卡奇看来，这个过程的每一个阶段都展现出美学维度。随着语言的接受和劳动的进展，人逐渐拥有了一个想象的世界，以表象把握存在。这样，在集体交换中就形成了一种神奇的实践，它既包含对所意指行为的夸张指称，又包含向可决定成败的保护性力量祈求庇佑。语言的魔力以及语词的力量，就在于对存在者的确认，而这种确认是与指称能力直接相关的。这是人类演化过程中已经比较成熟的同时也是特殊的甚至具有非典型性的一个阶段。人类学试图证明，并不存在自由王国和必然王国的绝对分裂，人的人性并非仅仅满足于那些使人与动物区别开来的低级需要，而在于不断创造和满足新的需要。未分化的社会将人类目标的整体状态表现为对"匮乏"状态的自我确认。从一开始,人的需要就是人类的需要。P. 于什认为,卢卡奇坚持把人以及人的世界置于艺术的中心,他所要表明的是:人类并非一个被给予的对象,也不是一个目的论的原则,而是被创造出来的诸种需要中的一种,正是这些需要定义了何谓文化。

C. N. 库坦奥探讨了卢卡奇在成熟时期著作中所表达的美学理论①。卢卡奇对文学的讨论可分为两部分:一是对 19 世纪作家和作品的评论,二是对 20 世纪作家的讨论。如果说前者体现出卢卡奇卓越的才华和识见的话,那么后者在许多地方则充满了偏见。卢卡奇将 20 世纪文学和艺术的许多思潮(如先锋派)都视为"堕落的象征",对乔伊斯、贝克特、普鲁斯特和卡夫卡这些作家持激烈批判态度。C. N. 库坦奥认为,在这里,卢卡奇的全部讨论是以两个先入之见为基础的:一是政治乐观主义,二是艺术现实主义。卢卡奇的政治乐观主义主要体现为他坚信民主与社会主义具有必然联系;而艺术现实主义则体现为他断言文学艺术要表达社会矛盾。C. N. 库坦奥指出,如果说卢卡奇的第一个立场是可疑的话,那么第二个则是错误的,因为卢卡奇对先锋派的批判在于,后者是对社会矛盾的回避,是以最抽象的和最具欺骗性的方式对社会主义的拒绝。但是,C. N. 库坦奥拒绝接受卢卡奇的这一判断,因为这里还存在一个悬而未决的问题,即"何种社会主义"(譬如,是否是斯大林意义上的社会主义)。卢卡奇固然有理由认为,现实主义艺术也可以和"当下"保持一定距离,即不将某种异化的和受到规制的现实理解为人类的永恒条件,但这种"距离"未必一定和现实社会主义有关。因而,对资产阶级革命时期留传下来的某些价值观,艺术家有权从浪漫主义视角进行批判,这些批判不能因为它未对现实社会主义表态而被视为"反动的",就像卢卡奇所做的那样。上述浪漫主义批判之所以没有和卢卡奇一起站在"乐观主义"立场上,是由于这个时代处于一种新的"世界的一般状态"中,其特点是这个时代不仅在面对人类未来时而且在面对自身局部的合法性时,都弥漫着一种悲观主义。这种新型的"不幸意识"是这个时代的"精神形象",它无法以卢卡奇"当下现象学"的乐观主义方式去把握。

---

① Carlos Nelson Coutinho, Lukács et la littérature du XXe Siècle, *Actuel Marx* n°45, 2009.

3. 在后期卢卡奇思想研究方面，N. 泰尔图利安从本体论角度对海德格尔的生存本体论与后期卢卡奇的社会存在本体论进行了比较研究①。N. 泰尔图利安指出，近年来大量关于海德格尔及其重要地位的讨论文献，都将目光投向基础本体论和关于存在的思想，但迄今为止人们尚未将之与卢卡奇同样重要的工作进行比较：后期卢卡奇将本体论置于其哲学思考的核心，即从马克思有关思想出发，以存在范畴为基础，建立了社会存在本体论。不仅海德格尔派学者忽视了后期卢卡奇的《审美特性》《社会存在本体论》，连对海德格尔持批评态度的解释者也对后期卢卡奇保持缄默。实际上，对海德格尔与卢卡奇进行比较可以获得许多丰富的成果。譬如，可以将海德格尔的"在世之在"与卢卡奇的本体论的实在主义进行比较，也可以将卢卡奇的主客体相互作用辩证法与海德格尔对主客体二元对立的颠覆以及"主体的主体性"的全新理解进行比较，由此可以看到卢卡奇本体论分析的意义，以及他解构海德格尔思想所造成的后果。我们在对卢卡奇与海德格尔或布洛赫或 N. 哈特曼进行对比阅读时，如果不只是注意到他们的不同或对立之处，就会发现这些思想家有着不容置疑的相似之处，即每个人都试图在 20 世纪的特殊条件下建立一种本体论。非常明显的是，界定人之人性的特殊性，以及在某种本体论水平上、在与其他类型的存在者关系中确定人之存在，就像中轴线一般贯穿了卢卡奇和海德格尔的反思。那么，我们能够在《审美特性》的"世界"概念或《社会存在本体论》之"关于意识形态问题"中的"日常世界"概念，与海德格尔的"世界"概念（它呼唤着与此在不可分离的"生存"）之间找到某种相似性吗？在各种本体论差异中，我们能够找到的比较基础就是主客体关系和"世界"概念。众所周知，海德格尔拒绝承认外部世界在本体论上的自主性问题有任何哲学意义，他明确指认世界之涌现只有在此在或人的生存之呈现中方有可能，自在的存在以去世界化或非世界化方式存在。而卢卡奇则相反，认为外部世界在本体论上的自主性是其反思的重要支柱，他强调如果不能把握自在的存在，不能把握实在事物的自主性和客观确实性以及主体性的被干预性，就无法理解人类实践的发生。在 N. 泰尔图利安看

---

① Nicolas Tertulian, L'ontologie chez Heidegger et chez Lukács: phénoménologie et dialectique, *Les Temps Modernes* n°650, 2008.

来，如果我们还记得海德格尔对"普遍的逻辑理性"的批评以及他对"今日所显露的启蒙精神和共济会的领地"的不屑，我们就能理解：由卢卡奇以及克罗齐在浪漫主义传统和某种现代德国非理性主义的反普遍主义之间建立的联系是有根据的。从这一点来看，卢卡奇思想与海德格尔思想的对立就鲜明地体现出来了。通过这一对比，后期卢卡奇思想就将自身展示为人的具体性的一首赞歌。

F. 蒙费朗则认为，应当将《社会存在本体论》理解为一部呈现了建构马克思主义社会本体论过程中内在困难的著作。在《社会存在本体论》中，卢卡奇探索了两种不同的本体论视角，这两种视角体现了对社会现象进行经济决定论式解释的不同路向：发生学视角是通过实践方式表述的，根据这一表述，劳动被视为社会联系的基础；过程学视角则是通过整体方式表述的，根据这一表述，生产只是社会诸领域中的一个。这两种本体论的共存构成了卢卡奇文本的内在张力，并在一种以解放为导向的历史哲学中体现出来。

第二，关于葛兰西思想的研究。

1. F. 弗洛西尼梳理了葛兰西的霸权理论的渊源与历史演进①。他说，今天人们在谈到葛兰西的霸权理论，即《狱中札记》最重要的、最具现实性的理论成果时，总是习惯性地将之解释为复杂社会中的权力理论，即无论从社会的或私人角度看，还是从政治的或公共的角度看，它都是处于高度组织化和差异化的社会条件中的权力理论。这种理解源于 20 世纪 60 年代，今天已经成为许多人共同接受的看法。F. 弗洛西尼试图对这一理解进行挑战。他认为，霸权理论是对民主社会中的政治斗争进行的解释。

尽管"民主"一词显然无法成为葛兰西著作中的重要概念，因为葛兰西霸权理论的目标并不是引导与以专制和缺少市民社会为特征的东方社会相对立的西方民主社会中的政治斗争。但在 F. 弗洛西尼看来，民主问题对葛兰西来说是一个非常紧迫的问题，因为身处法西斯主义意大利的葛兰西不得不提出一种从共产主义出发的策略性视野以与法西斯主义进行对抗。而要说明这个问题，就不能将目光仅仅停留在《狱中札记》上，还应考察葛兰西在《狱中札记》之前的作品，就是说，要考

---

① Fabio Frosini, Hégémonie. une approche génétique, *Actuel Marx*, n°57, 2015.

察从第一次世界大战之后葛兰西就已经逐渐意识到并着手思考的关于如何在意大利和欧洲变化了的环境中进行政治斗争的问题。F. 弗洛西尼说，如果将《狱中札记》使用的霸权概念理解为"政治斗争和国家生活中的文化优势"的话，那么这一思想在葛兰西入狱之前的著述中事实上就已经形成了，确切地说，在葛兰西将列宁的霸权概念（意为"工农联盟"）译为意大利文并为意大利共产党制定新的策略路线时就已经形成了。在这些作品中，我们已经可以找到这样的观点：要基于欧洲国家上层建筑的复杂性、通过革命行动最大程度地对其进行抵抗；对相对不发达的资本主义国家（如意大利）的工人阶级来说，必须建立一个范围更广的斗争阵线，将农民群众整合入自己的阵营。葛兰西注意到，在西欧和中欧国家开展革命运动愈加困难，这与复杂的、各部分彼此勾连的上层建筑所形成的强大的阻碍有着直接关系。具体说来，随着资本主义的发展，不仅出现了无产者阶层，还出现了一个工人贵族阶层，以及附属于其上的工会官僚机构，这就使得资本主义政治上层建筑出现了一种延缓或组织大众运动的复杂局面。葛兰西进一步认为，在像意大利、波兰、西班牙和葡萄牙这样的资本主义外围国家中，尽管国家力量并不像发达国家那么强大，但在这些国家的无产阶级和资产阶级之间有一个中间阶级，这个阶级通过对无产阶级施加意识形态影响，同时也通过影响农民大众的方式引导政治。

从 1924 年到 1926 年，葛兰西的这一思想得到了丰富：一方面，关于意识形态复杂性的来源，葛兰西将之理解为在紧急关头能够将被分配到政治上层建筑的不同领域的各种要素统一起来的、具有压迫性的国家机器本身；另一方面，葛兰西对工人贵族与中间阶层作了区分，后者不再作为工人阶级的一部分，而是作为一种对无产阶级政党尤其是农民大众具有影响力的自主的政治力量而出现的。可见，葛兰西修正了的中间阶级概念主要是指小资产阶级。从政治角度来看，这一阶级和农民的联系对意大利来说具有重要意义。因为意大利的资产阶级比发达国家的资产阶级力量要弱，从而只有成功控制了农民才能够真正地掌权，而无产阶级则要为争取对资产阶级影响下的农民进行政治引导而斗争。

《狱中札记》正式提出的霸权理论正是这些思考的延续。20 世纪 20 年代末，葛兰西面对的是两个问题：一是将法西斯主义作为在资本主义权力体系中引入的某种非连续性的力量；二是这一力量又使另一些具有长期连续性的因素得以出现。在这两种视野中,农民大众的政治方向问题都至关重要。就是说,按葛兰西的看法,法西斯主义在控制政治权力中心之后的第一步工作,就要将资本主义的全部力量组织在一起,建立一种更具攻击性和整全性的自由主义政治。这样一来,在大众阶级中就出现了一种明显的反动,即庞大的农业人口就开始与上层政治出现分离,而小资产阶级就开始趁机与农民阶级建立联系。正是在这种背景下,葛兰西提出了知识分子的作用问题。1926 年,葛兰西提出了两个新概念:"知识分子阵营"和"作为大众的知识分子"。所谓"知识分子阵营",是相对"农业阵营"而言的,意即知识分子是一个不断变动的、被农业阵营所抗拒的阵营;而"作为大众的知识分子",则是指需要在这个阵营引入某种组织性因素,尽管前者主要指的是意大利南方的情况,而后面则是指全国的情况,但葛兰西仍然认为,二者之间具有内在张力,这种张力可被视为导致意大利当时政治与经济联系陷于瘫痪的根源。因此,葛兰西开始思考知识分子的作用问题。葛兰西发现,社会各阶级统一在一起的关键在于经济、政治和文化等方面的知识分子功能。不过,如果以此作为思考的立足点的话,经济对政治的决定作用(哪怕是"归根结底"意义上的决定作用)就不能再作为讨论问题的前提了。当然,葛兰西对知识分子功能的思考并未取消决定概念,但却将其移至政治或组织的维度。在这一维度上,不同层面之间的彼此外在性消失了。如果这一观念可以被视为葛兰西所谓实践哲学萌芽的话,那么从这里可以看出霸权理论与实践哲学是不可分割的。

2. D. 弗朗德吉探讨了葛兰西关于教育问题的思想[①]。在 D. 弗朗德吉看来,对教育的反思在葛兰西那里绝非一个可有可无的工作,因为葛兰西所探讨的教育问题其实是一种"教—学关系",而这种关系之基本的(而非唯一的)工具即学校是葛兰西特别关注的对象。在《狱中札记》中,葛兰西对意大利传统教育中学校的办学方向和功能进行了批判,尤其是对 1922 年任墨索里尼政府的教育部长的哲学家金蒂雷(Giovanni Gentile)的教育改革方案提出了批判,并试图提出一种与之相对的统一性学校方案。D. 弗朗德吉认为,葛兰西对教育问题的探讨

[①] Daniel Frandji, Rapport pédagogique et école unitaire dans la conceptualization gramscienne du pouvoir, *Actuel Marx*, n°57.

与葛兰西的总体思想是内在相关的,即与关于文化、知识分子、霸权等思想直接相关。为了通过掌权而对各从属性群体进行建构,葛兰西谈论教育问题,远非仅仅对这个领域进行说明,而是旨在进一步深化对权力特别是霸权概念的阐述。D. 弗朗德吉将葛兰西霸权概念的作用视为是与资产阶级的保守主义和法西斯主义的蒙昧主义相对抗的力量。D. 弗朗德吉指出,尽管当代读者经常会在葛兰西关于教育问题的讨论中碰到含混性,而这些含混性很多是由于今天的阅读常常受到各种符号统治理论的影响,但这些讨论留下了一些将霸权理论与实践哲学联系在一起的线索。在该语境中,统一性学校就被理解为一种使得新型历史性阵营得以出现的场所,以及在建构革命规划中通过对"知识分子阵营"进行瓦解而建构起农民大众凝聚力的机制。因而,作为其他文化组织的补充,学校的任务就在于根据生产力发展和统治阶级利益将广大人民群众提高到知识分子的水平并达到特定的道德水准。

基于20世纪60年代兴起的批判的教育社会学,D. 弗朗德吉将葛兰西讨论的学校中的"教—学关系"理解为权力运作的实践形式,而这种实践形式首先是与葛兰西的哲学研究密切关联的。对葛兰西来说,哲学研究不能被理解为建立在自洽概念基础上的个体性的职业工作,相反,哲学应被理解为以改变群众的精神世界和达至历史性的真实或具有历史性和社会性的普遍性为目标的文化斗争,而个体的哲学家作为具有历史性的个体性,依赖于自身与其所欲改变的文化中心之间的积极关系。这种文化中心支配着哲学家并迫使他们进行连续性的自我批判。在此意义上,他们扮演着教师的角色。这种"教—学关系"显然隐含着语言和言语的问题。在葛兰西看来,这里的"语言"从根本上说是一个集体名词,因为所有的语言都是一种文化或哲学,其重要作用之一就是,作为"积极而具有集体性"的关系来解决自发的哲学家和职业的哲学家之间的复杂关系。这种文化中心与哲学家的关系可被称为"观念—权力"关系。

第三,关于阿尔都塞思想的研究。

1. 如何看待阿尔都塞思想的整体形象和基本特点?按 I. 伽沃的分析[①],阿尔都塞思想的基本特点主要有两点。

---

① Isabelle Garo, *Louis Althusser la sentinell*, dans *Foucault, Deleuze, Althusser et Marx*, Éditions Demopolis, 2011.

（1）与（思想的和政治的）历史情境紧密联系。阿尔都塞不断地从同时代人那里寻找思想资源，其借鉴范围远远超越马克思主义哲学领域，既包括非马克思主义哲学思想，又包括具体社会科学领域。每当有新的思想因素进入阿尔都塞著作中，后者都会呈现出不同的面目。I. 伽沃特别提到，阿尔都塞对自己学生辈的学者如福柯和德勒兹的思想也非常关注，譬如，福柯20世纪70年代初的著作就曾经影响了阿尔都塞，而后期阿尔都塞之"偶遇的唯物主义"构建也受到了德勒兹的不少启发。当然，除了不断出新的思想资源之外，各种重大的政治和历史事件的出现也会促使阿尔都塞思想发生变化。因此，要想理解阿尔都塞，就不能将其思想与具体的历史情境割裂开来。阿尔都塞思想的异质性因素之多令人惊奇，其最突出的表现是：一方面，同时代一般意义上的哲学家所讨论的主题在阿尔都塞思想中几乎都能找到，如反人道主义、斯宾诺莎主义、结构主义、法国认识论、主体性批判、萨特批判、黑格尔批判等；另一方面，又有大量的处于一般的哲学家视野之外的马克思主义因素，如对马克思哲学以及列宁、斯大林、毛泽东等人革命思想的赞同、意识形态概念的阐发、阶级斗争的中心地位等。所有这些异质性因素造就了一个思想风格独特的阿尔都塞。

（2）阿尔都塞思想的第二个特点与第一个特点紧密相连：这一思想充满着矛盾。这些矛盾既表现为哲学观念之间的相互抵触，也表现为这些观点的表现形式之间的冲突。就前一方面而言，阿尔都塞从巴什拉那里借用而来的"认识论断裂"，不仅是研究其思考对象（如马克思哲学）的分析工具，也不仅是其哲学讨论的内容和对象本身，更是阿尔都塞自己哲学话语的形式特征。就后一方面来说，哲学的阿尔都塞和政治的阿尔都塞使用着两套不同的话语，而这两套话语却能够以一种奇特的方式融合在一起。哲学的阿尔都塞潜入了时代思想深处卓尔不群地参与了最新的哲学讨论，而政治的阿尔都塞则以正统马克思主义者自居，使用法国哲学界和学术界所不接受的马克思主义语汇，为共产主义运动特别是法国共产党的政治路线进行辩护。I. 伽沃认为，阿尔都塞思想中的矛盾不是外在的而是内在的，是其思想本身内在矛盾的体现：阿尔都塞认识并公开承认，马克思主义在这个时代遇到了严重危机（他不仅是这一危机的揭示者，甚至还是以某种方式推动这一危机走向深化的催化剂）。他清醒地意识到，自己正站在一个新时代的门槛上，断言马克思主义在这个时代暴露出自己的局限性,无论在思想上还是现实政治上都遭遇到了失败。因而,他的一个重要工作就是在新的历史情境中为马克思主义重新勾勒一种科学的轮廓,以及重新描绘参与的形象。尽管如此,阿尔都塞从未动摇过对马克思主义的信念,他以自己对马克思哲学独特而富有创造性的解释,试图使马克思主义能够重新介入这个时代。在这个意义上,I. 伽沃称阿尔都塞为"一个奇怪而忧郁的卫兵",阿尔都塞尽管承认自己所保卫的园地已成一片废墟,但仍坚守不移,也正是这一坚守,使得一片即将沉入黑暗之中的政治领域被重新照亮。

2. 同 I. 伽沃一样,U. 兰内也认为"认识论断裂"在阿尔都塞思想中居于核心地位。但对 U. 兰内来说,问题的关键在于:就作为一种方法而言,"认识论断裂"在对马克思思想的分析中多大程度上有效?U. 兰内通过考察阿尔都塞在《保卫马克思》中对马克思的解读回答了这一问题①。所谓"认识论断裂",据阿尔都塞的说法就是,青年马克思时期或意识形态时期带有显著的费尔巴哈人类学印记,而在 1845—1846 年以后,即由《关于费尔巴哈的提纲》《德意志意识形态》所开启的科学时期,马克思则建立起一门新的历史科学。阿尔都塞的这一观点影响巨大,今天几乎所有对马克思的解释都无法绕过它。但 U. 兰内通过两个问题对阿尔都塞的"认识论断裂"说法提出了挑战:其一,青年马克思在思想上是费尔巴哈主义者还是属于青年黑格尔派?其二,马克思在 1845—1846 年发生的思想转变是认识论的转变还是哲学—社会学的转变?U. 兰内运用福柯的《知识考古学》提供的话语分析方法,对青年马克思在青年黑格尔派话语中逐渐形成自己思想的过程进行了探讨:青年黑格尔派话语首先与各种话语对象(如异化、人的本质、法德比较、模仿、哲学与历史的相对化等)结合,随着话语表达方式(哲学的、革命的、新闻的和宗教的等)不断增长,对立话语(人格主义、专制主义和各式保守的宗教话语)开始出现;而青年黑格尔派话语在反对自己的对立话语的过程中形成了共和主义与社会主义—新共产主义两条路径以捍卫话语权。于是,原本作为社会哲学的青年黑格尔主义开始强烈地转向历史哲学,并形成了青年黑格尔派的核心问题意识:如何提

---

① Urs Lindner, Repenser la "coupure épistémologique". Lire Marx avec et contre Althusser, *Actuel Marx*, n°49, Premier semester 2011.

出一种能够思考并实现实践哲学的思想方案（或者说，哲学如何"从天上降落到人间"）。青年马克思与其他青年黑格尔主义者共享这一问题意识，但青年马克思的独特性在于，他是青年黑格尔派中唯一尝试过共和主义与社会主义—新共产主义两条路线的思想家（确切地说，他从共和主义走向了社会主义）。U. 兰内认为，1843 年夏天马克思转向社会主义，带来了两个直接的哲学后果：一是将最高伦理目标从政治的狭隘性中解放出来；二是批判不再在党派的视野下展开，而是批判必须超越党派视野。这样，马克思的社会主义转向同时也就包含着超越青年黑格尔派话语的可能性。

U. 兰内指出，阿尔都塞在青年马克思思想中看到了规范人类学的维度，这是应当肯定的；但这一维度不能（如阿尔都塞所做的那样）被归结为费尔巴哈的人本学形而上学（阿尔都塞称之为"观念论人类学"），因为后者不过是马克思超越青年黑格尔派理论框架过程中的一个环节而已。基于以上讨论，U. 兰内从两个方面对阿尔都塞的"断裂说"进行了批评：一方面，不能从马克思 1845—1846 年对费尔巴哈人本学形而上学的批判中得出马克思与其规范人类学决裂的结论；另一方面，马克思在这一时期的著作中所表达出来的，并非是从意识形态向科学的过渡，毋宁说，是哲学领域之内的一种独特的断裂：实现哲学不再被理解为扬弃哲学，而应被理解为对作为形而上学的哲学的批判，而这一批判被称为"科学"。

3. 如果说阿尔都塞的"认识论断裂"是以科学和意识形态的区分为前提的，那么应该如何理解这一区分呢？尤其是如何理解阿尔都塞所持的科学立场呢？安德鲁·莱维纳为我们提供了一种解释①。不过，莱维纳直接分析的文本不是《保卫马克思》或《阅读〈资本论〉》，而是阿尔都塞的一篇关于《社会契约论》的文章。莱维纳在《重读阿尔都塞的"让-雅克·卢梭"：卢梭与马克思主义》一文中指出，阿尔都塞《关于卢梭的〈社会契约论〉》一文不仅是迄今为止对卢梭《社会契约论》最清晰的阐释，而且是阿尔都塞本人全部著作中论证最仔细、推理最严谨的文字。正是在该文中，我们能够发现阿尔都塞外在的思想深处

---

① Andrew Levine, *Relire L'Impensé de Jean-Jacques Rousseau de Louis Althusser*, dans Rousseau et le Marxism (sous la direction de Luc Vincenti), Publications de la Sorbonne, 2011.

所隐藏的秘密。按莱维纳的分析，阿尔都塞强调卢梭社会契约论的"前科学特征"，并从这一概念的乌托邦特征和超时代特征两个方面对这一概念进行了批判，这从表面上看是他对马克思著作症候阅读法成果的直接运用，即阿尔都塞从对马克思的阅读中看到了意识形态与科学的对立，并以此来理解社会契约概念；但实际上，如果我们追问阿尔都塞所说的"科学"的含义时，就会发现这是一个很含混的概念，它只有放在阿尔都塞视野中将成熟时期马克思与青年马克思著作进行对比时方才有效。进一步说，阿尔都塞所说的科学（或历史科学）针对的不仅是青年马克思，其实更是青年黑格尔派特别是费尔巴哈。但莱维纳认为，正如卢梭对史前社会生活的寓言分析并不是为了理解这些寓言本身那样，阿尔都塞对青年黑格尔派的批判并不以深入剖析后者的思想本身为目标，而是另有目的。按照莱维纳的看法，这一批判与其说是一种哲学批判，不如说是一种政治批判，因为它所指向的最终目标是流行一时的人道主义的马克思主义，更确切地说，是法国共产党内部的人道主义倾向。阿尔都塞为什么要反对人道主义呢？这不仅是由于人道主义与基督教左翼思想以及各种非马克思主义政治思想的立场接近，更是因为人道主义是反马克思主义的。那么，阿尔都塞所理解的正统的马克思主义究竟是什么呢？莱维纳的回答是：列宁主义和毛主义。莱维纳指出，在阿尔都塞思想中，列宁主义是一个明显的线索，而毛主义（至少是被西方化了的毛主义）则是一个隐藏的线索。正是由于葛兰西关于文化斗争在革命政治中作用的观点，以及关于国家的观点都与毛主义接近，所以葛兰西的著作也成为阿尔都塞的一个重要思想资源。然而，因为葛兰西思想在当时共产主义学术界被视为非正统的，所以葛兰西与毛主义一起被阿尔都塞隐藏在思想深处。

4. 假若莱维纳的观点可以成立的话，那么阿尔都塞思想的党性原则的重要体现之一，就是对列宁主义的认同。毋庸讳言，十月革命之后，列宁主义对西方激进知识分子的吸引力几乎是无法抗拒的。但早在20世纪50年代苏共内部问题暴露之前，就有一大批西方左翼知识分子与列宁思想保持着距离。本雅明即是一例。M. 贝尔代通过评介本雅明关于大众问题的一条注释，讨论了本雅明对无产阶级解放道路的独立探索[①]。这条注释是

[①] Marc Berdet, Walter Benjamin et la question des masses, *Contre temps*, n°10, 2e trimester 2011.

本雅明在撰写《机械复制时代的艺术作品》第二稿时留下的，但后来正式出版时被删去了。这一看似不起眼的注释篇幅不大（付印后只有一页多），但其重要性不容忽视。因为它所涉及的，正是被阿多尔诺称为"我所读过的在列宁《国家与革命》之后关于政治理论最为深刻和最为有力的表述"的本雅明大众理论。鉴于阿多尔诺对本雅明多有批评，上述评价更凸显出这条注释的意义。这条注释处于两节内容之间。在前一节中，本雅明要求改变在大众面前进行展示的政治模式；在后一节中，本雅明讨论了大众对被拍摄的合法要求，提出了劳动者关于自己影像的声索权以及大众对自己表象的政治控制权问题。在第 2 稿加入的这一注释中，本雅明集中探讨了无产阶级大众在追求解放的过程中与小资产阶级大众的区别问题。本雅明将无产阶级大众称为柔软的阶级，而艺术正是赋予大众柔软性从而使其具有无产阶级意识的方式。譬如，在电影中，大众在娱乐和震撼中欣赏梦幻般的影像，从而拥有了追求最终政治目标的意识（这体现出电影的乌托邦功能）；与此同时，电影又在虚幻的情节中疏导了大众的暴虐倾向，以使这一倾向不会体现于社会现实生活（这是电影的宣泄功能）。受到"震惊"的大众被柔化了，就是说，被从战斗的激情、犹太人的怨恨和自我保护的本能（这些都被本雅明称为"应激性的"态度）中解救出来了——它不再被简单的应激性所控制，它超越了行动，意识到自己是作为一个阶级而存在的。在这条注释中，本雅明反对法国心理学家勒庞（Gustave Le Bon）的大众心理学，后者认为大众本质上是野蛮的、非反思的和嗜血的。本雅明认为，勒庞的这个界定并不适合无产阶级大众，而只适合小资产阶级大众，这从后者为了自己的利益使得法西斯主义疯狂膨胀这一点就能看出。本雅明这条注释中最令人印象深刻的内容，就是提出无产阶级大众的自我解放并不必然需要一个领袖的指引；领袖属于"密实的大众"（la masse compacte）即小资产阶级，而不属于"柔软的大众"（la masse souple）即无产阶级。M. 贝尔代认为，本雅明在这一简短注释中实际上显露出自己基于马克思而提出一种审美政治理论的倾向，这一理论的真实目标是在列宁的话语之外另寻通达无阶级社会的解放之路。

5. 阿尔都塞由于早年对马克思的解读而蜚声学界，但 20 世纪 60 年代末进行的"政治主义转向"又令人费解，对今天的我们而言，哪一个阿尔都塞更有价值？在《阿尔都塞对马克思的解读》① 一书中，J-C. 布尔丹呼吁人们重新重视早期阿尔都塞对马克思的解读，指出阿尔都塞是 20 世纪 60 年代兴起的重新解读马克思思想的发起者。在那个时代，马克思成为大众热切追逐的阅读对象，对整整一代人来说，这种阅读所带来的是思想上的巨大启发、从理论与实践角度对社会生活进行的讨论和反思。J-C. 布尔丹说，阿尔都塞对马克思的解读之所以令包括列斐伏尔、德桑迪（Jean-Toussaint Desanti）在内的一大批试图复兴马克思主义思想家的工作黯然失色，并在当代学术界引起了持久而深刻的影响，关键就在于阿尔都塞决心从哲学角度阅读马克思著作，并将常常被当成教条或意识形态工具的马克思主义重新引入哲学史，而阿尔都塞在此背景下所提出的问题至今仍有生命力。

6. K. 林德纳讨论了阿尔都塞在 20 世纪 60 年代末的思想转折②。对 K. 林德纳而言，我们应当回到阿尔都塞后来在"自我批判"中否定存在权利的早期理论。他认为，早期阿尔都塞著作是有哲学价值的，在这些著作中，阿尔都塞拒斥经验主义和历史主义观点。在阿尔都塞眼里，马克思正确地放弃了古典政治经济学，以及与人类学、个人主义和反历史主义有关的意识形态，而在"另一种要素"中，即在新的、科学的领域中建立起新型理论活动。可见，早期阿尔都塞对马克思的评论是结构主义的、社会中心论的和历史性（而非历史主义）的。K. 林德纳说，当阿尔都塞在《阅读〈资本论〉》中确认意识形态与科学的认识结果决定于"其机制的智慧"时，他表达出了自己的基本方法。然而，《自我批评材料》则取消了这些引人注目的理论冒险，下降到了一种带有立场（即"革命阶级的理论处境"）的理论。这时，政治成了区分科学和意识形态的标准。K. 林德纳认为，如果把一切都归于政治，那么决定各种知识模式具体差别的理论就不再是必需的了；这样，阿尔都塞对政治经济学批判解释的使用价值就是自相矛盾和奇怪的。尽管阿尔都塞在《保卫马克思》《阅读〈资本论〉》中并非要完全复原马克思思想，但却

---

① Jean-Claude Bourdin, *Althusser*：*une lecture de Marx*. Presses Universitaires de France-PUF, 2008.
② Kolja Lindner, *Lire le Capital*：*Althusser et l'impasse du tournant politiciste*. https：// halshs. archives-ouvertes. fr/halshs-00423379/file/Althusser_ et_ l_ impasse_ du_ tournant_ politiciste. pdf.

展示出一种非凡的哲学力量。不过，从1966年开始，阿尔都塞的马克思解读逐渐变得平庸起来。今天，人们一般都将阿尔都塞那时的著作和他的政治处境联系在一起，但 K. 林德纳提出了不同的看法：阿尔都塞对马克思的解读之所以发生倒退，与20世纪60年代末法国马克思主义对政治问题的重视程度不断提高有关。因此，尽管阿尔都塞赞同这样一种观点，即政治问题日趋重要势必损害理论问题，但鉴于对马克思的阅读常常混杂着对某些观点的激情和对文本的忽视、对所作回答的意义的明白与对所提问题的盲目性，即便晚期阿尔都塞著作也应具有独特的理论地位。

四　新自由主义与当代资本主义批判

新自由主义批判与当代资本主义危机分析，是西方左翼学术界的一大标志性成果。21世纪以来，法国马克思主义学者也对新自由主义与当代资本主义危机进行了批判和分析。

第一，对新自由主义的批判。

新自由主义问题历来是法国马克思主义学界的重点研究课题，不过，近年来出现了新的变化：尽管福柯在《生命政治的诞生》中关于新自由主义问题的分析依然是重要的思想参照系，但学者们已经逐渐走出福柯的思想框架，新自由主义批判日益显示出多元视角。

J. 比岱从元结构理论出发对新自由主义及新自由主义全球化中的主体性问题进行了讨论①，他不仅界定了新自由主义的性质，而且考察了新自由主义作为资本主义专政兴起的原因，以及新自由主义的内在机制和新自由主义全球扩张的趋势。

（1）J. 比岱将新自由主义视为一种"霸权政体"，即资本家、权能精英与人民大众之间的阶级对抗的某种稳定形态。在此界定下，J. 比岱梳理了霸权政体的演进过程，认为新自由主义是继公社政体、古代政体、资本主义或自由主义政体与民主社会国家政体（以及与之相交错的社会主义政体和民粹主义政体）之后，于20世纪80年代出现的霸权政

---

① Jacques Bidet, *Le Néolibéralisme face à ses Sujets: Approche métastructurelle*. https://www.idref.fr/026727773#.

体。在表现形式上，作为霸权政体的新自由主义与诞生于18世纪50年代、消亡于20世纪30年代的自由主义政体具有一致性，即资本家与权能精英联合起来与人民大众相对抗。因而，从理论上说，新自由主义并不是一种新的政体形式。不过，J. 比岱指出，自由主义并不是一种理论教条，而是一种将自身实践与策略加以合理化的资本家的内在思想要求。这些要求在洛克那里已经获得了经典表达，但只有到20世纪70年代中期以后才真正具备实现条件。当然，这并不意味着，新自由主义就是自由主义观念的完全落实。尽管古典自由主义与世界体系内部的帝国主义和奴隶制，以及雇佣劳动之无休止的经济和政治统治联系在一起，但这种自由主义还可以被认为是有节制的，这是因为它受到一些与自身相对立的结构性力量（主要是权能精英阶层与人民大众）内在的牵制。因而，古典自由主义的极端逻辑在现实中是受到限制的。但新自由主义则不同：它是资本主义专政。

（2）关于这种资本主义专政兴起的原因，J. 比岱用马克思关于经济基础与上层建筑关系的经典观点来加以解释：随着信息革命的出现和发展，权能精英阶层所主导的民主社会国家被削弱，与之相应的霸权政体瓦解了；而世界范围内的生产和交换的统一性，使得大资本得以重新掌握政治主动权。譬如，在一个不平等的世界体系中，它可以将生产转移到一个薪水接近于零的地方。正是在这种技术的和地缘政治的情景中，由撒切尔和里根率先采用的普遍放任政策才得以实施。这样，新自由主义就不再仅仅是理论，同时也成为世界性的社会现实。

（3）J. 比岱将福柯的机制理论和马克思的结构理论统摄在他的"元结构理论"之内来分析新自由主义的内在机制。在J. 比岱看来，新自由主义的兴起，可以被理解为作为阶级要素的两个中介（即市场和组织）之间发生变化的直接后果，即市场对组织来说已彻底占据了霸权地位。因此，所谓资本家与权能精英阶层的联合，其实就是组织本身通过市场方式进行运作实现的。

（4）J. 比岱还分析了新自由主义全球扩张的趋势：从20世纪80年代的信息革命中，产业和金融等领域展现出了新的潜能，而法律—经济秩序开始在超越民族界限范围内被确定。民主社会国家曾经是大众阶级和权能者—管理者阶层实现和解的结果，但现在国家完全屈服于新自由主义观念，并日益成为以新自由主义观念为信条的"世界—国家"

的一部分。因此,各个国家机器都成为在不平等的世界体系中,对作为世界整体部分的国家进行调整的工具。

S. 奥迪耶对法国学术界的一个普遍现象,即以福柯在《生命政治的诞生》中的有关论述作为理解新自由主义的根据提出了质疑①。S. 奥迪耶将福柯对新自由主义的理解概括为"奠基于个体—事业的人类学基础之上的竞争性结构主义"。他指出,尽管福柯的这一看法比另一种对新自由主义的认识,即自由主义是国家力量的后退要深入许多,但福柯的这种为学界广泛接受的观点有掩盖新自由主义丰富性和复杂性的危险。S. 奥迪耶对倡导新自由主义观念的思想家在作为"现实"的新自由主义尚未完全出现之前进行的多场争论进行了分析,譬如,奥地利学派内部的争论、芝加哥学派与德国自由主义学派之间的争论等。他试图提醒人们注意,事实上并不存在一种具有完全相同的立场和方法论的新自由主义理论,而且 20 世纪 70 年代之后逐渐蔓延至全球的新自由主义也并未形成一个毫无异质性要素的体系。

H. 考迈迪讨论了在新自由主义形成过程中,奥地利经济学派②的工作在塑造方法论方面所起到的作用③。在方法论上,奥地利经济学派以分配概念和认识的独特性问题为理论工具反对个体主义。H. 考迈迪认为,正是这两方面的工作,使得奥地利经济学派不仅避免了若干本体论层面的争论,而且避免了使理论陷入诸如"行动者如何运用自己并不知道但其实已经掌握了的认识"之循环性问题的困境。正是基于这些工作,奥地利经济学派抛弃了古典自由主义经济学家所普遍坚持的物化的价值理论,并以市场价格的符号系统作为经济秩序的理性条件,而这正是新自由主义机制中的一个重要环节。

在《思考新自由主义:生活、资本与异化》④ 中,阿贝尔也试图对近年来的新自由主义研究进行反思并走出其局限性。阿贝尔认为,新

---

① Serge Audier, Les paradigmes du 'néolibéralisme, *Cahiers philosophiques*, n°138, 2014.
② 奥地利经济学派,又称维也纳学派,产生于 19 世纪 70 年代,流行于 19 世纪末 20 世纪初;是边际效用学派中最主要的学派;主要代表人物是门格尔、维塞尔、庞巴维克、米塞斯、哈耶克等。
③ Henri Commetti, L'école Autrichienne d'économie: subjectivisme et limites de la connaissance, *Cahiers philosophiques*, n°138, 2014.
④ Stéphane Haber, *Penser le néocapitalisme: vie, capital et alienation*, Les Prairies Ordinaires, 2013.

自由主义研究过多地从经济角度来理解当代资本主义发生的变化,而事实上最近 30 多年来资本主义发生的变化并不局限于经济领域,而是呈现出一种根本性变化。因此,阿贝尔要求将对新自由主义研究深化为新资本主义研究,并建立一种新的社会本体论以深化对当前世界范围内新变化的研究。

第二,对当代社会危机与反抗的分析。

从 2007 年美国次贷危机爆发并导致全球经济社会危机以来,法国马克思主义学界就没有停止过对这场危机的研究。尽管全球经济危机似乎已得到一定程度的遏制,甚至有经济学家乐观地认为全球经济已开始走出低谷,但从社会危机层面看,这场危机远没有结束,甚至有愈演愈烈之势。那么,应当如何理解这场危机的本质呢?又应当如何理解伴随着危机而来的、几乎无处不在的社会冲突与反抗呢?

E. 雷诺和 B. 提奈尔试图在新自由主义的历史中,特别是在新自由主义不断出现的困境中对当前的社会危机进行定位[1]。在这里,他们通过绝对使用价值生产逻辑来讨论金融资产阶级与社会国家之间的对抗,分析了新自由主义的社会后果,并对反抗新自由主义的各种合法性形式的有效性进行了反思,认为这场在不断的反抗和服从中表现出来的危机,应当通过新自由主义的结构性矛盾以及合法性危机来解释。与此同时,他们还指出,在金融危机和经济危机中,我们不能忽视能源危机和食品危机。

M. 邦盖进一步分析了反抗新自由主义话语的具体形式[2]。M. 邦盖指出,2008—2009 年西方世界掀起了职场冲突的高潮,这些冲突是在生产领域中出现的,背景是生产的半停顿或完全停顿。最近职场斗争的目标是保留工作或获得更多的裁员补偿,在此过程中出现的新型话语协议带有公民性和批判性特点。这种由激进行动催生的话语协议超出了那种主要围绕着校正性批判展开的理解模式的范围,因而后者不能被视为激进批判话语的基础。

在这场危机中,除了职场中的反抗之外,学生运动所表达的反抗同

---

[1] Emmanuel Renault et Bruno Tinel, Les crises du néolibéralisme: processus de révolte et résignation, *Actuel Marx*, n°47, 2010.

[2] Marlène Benquet, Le nouvel esprit du capitalisme aux prises avec les nouvelles radicalités professionnelles, *Actuel Marx*, n°47, 2010.

样引人瞩目。G.S-布朗分析了这个问题①。G.S-布朗讨论了当前欧洲再次兴起的大规模学生运动,认为这些抗议浪潮揭示了一个政治化进程,这个进程反映了一个为当前运动提供基础的较长时期的状况,并展现了这一运动中存在的问题和内在矛盾。G.S-布朗对该进程的描述是基于下述辩证法展开的:一方面是在居于统治地位的社会—经济与社会—意识形态的关系的再生产中,发达资本主义社会形成了结构上一致的大学机构;另一方面,学生运动又改变着这种作为机构的大学。大学机构知识实践的政治化和反政治化的辩证运动,以及国际因素在学生运动中的"侵入",使得这一运动的矛盾集中体现出来。G.S-布朗认为后者更值得关注,因为它在民族国家框架中加入了非同一性要素;同时,鉴于运动本身的脆弱性和含混性,具有校正功能的当下斗争的"欧洲维度"就愈发具有特殊的重要性了。

实际上,当代资本主义危机并不只是社会领域内的危机,同时还是人与自然关系的危机,即生态危机。如何从生态危机角度理解资本主义危机?这场生态危机的本质又是什么?人类将何去何从?左翼理论家特别是生态社会主义理论家对这些问题进行了深入探讨。

"生产主义"是生态主义理论家反思生态危机问题的起点,同时也是生态社会主义理论关注的核心问题。在《资本论》中,马克思剖析了资本主义社会的生产过程是商品生产过程与剩余价值生产过程的统一,这就揭示了资本主义的一个重要特征,即生产主义(以逐利为目标而不断生产)。R.米特哈里亚以工业化农业为例,从生态社会主义角度对资本主义的生产主义进行了批判②。兴起于20世纪60年代并在今天大行其道的"工业化农业",产生于一个堂而皇之的理由:生产出足够人类享用的食物,以避免再次生成普遍战争的土壤。但R.米特哈里亚指出,这种生产主义农业其实根本不关心如何避免战争的问题,它只关心如何获取更多利润;上述理由只是为农产品加工业进入国际商业交换领域提供合法性而已。工业化农业生产背后的意识形态是反自然的,即不考虑资源限制而对所有区域提出相同的产能要求,其结果表现为:一

---

① Guillaume Sibertin-Blanc, Crise et luttes étudiantes: dialectique de politisation et questions de méthode, *Actuel Marx*, n°47, 2010.

② Roxanne Mitralias, L'agriculture productiviste, état des lieux d'un processus contre-nature, *Contre temps*, n°12, 2011.

方面是生活的均一化，另一方面是灾难性的污染。这也使得工业化农业的产品具有三个主要特征：均一化、不节约和有害性。

不过，从20世纪70年代开始，在资本主义体系内部就出现了与工业化农业的生产主义相对抗的生态农业。近些年，更是出现了针对工业化农业的分配、运输和消费领域的革新，目标就是要限制生产主义的诸种弊端。在R.米特哈里亚看来，这些变革虽有积极意义，但在资本主义框架内部，其积极意义大打折扣，因为它们最终仍然要被纳入资本赚取利润的轨道上。尽管由于南北差距，发达国家的农场主对生态危机的感受与不发达国家的农民有所不同，但R.米特哈里亚提醒人们：没有一项对自然的剥削同时不是对人本身的剥削；在全球化背景下，资本主义的生产主义体系将全球所有的农业从业者当作人质，没有人能够逃脱。关于如何摆脱人类目前的窘境，各国学者和活动家们在全球范围内进行着争论和斗争。如果说，我们面临的一个选项是生态社会主义的话，那么，假若农民的言语和斗争没有被置于这些民主论争的中心，生态社会主义也就没有生命力。

对于"生产主义"，马克思已经通过政治经济学批判方式进行过深刻剖析，但这并不妨碍后世思想家从其他维度进行批判。例如，H.康普夫试图从社会心理学角度分析生产主义的社会根源①。在考察了生态危机的种种具体表现之后，H.康普夫提出了一个问题：为什么当前社会无法阻止生态危机的日益恶化？他说要回答这个问题，首先要对目前社会的权力关系进行分析，以探求社会组织方式中哪些要素使得遏制危机变得如此困难。经济学家与社会学家的诸多实证分析和理论分析将我们的目光引向了同一个问题：内在于社会不平等。通过对国际层面与国家层面不平等现象的分析，H.康普夫指出，社会不平等正是造成当前生态危机的主要社会根源。H.康普夫借用美国经济学家、社会学家凡勃伦的观点对之进行了分析。他说，在现代社会生活中，人类内在的竞争倾向显露无遗，每个人都要和他人进行比较，并竭力在某些外在表现中显示出自己超出他人或不同于他人之处，这种"符号性竞争"在社会中随处可见。而当这种竞争与生产结合在一起时，就会出现一种与生

---

① Hervé Kempf, Les inégalités, moteur de la crise écologique, *Contre temps*, N°12, 4e trimester 2011.

产的直接目的背道而驰的结果。人们生产物质财富本是为了满足自身的物质需求，但在现实社会中，人们所创造的物质财富往往超出了基本需求范围，目的在于使社会成员彼此区分开来：每个阶级都受到"炫耀原则"的支配，各阶级内部成员都不由自主地将上流社会时兴的行为方式奉为楷模，被效仿的上层阶级也乐于将自己当作全社会的榜样，并为全社会制定"主流文化模式"。这种不平等的社会造成了巨大浪费，因为沉迷于炫耀性竞争的精英阶层的物欲横流会为整个社会所仿效，全社会每个人都试图使自己的财产和符号实现价值最大化，而电影、电视、广告和大众传媒等都成了占支配地位的文化模式的传播工具。这样，人对自然界的无度索取最终导致了这场严峻的生态危机。当然，精英阶层也不会坐视当前危机的蔓延和深化，但很显然，那些经济、政治和媒介的直接性杠杆力量无法从根本上起作用，因为那种浸透至整个社会并为全社会制定"何为正常"标准的消费文化模式依然起着主导作用。

五　左翼政治哲学研究

随着资本主义社会危机的不断加剧，政治哲学成为法国学者的研究热点之一。对许多法国左翼思想家来说，政治哲学构成了他们工作的基本维度。21世纪以来，法国左翼政治哲学研究的焦点既包括对自由、民主、平等与共同体等传统政治哲学问题的研究，也包括对政治、政党、革命等左翼政治哲学问题的讨论，还包括对社会主义问题的反思和探讨。

第一，自由、民主、平等与共同体问题。

《论平等问题》[①] 汇集了巴里巴尔自20世纪90年代以来在政治哲学领域的研究成果，其基本思想是："民主的民主化"应该是摆脱当前民主社会国家出现的、由于新自由主义全球化而加剧的社会危机的唯一出路。在政治哲学中，巴里巴尔坚持后马克思主义立场，将对"反抗"的表达与对"重建"的表达联系在一起。他认为，当代政治思潮中最有意义的思想，如朗西埃（J. Rancière）、埃斯波西托（R. Esposito）、普兰查斯、拉克劳、阿伦特等人的思想，都是建立在某种民主哲学基础

---

① Étienne Balibar, *La proposition de l'égaliberté*, Presses Universitaires de France-PUF, 2010.

之上的。结合着法国近年来出现的各种社会事件,如"伊斯兰头巾"事件以及郊区骚乱等,巴里巴尔提出"共享公民身份"应当成为一个原则。因而,民主不仅适用于普通居民,也应当适用于移民社区。然而,由于政治体制与民主之间存在着根本矛盾,这就迫使人们不得不持续反思合法性的条件,以及改变现状的条件等问题。

巴里巴尔的另一部文集《暴力与礼仪:威莱克图书馆演讲及其他政治哲学论文》①则包含了巴里巴尔1996年在美国加州大学欧文分校所作的"极端暴力与礼仪问题"的演讲,以及2001—2006年他关于战争、革命、阶级斗争、主权等问题的文章。这些文章的主旨是从"革命的文明化"角度思考"变革与解放的现实条件"问题。在卢森堡眼中,"革命的文明化"就像"野蛮人的政治"一样是自相矛盾的,但巴里巴尔试图做的事情,正是要实现"列宁和甘地的对话"。在巴里巴尔看来,政治与构建政治的暴力的关系是不能通过权利、制度、意识形态等改变极端暴力形式的力量得到规范化的。因而,巴里巴尔试图按照"超主体形式"(如对法律身份、法律的威力以及法律报复措施的幻想)与"超客体形式"(如资本主义的过度剥削、生产,以及对边缘性生活的消灭等)勾勒"暴行的地形图"。在这里,巴里巴尔还比较了各种不同的"礼仪策略",认为这些策略使得构建一种作为非暴力的政治概念成为可能,而这些策略也描画出了现代哲学不同思潮之间的差异。此外,在一个很长的、可以追溯至黑格尔和克劳塞维茨且充满矛盾的谱系中,巴里巴尔对马克思与马克思主义者的立场进行了批判,而且与 C. 施米特的霍布斯解释中阐发的主权概念形成了鲜明对比。

A. 阿图在《民主、公民权与解放》②中指出,资本主义全球化破坏了政治领域,公共空间被重新"封建化"了;由商品化带来的自由主义秩序推动着统治形式发生变化,并使公民平等和人民主权等观念变得模糊不清。他认为,一种解放政治应当创造出新的政治领域,以民主的普遍主义反对神圣的和种族的普遍主义。在这里,A. 阿图回顾了肇始于20世纪80年代一直延续至今的关于现代民主内在逻辑的争论(如

---

① Etienne Balibar, Violence et civilité: *Wellek Library Lectures et autres essais de philosophie politique*, Editions Galilée, 2010.
② Antoine Artous, *Démocratie, citoyenneté, émancipation*, Editions Syllepse, 2010.

克劳德·勒夫特在对马克思的《论犹太人问题》所作的分析）；还分析了领土、公民权和人民主权这些奈格里所拒绝的概念之间的内在关系。当然，这些回顾和分析都不是纯学术性的，而是旨在澄清现实政治问题。同时，这些讨论还旨在为重新提出一种解放方案赋予了理论深度。

在提交给第六届（巴黎）国际马克思大会的论文《网络、统治与大众主权》① 中，A. 阿图指出，与全球化的当前阶段相联系，领土政治危机尤其是民族国家的领土政治危机，生成了一种根本的结构性危机，这种危机围绕着领土、主权、政治权力等概念塑造了现代性。正是基于对这些概念的反思，当代工人运动和社会运动建立了解放的问题意识。但是，要对抗新自由主义关于统治、网络和世界性的观点，人们就不能满足于通过自娱自乐的方式不断夸耀某种后现代性例证的出现；相反，应当再次确认建立在平等的公民权利和大众主权基础上的激进民主视野中的当下现实性，并在此视野中讨论相关政治哲学问题。

在 H. 邦图阿米等人合著的《冲突与民主：何种新公共空间？》② 一书中，作者讨论了冲突与民主的关系问题。人们往往认为民主与政治体制内的分裂、不和与冲突形成鲜明对比，但本书作者却将二者联系在一起。尽管他们没有讨论议会民主制在现实中的必要性问题，但却认为这一制度存在的前提一方面在于冲突的否定性表达，另一方面是对减少冲突可能性的信心。他们区分了冲突与暴力，将民主理解为能够保持冲突可能性的公共空间；认为民主制度内部的斗争可以以不同的形式展开——这些冲突通常会有利于贫困的劳动者、非法移民、文化或种族意义上的少数派等，但却并非如人们认为的那样是"人们所期望的"；相反，当人们知道自己将作为"人民"消失或隐匿时，冲突就不是人们所期望的。当然，冲突体现了对任何形式的（不管是阶级的、种族的还是性别的）压迫进行反抗的能力，目标是改变政治共同体的叙述方式，以恢复"民主"一词的真正含义：让所有人平等地进入一个公共领域。

在《创造人的公共性》③ 中，奈格里讨论了公共性问题。他认为，

---

① Antoine Artous, Réseaux, gouvernance et souveraineté populaire, *exposé au Congrès Marx International VI*. https://independent.academia.edu/Artous.

② Hourya Bentouhami/Christophe Miqueu, *Conflits et démocratie. Quel nouvel espace public ?*, L'Harmattan, 2010.

③ Antonio Negri, *Inventer le commun des hommes*, Bayard Centurion, 2010.

今天的资本主义渴望主体性，前者的存在有赖于后者。这样，资本主义就自相矛盾地由损害它的要素所界定。因为人的反抗以及人对自由的确认，所印证的恰好是以差异性为前提的公共的主体性创造力量和生产能力。如果没有公共性，资本主义就无法存在。由于有了公共性，冲突、反抗和重新占有的可能性就无限增大了。

在《政治的道德抱负：改变人？》[①] 中，Y. 吉尼乌指出，自苏联体制终结以来，出现了一种与政治危机不同的危机，表现为放弃对世界市场的介入和对悲惨的社会命运持接受态度。那些试图使世界道德化，以便让每个人都能得到自己所能达到的幸福的方案，似乎总是与极权主义的危险联系在一起。那么，如何才能既避免这种危险又能进行规范性思考呢？Y. 吉尼乌认为，解决这个问题的途径在于明确地区分个体伦理与只有从集体维度才能衡量的道德。这一反思是在不可妥协的唯物主义原则下进行的，其目标指向共产主义。他说，"共产主义假设"是使受到资本主义商品化或管理的犬儒主义引导的现实政治能够重新获得意义，是在那最终将控制人的历史中使改进人的生活的观念不被摒弃的唯一途径。

S. 布盖尔则讨论了唯物主义法权理论问题[②]。对 20 世纪初的法哲学来说，要解决资本主义生产方式和现代法律的关系问题，马克思主义法权理论无疑是极为重要的思想遗产。S. 布盖尔在分析这一理论的成就与缺陷、试图重新阐释马克思主义法权理论的基础上，提出了一种新版本的唯物主义法权理论。他认为，资本主义社会的法律采用了一种拥有自我再生产逻辑的黏合技术。法律的"相关自主性"既是它脱离制订者、相对社会关系的自主作用的结果，也是缓冲权力的前提条件。在法律形式的这种结构性条件下，法律知识分子通过看似中立的法律论证构建了一种话语霸权。

在《共同体思想与政治行为：论"复数的共同体"概念》[③] 一文中，A. 杜阿尔特讨论了 J‑L. 南希（Jean-Luc Nancy）在《闲散的共同

---

① Yvon Quiniou, *L'ambition morale de la politique: Changer l'homme ?*, L'Harmattan, 2010.
② Sonja Buckel, 'La forme dans laquelle peuvent se mouvoir les contradictions'. Pour une reconstruction de la théorie matérialiste du droit, *Actuel Marx*, n°47, 2010
③ Andre Duarte, Pensée de la communauté et action politique: vers le concept de communautés plurielles, *Rue Descartes*, 2012 – 4.

体》、埃斯波西图（Roberto Esposito）在《共同体》中提出的"共同体"（communauté）概念，探讨了从共同体概念引出复数的共同体概念的可能性。A. 杜阿尔特指出，J‐L. 南希和埃斯波西图对共同体概念的理解有一个重要特点，那就是他们都拒绝将它作为一个对象来把握，也不将之视为哲学探讨的某个特定主题。按埃斯波西图的说法，正是由于人们将共同体归结为一种对象，才总会通过哲学话语或政治话语将之置于某种概念化语言之下，如关于个体性与总体性的语言、共同性和特殊性的语言、起源与目标的语言、绝对的与内在的语言等；这些语言试图以不同方式对共同体进行命名或界定，但同时它们也以各种方式曲解了它。这就意味着，J‐L. 南希和埃斯波西图不再遵循涂尔干、齐美尔和M. 韦伯等人所确立并为后世思想家一直坚持的一个原则，即为共同体寻找基础。同时，他们对共同体的理解不仅与当代社群主义、文化多元主义和共和主义都有所区别，而且也不同于奈格里、巴迪欧、齐泽克等人试图返回到的那种"共产主义"。

因此，要想理解J‐L. 南希和埃斯波西图的共同体概念，需要把握它的几个否定性的界定：（1）这一共同体概念试图摆脱乡愁与梦想，因此它既与考古学无关，也与目的论无关；（2）他们强调不能将共同体理解为某种被给定的历史性实体或现成的存在物；（3）不能从某些特定的社会特性、伦理特性、语言特性、经济特性、宗教特性或政治特性来理解共同体；（4）这一共同体概念不能以个人、主体或主体间性为出发点。只有理解了J‐L. 南希和埃斯波西图对共同体概念设定的这些否定性的前提，我们才能明白何以他们将共同体理解为"与他人共在"。可以看出，他们承继了海德格尔在《存在与时间》中提出但有待进一步深入的主题，即"在'在世'中'共在'"的问题。A. 杜阿尔特指出，这就意味着，J‐L. 南希和埃斯波西图对共同体的考察，不是基于我们被给予的现成经验而展开的讨论，而是一种对"不同于同一性存在或主体性存在的共同存在"的本体论反思。"与他人共在"是一种"在关系中存在"，前提是对个人有限性的否定；因为正是这种否定，才使人们不再将自己视为某种给定的、可以封闭在自己之内的实体。

J‐L. 南希和埃斯波西图的这种共同体观念当然有思想史意义，但A. 杜阿尔特认为，从"共在"的理想存在状态出发对这一概念进行本体论反思存在着一个致命的缺陷，即它既无法解释存在于人类世界的冲突，也无法解释政治行为。因而，本体论的共同体概念应当被复数的共同体概念所取代。在这里，A. 杜阿尔特赞同并借鉴了美国哲学家 J. 巴特勒（Judith Butler）的观点，强调问题的关键在于需要进一步反思共在的有限性和否定性所带来的后果。他说，正是由于我们的共在总是具有脆弱性和否定性，或者说，总是充满了空虚性和有限性，我们才会有共同体关系。这一关系不可能是和平的或和谐的。对某个群体而言，如果只是探求其绝对的单一性、同质性和同一性，不仅无法获得真正意义的共同性，反倒会给这个群体的共同性带来危机。不过 A. 杜阿尔特指出，即便如此，我们还是应当在 J-L. 南希和埃斯波西图的共同体概念中找到走向一种复数的共同体概念的因素：正由于没有任何个人能够不进入多种形式的关系之中和与他人的联系中存在，以及所谓单数的共同体必定建立于一种共同的剥夺或对每个人的剥夺的基础之上，因而复数共同体是以一些彼此对抗的群体为存在前提的。

A. 杜阿尔特认为，除 J-L. 南希和埃斯波西图之外，为复数的共同体概念提供思想资源的思想家还包括阿伦特和福柯。其中，阿伦特的行动概念与独特性概念为我们观察政治领域提供了一个去中心化的视角；福柯则将政治行为理解为行为者审慎地改变自己生活的要求的行为，并为我们揭示了边缘化的少数群体的斗争状况。通过这些思想家的讨论，我们可以明了复数的独特性何以必须受到尊重，而共同体何以应当是复数的。

第二，政治、政党与社会运动问题。

M. 冬巴试图将正义概念与一系列现代政治学概念划清界限[①]。他指出，现代性使我们在理解正义的条件问题时受到了严重误导。现代思想家关于"反抗权利"的讨论基本上都是失败的，从而导致在这些讨论的基础上确立的正义观念走向瓦解——正义要么被归结为纯粹的形式程序，要么被归结为大多数人的意志。从这种观点看，正义就仅仅是强者的利益。这正是在《理想国》中柏拉图借苏格拉底之口所批判的特拉西马库斯的观点。今天，我们所面临的危机并非仅仅是经济危机，也包含政治法律危机，这正为我们重新思考正义问题提供了契机。M. 冬巴

---

① Massimiliano Tomba, La "véritable politique". Observations sur la justice et la politique, *Actuel Marx*, n°47, 2010.

认为，要实现对正义问题的真切反思，就必须超越多数人决定原则。要真正超越康德和本雅明的政治观，必须跳出传统思想藩篱，直接面对正义问题本身。这样，苏格拉底意义上的真理与意见的冲突问题就被重新提了出来。M. 冬巴指出，问题的关键在于，将现代民主政治本身表现为绝对的和不可超越的政治形式的现实政治改变自身的可能性何在。

  M. 洛威对马克思主义政党理论进行了历史回顾①。（1）M. 洛威指出，对马克思恩格斯来说，社会革命是和劳动者直接相关的事情，他们从 1848 年革命之前就开始思考共产主义政党在革命过程中的作用问题。在马克思恩格斯眼里，共产党人或革命者的角色，并不是像空想共产主义者那样置身于革命运动之外、通过宣传的方式向人民颁布真理，而是亲身投入阶级斗争，在自身的历史实践中帮助无产阶级寻找革命之路。在今天，政党已不再能够像雅各宾派和布朗基派那样发挥作用了，也不能够高踞于群众之上干革命。被统治阶级的奋斗目标，不是在摆脱自己的统治阶级之后又被高高在上的无私的领袖或有教养的少数人所主宰；相反，从马克思的实践哲学看，受压迫者或劳动者的最终目标是通过阶级斗争实践获得总体性。共产主义政党不是从总体中分离出来的精英群体，而是连接作为工人运动之方向的整体性与阶级斗争的历史过程中的每一个局部运动的中介。由此，我们就能够理解马克思为什么会同情 1871 年的巴黎公社起义、为什么会反对德国社会民主工党内部的（由拉萨尔代表的）专制独裁作风。（2）M. 洛威还讨论了列宁、卢森堡、卢卡奇、葛兰西和托洛茨基的思想，认为他们尽管在 20 世纪重提马克思恩格斯关于共产主义革命和无产阶级自我解放的话题，但他们关于"无产阶级自我解放""无产阶级大众与共产主义政党的关系"等问题的讨论与马克思恩格斯的讨论大相径庭。对 20 世纪的马克思主义者来说，更重要的是下述三个相互联系的问题：阶级意识的程度，在革命中政党与大众的关系，以及政党的内部结构。其中，列宁和卢森堡的思考最具代表性。列宁关于党的组织建设的指导思想是集中制，认为党的政治斗争的工作内容与秘密活动的工作原则决定了党不可能是一个大规模的组织，而只能是一个小规模的职业化组织，党的组织原则也不可能是民主的，而只能是科层式和集权制的，而党的政治方向应当由少数坚强

---

① Michaël Löwy, La théorie Marxiste du parti, *Actuel Marx*, n°46, 2009.

而果敢、在长期实践中得到锻炼的领袖所掌握。但是 R. 罗莎·卢森堡提出了与列宁不同的自发性理论。这一思想主要体现在卢森堡 1903—1904 年发表于德国社会民主党的理论刊物《新时代》上的系列文章，以及 1906 年的小册子《群众罢工、党和工会》中。卢森堡激烈地反对列宁的集中制思想，认为群众的革命首创精神是第一位的，党的领袖手中集中掌握的权力是群众的自我表达。在卢森堡看来，在群众的革命实践中，群众不仅改变了外部的环境，也改变了内部的无产阶级意识。M. 洛威指出，卢森堡的这一观点是忠实于马克思思想的，她和马克思一样，将实践理解为客体与主体的辩证统一，并将实践视为自在的阶级转变为自为的阶级的中介，从而超越了当时德国社会民主党在思想上面临的由伯恩施坦和考茨基引发的两难困境（伯恩施坦基于其抽象的道德主义，认为主体性、道德和精神的变化是实现社会正义的条件；而考茨基的机械的经济主义则认为，客观的经济演进将必然使人类社会进入社会主义）。就是说，卢森堡既反对新康德主义式的修正主义，也反对正统派的消极的等待主义，认为只有种实践的辩证法中才能超越爱尔福特纲领中改革与革命（或"最低纲领"和"最终目标"）的二元论。卢森堡提出了群众罢工策略，试图寻找到一条将经济斗争和争取普选权的斗争转变为一般革命运动的道路。不过 M. 洛威强调，卢森堡并不像后世某些卢森堡主义者那样将自发性理论绝对化和抽象化，而是认为社会主义政党应当在群众罢工中把握政治方向，并且在 1919 年卢森堡生命的最后阶段留下的作品中，她比以往任何时候都更加强调，群众需要清楚的方向和坚决而果敢的领袖。在此意义上，卢森堡的自发性理论与列宁的集中制思想并不存在根本对立。实际上，卢森堡是强调自发性与自觉性、民主与集中的统一。

近年来，关于政党与社会运动的关系，在激进左翼和社会运动内部出现了两种看似对立的观点：(1) 应当取消政党在社会运动中的作用，或干脆消灭政党本身，预言社会运动将会带来一种崭新的政治；(2) 如果没有政党的领导和引导，社会运动的作用将是微乎其微的。P. 库尔库夫和 L. 马蒂厄从社会学立场出发，试图将这两种对立搁置起来[①]。他们认为，从一开始社会运动与政党之间就存在着许多相似之

---

① Philippe Corcuff et Lilian Mathieu, Partis et mouvements sociaux: des illusions de "l'acualité" àune mise en perspective sociologique, *Actuel Marx* n°46, 2009.

处。例如，两者有着共同的话语系统，都具有职业化特点，都试图实现权力垄断等。当代社会运动仍然如此，甚至有过之而无不及。现代社会的差异化过程使得社会运动的后果是建立起了一个特殊领域，即一个独立于政治领域的新领域。这样，我们要做的事情，就不是玩那种在政党与社会运动之间二者择一的思维游戏，而是将目光投向社会运动的现实影响，具体地分析政治与社会的二元化趋势，以及在这两个领域中仍然保持着的但却非常不稳定的关系。

M. 瓦卡鲁里研究了工会运动与政党的关系问题①。近年来，当代西方世界特别是西欧各国的工会运动不断高涨。在《工会、运动与解放的动力》一文中，M. 瓦卡鲁里分析了法国的工会运动与政党以及其他政治组织之间的复杂关系。他指出，如果用一个词来概括这种关系的话，那就是不信任。最近的金融危机及其引起的经济危机乃至社会危机，更进一步加剧了这种不信任。法国工人运动和当下政治运动的关系日渐疏远，甚至可以说前者已经独立于后者了，而且工会还往往将这种独立性视为自身合法性的重要依据。如果说工会与政治组织之间也会有某种合作的话，那么它的前提和原则就是后者不能将自己的立场和目标强加给前者。工会要求和政党的关系正常化，但不会参与同自身诉求不一致的行动，换言之，他们所要求的：不是联合，而是共鸣；不是屈从，而是争论。

J. 比岱则指出，如果说当代统治阶级是双头蛇的话，那么金融和精英就是它的两个头②。这样，大众的解放斗争就不再仅仅是两个阶级之间的对立，而是一种三方游戏。其最终视域不是在内涵上包含有低级阶段和高级阶段区分的社会主义，而是共产主义。这种斗争的前提，是当代社会中表面上看似迥然不同的各种冲突之间的融合，它首先要求对阶级、种族、性别之间社会关系的同质性进行解码。这样，以解放为己任的政党就不再仅仅是以阶级为基础的组织了，它也是女性主义的、世界主义的和生态主义的政党，这就表现出了政党的新特征。

第三，社会主义再理解。

21 世纪以来，人们对 20 世纪 80 年代末 90 年代初发生的苏东剧变

---

① Michel Vakaloulis, Syndicats, mouvements et dynamique d'emancipation: le défi de la nouvelle radicalité, *Actuel Marx* n°46, 2009.

② Jacques Bidet, Class, parti, movement-Class, "race, sexe", *Actuel Marx* No. 46, 2009.

依然记忆犹新。在此背景下，马克思主义与社会主义的关系又成为人们讨论的热门话题。

D. 科兰试图从莱布尼茨思想角度讨论对社会主义运动来说至关重要的必然性和可能性的关系问题①。在此问题上，D. 科兰与 M. 瓦代形成了论争。在《马克思：可能性的思想者》(1992)② 一书中，M. 瓦代试图从亚里士多德那里寻找马克思哲学的"源头活水"，目的是将马克思思想从正统马克思主义所谓"科学的"解释中，尤其是那种严格的决定论中解放出来。M. 瓦代给我们的一个重要启示是：可能性范畴在马克思的历史哲学中扮演着决定性的作用。但对 D. 科兰来说，在这个问题上，莱布尼茨能够比亚里士多德带给我们更多的启发。尽管莱布尼茨提出过"绝对的"必然性概念，但此处的"绝对的"并非无条件的，而是逻辑上的和形而上学的。即"可能的世界"有无数个，但成为现实世界的只有一个。因此，必然性之所以成为必然性，正在于所有的可能性无法同时实现。上帝的自由也并不体现为具有抽象出必然性的能力，而是体现为能够从所有可能的世界中选择出最好的那个世界的能力。可能的世界之于必然的世界，就像是山谷之于山峰，没有前者，后者就无从展现。莱布尼茨的这个观点能够帮助我们理解马克思思想中的"可能性"。尽管马克思没有写过像亚里士多德《范畴篇》那样的著作，而且也从未明确界定过那些从传统哲学中借用过来的概念，但我们却能从《资本论》中找到可能性范畴的基本内涵。在《资本论》中，马克思分析了资本主义生产的历史发展趋势。通过马克思的分析，我们能够看到，在周期性的资本主义经济危机之中，资本主义生产方式展示出了必将消亡的趋势。但这种必然性并不是人类无意识地执行历史女神命令的结果；相反，每一种历史的命运中都内在地包含着可能性概念。因此，只有现实地推翻生产方式的可能性到来时，经济危机才会成为使资本主义灭亡的危机。

N. 卡普德维拉分析了长期以来社会主义与资本主义两大阵营都讨论，但始终不甚清楚的马克思思想与托克维尔思想的差异问题③。在冷

---

① Denis Collin, Nécessité, déterminisme et possibilité, *La Pensée*, No. 360, 2009.
② Miche Vadée, *Marx: penseur du possible*, Méridiens-Klincksieck, 1992.
③ Nestor Capdevila, Marx ou Tocqueville: capitalisme ou démocratie, *Actuel Marx*, n° 46, 2009.

战时期，马克思与托克维尔的思想被视为两个对立阵营的旗帜，人们借二者之名进行交锋。现在，很多人认为这场交锋的赢家是托克维尔，因为似乎正是他成功地预见到当代西方社会的演进状况。不论这种论调如何强调对立双方从根本上来说有某些理论重合的部分，但有一点是无法回避的，即两者对现代社会基本特征的界定是根本对立的。现代社会应根据其对平等原则的强调而被视为民主社会呢？还是应根据其对资本原则的屈从而被称为资本主义社会呢？N. 卡普德维拉强调，马克思与托克维尔的理论差异，主要源于二者不同的问题意识。托克维尔所试图做的事情，就是从自由主义视角界定民主概念并揭示民主的本质；相反，马克思对通过下定义方式分析民主问题持批评态度，他将对民主的理解融入了对共产主义的讨论之中。

C. 罗塞利指出，尽管克服正统马克思主义的某些缺陷并不意味着消灭马克思主义本身。但人们必须正视的是：现实的社会主义运动必须修正刻板的唯物主义、决定论和经济主义。在这一运动中存在着的功利主义，以及它宣扬的道德和观念中的某些要素也必须被超越。尤其需要在当代语境中重新审视这个问题：改变事物与改变意识的关系是什么？[①]

E. 弗尔尼埃尔断言，社会主义运动在当代世界的发展并不顺利。因此，要想拯救社会主义，首先要放弃马克思的价值论——这个成问题的理论；其次，要将阶级斗争视为争取正义斗争中的一部分；最后，将公有制理解为手段而非最终目的[②]。对社会主义来说，最重要的是要解决如何实现个人价值的增长，以及如何找到合作与团结、团结与斗争之间的联结点。我们不能忘记社会主义运动的初衷，即真正的民主的观念与联合起来的个人的自我管理。

综上所述，21 世纪以来，法国马克思主义研究主要集中在五个方面，即马克思哲学及其当代价值研究、《资本论》研究、西方马克思主义研究、新自由主义与当代资本主义批判和左翼政治哲学研究。在这里，法国马克思主义者、马克思主义学者，不仅提出了"回到马克思"这个响亮的口号，而且试图通过再思马克思主义历史，揭示马克思哲学

---

① Carlo Rosselli, Le dépassement du Marxisme, Carlo Rosselli, *Revue du MAUSS* 2009/2 (n° 34).

② Eugène Fournière, Au-delà du Marxisme? Le socialisme et l'association, *Revue du MAUSS* 2009/2 (No. 34).

的当代价值；在《资本论》研究方面，不仅详细讨论了《资本论》与形式分析，分析了《资本论》中的经济规律与阶级斗争关系问题，而且指出了《资本论》的理论缺陷；他们通过对卢卡奇、葛兰西、阿尔都塞的深入研究，重新思考并积极推进了西方马克思主义的实质性发展；在此基础上，不仅对新自由主义与当代资本主义危机进行了系统研究与激进批判，而且围绕着自由、民主、平等、正义、共同体，以及政治、政党、社会运动、社会主义与共产主义等问题，推进与拓展了左翼政治哲学研究。当然，21世纪法国马克思主义研究并不局限于此。除此之外，他们还讨论了许多问题。例如，列宁与政治、劳动与政治、劳动哲学、阶级与阶级斗争、心理分析与马克思主义、后殖民主义与马克思主义、生态学与马克思主义、生态危机与资本主义批判、民粹主义，以及世界体系与国际秩序等问题。① 这些研究体现出三个基本特点，即强烈的时代性、鲜明的多元性，以及与左翼运动联系的紧密性。②

---

① 以上"综述"由本书主编撰写，特此说明。
② 详见复旦大学组编：《国外马克思主义研究报告（2007）》，人民出版社2007年版，第95页。

第三章 低潮中艰难前行
——21世纪意大利马克思主义的挑战与前景

意大利，一直有着深厚的马克思主义传统。在马克思的第一代传人中，就有意大利第一个马克思主义者 A. 拉布里奥拉。进入20世纪，既有葛兰西的西方马克思主义，又有波尔迪加、陶里亚蒂、隆哥的科学共产主义，贝林格的"欧洲共产主义"，以及蒙多尔佛、庞齐耶里、福尔蒂尼、特隆蒂、卡恰里、卢波里尼、杰拉塔纳等人的不同类型的新马克思主义；当然，还有新实证主义的马克思主义（德拉-沃尔佩、科莱蒂）。21世纪以来，尽管意大利马克思主义研究有所衰落，但仍然是当今世界马克思主义研究最为活跃的地区之一。在意大利，尽管共产主义组织分分合合，甚至有碎片化、边缘化趋向，但仍然具有一定的生命力；尽管左翼组织陷入了困境，甚至处于危机之中，但近年来有复兴并不断活跃的迹象；与马克思主义相关的研究机构、学术杂志，依然奋发有为、积极进取；尤其重要的是，还活跃着一大批马克思主义者、马克思主义学者、马克思学家、左翼学者。例如奈格里、科拉萨、G. 瓦卡、洛苏尔多、坎弗拉、阿甘本、里郭利、里卡尔多、S. 彭斯、普莱维、翁贝尔托、马里奥、P. 维尔诺、V. 贾凯、M. 穆斯托等人，他们在马克思与马克思主义研究、西方马克思主义研究（尤其是葛兰西研究）、政党政治与左翼政治研究、新自由主义与资本主义批判、社会主义反思与新共产主义构想等方面，都取得了丰富的成果。①

在这里，我们将从四个方面分析21世纪意大利马克思主义研究状况与发展前景：（1）对意大利共产主义政党的碎片化、边缘化困境与马克思主义研究衰落趋向进行呈现；（2）对意大利马克思主义研究路

---

① 上述内容由本书主编撰写，特此说明。

径与主要议题进行剖析；（3）对相对活跃的葛兰西研究进行鸟瞰；（4）对马克思主义在意大利复兴面临的挑战及其发展前景进行预判。

一 共产主义政党边缘化与马克思主义研究的衰落

第一，意大利共产主义政党的碎片化、边缘化困境。

首先，我们必须承认并且重视这个基本事实，那就是：二战以后的意大利，马克思主义研究和发展的兴衰与共产主义和社会主义政党的命运密切相连。二战以后短短几年内，意大利共产党就凭借其在反法西斯抵抗运动中赢得的声誉，急速拓展了自身的组织力量，成为天主教民主党一直忌惮的第二大党。20世纪70年代，意大利马克思主义研究和传播一度达到高峰，在政治和文化领域产生了巨大影响，诸多杂志和出版机构也都致力于传播马克思主义。与此同时，意大利共产党也借助党刊、党校和相关机构来开展宣传工作，并在全国培养了众多具有工会工作经验与群众组织工作经验的党员干部和积极分子。意大利新左派与意大利共产党内部的一些组织也常常以理论期刊和文化据点为平台，展开思想论战。意大利共产党的发展壮大，推动了马克思主义与工人运动的紧密结合，推动了马克思主义和共产主义在广大知识分子和人民群众中间的传播与发展。

然而，20世纪80年代，马克思主义在意大利开始走向衰落。这不仅与外部因素，即资产阶级意识形态的冲击有关，还与意大利共产党内部的演化，即党内社会民主化转型趋向和对东方马克思列宁主义的逐渐疏远，以及对党内论战产生了重要影响的杂志和研究机构的思想转向等因素都密切相关。尤为重要的是，苏东剧变对意大利马克思主义发展等以致命打击。苏东剧变后，拥有70年光荣历史、西欧最强大的共产党——1921年1月，在里窝那由意大利社会党左翼组建的意大利共产党（Partito Comunista d'Italia，后更名 Partito Comunista Italiano，PCI）——的主体部分于1991年2月更名为意大利左翼民主党（PDS）；2007年10月，左翼民主党和雏菊联盟合并为意大利民主党（PD）。目前，该党是意大利的主要政党之一。

除了苏东剧变的冲击之外，20世纪90年代席卷整个意大利政坛的"净手运动"，也给意大利曾经强大的左翼政治文化传统带来了巨大冲击。在这场肃贪反腐运动的冲击下，反传统政党和传统意识形态的民粹主义在意大利社会政治思想领域迅速崛起，并持续风骚数载。20世纪90年代以来，传媒大亨贝卢斯科尼利用广大民众对天主教民主党、左翼民主党和共产党等传统政党的排斥心理，侵蚀上述政党引以为傲的反法西斯运动的历史根基，同时污蔑意大利共产党是意大利20世纪60—70年代多起恐怖活动的始作俑者，是"自由世界的一大威胁"①。此类言论加剧了共产主义和马克思主义的"妖魔化"，从而使其被进一步边缘化，由此在意大利，反共产主义、反马克思主义倾向愈演愈烈。

从此以后，意大利共产主义政党不断分裂，至今没有走出碎片化困境；而且，为了规避国内对共产主义污名化的负面影响，在意识形态上，意大利的个别共产党组织对马克思主义表现出日益疏离的倾向。实际上，意大利的共产党组织已经不再能够对工人运动产生重大影响，这也使得后者基本完全脱离马克思主义的指导。与此同时，知识界对马克思主义的热情也随之减弱，高等教育课程的政治经济学课程，以新自由主义为主流，对马克思主义教育的抵触非常显著。

20世纪90年代，意大利的反共产主义思潮汹涌，马克思主义研究随之跌入谷底。尽管以意大利共产党元老科苏塔②为首的少数派，以复兴社会主义运动、实现社会主义对资本主义的替代为己任，组建了"重建运动"；1991年12月，"重建运动"与无产阶级民主党合并组建意大利重建共产党（PRC）。在党章导言中，意大利重建共产党将自身定位为工人阶级的自由组织，是"把资本主义社会改造成共产主义社会而解放全人类的所有劳动者、青年和知识分子的自由组织"③。党以社会主义基本原理和马克思思想为指导，但拒绝斯大林主义，并且声称要革新自十月革命至1968—1969年的工人运动传统，但肯定自反法西斯抵抗

---

① Anna Cento Bull, "The role of memory in populist discourse: the case of the Italian Second Republic", *Patterns of Prejudice*, 2016, Vol. 50, No. 3.
② 科苏塔（Armando Cossutta, 1926—2015），意大利共产党左派代表人物之一。1943年加入意大利共产党，投身于反法西斯抵抗运动，担任过意大利共产党中央政治局委员，曾经批评意共总书记贝林格的"欧洲共产主义"战略。1991年意共解散后，推动了意大利重建共产党的组建，后来又出走带领支持者建立了意大利共产党人党。
③ Statuto del PCI, http://web.rifondazione.it/home/index.php/73-partito-contenuti/21640-statuto-approvato-ix-congresso.

运动以来的意大利工人运动是重要的政治参与和大众民主的斗争经验①。意大利重建共产党这种立场,即肯定抵抗运动以来意大利共产主义运动的斗争经验,却不认可20世纪国际共产主义运动的历史经验和苏东社会主义国家的历史作用,明显承袭于20世纪80年代贝林格所持的"十月革命的推动力已经耗尽"的主张,实乃"欧洲共产主义"之遗风。意大利重建共产党一直是苏东剧变后意大利影响力和组织力最强的共产主义政党,党员人数在20世纪90年代一直维持在10万人以上。但21世纪以来人数开始下滑:2008年以前,党员人数保持在8万人以上;2008年金融危机以后,人数呈断崖式下跌;2015年降至1.5万余人,此后有小幅增长,2018年9月,约有1.7万人②。

由意大利重建共产党分化而来、于1998年10月组建的意大利共产党人党(PDCI),在2016年6月解散以前,人数维持在1万人左右。相对于20世纪末和21世纪初4万余名党员的规模,也可以说是大幅萎缩。③ 2016年6月,解散了的意大利共产党人党在吸收整合其他激进左翼组织力量的基础上,组建了新的意大利共产党(PCI)。就是说,新的意大利共产党的组织力量以1998年从意大利重建共产党中分离出来的意大利共产党人党为基础,同时吸收了其他共产党或激进左翼组织的少量积极分子。新的意大利共产党在党章中宣称,党是通过阶级斗争实现社会主义的政治组织,她自称受启示于意大利共和国宪法、抵抗运动和反法西斯运动的价值观,以意大利共产党从葛兰西到贝林格时期最优良的政治和意识形态遗产——葛兰西和陶里亚蒂的思想、意大利左翼和工人运动、意大利共产主义和国际共产主义运动的最优良遗产——为思想基础,以马列主义的最优良传统和科学社会主义最优良的经验为指导,以成功的反帝国主义和平运动、环保主义运动、平权运动的经验为借鉴④。截至2018年底,新的意大利共产党党员人数也只有1万人

---

① Statuto del PCI, http://web.rifondazione.it/home/index.php/73-partito-contenuti/21640-statuto-approvato-ix-congresso.
② http://web.rifondazione.it/home/images/2018/180504tesseramento.png.
③ http://it.wikipedia.org/wiki/Partito_dei_Comunisti_Italiani#Iscritt.
④ Statuto del PCI, https://www.ilpartitocomunistaitaliano.it/il-partito/statuto/, last accessed on August 13, 2018.

左右。①

自1990年代早期到2008年以前，意大利重建共产党或与其他包括意大利共产党人党在内的激进左翼组成的政治联盟，其支持率基本维持在6%左右。2008年以前，两党对待中左翼态度摇摆，曾经采取过支持或参加中左政府的立场。2008年，重建共产党和共产党人党参加的中左政府垮台后，两党都遭遇了重大分裂危机和支持率大幅度下滑。此后的历次选举中，支持率都降至3%以下，未能获得议会席位。当前，意大利共产主义政党主要包括三个：意大利重建共产党、意大利共产党（即新意共）和共产党（意大利）。在民粹主义兴起的强烈冲击下，2018年3月的大选中，重建共、新意共与其他一些左翼党派组成"权力归于人民"选举联盟，获得37万票（新意共、重建共分别于2018年7月和10月退出了这一联盟）。成立于2014年1月的共产党（意大利）独立参选，获得10万票。② 这是苏东剧变后左翼政党的历史最低水平。

总之，21世纪以来，无论是在意大利重建共产党那里，还是在意大利共产党人党那里，以及在2016年重新组建的新的意大利共产党那里，甚至在共产党（意大利）——坚持马列主义意识形态的传统共产党那里，意识形态和指导思想的多元化趋向都越来越明显。尽管女性主义、和平主义、世俗主义等，也被接纳为党的指导思想，但马克思主义或马克思思想依然是各个共产主义政党所坚守的主流意识形态。不过，这并没有改变意大利马克思主义研究和发展的总体衰落趋向。

第二，意大利马克思主义研究总体衰落趋向。

尽管意大利共产主义政党日益碎片化、边缘化，尽管意大利反共产主义、反马克思主义倾向日趋严重，但马克思主义研究在意大利并未完全沉寂，除了各个共产主义政党组织内部的政治文化宣传部门，尚有一些政治文化协会和不少学者还在低潮中坚守，为意大利马克思主义研究、传播与发展做出了重要贡献。目前，意大利比较重要的马克思主义和左翼组织机构有21世纪马克思政治文化协会和革新左翼协会，两大协会分别汇聚了当今仍然坚持马克思主义研究、坚守意大利左翼政治文

---

① 新的意大利共产党党员数据未在官网公布，该数据由新的意大利共产党中央委员F.马林乔（Francesco Maringiò）于2018年11月提供。

② http://www.szhgh.com/Article/red-china/ideal/2019-02-21/193156.html；详见意大利内政部公布的历次议会选举结果（http://elezioni.interno.gov.it.）。

化阵地的学者。当然,还有葛兰西基金会、国际葛兰西学会—意大利分会,以及巴里大学、乌尔比诺大学、特里艾斯特大学联合组建的校际葛兰西研究中心等。

1. 21世纪马克思政治文化协会(Associazione Politico Culturale Marx XXI)是一个非营利性的政治文化组织,成立于2009年12月,总部位于罗马。该协会由意大利共产党人党推动组建,主要从事马克思政治文化的研究和编辑出版工作,推动旨在恢复批判理论和意大利马克思主义批判传统,将所有信奉马克思主义和共产主义的积极分子团结起来的平等的、民主的文化对话。近些年,协会与国内外相关研究机构合作开展的政治文化交流比较频繁,主办或参与组织了多场国际学术会议和研讨会。例如,和中国社会科学院联合主办的"中国道路欧洲论坛"就是其中之一。协会网站栏目丰富,包括意大利板块,国际板块,今日共产党板块,历史、理论与科学板块,文化板块,性别板块,思想交流板块和多媒体板块等,有意大利文、英文和法文三个版本。其中,马克思主义属于历史、理论与科学板块。协会还拥有同名出版社和杂志《21世纪的马克思》。协会前任主席为马克思主义哲学史家洛苏尔多[1],副主席为V. 贾凯)[2]。洛苏尔多于2018年6月病逝后,该协会主席一直空缺。

2. 葛兰西基金会(Gramsci Fondazione-Onlus)是意大利共产党于1950年在罗马成立的、以葛兰西命名的非营利性社会公益组织。1954年更名为葛兰西研究院。该基金会的主旨在于搜集所有与葛兰西的思想和作品相关的文献资料,推动意大利和国际工人运动的发展。基金会早期最核心的财富是那些曾经属于葛兰西的书籍和杂志,到20世纪60年代初,新增了《狱中札记》《狱中书信》的原始手稿,最终建成了葛兰西档案馆。1982年,葛兰西研究院重新组建,接收了原葛兰西研究院的档案和图书资料。1994年,基金会保存了意大利共产党从建党到解散的全部历史档案资料(1921—1991)。2016年,基金会更名为葛兰西基金会——非营利性社会公益组织。

3. 国际葛兰西学会—意大利分会(International Gramsci Society-Ital-

---

[1] 洛苏尔多(Domenico Losurdo,1941—2018),意大利乌尔比诺大学教授,左翼马克思主义历史哲学家,国际黑格尔—马克思辩证法协会主席。
[2] V. 贾凯(Vladimiro Giacché,1963—),(罗马)意大利欧洲研究中心主任,马克思主义政治经济学研究者。

ia）于 1996 年在罗马成立，作为 1989 年成立的国际葛兰西学会分支机构，是一个非营利性的文化协会，其宗旨是促进对葛兰西其人、作品、思想的全方位了解和认识。该分会拥有丰富且价值很高的葛兰西研究著作。例如，卡洛奇出版社出版的《致葛兰西》系列丛书。该分会理事都是思想文化界的重要人物。除分会主席里郭利外，还有 D. 洛苏尔多、A. 托尔托雷拉等。

4. 意大利校际葛兰西研究中心（Centro interuniversitario per gli studi gramsciani），由葛兰西研究领域的 50 多位意大利学者于 2003 年发起，由巴里大学、乌尔比诺大学和特里艾斯特大学联合组建，与国际葛兰西学会—意大利分会合作关系密切。上述大学的学者意识到葛兰西研究自 20 世纪 80 年代以来在意大利的衰落，这与其他国家的繁荣气象形成了鲜明对比。因此，该中心成立的主旨就在于推动意大利高校对与葛兰西作品和思想相关的所有历史的、哲学的、社会理论的研究传播与发展，如马克思主义基本原理、工人运动史、意大利民族复兴历史、人民的—民族的文学理论，以及对法西斯主义的批判等；推动国际层面葛兰西研究不同计划、路径和观点的交流；推动高校对葛兰西思想的教学与研究活动的开展，激发青年学生对葛兰西的兴趣。[1] 该中心还编辑出版了葛兰西研究成果。

此外，意大利不少大区都设有葛兰西基金会。例如，位于都灵的皮埃蒙特大区葛兰西基金会（Fondazione Istituto piemontese Antonio Gramsci-Onlus）、位于博洛尼亚的艾米利亚罗马涅葛兰西基金会（Fondazione Gramsci Emilia-Romagna）、位于巴里的普利亚葛兰西基金会（Istituto Gramsci Siciliano）、位于巴勒莫西西里的葛兰西研究所（Istituto Gramsci Siciliano-Onlus）等。这些大区级的基金会或研究所，也都是非营利性社会公益组织，对葛兰西作品、思想研究都做出了应有的贡献。另外，意大利哲学研究院，也是一个重要的马克思主义研讨平台。

5. 革新左翼协会（ARS：L'associazione per il rinnovamento della sinistra），成立于 20 世纪末[2]，总部位于罗马。该协会也是一个非营利性的

---

[1] http：//www.gramscitalia.it/Centro_ interuniversitario_ di_ ricerca_ per_ gli_ studi_ gramsciani.htm.

[2] 创新左翼协会章程发布日期 1999 年 3 月 27 日（http：//www.arsinistra.it/documenti/statuto-2/）。

政治文化协会，独立于任何的政党，因此不参加政治选举；它接受个人、团体、研究机构、基金会和个人的加入。协会旨在推动意大利左翼乃至欧洲左翼的团结、复兴与革新，探索对现存社会秩序的批判视角，以开放的态度推动将人类从资本主义全球化进程中持续制造的物质和新旧叠加不平等的束缚中解放出来；以我们这个时代悬而未决的伟大问题为基础，推动左翼从已有的人类经验和探索中，寻找孕育另一种社会主义的构想。而这其中尚未解决的问题包括：构建一种新的和平文化、对性别差异的根本价值恰当界定、对人性矛盾的充分认识，以及劳动解放的前景等。协会荣誉主席为 A. 托尔托雷拉；现任主席为 V. 维塔（Vicenzo Vita）。

当前，意大利马克思主义研究期刊主要有：《马克思主义批评》《今日马克思主义》《21 世纪的马克思》等。

1.《马克思主义批评》（*Critica Marxista*）是原意大利共产党的重要理论刊物（双月刊），也是意大利最重要的马克思主义杂志之一，创刊于 1963 年。意大利许多重要的左翼思想家都曾经任过该杂志主编，如 L. 隆多（Luigi Londo）、A. 那塔（Alessandro Natta）[①]、E. 赛雷尼（Emilio Sereni）[②] 和 L. 格鲁比（Luciano Gruppi）等。《马克思主义批评》曾经是意大利共产党人进行文化和政治理论交锋的主要阵地，在国际马克思主义界享有极高声誉。《马克思主义批评》触及了当代社会最根本的问题，针对马克思主义不同流派的中心问题展开讨论，如最早对葛兰西理论的讨论。1991 年，老东家意大利共产党更名易帜为意大利左翼民主党后，一些左翼学者和政治激进主义者坚守阵地，并于 1992 年开启了《马克思主义批评》发展的第二阶段。A. 托尔托雷拉和 A. 扎纳尔多（Aldo Zanardo）主动承担起编辑出版工作，不以营利为目的，而是为了不让意大利左翼政治文化的历史性权威杂志就此消亡。他们坚信，这是一个比以往更需要为"反思左翼的思想和分析"提供空间的时代。《马克思主义批评》对当代政治和社会现实展开了分析，刊发了理论反思或重构历史的文章，以推动人们认识到左翼进行的真正革新不

---

① 那塔（Alessandro Natta，1918—2001），1984 年至 1988 年曾担任意大利共产党总书记。

② 赛莱尼（Emilio Sereni，1907—1977），意大利共产党重要领导人之一，曾担任意大利公共事务部部长。

应以抛弃历史为前提,而必须与不同的观点进行对话,当然,也不必先放弃自己理解现实的工具。该杂志现任主编为阿尔多·托尔托雷拉。

2.《今日马克思主义》(Marxismo Oggi),与马克思主义文化协会一起创刊于1987年,2012年因财务问题停刊。这对意大利的马克思主义学者而言,丧失了一个非常重要的马克思主义政治理论交流平台。在新一代马克思主义学者、意大利共产党文化理论部负责人 A. 赫贝尔(Alexander Höbel)等人的推动下,其于2018年复刊,但仅有网络版。

3.《21世纪的马克思》(Marx XXI),前身是由意大利重建共产党于1993年创刊的杂志《埃内斯托》(L'Ernesto)[①]——由于经济和党内派系原因2011年闭刊。2011年创刊的《21世纪的马克思》被视为《埃内斯托》的新版,并继承了《埃内斯托》绝大部分物质资源和智力资源。2011年,意大利主要共产主义力量已经陷入严重的碎片化和衰弱境地。意大利共产党人党当时推动创建了《21世纪的马克思》,其主旨不仅要延续《埃内斯托》在苏联解体和意共解散后,对各种试图肃清"十月革命"后国际共产主义运动历史经验的做法进行持续的批判,而且要重新构建一种能够团结共产党人的革命与实践思想,以及一种能够真正将共产党组织与左翼实践相统一的纲领计划。自创刊以来,《21世纪的马克思》逐步成为意大利共产党人和左翼知识分子批判意大利政治经济社会现实和分析国际问题的重要平台,也是共产党人在思想路线、理论观点等方面进行交流的重要平台。《21世纪的马克思》现任主编为 A. 卡托内。[②]

二 21世纪意大利马克思主义研究路径

由于意大利共产党的推动以及左翼文化的兴起,马克思主义研究在二战以后至20世纪70年代中后期以前达到了高潮。但即使在那个时期,意大利对马克思恩格斯列宁等经典作家作品的完整译介也不多见。20世纪80年代后,尤其意大利共产党解散后,马克思主义研究在意大

[①] 刊名取自国际共产主义革命家埃内斯托·切·格瓦拉(Ernesto Che Guevara,1928—1967)的名字,一为纪念格瓦拉;二为表明该派对正统马列主义的坚持。

[②] A. 卡托内(Andrea Catone,1950—)主要研究领域为马克思主义理论、苏联东欧社会主义国家发展史、意大利工人运动史,近年来开始关注中国特色社会主义。

利陷入了低潮，但并未完全沉寂。例如，《马克思恩格斯全集》意大利版、《资本论》第 3 卷等马克思主义经典著作再版，以及非常活跃的葛兰西研究等都得以出版。21 世纪以来，意大利马克思主义研究，甚至出现了某种程度的"复兴"。可以将意大利学者对马克思主义的研究划分为三条路径：一是历史发展路径，对马克思主义在意大利的传播与发展进行解析；二是意识形态路径，对马克思主义与工人运动、共产主义运动的相互影响进行讨论；三是政治经济学路径，对资本主义的社会经济政治危机进行剖析与批判。

第一，历史发展路径——马克思主义在意大利的传播与发展

关于马克思主义历史的研究，历来是意大利马克思主义研究的一个重要领域。在马克思主义历史领域，最引人瞩目的成果当属 S. 彼得卢恰尼于 2015 年出版的"马克思主义历史"（3 卷本）。其中，第一卷《马克思主义历史：社会民主、修正主义与革命（1848—1945）》①，叙述了马克思主义波澜壮阔的第一个百年，包括恩格斯对马克思遗稿的整理，以及 19 世纪末社会主义理论走向；20 世纪初正统马克思主义与修正主义之争，列宁主义及其领导的苏维埃革命，两次世界大战之间的哲学讨论，葛兰西思想的来源等；第二卷《马克思主义历史：20 世纪下半叶的共产主义流派与理论批评》②，呈现的是二战以后不同马克思主义流派的变化，包括在西欧各国围绕着马克思主义发生的争论（主要是意大利、法国和德国），"异端流派"法兰克福学派和分析的马克思主义的出现，马克思主义在亚洲和拉美的诸多面相；第三卷《马克思主义历史：经济、政治、文化——今天马克思》③，呈现的是马克思主义在经济学，尤其是资本主义危机方面的新发展。此外，还有在政治思想、哲学、美学、伦理学和人类学，以及全球化分析、世界体系论、女性主义和后殖民主义等方面的新发展。

从历史发展路径，除了对马克思主义历史进行的宏观考察，还有马

---

① S. Petrucciani, *Storia del marxismo. Vol.* 1: *Socialdemocrazia, revisionismo, rivoluzione* (1848—1945), Carocci, Roma, 2015.

② S. Petrucciani, *Storia del marxismo. Vol.* 2: *Comunismi e teorie critiche nel secondo Novecento*, Carocci, Roma, 2015.

③ S. Petrucciani, *Storia del marxismo. Vol.* 3: *Economia, politica, cultura*: *Marx oggi*, Carocci, Roma, 2015.

克思主义在意大利的传播与发展研究。对马克思主义在意大利的传播与发展进行比较全面的梳理并且引起较大反响的著作,则是意大利青年马克思主义学者 C. 科拉迪①的《意大利马克思主义的历史》②。必须引起注意的是,在意大利原文中,"马克思主义"是复数。该书分为三部分。(1)"从拉布里奥拉到葛兰西(1895—1937)"。在这里,科拉迪首先系统梳理了拉布里奥拉的历史唯物主义的核心思想——实践哲学,它意味着历史的基础是必要的行动,即作为满足需求、改变环境和创造进一步需求的社会手段。认为克罗齐、金蒂莱、蒙多尔佛等人以不同方式解读马克思,从而赋予马克思主义以生命力,他们从理论上影响了后世意大利人对马克思主义的接受和理解。最后聚焦于葛兰西的《狱中札记》——在葛兰西视域中,马克思主义不能被简化为一系列格言和实践行动方法,而是一种由哲学、政治学和经济学构成的可以相互转换的语言系统,形成了"同质循环"的理论。(2)"历史主义、德拉-沃尔佩主义和自治主义(1943—1980)"。在这里,科拉迪将波尔迪加的"科学的共产主义",德拉-沃尔佩的"道德伽利略主义"和自治主义(例如,庞齐耶里的"工人阶级社会学"、福尔蒂尼的"新马克思主义"、奈格里的"社会工人理论"、特隆蒂和卡恰里的"自治政治理论")——这些一度被意大利共产党排斥的批判马克思主义流派,视为陶里亚蒂和葛兰西式马克思主义的替代性选择。(3)"批判性总结与重建计划"。这个部分,包括对 20 世纪 70 年代末以来马克思主义危机以及在马克思思想启发下开展的工人运动危机的反思,对当代意大利马克思主义者如奈格里的非物质劳动、洛苏尔多的辩证唯物主义、普莱维③的反斯大林式的斯大林主义哲学的沉默、R. 贝洛菲奥莱④和提姆帕纳洛的劳动价值理论的分析、对科莱蒂视域中黑格尔与马克思关系的讨论,以及通过 MEGA² 提供的新手稿,呈现出对旧的或新的正统马克思主义的关注,以探求一个符合这个时代需要的革命理论所必需的东西。

此外,都灵大学 F. 伽罗法洛为《21 世纪的马克思》撰文,从《共产党宣言》意大利版序言内容演变的视角,分析了马克思主义在意大利

---

① 科拉迪(Cristina Corradi, 1968—),意大利马克思主义理论研究者。
② Cristina Corradi, *Storia dei marxismi in Italia*, Roma: Manifestolibri, 2011.
③ 普莱维(Costanzo Preve, 1943—2013),意大利哲学家和政治理论家。
④ 贝罗菲奥莱(Ricciardo Bellofiore, 1953—),意大利马克思主义政治经济学研究者。

传播与发展的历程,以及意大利工人运动、社会主义运动、共产主义运动的盛衰史。① F. 伽罗法洛对《共产党宣言》意大利版 11 个版本的序言进行了梳理和分析。例如,1893 年版,恩格斯序言对意大利无产阶级提出了承前启后顺应时代呼唤的希望;1901 年版,拉布里奥拉序言对实证主义提出了批判;1948 年版,在反法西斯战争胜利背景下陶里亚蒂序言表现出了对无产阶级革命的乐观主义且务实的态度;1998 年版,在苏东剧变后社会主义运动陷入低潮的背景下,霍布斯鲍姆序言则指出陶里亚蒂的乐观主义态度,要在未来社会走向的不确定性中结束;1999 年版,洛苏尔多序言更侧重于强调《共产党宣言》在推动阶级矛盾回归政治领域的贡献;2005 年版,在当时反全球化浪潮和激进左翼一度高歌猛进的背景下,贝尔蒂诺蒂②序言,则充斥着青年一代重新书写马克思主义的盲目乐观主义。

此外,关于马克思主义历史的研究成果还有:《社会主义和马克思主义在意大利》(G. M. 布拉沃)、《马克思主义批评史》(P. 科斯坦佐)、《在殖民主义面前:恩格斯、马克思与马克思主义》(J. 荷西阿)、《马克思主义与欧洲传统》(普莱维)、《社会学与马克思——20 世纪 50 年代的一场论争》(L. 安吉丽娜)等。

第二,意识形态路径——马克思主义与共产主义运动在意大利的兴衰。

21 世纪马克思政治文化协会及其网站和《21 世纪的马克思》杂志,都是推动将马克思主义作为意识形态研究的重要平台。该平台汇聚的学者,往往主张将马克思主义或马克思思想作为一种与共产主义运动紧密结合的意识形态,以及一种指导底层民众和共产主义政党如何在资本主义社会中探索社会主义道路的指导思想和科学原理。例如,洛苏尔多一直坚持"社会主义运动产生于科学理论与阶级斗争的碰撞"③,而科学理论就是指马克思主义。在《"意识形态的回归"——21 世纪共产

---

① Francesco Galofaro, Le prefazioni del Manifesto. Colpo d'occhio sullo sviluppo del marxismo in Italia, *Marx Ventuno rivista comunista*, No. 1 - 2, 2018.

② 贝尔蒂诺蒂(Fausto Bertinotti, 1940—),意大利共产主义运动前总书记;2006—2008 年,曾任意大利众议院议长。

③ Domenico Losurdo, *Il movimento socialista è nato dall'incontro fra teoria scientifica e lotta di classe: da qui dobbiamo partire!*, http://www.marx21.it/index.php/storia-teoria-e-scienza/marxismo/26206-domenico-losurdo-il-movimento-socialista-e-nato-dallincontro-fra-teoria-scientifica-e-lotta-di-classe-da-qui-dobbiamo-partire, last accessed on 29 November, 2018.

主义纲要》中，D. 卡尔德塔（Daniele Cardetta）表达了对共产主义回归的呼吁，指出在新自由主义盛行的背景下，意识形态并未终结，而当前的危机需要马克思主义科学理论的回归，以推动大众的觉醒和反抗①。"21 世纪的马克思"网站刊发了葡萄牙共产党早期领导人 A. 库纳尔（Álvaro Cunhal）的《共产党的六个基本特征》，断言共产党是以马克思列宁主义为指导并能够以此解释和改造世界的政党②。当然，奈格里对此并不持乐观态度，甚至持悲观态度，以至于撰写了《再见，社会主义先生！》（2006）、《马克思超越马克思》（2010）等著作。

第三，政治经济学路径——当代资本主义危机剖析和社会现实批判。

政治经济学批判是意大利马克思主义学者用来剖析和批判资本主义危机，以及近年来欧洲国家主权债务危机的利器。2012 年，意大利马克思主义政治经济学家 R. 贝洛菲奥莱出版了《资本主义危机：暴行仍在继续》③ 和《全球危机：欧洲、欧元、左翼》④。R. 贝洛菲奥莱指出，关于当前资本主义经济危机原因的争论主要分为两派。一是正统马克思主义者借助经典马克思主义学说对当下新情况进行解读。他们把当前的金融化解读为利润率下降的结果，而滞胀其实始于 20 世纪 60—70 年代。二是受凯恩斯主义和新李嘉图主义影响的马克思主义者对危机的解释，他们认为危机源于需求的不足。R. 贝洛菲奥莱强调，借助马克思主义学说分析当前的危机，不应离开利润率下降这一因素。这一因素作为解释发展危机的理论要素，应该融入所有其他源于《资本论》的危机理论中。在《全球危机：欧洲、欧元、左翼》中，R. 贝洛菲奥莱将 2007 年的大萧条视为新自由主义的资本主义危机，而新自由主义的资本主义曾经一度成为一种可避开货币主义与滞胀的资本主义，是一种私有化的凯恩斯主义。这两部著作对全球危机尤其是欧洲危机提出了新见

---

① Daniele Cardetta, "Il ritorno dell'ideologia". Appunti per un comunismo del XXI secolo, http://www.marx21.it/index.php/storia-teoria-e-scienza/marxismo/22632-il-ritorno-dell-ideologia-appunti-per-un-comunismo-del-xxi-secolo, last accessed on 29 November, 2018.

② Álvaro Cunhal, *Le sei caratteristiche fondamentali di un partito Comunista*, http://www.marx21.it/index.php/storia-teoria-e-scienza/marxismo/23082-le-sei-caratteristiche-fondamentali-di-un-partito-comunista, last accessed on 29 November, 2018.

③ Riccardo Bellofiore, *La crisi capitalistica, la barbarie che avanza*, Asterios, 2012.

④ Riccardo Bellofiore, *La crisi globale, l'Europa, l'euro, la Sinistra*, Asterios, 2012.

解。例如，将新自由主义解读为"私有化的凯恩斯主义"就比较独到。在《是欧洲要求的！太假了！》① 中，L. 坎弗拉②借助马克思理论，通过利润的视角，对欧盟的所谓"欧洲主义"进行了批判。21 世纪马克思政治文化协会副主席 F. 贾凯，也是意大利马克思主义政治经济学者。在《泰坦尼克号——欧洲：他们不曾告诉我们的危机》③ 中，他将当前欧洲危机的历史根源追溯至 20 世纪 30 年代的大萧条时代；在进行历史比较之后，他对两个时代应对危机的方式进行了批判，指出这是一场系统性的全面危机，而当前的反危机措施会把欧洲引向更大的灾难。

2018 年，作为意大利马克思主义政治经济学批判的重要平台，《马克思主义批评》发表了大量文章。例如，托尔托雷拉的《危机的代价》《谁在用大家的钱赌博》，贝洛菲奥莱和拓普洛夫斯基（Jan Toporowski）的《处在十字路口的欧洲：为银行自杀抑或根本改革》，塔瓦尼（Daniele Tavani）的《替代性经济理论与危机》等，对当前意大利社会的劳资关系、结构危机等问题进行了深入分析。

三　21 世纪意大利马克思主义主要议题

第一，马克思主义复兴与意大利共产主义的重生。

2008 年金融危机以后，意大利马克思主义学者开始关注马克思主义的重生，以及意大利共产主义如何走出危机的问题。真正热烈的讨论出现在洛苏尔多的《西方马克思主义：如何诞生的？如何死亡的？如何能够重生？》④ 一书出版后。在该书中，洛苏尔多认为西方马克思主义的衰落，要归因于其对 20 世纪历史真正的转折点，即反殖民斗争的忽视上。在欧洲，十月革命被视为阻止了战争而且对广大群众和知识分子产生了巨大吸引力的历史进程；同时也推动了亚洲殖民地和半殖民地国家向独立的现代国家转型。不过，东西方文化传统的差异造就了东西方马克思主义的不同：西方马克思主义的弥赛亚－乌托邦特征显著，而东

---

① Luciano Canfora, "Europa che ce lo chiede! Falso!". Roma: Laterza, 2012.
② L. 坎弗拉（Luciano Camfora, 1942—　），意大利哲学家和历史学家。
③ Vladimiro Giacché, Titanic-Europa. La crisi che non ci hanno raccontato, Aliberti, 2012.
④ Domenico Losurdo, *Il Marxismo occidentale. Come nacque, come morì, come può rinascere*, Roma: Laterza, 2017.

方马克思主义更加现实和务实；西方马克思主义的主角是拒绝为精英战争服务的工人阶级，而东方马克思主义的主角是在殖民统治中争取独立自由的民族。洛苏尔多指出，如果在东方，社会主义的前途离不开反殖民革命的全面实现；那么在西方，社会主义则通过反对造成社会两极分化以及军国主义诱惑日盛的资本主义的斗争来实现。因此，只有克服教条主义态度，与自身的时代特征相结合、开始哲学化而不是进行预言时，西方马克思主义才可以重生。

洛苏尔多的这部新作在左翼作家中引起了极大反响。例如，O. 欧迪（Oscar Oddi）在《事情的后果》上撰写评论文章[1]，指出西方马克思主义奠基人卢卡奇、柯尔施提出的问题，绝非纯粹的学术理论问题，而是如何更好地解释现实以及改造现实的问题。实际上，列宁也曾经提出过"没有革命理论就没有革命运动"。然而，在东西方革命进程中，问题的症结不同，所选择的道路也不同。自治主义和后自治主义、结构主义和后结构主义，都是在具体情境下产生的。在整个西方，马克思主义研究局限于纯粹学术领域，完全或几乎完全脱离了任何剧烈的社会运动，以及更一般意义上的政治背景，从而不能理解它所置身的现实。西方马克思主义或许可以从东方社会主义国家的经验中获取复兴的活力。

意大利共产党国际部主任 F. 贾尼（Fosco Gianni）撰写了一篇题为《关于西方马克思主义与意大利共产主义的危机》[2] 的文章，对意大利共产党的历史进行了反思。F. 贾尼认为，兴起于贝林格[3]时代的"欧洲共产主义"政治和意识形态，本质上赋予了所谓欧洲工人阶级的多元性以生命力，完全消解了列宁的"工人阶级贵族"概念，也消解了世界无产阶级斗争和反殖民地斗争的作用以及"伟大世界"之革命的、社会主义的和共产主义的经验。就像洛苏尔多对西方马克思主义的分析，贝林格选择了北约（"历史的大妥协"），这就意味着意大利共产党走向了一条不归路，从而导致了意大利共产主义走向死亡。

---

[1] Oscar Oddi, Domenico Losurdo, Il Marxismo occidentale. Come nacque, come morì, come può rinascere. *Consecutio Rerum*. Anno II, numero 3.

[2] Fosco Giannini, *Sul marxismo occidentale e sulla crisi del comunismo in Italia*, http://www.marx21.it/index.php/storia-teoria-e-scienza/marxismo/28156-sul-marxismo-occidentale-e-sulla-crisi-del-comunismo-in-italia, last accessed on 20 January, 2018.

[3] 贝林格（Enrico Berlinguer, 1922—1984），曾任意大利共产党总书记（1972—1984）。

A. 特隆达（Aldo Tronta）也在"21世纪的马克思"网站撰文，对洛苏尔多的新作作出了述评①。与洛苏尔多冷峻的诊断相一致，特隆达认为马克思主义有必要恢复西方马克思主义所缺失的与反殖民世界革命的关系，要意识到（新旧形式的）殖民主义与反殖民主义之间的冲突远未结束。特隆达乐观地指出，马克思主义在西方重生，并非绝无可能；不过，要重视洛苏尔多提出的三大原则：（1）黑格尔提出的"理解时代原则"，即哲学要尽力理解自己的时代，同时要承受认识历史现实、历史矛盾和冲突之艰难；（2）马克思提出的"改造世界原则"，即任何哲学家的思想都不能脱离其所处的时代，而其目的是改造世界；（3）列宁提出的"革命变革原则"，即谁对这种天堂般的世界充满期待，应该清楚地了解到，它们都是想象的产物，（只有革命变革，才能创造一个理想的世界）。在当前形势下，重现这三种原则并展开一场富有活力的讨论，是非常迫切的。

在《马克思主义在西方的危机：衰落的原因与复兴的必要性》②一文中，意大利青年马克思主义学者F. 马林乔（Francesco Maringiò）也响应了洛苏尔多的观点，即列宁代表了东西方马克思主义之间的联系，他的思想使马克思主义得到了显著的创造性发展，以至于在马克思列宁主义理论中，列宁的名字与马克思的名字紧密相连。这也表明了西方工人运动与东方殖民地人民的抗争之间的必要联系。那些不屈从于帝国主义或在共产主义和马克思主义思想指导下取得独立、进行建设和发展的国家，已经成为当今世界的主角。意大利马克思主义者应该在东西方马克思主义的比较中，吸取以往的教训并借鉴历史经验，以图复兴意大利的马克思主义。

需要指出的是，在关于重新理解马克思与马克思主义方面，也出现了不少重要研究成果。例如，《近似马克思思想：在唯物论与观念论之间》（普莱维，2007）、《重思马克思哲学：观念论和唯物论》（普莱维，

---

① Aldo Trotta, Per la rinascita del marxismo in Occidente. L'analisi di Domenico Losurdo. http://www.marx21.it/index.php/storia-teoria-e-scienza/marxismo/28013-per-la-rinascita-del-marxismo-in-occidente-lanalisi-di-domenico-losurdo, last accessed on 20 January, 2018.

② Francesco Maringiò, *Marxismo oggi in occidente: Le ragioni di una crisi e la necessità di una rinascita*, http://www.marx21.it/index.php/storia-teoria-e-scienza/marxismo/28984-marxismo-oggi-in-occidente-le-ragioni-di-una-crisi-e-la-necessita-di-una-rinascita, last accessed on 13 November, 2018.

2007)、《马克思思想中的两个通道：终究要走出去》（科拉萨，2010)、《读马克思的"1857年导言"》（翁贝尔托，2011)、《马克思哲学思想》（马里奥，2011)、《重思马克思与马克思主义》（穆斯托，2011)、《马克思著作中的哲学形式：从意识形态批判到政治经济学批判》（V. 保罗，2011）和《传统与马克思主义：无光环的独特性》（P. 维尔诺，2011）等。另外，在马克思主义的意大利化、大众化方面，意大利马克思主义学者也做了不少工作，取得了一些重要研究成果。

第二，20世纪国际共运史研究。

20世纪国际共运史，始终是意大利马克思主义学者和左翼学者关注的热点问题之一。无论是21世纪马克思政治文化协会，还是葛兰西基金会，每年都组织数场以国际共产主义运动为主题的规模不等的研讨会。意大利学者对国际共运史的研究主要聚焦于对20世纪国际共产主义运动的历史演进与经验教训分析，尤其是关于十月革命的反思、苏东剧变的剖析方面。

意大利罗马第二大学东欧史系教授、葛兰西基金会主席 S. 彭斯（Silvio Pons）是苏联史和国际共运史研究领域颇有影响力的学者。在多年的研究基础上，参阅了大量有关俄罗斯、中国和中欧的史料以及西欧各国共产党的原始档案资料之后，S. 彭斯完成了一部值得关注的力作，即《全球革命：国际共产主义的历史（1917—1991）》。该书按时间顺序考察了20世纪国际共产主义运动的历史演变；另外，还深入分析了共产国际的解散，二战以后中东欧国家执政或没有执政的共产党之间在政治、组织和意识形态领域的复杂关系，共产主义者与冷战，中东欧的危机，欧洲共产主义，社会主义阵营国家的改革与体制的崩溃等问题。尤其值得一提的是：（1）当共产主义在意大利日益被妖魔化时，S. 彭斯对共产主义做了这样的评价："在20世纪的历史进程中，共产主义意味着生命与死亡、希望与恐惧、梦想与梦魇、某种人性特征与人性中一种善的选择……共产主义是很多事物的结合体：现实与神话、国家体系与政党运动、封闭的精英与大众的政治、激进的意识形态与帝国的统治、一种正确的社会蓝图和一场关于人性的试验、一场和平主义的华丽宣讲和一种内战的战略、对抗世界中的一极和一种反资本主义的现代事物……共产主义者是社会斗争和民族解放运动的主角，是思想领域和争取公民权利斗争的主角。"① （2）在分析共产主义运动衰落的原因时，S. 彭斯写道："在'二战'结束后的25年里共产主义更多的是变成了一种碎片化的运动，成为教条主义和帝国保守主义的代名词，一种无力解决和回应基本自由与进步问题的无能模式，一种倾向于不断使用武力与暴力的强权。"② S. 彭斯认为，除了共产主义自身的蜕变之外，全球化似乎也是冷战结束与共产主义衰落的决定性因素之一，因为它改变了世界的两极格局，使封闭的社会主义阵营边缘化，使他们褪去了那种对抗者的角色。（3）关于20世纪共产主义运动的影响，S. 彭斯从共产主义对西欧资本主义发展所产生的直接的或间接的影响方面指出，欧洲人的自由主义、开放的社会与市场经济等思想由来已久，但正是在与社会主义阵营的对抗中，在冷战中，西欧才真正形成了以上述原则为基础的国际秩序；而苏联的存在大大推动了二战以后西方资本主义国家对本国福利社会的建设。

在《共产主义的100个重要日子》③ 中，A. 杰乌纳记录了20世纪共产主义运动史上最为重要的100个日子和100个重大事件，包括第一国际、第二国际和第三国际的成立，以及柏林墙倒塌和苏联解体，它们对理解国际共产主义运动的发展和当今国际政治形势依然具有重大意义。共产主义经历的背叛与挫折，对现实社会主义而言，是一个试错和学习的过程。在《社会主义的危机、崩溃与重生：从"布拉格之春"到东欧剧变再到在亚洲重生》④ 中，G. 卡多皮通过对社会主义市场经济的研究，得出以下结论，即通过让战略性公司处于国家控制之下的市场社会主义比苏联式的社会主义更有效率，即使对资本主义的西方来说也是如此。因为社会主义市场经济避免了资本主义宏观经济的不稳定，同时利用了市场的微观经济效率。

当然，还有其他重要著作。例如：《历史的逻辑与20世纪共产主

---

① Silvio Pons, *La rivoluzione globale. Storia del comunismo internazionale* (1917 – 1991), Torino：Einaudi, 2012, p. Ⅶ.

② Silvio Pons, *La rivoluzione globale. Storia del comunismo internazionale* (1917 – 1991), Torino：Einaudi, 2012, p. 404.

③ Andrea Geuna, *Comunismo in 100 date*, Pisa：Della Porta, 2015.

④ Giambattista Cadoppi, *Crisi, crollo e rinascita del socialismo. Il socialismo dalla "primavera di Praga" alla caduta nell'Europa orientale, alla rinascita in Asia*. Anteo (Cavriago), Collana Strategie, 2018.

义：双重效果》（普莱维，2010）等。此外，21世纪马克思政治文化协会网站和《21世纪的马克思》发表了多篇从马克思主义角度解析苏联解体原因的文章。例如，《苏联解体原因：俄罗斯国内的讨论》（D. 诺维科夫）①、《苏联的历史与今日的任务》（A. 帕斯卡）等。

第三，自治主义及其最新发展研究。

源于20世纪60年代的意大利自治主义（operaismo/autonomia），在当今欧美学界一般被统称为"自治主义的马克思主义"（Autonomist Marxism）。《红色笔记》（1961年第1期）的发行标志着该学派的诞生；在《帝国》（2000年）出版后，"自治主义的马克思主义"登上欧美学术界的舞台。R. 庞齐耶里、M. 特隆蒂、A. 奈格里被视为该学派的主要代表人物。

在普莱维看来，自治主义的马克思主义是苏联马克思主义的替代形式和意大利新的革命与解放道路的探索形式。对自治主义流派的阶级构成分析，从阶级对抗视角解读政治经济学以及对工人斗争的史学创新，都是对丰富马克思主义理论的重大贡献。意大利学者对自治主义的关注较多。其中，青年马克思主义学者科拉迪对上述代表人物的主要观点和意大利自治主义的遗产进行了清晰的梳理和评析。② 在意大利共产党探索意大利式社会主义道路，以议会为主要斗争场所，经济繁荣与工会危机并存的年代，"红色笔记"的成员——以特隆蒂为核心的意大利共产党和社会党左翼，将马克思主义视为工人阶级的政治社会学，他们与工会合作，探索替代资本主义的道路。然而，很快自治主义内部发生了分裂。特隆蒂认为，工人自治理论不同于资本理论，应该从作为死劳动的资本的客观性转向作为活劳动的工人的主观性；庞齐耶里则认为工人阶级与资本是两个自主且不会相互屈服的现实；奈格里作为自治主义的左派和后自治主义的代表人物，直到20世纪80年代才把活劳动概念以及在此基础上的生产的主体性、社会的制宪权和自主的生产权概念，作为社会工人理论的基础。在新的时期，劳动的实质越来越抽象、非物质化，其形式也越发多样，所蕴含的解放可能性也越大。

---

① Dmitrij G. Novikov, Le cause della disintegrazione dell'URSS, Un Bilancio della discussione in Russia, *Marx Ventuno rivista comunista*, No. 1–2, 2018.

② Cristina Corradi, Panzieri, Tronti, Negri: le diverse eredità dell'operaismo italiano, *CONSECUTIO RERUM Rivista critica della Postmodernità*, 6 maggio 2011.

此外，在《庞齐耶里著作中的资本主义发展中的工人斗争》①一文中，A. 钱奇亚对庞齐耶里的思想进行了比较深入的研究。

第四，资本主义结构性危机与意大利困境剖析。

2008 年金融危机爆发，多个欧盟成员国遭受了重创，但多数国家进入了复苏轨道，而意大利经济多年负增长，至今未能走出低谷。意大利左翼学者从对全球资本主义结构性危机、欧盟的新重商主义—新自由主义模式等视角，探讨了意大利的经济与社会困境，并对资本主义进行了严厉的批判。

所谓的主流经济学家在探索肇始于美国的经济危机的产生原因时，往往将其归咎于信贷利率和房地产泡沫。不过，左翼学者 D. 塔瓦尼认为，不能将 2008 年爆发的经济危机仅仅简单地归结为金融信贷危机，而应该将之视为更长周期中劳资分配冲突的爆发。这个全球经济周期，至少有 30 年之久；而短期内应该解决的问题，是有效需求不足，而非主权债务问题。我们知道，马克思将生产劳动视为剩余价值的源泉，而贸易与金融是非生产劳动。如果主流经济学家主张的经济金融化会使得收入快速增长，那么，经济金融化就是以牺牲实体经济为代价的，而且会加剧经济体系的整体波动性②。意大利是整个资本主义经济中的一部分，外部的风吹草动，都会对它给予沉重打击。

对此，R. 贝洛菲奥莱作出了更为详尽、更有说服力的分析。在《特例：全球和欧洲危机中的意大利》一文中，贝洛菲奥莱分析了多数发达资本主义国家进入复苏通道，而意大利却一直是个特例的原因。其实，在 20 世纪初葛兰西就指出，意大利是资本主义世界的"乞丐"，一度拥有发达的金融业，但终因没有统一的内部市场、现代科学技术落后、资本积累不足等原因，没有能够爆发彻底的资产阶级革命。20 世纪 50 年代以后，意大利带着法西斯时代遗留的技术创新不足、国有企业缺乏活力等缺陷，实现了北部资本主义的快速发展，南方在北方的带动下也进入了工业化轨道。20 世纪 70 年代后半期，整个资本主义体系陷入了滞胀，新自由主义式的调整和私有化的凯恩斯主义成为应对手

---

① Andrea Cengia, Le lotte operaie nello sviluppo capitalistico secondo Raniero Panzieri, *CONSECUTIO RERUM Rivista critica della Postmodernità*, 31 ottobre 2016.

② Daniele Tavani, Le teorie economiche alternative e la crisi, *Marxsita Critica*, No. 3 – 4, 2011.

段。相对而言，欧洲大陆国家的实体经济更具活力，抗风险能力更强。然而，欧洲经济一体化强化了德、法等国的优势，意大利等南欧边缘国家的弱势地位并没有被改变。当有毒融资浪潮袭击欧洲时，银行间借贷关系的崩溃就对这种长期不平衡产生了负面影响。意大利因居高不下的公共债务、不见增长的人均收入和停滞不前的生产率、生产力的下降以及经常性项目赤字等问题，而被视为"欧洲病夫"。

R. 贝洛菲奥莱指出，公共债务问题始于20世纪80年代新自由主义改革时期，财政部与意大利央行分家，以及后续的系列利率措施的推行，推高了公共债务；而意大利生产率和生产力水平的下降，则源于对大工业的迁移，除了菲亚特集团，其他行业，如石油化工、医药、电信等领域在国内市场和欧洲市场完全被边缘化。意大利资本主义是"侏儒性"的。除此之外，意大利还开始了一波私有化浪潮。因此，不难理解为什么意大利历届政府都坚持推进劳动力市场的灵活化改革了。但意大利投资缺乏活力、低工资、公共债务居高不下等问题始终未能解决，所以也就会有经常性项目赤字问题的出现。意大利的困境，是世界资本主义在新自由主义时代的危机与欧洲新重商主义下的停滞的映射。意大利走出困境的出路，在于生产的社会化和金融的社会化而非紧缩政策。

另外，比较重要的著作还有意大利马克思主义经济学家G. L. 格拉萨的《帝国主义理论与危机时代》（2003）、《今日资本主义》（2004）、《超越地平线：走向新资本主义理论》（2011）等。

第五，阶级与阶级斗争问题。

2008年，金融危机爆发后，意大利左翼学者越来越多地谈论阶级与阶级斗争的问题。例如，《新僭主与新臣民：当代资本主义结构评析》（2010）中，普莱维对当代资本主义社会阶级结构进行了分析。在《阶级斗争：一部哲学与政治史》一书中，洛苏尔多诘问道，我们真的确定阶级斗争一度消失了吗？其实，阶级斗争不仅仅是有产者与雇佣者之间的冲突，正如马克思所说，它还是"一个民族对另外一个民族的剥削"[1]；还如恩格斯所说——它是"男性对女性"的压迫。[2] 今天，我们

---

[1] Domenico Losurdo, *La lotta di classe. Una storia politica e filosofica*, Laterza：Roma, 2015, p. 15.

[2] Domenico Losurdo, *La lotta di classe. Una storia politica e filosofica*, Laterza：Roma, 2015, p. 20.

处于三种从根本上改变了剥削与压迫关系的阶级斗争形式中：国际的、国内的和家庭内部的。因此，从20世纪向21世纪过渡的波谲云诡的历程看，阶级斗争理论从未像今天这般重要——只要民粹主义始终保持简单地将冲突简化为平民与权贵之间的对立而忽视社会冲突的多层次性。总之，洛苏尔多以《共产党宣言》以来的世界历史作为背景，以马克思恩格斯的经典著作作为理论依据，从哲学和政治学视角，对阶级斗争进行了鞭辟入里的分析。洛苏尔多的观点，在激进左翼中引起了较为激烈的讨论。

第六，关于中国特色社会主义发展道路的问题。

2008年全球资本主义金融危机爆发后，新自由主义观念和发展模式受到了越来越多的质疑，意大利马克思主义学者和左翼学者的目光开始转向东方，关注中国特色社会主义发展道路。中国特色社会主义发展道路的成功实践，对西方式现代化发展模式话语权垄断地位所构成的挑战，极大地激发了意大利马克思主义学者和左翼学者介绍中国道路、中国经验和中国方案的热情。例如，洛苏尔多关于中国特色社会主义发展模式、《21世纪的马克思》主编A.卡托内关于马克思主义中国化的研究，以及意大利媒体和出版物关于中国形象的报道。意共国际部组织学者撰写出版的《新时代的中国》[①]，对中国共产党第十九次全国代表大会报告中所涉及的中国经济、政治、社会、生态文明和党建等内容，进行了比较全面的介绍和比较深入的解析。不过，迄今为止研究成果还不够多、对中国的了解还不够深入。

尤其重要的是，意大利的葛兰西研究非常活跃。作为葛兰西的祖国，葛兰西研究如果不是意大利的马克思主义研究的唯一主题，起码也是最重要的主题。对葛兰西的研究，始终是意大利马克思主义研究中最为活跃的部分。这主要表现在，不仅有众多的葛兰西研究机构，如葛兰西基金会、国际葛兰西学会—意大利分会等，还有经常性的纪念活动，2007年甚至被称为"葛兰西年"；更值得一提的是有较为庞大的研究队伍，以及丰富的出版和研究成果，几乎每年都有不同出版社再版葛兰西的著作集。例如，2014年，意大利艾伊那乌迪出版集团再版了葛兰西

---

① Fosco Gianni e Francesco Maringiò (a cura di), *La Cina della Nuova Era*, Napoli: la città del sole, 2018.

的《狱中札记》①和《狱中书信》②；罗马的卡洛奇出版社出版了《葛兰西的〈狱中札记〉选集》③，葛兰西基金会推出葛兰西著作集和研究集刊，并于2017年推出了葛兰西研究力作《葛兰西的〈狱中札记〉一书》④。其中，还有不断再版的《论南方问题》⑤，其收集了葛兰西发表在《前进报》《新秩序》周刊、《人民的呐喊》《团结报》《重生》上的文章，以及《关于意大利南方问题》一文。此外，也有对葛兰西著作和思想的不同解读、论争。例如，后共产主义文化中的葛兰西等。鉴于此，我们将意大利的"葛兰西研究"单独作为一个部分来加以讨论。

四 意大利的葛兰西研究：路径与问题

葛兰西，意大利共产党创始人之一、西方马克思主义奠基人之一。意大利的葛兰西研究路径，包括生平与思想演变考察、葛兰西思想在世界各地的传播和接受史研究。其研究热点主要聚焦在葛兰西思想的重要概念，葛兰西与意大利共产主义运动的关系等方面。

第一，葛兰西研究的路径问题。

1. 葛兰西生平与思想演变的历史考察。

从《狱中札记》首次出版到20世纪90年代，对葛兰西著作和思想进行解读的著述可谓汗牛充栋，而且这些诠释和理解往往都是迥异的、充满分歧的。但是，意大利的葛兰西学者在葛兰西思想发展的分期上是一致的，即分为青年时期和狱中时期。其中，前者指葛兰西从任社会党党刊记者到后来承袭A. 拉布里奥拉的遗产创建共产党的党刊的历史时期。这一时期的葛兰西已经表现出了宽阔的欧洲视野，不仅对工人运动、社会主义、共产主义见地颇深，在新闻、文学与戏剧等方面也有不俗见解⑥。

---

① Antonio Gramsci, *Quaderni del carcere*, Torino：Einaudi, 2014.
② Antonio Gramsci, *Lettere dal carcere*, Torino：Einaudi, 2014.
③ L. La Porta e G. Prestipino（a cura di）, *I "Quaderni del carcere" di Antonio Gramsci. Un'antologia*, Roma：Carocci, 2014.
④ Francesco Giasi（a cura di）, *I QUADERNI E I LIBRI DEL CARCERE*, Cagliari：Arkadia, 2017.
⑤ Antonio Gramsci, *La questione meridionale*, Molinara：West Indian, 2014.
⑥ Angelino Carlo, *Gramsci al tempo de "L'Ordine nuovo"（1919-1920）. Un intellettuale di vedute europee*, Brescia：Eir, 2014; Antonio Catalfamo, *Antonio Gramsci. Una "critica integrale". Giornalismo, letteratura e teatro*, Chieti：Solfanelli Editore, 2015.

而葛兰西思想中一些或清晰的，或含混的甚至充满分歧的概念，如哲学实践、市民社会、霸权、知识分子、美国主义和福特主义、主体—客体和人民的—民族的、结构—超结构等，则是在狱中时期提出的。意大利诸多葛兰西学者试图在梳理葛兰西思想演变进程的同时，厘清这些颇为令人费解的重要概念。例如，《我们的葛兰西：葛兰西与意大利历史人物的对话》①《葛兰西的两座监狱：法西斯监狱与共产主义迷宫》②《葛兰西的眼睛：意大利共产主义之父的生平及其著作简介》③《葛兰西思想导论》④等都是值得关注的作品。

在《葛兰西的生平与思想（1926—1937）》⑤一书中，葛兰西基金会前任主席 G. 瓦卡（Giuseppe Vacca）介绍了葛兰西入狱后的种种磨难与思想历程；而 A. 罗西的《葛兰西在狱中——〈狱中札记〉的路径》⑥一书的主要任务是，力图清晰地梳理出狱中葛兰西的思想发展脉络。在《大众政治：葛兰西与社会革命》（2015）⑦一书中，M. 菲利皮尼指出《狱中札记》开启了马克思主义和政治思想的新时代。他说，葛兰西的政治秩序观形成于被囚禁以前，但其连续性比较明显。葛兰西通过运用一些看似矛盾的概念——组织性与革命、平衡与危机、被动与主动——在与大众政治时代相适应的革命理论中，对社会进行了解构和重构。

2. 葛兰西思想在世界各地的传播和接受史研究。

对葛兰西思想研究的历史演进的梳理研究，在意大利葛兰西研究中占有重要地位。2007 年，恰逢葛兰西逝世 70 周年，葛兰西基金会与意大利穆利诺出版社联手打造了一套"国际葛兰西研究"丛书。已经出版的有：《国际葛兰西研究（2000—2005）》（G. 瓦卡、G. 席鲁，

---

① A. D'Orsi, *Il nostro Gramsci. Antonio Gramsci a colloquio con i protagonisti della storia d'Italia*, Roma：Viella, 2012.

② Franco Lo Piparo, *I due carceri di Gramsci. La prigione fascista e il labirinto del comunismo*, Roma：Donzelli, 2012.

③ Raul Mordenti, *Gli occhi di Gramsci. Introduzione alla vita e alle opere del padre del co-munismo italiano*, Roma：Red Star Press, 2014

④ Giuseppe Cospito, Introduzione a Gramsci, Genova：Il Nuovo Melangolo, 2015.

⑤ Giuseppe Vacca, *Vita e pensieri di Antonio Gramsci*（1926 – 1937）, Torino：Einaudi, 2014.

⑥ Angelo Rossi, *Gramsci in carcere. L'itinerario dei Quaderni*, Napoli：Guida, 2014.

⑦ Michele Filippini, *Una politica di massa. Antonio Gramsci e la rivoluzione della società*, Roma：Carocci, 2015.

2007)、《文化研究》(G. 瓦卡，2008)、《国际葛兰西研究：国际关系》(G. 瓦卡、E. 巴伦切利、M. d. 佩罗、G. 席鲁，2010)、《葛兰西研究在拉美》(D. 卡努西、G. 席鲁、G. 瓦卡，2011)、《葛兰西研究在英国》(D. 布斯曼、F. 贾西、G. 瓦卡，2015)、《葛兰西研究在阿拉伯世界》(P. 满都、A. 马尔奇、G. 瓦卡，2017)等。

国际葛兰西学会—意大利分会是意大利葛兰西研究的重要阵地。学会主席里郭利①的《备受争议的葛兰西——诠释、论争与争议（1922—2012）》② 是一部按时间顺序梳理葛兰西思想发展以及研究历史的著作，对了解葛兰西思想在意大利政治和文化生活的影响，以及半个多世纪葛兰西研究的主题转换和路径演进提供了很好的指南。

在"葛兰西在其同时代思想家中的影响（1922—1938）"和"葛兰西对意大利共产党初期的意识形态影响（1939—1947）"两部分中，里郭利对葛兰西与克罗齐、马克思进行比较的同时，分析了从意大利共产党建党初期到陶里亚蒂的"新党"时期，葛兰西思想的影响和印记；而在二战结束后冷战之前（1948—1955）对葛兰西《狱中札记》的研究分析中，里郭利解析了葛兰西思想与唯物辩证法的关系，并对葛兰西思想是否为教条马克思主义的争论进行了分析。葛兰西思想对意大利共产党通往意大利式的社会主义道路的影响颇深，到20世纪60年代，意大利共产党意识形态出现了微妙变化，青年人开始对葛兰西思想进行批判，葛兰西的历史主义陷入危机，但其市民社会概念受到关注，葛兰西思想也被置于国际共产主义运动的背景中进行考察。

20世纪60年代末70年代中期，是葛兰西思想在意大利得到发展的黄金时代（1969—1975）。在这一时期，意大利掀起了葛兰西思想研究热潮，主题丰富多样，涉及自治主义（operaismo）与美国主义（americanismo）、苏维埃主义的葛兰西、葛兰西的马克思主义、霸权概念、葛兰西与国家、葛兰西与新左派等。除了陶里亚蒂按照思想主题编辑的葛兰西《狱中札记》，这一时期还出版了杰拉塔纳③按照时间顺序编辑的

---

① ［意大利］里郭利（Guido Liguori, 1954— ），国际葛兰西学会—意大利分会主席，拉布里奥拉著作编委会成员，《马克思主义批评》杂志主编。

② Guido Liguori, *Gramsci conteso, Interpretazioni, dibattiti e polemiche* (1922—2012). Roma: Editori Riuniti-University Press, 2012.

③ 杰拉塔纳（Valentino Gerratana, 1919—2000），意大利马克思主义哲学家。

《狱中札记》。这部按时间顺序编辑出版的《狱中札记》，以及他对葛兰西思想的研究成果，受到了霍布斯鲍姆等欧洲思想家的高度评价，称之为葛兰西思想研究的里程碑。

此后，葛兰西思想文化研究开始走向危机（1976—1977），进而陷入了十年沉寂（1978—1986），在此期间马克思主义在意大利也陷入了危机。知识界的葛兰西研究主题发生了转向，涌现了"有机主义"（organicista）的葛兰西、知识分子与权力、葛兰西与宗教等研究方向。经过十年沉寂之后，1987—1996年，葛兰西研究似乎在政治学与哲学之间获得了新的生机，而且这一时期亦有新版的葛兰西著作集问世。20世纪末（1997—2000），葛兰西思想已经成为全世界的思想财富，那么他是"自由的民主主义者还是批判的共产主义者"？21世纪以来，意大利开启了对葛兰西思想新的研究方式；金融危机爆发后，随着马克思主义研究升温，葛兰西再度回归，里郭利对葛兰西思想研究的未来充满了期待。

在《源于现实的问题——葛兰西研究2012》①一书中，里郭利和L.杜朗特对21世纪以来意大利葛兰西研究方面比较有见地的文章进行了汇编，较为全面地反映了当前意大利学者在该领域新的研究成果与研究动向。其中，涉及的主题有：诗学与政治学——葛兰西的方法论、南方问题与匪帮活动、西方革命中的反教条马克思主义、葛兰西与危机政治学、新常识与实践哲学、人的培养与实用主义思想、历史霸权理论、葛兰西论意大利长篇小说的思想与功用、《狱中札记》的表达方式与可转译性、文化组织与道德革命——葛兰西与《呼声》杂志②模式等。

第二，葛兰西研究的热点问题。

1. 霸权与市民社会理论。葛兰西的霸权与市民社会理论，在意大利学者中颇受重视，不仅在政治理论领域，在文艺批评中也颇为常见。《今日葛兰西》（Gramsci Oggi）电子杂志复刊，在2017年第2期刊载了意大利左翼学者关于葛兰西研究的最新成果或最新思考。在《葛兰西与

---

① Lea Durante, Guido Liguori（a cura di）, *Domande dal presente. Studi su Gramsci* 2012, Roma: Carocci, 2012.
② 《呼声》（La Voce）（1908—1916），20世纪初佛罗伦萨的一本倡导文化运动的文学杂志。

霸权：社会转型的复杂性》①中，意大利青年马克思主义学者赫贝尔指出，霸权这一概念，是葛兰西比同时代思想家更为出名、更易于让人接受的"秘密"所在。还有一个重要原因是，葛兰西的理论是关于西方革命的理论，针对或多或少已经比较发达且面临复杂的转型问题的社会的理论。从这个意义上讲，葛兰西思想与列宁思想一样，都是在20世纪对马克思主义的发展。1920年，葛兰西指出在十月革命中，有着"普遍意义上的经验"，工人阶级能够说服大众的大多数，表明彼此间利益的一致性，并成功建立起国家。这就是一种"霸权行动"。这种思想也表现在了对意大利革命的认识中，葛兰西主张中北部的工业无产阶级与南部的农民阶级建立同盟，组建"工农联合政府"。工人阶级有团结一切可以团结的力量的任务，但在意识形态上和政治行动中，要成为领导阶级。在这一过程中，意大利的工人阶级还要解决意大利的南方问题与梵蒂冈问题。无产阶级的政党，则是一个拥有霸权的机构。在其中，要"创造意识形态土壤，对意识与认知的方法进行改革"，在持续的高强度的争论中，形成集体认识和一定程度的一致性。在取得政权以前，要赢得市民社会的文化霸权斗争。如今，意大利面临着更为复杂的局势：意大利人与移民、稳定就业与不稳定就业，而合作主义又使得工人阶级碎片化加重。因此，今天的意大利左翼深入研究和实践葛兰西的霸权、"阵地战"等理论意义重大。

在《霸权的阐述：葛兰西、文学与市民社会》②一书中，作者探讨了葛兰西在文学理论方面的贡献以及影响。该书从历史—词源学视角对市民社会概念的构建到知识分子战略的演变，以及对民族的"想象共同体"的构建作用进行了再界定，继而在这一视角下，分析了历史小说对民族构建的作用，民主哲学中对有机知识分子的超越以及意大利文学的修辞对法西斯主义的"肯定"。通过对葛氏文本的再审视，人们或许能够更好地理解"被动革命"与"民族的人民的"革命如何塑造当代世界的观念，例如后殖民文学与后工业的都市，以及证明发达国家与第三

---

① Alexander Höbel, *Gramsci e l'egemonia. Complessità e trasformazine sociale*, http://www.gramscioggi.org/index_file/Gramsci%20oggi-002-2017.pdf, last accessed on 12 January, 2018.

② Pala M. (a cura di), *Narrazioni egemoniche. Gramsci, letteratura e società civile*, Bologna: Il Mulino, 2014.

世界文化之间冲突的"宗教世俗化"。

此外,《马克思主义批评》杂志,不定期推出关于葛兰西霸权的文章。例如:《葛兰西式的电影:20 世纪 50 年代大讨论中的"人民的—民族的"》① 《葛兰西思想中的社会运动与政党作用》② 《葛兰西与霸权》③ 等。

2. 意大利南方问题。自 20 世纪初以来,意大利南方问题就受到意大利政界和知识界的重视。出身撒丁岛的葛兰西,对意大利南北失衡问题有着颇深的见地。在其之后不少研究意大利南方问题的学者,都会或多或少地重视葛兰西的论述。《论南方问题》收录了葛兰西对意大利南方问题、资本主义发展等方面的认识。重读葛兰西,对理解当今意大利南北问题大有裨益。如今,地域差异持续地存在于意大利公民运动中,并表现出了代际传承的历史趋向。在意大利统一后,分割南北方的"掌纹"横线不断北移。北方对南方的"黑手党"作风,表现出了更强的兼容性,对腐败和庇护主义也"青眼相加"。在葛兰西时代,造成南方保守与落后的根源在于,北方资本主义对南方土地贵族的依赖与妥协;而如今,南方落后的背后,是意大利侏儒资本主义对南方的智力和资源的双重掠夺。《南方问题与意大利》④ 也对包括葛兰西在内的政治思想家对于意大利南方问题的思考,进行了梳理解读。

3. 葛兰西与意大利共产主义运动。作为意大利共产党创始人之一,葛兰西对意大利早期共产主义和社会主义运动的发展所做的贡献是不容忽视的,对二战以后意大利共产党社会主义道路的理论与实践的影响也是巨大的。《从葛兰西到奥凯托——意大利共产党的卓越与卑微(1921—1991)》⑤ 一书以意大利共产党的诸位卓越领导人——葛兰西、陶里亚蒂、隆哥、贝林格、奥凯托等人物为主线,回顾了意大利共产党

---

① Elena Gremigni, Gramsci al cinema. Il "nazional-popolare" in un dibattito degli anni '50, *Critica Marxista*, No. 1, 2011.

② Guido Liguori, Movimenti sociali e ruolo del partito nel pensiero di Gramsci, *Critica Marxista*, No. 2, 2011

③ Michele Filippini, Gramsci e l'egemonia, *Critica Marxista*, No. 3-4, 2009.

④ Giampaolo D'Andrea e Francesco Giasi (a cura di), *Il mezzogiorno e l'Italia*, Edizioni Studium, 2012.

⑤ Franco Andreucci, *Da Gramsci a Occhetto. Nobiltà e miseria del PCI* (1921-1991), Della Porta, Roma, 2015.

从 1921 年到 1991 年作为西欧最大的共产党为国际共产主义运动理论与实践所做出的卓越贡献，以及冷战爆发后，因意识形态和复杂的国际关系等因素而永远在野的"卑微"处境。

近年来，随着相关档案不断解密，意大利共产党和苏联方面为葛兰西入狱后重获自由所做的努力，包括陶里亚蒂在其中的作用，以及葛兰西与其他意大利共产党早期领导人的关系，都成为葛兰西与意大利共产主义运动研究的热点之一。例如，《交易——为何葛兰西没有被释放》[1]《缘于波尔迪加：论波尔迪加的观点及其与葛兰西（和陶里亚蒂）的关系》[2] 等。

在《后共产主义文化中的葛兰西》中，L. 帕吉（Leonardo Paggi）分析了葛兰西对 1945 年以后共产主义的影响。L. 帕吉认为，葛兰西所主张的运动，无论在政治理论领域的吸引力还是其文化合法性，都被他置于欧洲社会民主文化背景之下了；而社会民主文化在 1945 年后已经更加温和，深深植根于 20 世纪的欧洲历史中且完全不同于苏联马克思主义。

葛兰西政治传统在意大利的变化，不可避免地要与 20 世纪西方的民主政治变迁，以及各种资本主义力量之间的博弈相联系。与葛兰西同一时期的另一位意大利共产党领导人陶里亚蒂说过，"民主自由，在工人阶级、人民群众和中间群体，以及知识分子中已经相当稳固而且广泛了，他们能够成功地捍卫他们实践与理想的立场。因此，认为民主自由是一成不变的，甚至奉为教规、一系列不变的规则，一旦修正便不再改变的想法都是错误的"[3]。因此，这一段话，重点不在于对民主自由的重新定义，而在于他所强调的"新背景下的新内容"。所以，在 20 世纪 50 年代，陶里亚蒂所提出的"通往社会主义的意大利式道路"本身，被视为是对葛兰西思想的一种革新，甚至有人认为是背叛。

20 世纪 70 年代后半期，意大利学术界开始了对葛兰西思想的辛辣批评，似乎要彻底颠覆左翼在前 20 年所塑造的革命家葛兰西形象。正

---

[1] Giorgio Fabre, *Lo scambio. Come Gramsci non fu liberato*, Palermo：Sellerio Editore，2015.
[2] Antonio Di Fazio, *Dovuto a Bordiga. Ragionamenti su alcune tematiche bordighiane e sui rapporti con Gramsci（e Togliati）*, Roma：Odisseo，2015.
[3] Palmiro Togliatti, *Nella democrazia e nella pace verso il socialismo*, Roma：Editori Riuniti，1963，p. 96.

如里郭利所说，1978—1986 年，是葛兰西思想之光在意大利熄灭的一段时期，其思想的方方面面都被贴上了"专政"的标签。以至于 1986 年，意大利共产党《团结报》刊发了意大利工人运动史和意大利共产党党史专家 P. 斯皮里亚诺（Paolo Spriano）题为《葛兰西真的存在过吗?》的文章。但这不是一个文化个案，当时意大利文化的时尚或曰品味，在整个国家政治和经济发生剧烈动荡的情况下，都发生了深刻的变化，即走向"后共产主义文化"。

L. 帕吉所指的"后共产主义文化"，其实主要是对葛兰西思想中民主概念的重新界定。L. 帕吉指出 N. 博比奥（Noberto Bobbio）是在后共产主义语境下重新定义民主自由的人的。在博比奥眼里，民主包括：(1) 一套整体的规则（所谓的游戏规则），允许大部分公民最广泛地和最安全地参与政治决策，或以直接形式或以间接形式[①]；(2) 作为一种轮换系统，使得反对派不仅存在，而且可以发挥作用，这种作用可以成为新一届政府的能力或财富。因此，问题不在于谁执政，而在于如何执政；不在于主体是谁，关键是制度。不过，这些学者的所谓后共产主义话语下的民主自由，很难让人想起当年意大利共产党在意大利共和国立宪时，对代议式民主进行的理性批判。换句话说，L. 帕吉认为两者相距已经很远了。

4. "人民的—民族的"（popolare-nazionale）与民粹主义。

2008 年金融危机爆发后，底层民众的被剥夺感日益增强，反对现有体制的民粹主义力量在意大利社会和政治领域掀起了巨浪，这引起了意大利学术界的极大关注。2018 年 10 月，国际葛兰西学会—意大利分会以"葛兰西与民粹主义"为主题，召开了一场学术研讨会。在题为"葛兰西与民粹主义"的发言中，意大利学者 S. 钦加利（Salvatore Cingari）认为，葛兰西作品中的霸权概念，并非仅仅限于政治领域。他指出，拉克劳《民粹主义理性》中的"民粹主义"的含义与"政治的"是重合的，"人民"与"外部"敌人是对立的，人民与掌控权力的机构是有冲突的。而葛兰西的"民粹主义"完全是另一码事。在《狱中札

---

① Noberto Bobbio, *Compromesso e alternanza nel sistema politico italiano. Saggi su "MondOperaio"*, 1975 – 1989. Con una introduzione di Carmine Donzelli e una postfazione di Luciano Cafagna, Roma: Donzelli Editore, 2006, p. 30.

记》中，葛兰西对"民粹主义"一词的使用，与列宁对俄国民粹派的评价有一定渊源；但葛兰西比当代作家更为细致，有时指资产阶级模式，甚至含有保守主义的含义。对葛兰西而言，差异化的人民是有组织的霸权重构中的"人民"，超越于政治之上。例如，葛兰西对民俗的关注中，虽有对"古老小世界"的同情，但没有对人民"自然纯洁"的崇拜，也没有对民粹主义的赞赏。对抗的文化自主性，应走向更高级的文化，并且更新后者，而不对其漠然置之或排斥。

在题为"《狱中札记》中的人民与民粹主义"①的发言中，R. 莫兰提（Raul Mordenti）从马克思、列宁作品中的"人民"的概念阐发探讨了民粹主义。R. 莫兰提指出，马克思在自己的作品中很少直接使用"人民"一词，但在《共产党宣言》批判封建的社会主义和德国"真正的社会主义"时都用到了"人民"概念。莫兰提认为，马克思的"人民"，从语义学上看是贬义词。德国社会主义完全源于小资产阶级立场，而小资产阶级就是马克思所说的"人民"。列宁高度赞扬了马克思主义的科学性，对民粹主义也持批评态度。而葛兰西的"人民"概念，用德语"Volk"比用意大利文的"popolo"表示更贴切，比后者内涵更加丰富。葛兰西的"人民"概念，指的是处于从属地位、尚未取得霸权而正在夺取霸权的群体；而"民族"，则是人民的集合。总之，在葛兰西那里，"人民—民族"（popolo-nazione）或"人民的—民族的"，与当今民粹主义是完全不同的内涵。

在题为"葛兰西与拉克劳的民粹主义"②的发言中，P. 沃扎（Pasquale Voza）则对葛兰西"人民的—民族的"概念与拉克劳的"民粹主义"做了比较。在《狱中札记》中，葛兰西说过，"没有这样一种激情，即知识分子与人民—民族的情感连接，就不能成就政治—历史"③。而葛兰西的"国家"，则是一个与"人民的—民族的"完全脱离的概念。从政治理论上说，葛兰西关于霸权的主张没有任何民粹主义思想；

---

① Raul Mordenti, *Popolo e populismo nei Quaderni*, https：//www.igsitalia.org/images/Allegati/Seminario_ populismo/2 – MORDENTI-Il-concetto-di-popolo-in-Gramsci-e-il-populismo.pdf, last accessed on 3 December, 2018.

② Pasquale Voza, *Gramsci e il populismo secondo Laclau*, https：//www.igsitalia.org/images/Allegati/Seminario_ populismo/3-VOZA-Gramsci-e-Laclau.pdf, last accessed on 3 December, 2018.

③ Pasquale Voza, *Gramsci e il populismo secondo Laclau*, https：//www.igsitalia.org/images/Allegati/Seminario_ populismo/3-VOZA-Gramsci-e-Laclau.pdf, last accessed on 3 December, 2018.

而拉克劳则完全用"人民"代替了社会阶级。拉克劳构建的"人民"是一种话语实践，具有复杂但清晰的含义。普遍性与特殊性构成了对"人民"的构建，这一点拉克劳与葛兰西是一致的，即"平民"（Plebs）希望主导"人民"（populus）的构建，而只有与平民融合，（普遍抽象意义上的）人民才是存在的。

五　21世纪意大利马克思主义面临的挑战与发展前景

如上所述，意大利马克思主义的传播、衰落、复兴、发展，都与意大利共产主义政党的命运起伏及其意识形态的影响力变化紧密相连。推动马克思主义发展的组织机构、刊物或出版社，往往与意大利共产主义政党有着直接或间接的联系。

21世纪以来，意大利学者通过马克思主义在意大利传播与发展的历史研究、马克思主义与共产主义在意大利兴衰的意识形态研究，以及当代资本主义危机剖析与社会现实批判的政治经济学研究，在一定程度上推动了马克思主义和共产主义在意大利的复兴和重生。马克思主义发展与意大利共产主义运动重生密切相连，意大利马克思主义学者、左翼学者自然不会忽视20世纪的国际共运史。同样，20世纪60年代提出的自治主义理论，在今天依然是不容忽视的主题。2008年金融危机爆发后，资本主义结构性危机和意大利社会困境，以及几乎被遗忘的阶级和阶级斗争问题，都成了意大利马克思主义者、左翼学者关注的重要问题。当然，他们也讨论了意大利左翼的理论与实践。例如，意大利左翼的"去民主化"趋向、现实困境与左翼危机，全球金融危机与左翼改革、左翼复兴之路，以及意大利劳动力市场改革与左翼政治问题的反思；甚至纪念柏林墙倒塌、中国特色社会主义道路、中国化马克思主义，也引起了他们的关注。

葛兰西研究，作为意大利马克思主义研究最重要的议题，在经过半个多世纪的沉浮之后，在20世纪末21世纪初又逐渐回归，甚至再度成为显学。意大利葛兰西研究者，将许多研究都集中在对葛兰西生平与思想演变的历史考察上，但也有不少人研究关于葛兰西思想在世界各地的传播和接受史。从总体上看，意大利葛兰西研究热，与中国学者的关注点颇为不同。其中，关于霸权和市民社会理论的研究，更多地集中在文化、文艺领域；意大利学者基于经济社会现实的考量，往往比较关注意大利南方问题。此外，葛兰西与意大利共产主义运动的关系，也是意大利葛兰西研究难以回避的主题。当前民粹主义的兴起，也推动了意大利学者对葛兰西"人民—民族"概念展开讨论。

尽管 21 世纪意大利马克思主义研究取得了不俗的成绩，但也存在一些不足之处，这主要体现在：（1）对马克思主义经典作家文本的解读不足，理论深度相对欠缺；（2）马克思主义研究与当前工人运动和社会运动联系较弱；（3）马克思主义研究被社会主流边缘化，其发展严重依赖于共产主义政党；（4）无论是相关政治文化协会搭建的平台，还是理论刊物刊载的马克思主义研究成果，视野和内容都比较宽泛，与左翼思潮之间的理论边界不明确。

总之，对于意大利马克思主义复兴面临的诸多挑战，主要可以从外部不利的政治文化环境与社会主义和共产主义组织的衰落等方面加以分析。首先，意大利的政治与社会环境，对马克思主义、共产主义政治文化有较大敌意。苏东剧变后，意大利的社会政治文化环境也发生了巨大变化，右翼民粹主义强势兴起，传统左翼文化急速衰落，左翼意识形态遭遇了重大冲击，共产主义和马克思主义被严重污名化。其次，意大利激进左翼政治文化组织和政党，尤其是共产主义政党长期处于碎片化、边缘化状态，这使得马克思主义的真正复兴缺乏必要的物质上的和组织上的支持。苏东剧变以来，尽管意大利仍有少数政治文化协会、学会和非营利性基金会、杂志和出版社都致力于马克思主义的传播与发展研究，但由于这些协会、学会或基金会的人员规模较小，杂志影响范围有限，出版机构的实力不强，因此，这些机构、杂志和在其中坚守的马克思主义学者，很难促进意大利马克思主义的真正复兴，更谈不上推进持续性的发展。再就是，意大利马克思主义研究人才青黄不接，"老龄化"现象突出。当前活跃的意大利马克思主义学者大都出生于 20 世纪 40—50 年代，他们往往早年加入过意大利共产党，对马克思主义和共产主义有着比较坚定的信仰；然而，由于马克思主义在意大利教育领域、社会文化领域的严重边缘化，研究人才缺乏的状况日益突出。

尽管面临重重挑战，但意大利坚定的马克思主义者并没有丧失信心。F. 马林乔引用葛兰西在《狱中札记》中所说的话，每一次衰败都会引起文化与道德上的混乱。我们需要质朴、耐心的人，直面恐惧而不绝望、遇到蠢事而不狂热。要做到理智上的悲观主义，意志上的乐观主义。他认为，意大利马克思主义者当前亟需完成的任务是，协调和组织共产主义文化的基础性重建工作，以使其能够广泛传播经典文献，并借鉴不同国家向社会主义过渡过程中的经验（例如，中国马克思主义者所制订的社会主义市场经济理论）；重点应侧重于整合、集中一切现有的（人力和物力）资源，并保证工作的连贯性。F. 马林乔指出，这项任务尽管艰巨，道路曲折，却并不是一项没有希望的工作：那些不屈从于帝国主义或由马克思主义和共产主义思想引导的国家和人民，已经成为当今世界舞台上的主角。中国的崛起，越南、古巴等社会主义共和国，以及金砖国家的发展与进步，都向我们展示着原殖民地国家走向独立和解放、协调社会各阶层关系以造福民众和无产阶级的光辉业绩。因此，意大利马克思主义的涅槃重生，不仅需要意大利共产党人在本国的实践和探索，还需要他们在东西方马克思主义的对比中，吸取以往的教训并借鉴相关的历史经验，以复兴意大利马克思主义。①

---

① Francesco Maringiò, *Marxismo oggi in occidente*: *Le ragioni di una crisi e la necessità di una rinascita*. http://www.marx21.it/index.php/storia-teoria-e-scienza/marxismo/28984-marxismo-oggi-in-occidente-le-ragioni-di-una-crisi-e-la-necessita-di-una-rinascita, last accessed on 13 November, 2018.

第四章 理论探索与现实关注
——21世纪西班牙马克思主义的理论关切与发展趋向

马克思主义在西班牙的传播与发展可以追溯到西班牙内战[①]期间；此后的30年（佛朗哥专政）间，由于社会革命实践缺失，西班牙马克思主义研究亦陷入了停滞；直至20世纪70年代末，西班牙完成民主过渡之后，马克思主义研究才有所恢复。

尽管西班牙缺乏系统研究马克思主义的学术传统、缺乏无产阶级政党的执政经验，但处于大变革时代的西班牙马克思主义研究、传播与发展依然很活跃，涌现出一批马克思主义理论家和社会活动家。例如，萨格里斯坦、桑切斯、J. M. 维亚等人，尤其是西班牙共产党总书记卡里略的《欧洲共产主义与国家》（1977）一书，使得西班牙马克思主义在世界马克思主义传播与发展史上占有了一席之地。21世纪以来，尤其是自2008年全球金融危机爆发以来，面对急转直下的国内外形势，以西班牙共产党、人民共产党为核心的联合左翼，以及西班牙共产党旗下的马克思主义研究会、今日马克思论坛和"历史唯物主义与批判理论"网站等组织机构，积极利用各种论坛、研讨会、出版物和网站平台，以西班牙共产主义运动史为线索，以社会现实问题为导向，探讨了马克思主义发展的复杂性和现实性，不断地推进了马克思主义理论研究和思想教育工作，在马克思主义本土化、时代化和大众化方面均取得了一定的

[①] 西班牙内战（Guerra Civil Española，1936年7月17日—1939年4月1日）是在西班牙第二共和国期间发生的一场内战，由共和国总统阿扎尼亚的共和政府军与人民阵线左翼联盟对抗以佛朗哥为首的西班牙国民军和长枪党等右翼集团。反法西斯的人民阵线与共和政府有苏联、墨西哥和美国的援助，而佛朗哥的国民军则有纳粹德国、意大利王国和葡萄牙的支持。西班牙内战被认为是二战爆发的前奏（https://baike.so.com/doc/5869556-6082415.html）。

成绩，形成了自己的特色，积累了不少经验。在这里，将从"'联合左翼'的理论与实践探索""马克思主义研究核心议题""马克思主义发展特征与未来趋向"，对21世纪西班牙马克思主义发展现状与前景进行探讨。①

一 "联合左翼"的理论与实践探索

西班牙共产党是西班牙最早探索马克思主义本土化道路的核心力量。随着西班牙民主进程的推进，西班牙政治格局和力量对比发生了巨大变化。在认识和实践马克思主义的过程中，西班牙左翼力量也遇到了诸多问题和挑战。21世纪以来，以西班牙共产党和西班牙人民共产党为核心的联合左翼针对变化了的时局，提出了新理论主张和实践纲领。

第一，西班牙共产党对马克思主义本土化的探索。

成立于1920年的西班牙共产党（Partido Comunista de España，缩略名：PCE）是西班牙历史最悠久、影响力最为深远的共产主义政党。西班牙共产党的发展历程大体可以分1920年至1939年的初创与反帝反法西斯的民族民主革命时期，1939年至1977年反对佛朗哥独裁统治的地下斗争时期，1977年至1986年合法化争取民主和进步的议会斗争时期和1986年以来谋求左翼联合的自由斗争四个时期。在近百年的发展历程中，西班牙共产党始终致力于社会主义理论与实践的艰难探索，在西班牙马克思主义本土化的历史进程中扮演着不可替代的重要角色。

作为"欧洲共产主义"三大创始党之一的西班牙共产党，自20世纪中叶以来始终谋求一条不同于俄国革命和建设的、试图以"和平、民主、自由"通往社会主义的新道路。20世纪70年代末，变身为合法政党的西班牙共产党，不论在理论还是实践方面，都表现出与共产主义政党的明显差异。

在马克思主义理论和意识形态方面，西班牙共产党不再坚持无产阶级专政、暴力革命的历史必要性以及列宁主义的组织原则，而且不把传统马克思主义作为党的唯一指导思想。在《欧洲共产主义与国家》之后，西班牙共产党坚持欧洲共产主义战略，意识形态和理论纲领方面温

---

① 上述文字由本书主编增删、改写而成，特此说明。

和化,将"改革、民主、平等、联盟"等价值观念当作党的思想核心。在西班牙共产党看来,马克思主义不是一成不变的教条,而是应该根据时代特点加以发展和创新,并不断地完善党的自身建设的。西班牙共产党主张,在追求社会主义和共产主义远景与改造资本主义社会的过程中实现民主,倡导性别平等,鼓励女性积极参与社会、经济、政治和文化生活。关于社会主义和共产主义替代资本主义的方式,西班牙共产党早就放弃了无产阶级革命和无产阶级专政的道路,认为革命斗争不具备现实条件,因此主张以多元化、民主化、革新化的方式消灭剥削、压迫和宗教统治,从而实现全人的解放。

在社会政治实践中,西班牙共产党实现了以联合左翼和欧洲联盟为基础的左翼团结阵线。自西班牙民主转型以来,尽管面临着诸多挑战,但西班牙共产党始终坚持共产主义政党的名称和架构,试图通过联合左翼的创立与建设,谋求在国内外的政治影响力。1986年西班牙大选前夕,西班牙共产党联合社会主义行动党、人民共产党、进步联盟与共和左翼等左翼党团,以"联合左翼"(IU)之名推出了统一的竞选纲领和候选人。其后,联合左翼于1992年正式注册为西班牙合法政党。20世纪90年代的苏东剧变,使联合左翼和西班牙共产党,出现了不同程度的思想分化甚至内讧。1991年,在西班牙共产党十三大上,以总书记胡利奥·安吉塔为首的主流派最终获得了西班牙共产党的主导权,从而终结了此前党内关于党的历史方位、理论纲领、组织原则和斗争策略等方面的分歧,避免了党的瓦解。

21世纪以来,作为联合左翼始创党之一的西班牙共产党在经历了联合左翼新一轮分化和重组之后,不但保留了自身的独立性,更成了联合左翼无可替代的核心力量。2008年经济危机爆发后,以西班牙共产党为主体的联合左翼在2011年大选中获得了11个席位,这是该党自1996年大选以来取得的最好成绩。作为西班牙最大的激进左翼力量,联合左翼在关于经济危机的根源以及应对策略等问题上,公开批评西班牙政府的紧缩政策以及欧盟一体化建制,因而赢得了部分选民的支持。尽管联合左翼在大选中取得了历史性突破,但它并未提出预期中广受欢迎的纲领,而新兴左翼党"我们能党"(PODEMOS)却借势崛起,从而为联合左翼的转型与变革带来了新的挑战。

第二，21世纪以来西班牙联合左翼的理论主张。

21世纪以来，随着西班牙国内外形势的巨大变化，就经济危机背景下的发展困境与出路问题，西班牙联合左翼内部不同派别，提出了不同的理论主张和实践纲领。

1. 西班牙共产党的21世纪社会主义理论。2009年，西班牙共产党十八大提出了全新的21世纪社会主义理论。作为"欧洲共产主义"在21世纪的理论延续和发展，21世纪社会主义理论是西班牙共产党面向未来提出的重要纲领，旨在探索"从现实资本主义向共产主义社会过渡"的新发展模式。西班牙共产党强调，变革资本主义势在必行，因为资本主义的内在矛盾是2008年全球经济危机爆发的始作俑者，也是导致粮食、能源、医疗、教育等全球性问题的根源所在。西班牙共产党认为，在提出应对资本主义危机短期方案的同时，还要不遗余力地改造资本主义现有体制，强化工人阶级的集体意识，推进工人运动的发展，提出统领左翼力量的资本主义替代性选择，并由此完善最终通往社会主义的道路。

2. 西班牙人民共产党对资本主义经济危机的剖析。西班牙共产党在1981年党的十大上确立了"欧洲共产主义"战略，但在1982年大选中遭遇挫败，党内矛盾激化，共产党总书记卡里略辞职。随后，在1983年党的十一大上西班牙共产党提出的"革新西班牙共产党"倡议，也遭到了部分党员的激烈反对，原中央执行委员伊格纳西奥·加列戈（Ignacio Gallego）等人于1984年1月退出西班牙共产党，组建了西班牙人民共产党（Partido Comunista de los Pueblos de España）。

苏东剧变后，西班牙人民共产党与西班牙共产党的分歧进一步加深。人民共产党认为，西班牙共产党所谓的"革新"道路是对马列主义的背叛，实际上是一条"中间道路"和"妥协方案"，借此不可能实现社会主义的目标。西班牙人民共产党，作为世界共产党与工人党国际会议的成员之一，以马克思列宁主义为指导思想，坚持将工人运动作为同资产阶级进行斗争的主要方式，期待实现社会主义和共产主义的替代性选择的出现。

2008年全球金融危机爆发以来，西班牙人民共产党立足于马克思主义的立场、观点和方法，对资本主义经济危机进行了深刻剖析和猛烈批判。西班牙人民共产党认为，此次全球金融危机的肇始原因并非所谓资产阶级政府对金融机构的监管不力，也不是新自由主义的模式危机，而是全球资本主义制度的危机。作为资本主义制度的最新表现形式,新自由主义的根本症结在于资本主义生产方式和资本主义剥削。西班牙人民共产党仍然坚持只有通过无产阶级斗争,才能推翻资产阶级政权,从而建立社会主义;并乐观地认为此次全球经济危机加速了资本主义灭亡,人民共产党必须利用这一历史机遇实现社会主义对资本主义的替代。

二 西班牙共产主义运动与马克思主义理论反思

第一,西班牙共产主义运动与马克思主义传播史的回顾与反思。

《我们共产党人——记忆、认同与社会历史》[1] 是第二届西班牙共产党党史研究大会文集。该文集从西班牙共产党员的主观视角出发,回顾和评述了西班牙共产党人在佛朗哥专政时期和西班牙民主过渡时期的历史角色与贡献,向读者展示了西班牙共产党党史上有关党员文化、社会运动等鲜为人知的历史与观点。该书主编马努埃尔·布宜诺·卢奇(Manuel Bueno Lluch)认为,西班牙共产党人在抵抗佛朗哥政权和促进西班牙民主过渡等历史事件中均发挥了十分重要的历史作用,将这些历史功绩统统归功于没有党派色彩的知识分子和体制内人士,对西班牙共产党人而言有失公允。

《共识的破裂——西班牙转型时期(1975—1982)的激进左翼》[2]一书认为,随着佛朗哥在1975年离世,西班牙共产党和革命左翼领导的工厂、社区、大学和街道动员,使佛朗哥主义在西班牙街头消失殆尽,各种马克思主义、绝对自由主义、工人自治主义和反资本主义基督教徒为独裁者盖上了墓碑。反资本主义组织在社会运动中起着决定性作用。例如,从力量最强大的工人、市民、学生、女性主义者、和平主义者到更为小众的同性恋解放运动、残疾人群体、生态主义人士、普通囚犯等。这些运动尽管提出了不同的政治纲领,但也包含着许多共同的价值因素。例如,反对独裁、减少贫困、消除不平等、打破妇女对男性的

---

[1] Manuel Bueno Lluch, Sergio Gálvez Biesca (ed.), *Nosotros los comunistas*, *Memoria, identidad e historia social*, 2010, http://www.fim.org.es/02_02.php?id_publicacion=244.

[2] Gonzalo Wilhelmi, *Romper el consenso. La izquierda radical en la Transición española (1975 - 1982)*, SIGLO XXI DE ESPAñA, Madrid, 2016.

从属地位、通过创造就业缓解失业危机、倡导不同民族权利平等、尊重不同民族的区域自治权等。作者指出,"共识破裂"的历史就是面对折磨、牢狱甚至死亡的千万男女为终结独裁统治而创造的历史,左翼党员试图通过不同于周边国家的民主转型道路来拯救祖国。

在马克思主义传播方面,也有一些著作问世。例如,《加利西亚马克思主义知识分子与共产党(1926—2006)》(X. A. 蒙特罗,2007)、《穿越沙漠:20 世纪马克思主义的回顾和总结》(萨拉维特,2015)等。在这些著作中,作者不仅考察了加利西亚地区马克思主义知识分子与共产党的关系,而且通过对 20 世纪马克思主义在西班牙的传播,重新思考了马克思主义,指出马克思主义是一门与历史实践保持对话的科学、哲学和人文社会科学,因而,重塑理论与实践的关系是通往马克思唯物主义哲学体系的真正路径。

第二,对经典马克思主义和西方马克思主义的重新解读。

1. 关于经典马克思主义理论的真理性与时代性,有学者认为,尽管马克思主义随着时代变化而不断丰富与深化,但马克思主义的基本概念、基本原理、方法和原则不会变。当然,马克思主义不是教条,而是指导行动的一般理论与方法,是战斗武器和劳动工具;除了对生产方式、劳动阶级的社会地位、帝国主义逻辑等经典议题的分析,马克思主义还应无可回避地要解答当今全球化、新科技、移民、民族主义、女性主义和生态等问题。①

在这个方面,出现了不少学术成果。例如,《走近马克思》(FIM②,2007);《马克思留下了什么?》(E. 卡萨诺娃,2007)等。

2. 在《葛兰西的系统思想》(2005)、《葛兰西谈危机和组织危机》(2006)和《葛兰西思想中的法律观点》(2006)中,西班牙共产党联合委员会成员普利耶多(José María Laso Prieto)系统分析了葛兰西政治哲学的协同性、关联性和权力概念、教育思想,以及葛兰西的西方社会主义道路思想对社会科学方法论的贡献。此外,还讨论了意大利马克思主义的起源和知识分子的责任等问题。在社会批判理论方面的重要著作

---

① Carlos Glez. Penalva, Pablo Infiesta, *El PCE de hoy y mañana*, Mundo Obrero, diciembre de 2006.

② FIM,即西班牙马克思主义研究会(La Fundación de Investigaciones Marxistas)。

有《五十位知识分子的批判意识》（塔玛约，2013）等。

3. 萨格里斯坦（Manuel Sacristán Luzun）①是 20 世纪下半叶西班牙最重要的马克思主义理论家，他一生都致力于对马克思、恩格斯、卢卡奇、葛兰西、阿多尔诺、海涅等思想家的著作翻译和研究。在《从"布拉格之春"到生态学马克思主义——同马努埃尔·萨格里斯坦·卢松的对话》（2004）一书中，作者布埃伊通过对萨格里斯坦的访谈，回顾了萨格里斯坦一生经历的主要历史事件及其核心思想。例如，华沙条约时期苏军入侵布拉格所造成的政治与文化影响、1982 年西班牙工人社会主义党（PSOE）获胜后西班牙面临的政治机遇、70 年代初的大学危机、葛兰西对马克思主义传统的贡献及其意义、各种解放力量团结趋同的必要性、生态危机导致的反资本主义社会运动等。在萨格里斯坦看来，"如果所谓的平等主义、无政府共产主义（anarcomunismo）、另一种全球化（altermundismo）和社会主义试图做到的只是和资本主义一样，或即便是好一点，多一些效率，少一些浪费，多一些秩序，少一些灾难，那么他宁愿选择资本主义，除非左翼运动能彻底消灭排斥和歧视，创造一个平等包容所有人的生活方式，使所有的生命物种都能尊重自然，和谐相处"②。

三 现实问题思考：西班牙与欧盟

第一，对西班牙社会阶级与劳工运动问题的考察。

作为西班牙劳工问题专家，拉卡耶（Daniel Lacalle）认为，在进行社会政治研究时，阶级分析方法仍然是唯一有效的路径，尽管这个方法被许多左翼学者或自称马克思主义者的人们所弃用；但越来越普及的市场分析法混淆了现象与本质，使现实问题神秘化。

在《西班牙工人阶级：延续、转型与变革》（2006）中，拉卡耶通过大量历史文献，回顾了 20 世纪西班牙阶级状况的变化，对世纪之交西班牙工人运动的组成、传统社会群体的状况及 21 世纪初出现的妇女

---

① 萨格里斯坦（Manuel Sacristán，1925—1985），西班牙马克思主义理论家、共产主义活动家、政治哲学家、生态和平主义者、西班牙左翼杂志《同时》创始人。
② Francisco Fernández Buey, *De La Primavera De Praga Al Marxismo Ecologista Entrevistas Con Manuel Sacristan Luzun*, Catarata Libros, 2004.

就业、移民和知识分子劳动者等新现象进行了剖析①。拉卡耶认为，经典马克思主义理论谈到的剥削者与被剥削者之间的矛盾在今天依然深刻，生活方式、文化准则、基本福利、政治民主等各方面的两极分化现象日渐尖锐，新自由主义经济、政治、社会政策给劳工市场造成了极大的负面影响，劳动不安全现象必然导致相对贫困化和各产业部门劳动者不同程度的困境，因此不平衡的劳资关系和不合理的经济模式亟待调整。在《颠沛流离和丧失权利的劳动者》（2009）中，拉卡耶分析了造成目前西班牙工人阶级状况的原因。他指出，现有法律体系对工人阶级的歧视和否定进一步加剧了因劳资不平等、个人主义泛滥而造成的工人权利缺失，工人阶级的法律权利与现实权利之间存在明显差距，这种不稳定性同工人阶级的演化及其组织构成密切相关，工人阶级因性别、年龄、学历等差异而产生了相应的阶层分化。在《冲突与危机：西班牙（2008—2013）》（2015）②一书中，拉卡耶认为，自2008年金融危机爆发以来，三个重要因素推动了西班牙的民主重建、政局变动及劳资关系变化：（1）迅速蔓延至国际社会的西班牙"5月15日愤怒者运动"，暴露了制度与基层民众之间的矛盾；（2）劳工改革、紧缩政策和制度性腐败，引发了西班牙民众运动浪潮；（3）西班牙"尊严游行"不断扩张，抗议政府不作为，谋求"面包、工作、住房、尊严"等基本人权。

西班牙保守派和新自由主义者普遍认为，低生产率及低增长率是导致西班牙经济复苏乏力的主要原因，因此西班牙工人的低工资现实也是无法避免的。西班牙应用经济学家纳瓦罗③指出，低生产率并非造成西班牙工人低工资的真正原因，处于经济合作与发展组织（OECD）成员国中下游的是西班牙工人的收入而不是其生产率；西班牙工会力量薄弱与政府在收入分配领域的不作为才是造成西班牙工人阶级低收入的直接原因。瑞典、挪威和丹麦等收入调节力度最大的国家，其生产率亦高于OECD成员国的平均水平，这显然是对新自由主义信条——"经济效率必然带来不平等"的最好驳斥。此外，由于教育资源分配不公，西班牙

---

① Daniel Lacalle, *La Clase Obrera En España: Continuidades, Transformaciones, Cambios*, El Viejo Topo-Fundación de Investigaciones Marxistas, Barcelona: 2006.
② http://www.fim.org.es/02_02.php?id_publicacion=382.
③ 纳瓦罗（Vicenç Navarro, 1937— ），西班牙庞培法布拉大学公共政策教授，马德里大学、巴塞罗那大学应用经济学教授，西班牙社会观察调研中心主任。

社会的垂直流动性较低，无法接受良好教育的工人子女，往往成年后亦无法实现相应的就业改善。总之，机会不均等和低工资等残酷现实依然困扰着西班牙工人阶级。

资本全球化背景下的经济剧变极大地改变了西班牙社会矛盾，深受科技进步与国际劳动分工影响的生产结构亦发生了深刻变化，在此背景下的西班牙工会运动经历了制度与形式的转变与突破。2012 年 6 月，西班牙马克思主义研究会经济与社会研究部在马德里大学劳工关系学院召开了"工会主义、政治行动与今日社会矛盾"研讨会。会议认为，经济危机背景下的社会矛盾激化使西班牙近 30 年来占支配地位的金融与不动产发展模式陷入了周期性覆灭。因此，克服旧有生产模式、改善劳工关系是西班牙摆脱危机的迫切需要，而近期推行的劳工改革政策使前期的社会矛盾与民主挫败雪上加霜。例如，西班牙 2012 年 3 月的全国总罢工反映了西班牙社会冲突的空前高涨。在这种情况下，工人阶级必须重新团结起来，通过集体谈判寻求新自由主义政策的替代性选择；劳工组织的变革应该与进步的左翼政治力量团结在一起，为领导人民大众走出危机去求索可能的方式与出路。

此外，一些著作还试图借助工人自传体和新媒体等视角，对阶级问题的演化进行时代解析。例如，关于全球青年阶级斗争的文化与意识形态产业，《剪辑视频的独裁、音乐产业与预制梦想》[1] 一书认为，娱乐圈热点事件、明星、文化产业、毒贩、高层政治与全球资本主义间存在不可告人的隐秘关系，流行文化背后充斥着阶级矛盾和利益冲突；流行音乐大企业的所有制和运行模式表明，统治精英通过垄断流行文化的传播，控制了青年人的价值观和意识形态再生产，进而巩固了既有权力格局。作者呼吁大众批判地看待流行文化产业，呼吁民众、社会活动家和教育家一同关注和干预上述文化现象对年轻人的负面影响，进而争取一个更加美好的世界。《我们是战斗中的可口可乐——一部集体自传》[2]一书，以西班牙马德里自治区富恩拉夫拉达镇可口可乐公司工人为主角，采用集体自传而非第三方转述的表达方式，分析今日西班牙工人阶

---

[1] Jon E. Illescas Martinez, *La Dictadura del Videoclip, Industria musical y sueños prefabricados*, El Viejo Topo, Madrid, 2015.

[2] Cocacola En lucha, *Somos Cocacola en Lucha. Una Autobiografía Colectiva*, La Oveja Roja, Madrid, 2016.

级的构成和劳工冲突的特点，建立代表当代工人文化的工人叙事体，为西班牙当代工人运动的动员、战斗和传播提供了思想武器。

第二，对西班牙民族国家统一和欧盟问题的思考。

2017年10月爆发的加泰罗尼亚独立风波虽暂时平息，仍为西班牙的政治经济前景带来了一定的不确定性。西班牙马克思主义学界从马克思主义的国家理论和阶级理论等视角，对加泰罗尼亚独立风波的历史成因以及解决之道，进行了深入探讨与反思。

西班牙民族国家的统一问题由来已久。《关于联邦主义、自治与共和主义》[1]一书收录了西班牙哲学家布埃伊[2]一生不同时期关于"联邦主义、自治与共和主义"问题的相关论述。尽管该书谈到的一些西班牙政治事件已时过境迁，如巴斯克冲突危机等，但其蕴含的理论价值对解决西班牙当下的民族矛盾和统一问题仍然意义重大。在布埃伊看来，从正义与团结的意义上讲，"在充分民主框架下捍卫底层人民的权益"与个人和集体的权利密切相关。

马克思主义经典文献传入西班牙的时间较晚，当其传入西班牙时，西班牙学术界已深受佛朗哥主义的影响。那为什么西班牙左翼相当一部分人把西班牙的思想传统与佛朗哥主义联系在一起，而另一部分人又拒绝这样的历史关联，甚至把捍卫西班牙的国家统一作为左派的实践纲领呢？《马克思主义与西班牙的民族问题》[3]一书分析了阻碍西班牙马克思主义传播与发展的主要历史原因，并从马克思主义角度分析了西班牙民族问题的解决之道。该书作者S. 阿梅西亚（Santiago Armesilla）结合马克思恩格斯论述西班牙问题的相关文献，讨论了西班牙的思想传统与佛朗哥主义的历史关联。S. 阿梅西亚指出，马克思主义在19世纪后30年传入西班牙时遭遇了历史冷遇，不少西班牙左翼拒绝西班牙的思想传统，与马克思主义在西班牙的无效存在有关。他认为，马克思主义在西班牙本土化方面的缺失，有着非常具体的历史原因，也正是这一历史局限性回答了为什么西班牙的民族问题没有从左派立场，尤其是马克思主

---

[1] Francisco Fernández Buey, *Sobre federalismo autodeterminación y republicanismo*, Intervencion Cultural, 2015.
[2] 布埃伊（Francisco Fernández Buey, 1943—2012），西班牙马克思主义哲学家。
[3] Santiago Armesilla, *El marxismo y la cuestión nacional español*, El Viejo Topo, Barcelona, 2018.

义左派立场得到解决，而是最终转向了联邦主义、自治主义、民族多元主义，甚至分离主义。这些路径没有一个与马克思的国家理论和民族理论相关，与恩格斯、列宁、斯大林等马克思主义者的思想也没有关系。此外，该书作者还为西班牙联合左翼实现国家统一问题，提供了面向未来的、可行的政治实践方案。

当前，欧洲一体化进程面临着严重危机，西班牙也深陷难以预料的分离主义危险中。在《西班牙：一项解放计划》①一书中，M. 莫内里奥指出，但凡历史上的重大危机，都是社会重建的重要时期。在美国衰落的背景下，新地缘政治时代出现了社会动荡、冲突加剧、生态恶化以及战争隐患等新挑战，西班牙应在民主的基础上恢复主权、重建国家。要实现这一目标，必须观照以下三个方面：（1）捍卫联邦制国家的主权，必须建立在其境内各民族自由自愿联合的基础之上；（2）邦联制欧洲的建立，必须首先尊重各民族国家的主权；（3）民主宪政主义的重建，必须通过有效机制以保障社会权利的实现。M. 莫内里奥强调应在同一层面统一解决社会与民族问题，从而形成一个可以回应绝大多数人，尤其是年轻人的社会期望和需求的新政治方案。在该书前言中，伊格莱西亚斯（Pablo Iglesias）认为，该书是教导西班牙爱国者"爱国就是爱人民"的思想武器。

第三，对全球化、依附发展与不平等问题的分析。

1. 关于全球化与反全球化问题。2007 年 5 月，西班牙奥维耶多大学哲学系召开了"全球化论坛之'民族主义和认同'"学术研讨会。会议认为，伴随后现代思想家关于意识形态终结的论断，社会阶级的概念似乎消融在一般阶级的视野中，即没有了无产阶级，只有消费者。从意识形态束缚中解放出来的个体通过消费行为行使自由，同其他不同国界的主体分享爱好和兴趣。由于信息和传播技术的发展与应用，麦克卢汉想象中的"地球村"已然成为事实。"地球村"村民唯一的边界就是个人电脑的屏幕，相互联结的纽带也不再是习俗和礼仪，而是光缆线。此外，大量移民潮的涌现也使世界各地的人们共同居住在一起成为现实，21 世纪必然呈现文化熔炉中的文化多元主义。在市场、消费、工人和

---

① Manolo Monereo, Héctor Illueca, *España: Un proyecto de liberación*, El Viejo Topo, Barcelona, 2017.

全球社区的时代,曾居于主导地位的民族国家让位于跨国公司、国际组织和国际政治集团。在后现代世界,工业时代的政治主角——民族国家不得不面临退却的困境。当然,也有反全球化力量,但这些所谓的反全球化力量通过网络联合起来,本身也恰恰印证了全球化的存在。因此,与其称其为反全球化,不如说是改变全球化的力量。会议认为,除了关注上述全球化的表象,人类更应该用批判的眼光审视全球化的内在矛盾。例如,在全球化、趋同化、文化多元主义和普遍个人主义的背景下,有可能出现民族主义、认同保护和特殊主义的高潮吗?在应对趋同化和一元化思想、维护个性特征的前提下,民族主义究竟是不是反全球化的力量?抑或是蛊惑具有批判性的个体、反对资本主义全球化且弱化国家作用的反动力量或蒙昧主义?区域文化提升是确立个体认同的方式、对意识形态终结的一种回答吗?抑或相反,只是在意识形态空前活跃的时代,出于反对其他意识形态的某种特定目的而刻意制造的意识形态表象?

2. 发展经济学与经济发展问题。何塞·玛利亚·维达尔·维亚(José María Vidal Villa)是西班牙当代著名马克思主义经济学家。2008年,为纪念其逝世5周年,西班牙马克思主义研究会在马拉加大学召开了第一届发展经济学大会。该大会旨在加强伊比利亚文化圈(尤其是南欧国家与拉美国家之间)在发展经济学领域的学术交流与合作,促进发展经济学跨学科的整体性研究。会议对西方经济学构建的发展经济学理论前提提出了质疑,反对以经济增长为目标的发展模式,并指出当前经济衰退导致的混乱并不是偶然的,要想实现自身生存条件的再生产,避免资本主义积累模式(即经济增长的模式)所带来的不幸,就必须抓住两个根本性问题:一是在人与自然可持续发展过程中处理好个人与集体之间的矛盾;二是如何抓住全球资本主义发展的单向性,在全球资本主义停滞时期实现非中间路线的发展诉求。他们认为,帝国主义理论在解释当代资本主义现象时,仍然具有强大的生命力,尽管今天的资本主义出现了许多截然不同的新现象,但由于剥削依然存在,因此帝国主义理论在一个多世纪后依然有效。新的发展模式需要新的发展理念,既要保证人类的基本生存,又要力求实现生态系统的平衡和生物的多样性,尤其是给予被剥削、被排斥、被忽视、被资本主义体系和主流价值观否定的群体实现发展的尊严和条件。会议呼吁建立新的权力结构以替代全球资本权力,正如《共产党宣言》中提到的让经济从属于政治、资本从属于劳动、生产从属于人类的目标。

2009年,第二届发展经济学大会召开后,出版了会议文集《全球化、依附与经济危机——发展经济学的非正统分析》,来自西班牙、法国、英国、意大利、哥伦比亚、阿根廷、墨西哥等国的学者,围绕"发展经济学:理论批判""新自由主义与拉美的替代道路""世界经济危机特征及其对外围地区的影响"和"危机出路与资本主义替代性选择"四大议题,进行了理论阐释和批判。该文集认为,以新自由主义为代表的西方传统发展经济学理论范式及其经济政策已经陷入危机,对社会现实缺乏精准有效的解释与应用。拉美的经济发展史为拓展发展经济学的学科维度与理论深度提供了丰厚的实践基础,发展中国家自主创建的发展经济学应致力于寻求真正的地区结构性变革,探索具有本土特色的经济发展模式。

第四,对经济增长、生态环境与可持续发展问题的思考。

关于经济与生态环境关系的问题,西班牙经济学家阿尔瓦雷斯(Santiago Alvárez Cantalapiedra)和卡平特罗(Óscar Carpintero)在《生态经济学——反思与观点》[①]一书中强调,当前过度扩张的经济活动与自然资源存量之间存在着紧张关系,两者日益突出的矛盾外化为社会生态领域的诸多分配性冲突,所有经济决策都受到分配矛盾的制约,而任何经济活动的开展都不仅仅涉及经济价值的分配,还关乎社会成本和环境代价的分摊。从这个意义上说,环境问题在很大程度上是由于空间占有和经济决策权的不平等造成的。握有经济决策权的精英群体左右着所有人的生活,而被剥夺了决策权的大多数人往往无力改变现实。正如环境恶化对不同群体的影响是无法比较的,人类在承担环境恶化的责任时亦不能同等处之。如果不改变与经济利益密切相关的现有体制和权力结构,生态恶化的进程终究难以逆转。

2008年4月,西班牙马克思主义研究会旗下的生态学马克思主义研究小组在《生态唯物主义》一文中指出,资本主义体系的掠夺性不是经济增长的负作用,而是它的本质。资本主义试图通过经济增长来维

---

① Santiago Alvárez Cantalapiedra y Óscar Carpintero (ed.), *Economía ecológica: Reflexiones y perspectivas*, Círculo de Bellas Artes, Madrid, 2009.

持生存，资本主义的动力在于通过掠夺自然资源以实现积累与增长，因此资本主义与生态是一个反命题。资本主义试图在体系内克服这个悖论，其最成功的尝试是在 20 世纪 90 年代提出的"可持续发展"概念，它旨在协调经济和社会发展与环境保护之间的关系。尽管可持续发展理念在理论上有深远的影响，但在实践中却和新自由主义一样遭到了失败。该文指出，尽管可持续发展理念仍不失为解决经济危机的可行办法，但资本主义经济体系的特征绝不会随着相关缓和对策的出台而发生根本改变。新自由主义政治与文化霸权最大的成就之一，或许就在于发达国家无法体会到人与自然、经济与自然的依附关系。实际上，所有的政治与经济体系都是建立在一定物质基础之上的，一旦倾其所有，该体系将不得不寻求新的生存法则，而这一过程大部分都是以暴力的方式进行的，如领土、资源、水和殖民化战争等。新自由主义经济模式之所以不能同环境协调发展，就在于它的无限增长同其赖以生存的物质基础终将发生的不可避免的冲突。因此，现在有必要运用马克思主义的生态唯物主义观点来应对现有经济模式的不合理，这样不仅有利于消除劳动异化，还将有益于人类基本生存条件的满足。在现有的资源冲突下，创建一个社会主义发展模式显得极为迫切，尤其是运用生态唯物主义观点，将资源的有限性同人类的发展协调起来。经济发达国家及其跨国公司为实现自身利益，不断使贫穷国家陷入社会和环境危机，但落后国家又是最大的原材料生产者和劳动力剥削最为严重的地区。目前，全球范围内的能源危机应当引起人们的高度警觉，现在到了将石油之争看作为自由而战的时刻了。石油资源的枯竭将促使资本主义为维持机器运转寻找新能源。生化燃料、核能和热能都将成为新帝国主义的战略目标。因此，必须动员一切社会批判力量，为重新定义发展而斗争。发展的内涵远不止经济增长，它需要从社会发展程度、人类需求满足程度和生存环境保护程度更广泛的意义上去理解。由此而产生的替代模式涉及经济减速、生产和消费模式改变、教育进步、环境财税体系完善及环境成本国际化核算等。总之，生态唯物主义将成为 21 世纪社会主义的理论基础。

四 资本主义制度危机批判与 21 世纪社会主义方案反思

第一，剖析和批判资本主义民主的表征与本质。例如，在《没有民主的民主及其他》①一书中，西班牙马德里大学 M. 罗伊曼（Marcos Roitman）通过考察拉美的历史和政治现实，对资本主义民主和新自由主义进行了批判。他认为，资本主义民主是一种失去了大众内涵的民主，是一种在结构上夹杂着统治阶级的腐败和豁免权同时宣称无人能凌驾于法律之上的商业化、技术化、程式化的行政体制。作者通过列举 2006 年墨西哥选举机构、法院、议会、实际权力机构和政治寡头媒体集体炮制的贿选丑闻以及西班牙、法国、德国等频发的政治腐败，揭露了资本主义体系下（包括左翼政党在内）的制度性腐败和民主对人民的背叛。M. 罗伊曼指出，民主概念应该复归大众，从伦理与人性的角度还民众应有的多元权利。今天的民主不应是抽象的，而应是具体的、全面的，它包括人们对住房、土地、食品、健康、教育、信息、文化、独立、正义、平等、自由等方面的斗争与追求。M. 罗伊曼指出，新自由主义源于 20 世纪 70 年代的资本主义危机，根源于"冷战"时期的反共思维以及对以国家干预经济为核心的凯恩斯主义公共政策的反动。当福利国家模式受到猛烈攻击的同时，市场原教旨主义却成了资本主义的最新表述。尤其是苏东剧变后，在 20 世纪 90 年代，新自由主义似乎成为席卷全世界（包括引入市场经济的中国和越南，只有古巴还在固守社会主义堡垒）的不可逆转的潮流。新自由主义不但使政府成为市场的仆人、民主成为市场的民主，更引起了不平等、贫困和对大多数人的剥削，因此要尤为警惕所谓的第二轮新自由主义，以免出现暴力和社会排斥等极端现象。

第二，结合全球化背景下的帝国主义变化分析资本主义的本质规律和阶段性特征。例如，《谈谈今日帝国主义》②一书认为，今天关于帝国主义的论断潜藏在"全球化"这个语汇之后。资本主义生产模式是一种以增长为依存条件的、特殊的生产模式，只有不断扩张才能保持稳定发展，而这种扩张在今天已表现出了明显的混乱和失序；况且，资本主义增长的红利并非在整个社会进行合理分配，其中绝大部分红利被资本家所攫取。此外，另一个需要面对的根本问题在于，资本主义增长引发的生产过剩必须通过消费来维持其利润率。因此，资本主义体系的本

---

① Marcos Roitman, *Democracia sin Demócratas y Otras Invenciones*, Sequitur, Madrid, 2007.
② Guglielmo Carchedi, Joan Tafalla y Ramon Franquesa, *Hablemos de Imperialismo hoy*, El Viejo Topo, Barcelona, 2018.

质规律就在于不断的领土扩张，以前通过侵略和殖民来实现，而今天则采取了更加精明的机制。

第三，如何有效替代资本主义？这是 21 世纪社会主义的核心任务。2016 年 11 月至 2017 年 2 月，西班牙马克思主义研究会经济与社会部、西班牙"内容与行动"网（Contexto y Acción，CTXT）[①]与"公共空间"网合作，联合开设了主题为"21 世纪社会主义"的网络论坛（la Sección del Diario Público "Espacio Público"）。论坛开设期间，三十位来自西班牙和欧洲各国的左翼党员、学者、社会活动家、工会领袖和新闻记者等，就"如何理解今天的社会主义"展开了激烈讨论。论坛认为，当前民主社会主义面临着严峻的挑战，既无法代表第一社会集团，又无法代表日益分化的工人阶级，第三条道路的失败使之与第三社会集团价值观的变革也彻底脱离了干系。因此，21 世纪社会主义必须发挥政府和市场的互补性，而要创立更加公平与自由的社会，则必须革新企业所有制，而非产品和服务的分配形式。西班牙左翼认为，社会主义是经济民主化的同义词，应在企业内部创建集体资本的坚实空间；而民主基础的扩大必然要求全球化的民主化、民族国家的民主化以及企业的民主化。近期的美国大选表明，经济、政治和社会冲突的中心仍然处于经济民主化和政治私有化的两极之间。经济民主化具有很强的再分配潜力，但 21 世纪社会主义的挑战在于为千百万劳动者重建与民主公民权相关的集体观念。对劳动者而言，民主是发动集体变革、重新夺取大庄园主和资本家文化霸权的有力工具。今天，社会主义的意义在于为人类社会应对地缘政治转型、社会组织与劳动形式变革提供战略思维。经济全球化扩张不仅强化了民族认同的表达，更通过 20 世纪社会主义战略发展强化了国家的主体权力。

五 21 世纪西班牙马克思主义发展趋向

21 世纪以来，西班牙联合左翼高度重视马克思主义的研究，不少

[①] "内容与行动"网由西班牙主流媒体的 14 名记者于 2015 年联合组建。它崇尚自由、多元及批判精神，主张新闻传播的真实性、严肃性与建设性，旨在促进新闻民主与独立，为南欧及拉美的新兴记者、艺术家、科学家和文学家提供一个开放的交流平台。美国哲学家和语言学家乔姆斯基受邀任编委会荣誉主席。（http：//ctxt.es/es/20150115/redaccion/36/？tpl=11.）

高校和研究机构也为马克思主义保留了相应的学科发展空间；各种党报、党刊、学术杂志和网络媒体都成为传播马克思主义理论的重要平台，尤其是各类马克思主义经典著作网、左翼论坛网和哲学网，极大地促进了马克思主义在西班牙的本土化、时代化和大众化。

第一，以左翼政党和工人运动为依托的马克思主义本土化不断推进。

西班牙马克思主义研究的组织机构，主要包括西班牙马克思主义研究会（FIM）、加泰罗尼亚马克思主义研究会（ACIM）、恩格斯学会、西班牙加泰罗尼亚马克思主义协会（Espai Marx）等。其中，西班牙马克思主义研究会是西班牙共产党旗下的全国性组织，成立于1978年11月，是受西班牙文化部承认的合法文化团体。研究会下设西班牙共产党历史文献部、传播与文化部、科技部、政治部、历史部、城市发展与人居部、经济与社会部、美学部、欧洲部、妇女部和思想部等。

在西班牙民主过渡时期和20世纪80年代初西班牙共产党危机时期，初创的马克思主义研究会为西班牙左翼知识分子提供了难得的学术交流平台。在其后的二三十年间，作为西班牙共产党和西班牙联合左翼重要的学术资源，马克思主义研究会在研究马克思主义基本原理和西班牙共产主义运动史等领域的基础上，坚持用马克思主义立场、观点、方法，不断拓宽研究视野，坚持跨学科、整体性地研究理论和现实问题。

21世纪以来，该研究会一方面积极致力于对西班牙共产党党员以及人民大众的理论宣传教育工作，另一方面积极拓展同欧洲左翼和拉美左翼的学术交流与合作。例如，在每年9月中下旬的西班牙"共产党人节"系列活动中，马克思主义研究会都会主办各类论坛和新书推介会，试图通过理论宣传，为西班牙共产党以及联合左翼的实践提供理论源泉和思想动员。西班牙共产党党刊《工人世界》《乌托邦——我们的旗帜》和西班牙人民共产党主办的政治性杂志《共产主义主张》等党报党刊，在推进西班牙马克思主义本土化进程中也扮演着不可替代的重要角色。2008年，资本主义经济危机席卷全球，西班牙成为此次危机的重灾区，以马克思主义研究会为代表的西班牙左翼知识分子群体，掀起了对资本主义经济危机的深入讨论和批判。2016年11月，西班牙马克思主义研究会在马德里大学召开了题为"今天为什么成为马克思主义者"的会议即西班牙共产党党校开班式，西班牙众议院议员、联合左翼协调员、西班牙共产党党员 A. 加尔松（Alberto Garzón）[①] 做主题讲演。[②] 在为期 10 个月的培训中，西班牙共产党党校组织党员重点学习了西班牙共产党的历史、政治路线、组织原则及马克思主义经典著作，并对当代世界、欧洲及西班牙的资本主义展开了马克思主义式的批判性分析。2017 年 1 月 3 日，西班牙马克思主义研究会在马德里总部召开了成立 40 周年经验总结大会。与会者认为，研究会成立 40 年来，西班牙面临的国际国内形势发生了深刻变化。一方面保守主义和新自由主义势力不断扩张；另一方面左翼和共产主义运动却遭遇了倒退和危机，所幸的是在南欧和拉美出现了一些值得关注的反帝国主义霸权运动。作为西班牙共产党推进理论研究和思想政治教育的重要阵地，西班牙马克思主义研究会成立 40 年来，始终高举马克思主义理论旗帜，通过创办杂志、召开论坛、组织培训，不断扩大地区影响，已成为西班牙工人阶级进行反霸权斗争、谋求时代变革的重要工具。

第二，以各种学术平台为主阵地的马克思主义时代化不断深入。

西班牙的马克思主义学术资源较为丰富，尤其是西班牙大学和左翼学会创建的马克思主义网络资源较为丰富。例如，马德里大学创办的"历史唯物主义与批判理论"网[③]集中反映了西班牙学院派马克思主义研究领域的理论成果和最新动态。在基础理论研究和传播方面，该网站提供了西班牙文马克思主义经典著作和西方马克思主义著作以及马克思主义哲学、政治学、经济学等各学科的相关基础知识。学术板块包括社会结构、阶级与阶级斗争、马克思主义思想史等方面的理论探讨和时政性分析。该校唯物主义项目组还创办了"今日马克思论坛"（Marx-Marxismos Hoy）[④]，旨在讨论科学社会主义、马克思主义哲学、全球化等理论与现实问题。此外，西班牙哲学协会[⑤]和西班牙唯物主义哲学研究会[⑥]也登载了不少有关马克思主义哲学的内容。

[①] 阿尔贝托·加尔松（Alberto Garzón），西班牙政治家，被联合左翼推举为 2015 年西班牙大选首相候选人。

[②] http://www.fim.org.es/actividad.phpid_actividad=934&buscador=1&id_seccion=18&anio=.

[③] http://www.ucm.es/info/eurotheo/hismat/proyecto/index.html.

[④] http://boards4.melodysoft.com/app?ID=eurotheo.marxismo.

[⑤] http://fesofi.filosofia.net/.

[⑥] http://sefm.filosofia.net/.

成立于 2010 年的西班牙 21 世纪社会主义政治文化协会，是西班牙一支重要的反资本主义力量，尤其是自 2011 年爆发 15—M 抗议运动①以来，该协会会同其他反资本主义的左翼人士，通过意识形态反思与分析，旨在建立一个秉持严谨友善态度、制定集体行动纲领的政治讨论平台。该协会认为，资本主义危机仍在加剧，但左派在意识形态和组织上却未能对资本主义的持续进攻予以坚决有力的回击；相反，危机中的资本主义却总是能够找到为其政策辩护的完美借口，但该协会坚信社会主义一定会到来。该协会主办了"替代的危机——纪念西班牙已故哲学家布埃伊"等活动，并围绕"21 世纪社会主义需要怎样的组织"进行了多次座谈。该协会主张继承创新，号召民众摒弃害怕、绝望和忍耐的心态，从意识形态和道德上重建人民主权，积极担负起创新和变革现实的政治主体角色，实现葛兰西所说的从"理性的悲观主义"到"意志的乐观主义"的转变。

　　《迷宫》是西班牙颇具代表性的左翼学术杂志之一，该杂志源起于 1999 年西班牙马拉加大学经济系的一次"经济哲学与政治哲学"研讨会，旨在坚持与维护马克思主义理论导向，推动相关批判理论与意识形态的公开辩论，促进西班牙马克思主义理论与实践的发展，进而实现西班牙的思想与社会变革。《迷宫》一直致力于马克思主义经典著作与基本原理的研读与传播，先后策划了有关马克思主义国家理论、巴黎公社历史经验、列宁的帝国主义论、西班牙政党格局、价值规律、智利私有化及其后果、后福特主义与工人阶级集中化、委内瑞拉革命、重建欧洲及移民问题等专题，对资本主导下的政界、商界、传媒界主流意识形态及其霸权行径进行了大胆挑战与辩论。另外，杂志还主办了形式多样的学术研讨会与读者交流会，以促进左翼思想的繁荣与共识。《迷宫》杂志与西班牙《工具》(*Herramienta*) 杂志、电子杂志《起义》(*Rebelión*)、西班牙加迪斯大学现代历史协会、西班牙拉斯帕尔马斯

---

① 2011 年 5 月 15 日，西班牙爆发 "15—M" 运动（也称 "愤怒者" 运动、5 月 15 日运动），随后掀起了欧洲大规模反紧缩抗议的序幕，并催生了美国 "占领华尔街" 运动。"15—M" 运动缘起 40 人在马德里太阳门广场的自发扎营行动，后演变成西班牙众多社会运动发起并参与的一系列和平抗议活动。该运动主张抛弃西班牙社会工人党和人民党的两党制，摆脱银行家和大企业的掌控，建立真正的参与式民主，并提出了 "我们不是政治家和银行家的傀儡和商品！" "我们要真正的民主！" 等口号。

"马克思主义研究中心",以及意大利左翼杂志结成了战略伙伴关系。《迷宫》的作者遍布美国、加拿大、意大利、葡萄牙、智利、墨西哥、阿根廷、古巴及巴西等国,读者群体也日益壮大。

第三,以宣传教育为主旨的马克思主义大众化不断拓展。

西班牙马克思主义继续教育课程和暑期班主要涉及马克思主义经济学与当代资本主义经济批判、历史唯物主义与批判理论、帝国主义论,以及21世纪社会主义等回顾性反思与拓展性阐发。近年来,西班牙马克思主义的宣传和教育活动日益呈现出了年轻化和网络化等新特点,一些面向大学生和青年人的马克思主义继续教育课程和暑期班受到了普遍欢迎。例如,2005年11月至12月,西班牙马克思主义研究会与马德里大学联合主办了"马克思主义经济学与当代资本主义——西班牙及欧盟资本主义案例研究"[①] 在线课程。该课程旨在通过对西班牙及欧洲资本主义的案例研究,传播马克思主义经济学基本研究方法及其对当代资本主义的批判分析,主要包括"《资本论》与政治经济学批判""马克思的劳动价值论""马克思主义经济学理论与当代资本主义""帝国主义理论与资本主义新特征""马克思主义劳动理论与改良社会主义的经济局限性:以瑞典为例""西班牙资本主义的外围特征""马克思主义视角下的西班牙社会分化与工资变化""马克思主义与资本主义经济替代的争论"和"21世纪马克思主义与《资本论》"等议题。

2015年2月至6月,由西班牙马克思主义研究会经济与社会研究部组织、马德里大学官方认证的第五期"马克思主义经济学继续教育课程"的主题是"资本主义经济批判",在马德里大学经济系召开。该课程涉及马克思主义基本原理、方法论和发展史,并试图从马克思主义经济学视角对世界经济进行实证分析与案例研究。该课程师资绝大部分来自马德里大学,也有西班牙其他大学和科研院所的专家学者参与授课。课程主要内容包括传统经济理论的局限性及马克思主义批判、经济思想中的马克思主义方法论、马克思主义基本原理及其历史发展、对世界经济热点的数理统计与数据分析、对世界资本主义经济基础及其周期性特征的分析、对世界经济不平衡发展和欠发达现象的分析、对欧盟框架下欧洲经济的分析和对西班牙经济的分析、对世界经济危机成因和对策的

---

① http://www.fim.org.es/actividad.php? id_ actividad =910.

分析。该课程还专门设立了"马克思主义经济学研究"网站①，旨在促进该课程的相关讨论与交流，推动马克思主义经济学的研究与传播。该课程共设 150 课时，申请人原则上应具备本科学历或已经通过三门硕士课程；对不具备申请条件的候选人，课程委员会将根据简历和课程申请书酌情录取。课程注册费为 600 欧元，可申请分期付款或半额奖学金，特殊情况下资助力度可达 80%。

2017 年 2 月至 6 月，西班牙马德里大学经济学与企业管理系与西班牙马克思主义研究会经济与社会部，在马德里大学联合主办了"马克思主义经济学继续教育课程"第七期，主题是"资本主义经济批判（马克思主义方法论及其在世界经济研究中的应用)"②。该课程共分八个部分：（1）马克思主义哲学、政治学与经济学基础，包括马克思主义的政治基础、工人运动历史概论、历史唯物主义与辩证法；（2）马克思主义经济学导论，包括马克思主义在经济思想史上的地位、资本的结构与内涵；（3）后马克思时代的理论发展与论争，包括帝国主义论、苏联历史经验与争论、批判经济学与马克思主义理论发展、贸易与竞争力、货币与财政学、不平等发展与依附；（4）马克思主义经济学在当代资本主义经济分析中的应用，包括计量分析与统计数据的来源、国家统计与马克思主义的范畴；（5）对当前世界经济的分析，包括从资本主义起源到 20 世纪 70 年代的经济危机，当前世界经济概况，生产力（人口与自然资源、生产方式与技术进步），资本的国际化与集中（跨国公司），劳动力市场、剥削与收入分配，国家干预与经济政策，帝国主义间的竞争、霸权与国际组织，国际贸易趋向，货币与资本的国际流动，超国家一体化与民主，以及关于当前危机的理论探讨；（6）不平等发展的案例研究，包括当前危机的爆发、发展、特点及历史意义，美国与日本等发达经济体，拉美积累进程的特殊性，中国与其他亚非国家，欧洲积累进程的特点，欧洲一体化的历史发展及欧元危机；（7）西班牙及欧盟案例研究，包括西班牙积累进程溯源与特征和西班牙经济（生产与国际融入、劳动力市场与收入分配）。

2015 年 11 月 23 日至 12 月 3 日，西班牙"马克思主义研究会"思

---

① http://www.institutomarxistadeeconomia.com.
② http://www.institutomarxistadeeconomia.com.

想部与马德里大学欧洲—地中海大学研究所（Euro-Mediterranean University Institute de la UCM，EMUI）在马德里大学劳动关系学校（la Escuela de Relaciones Laborales de la UCM），联合主办了"历史唯物主义与批判理论"第二期继续教育课程——"马克思主义经济思想与当代资本主义：西班牙及欧盟资本主义案例研究"。该课程旨在通过对西班牙及欧洲资本主义的案例研究，传播马克思主义经济学基本研究方法及其对当代资本主义的批判分析。该期课程是首期"马克思主义哲学"课程的延续与发展。课程共设"《资本论》和政治经济学批判""马克思的劳动价值论""马克思主义经济学理论与当代资本主义""帝国主义理论与资本主义新特征""马克思主义劳动理论与改良社会主义的经济局限性：以瑞典为例""西班牙资本主义的外围特征""马克思主义视角下的西班牙社会分化与工资变化"和"马克思主义与资本主义经济替代的争论"八个主题。2016年2月，西班牙马克思主义研究会经济与社会部与马德里大学欧洲—地中海大学研究所，联合主办了"历史唯物主义与批判理论"第三期继续教育课程，主题是"马克思主义、国家与社会阶级"，课程内容包括"社会阶级、政治权利和马克思主义""工人运动与工团主义的现状""今日西班牙的工人阶级""性、性别与阶级""马克思主义国家理论""马克思主义、权利与当代宪政主义""作为革命主体的国家""国家在资本主义经济中的角色"①。2016年5月举行的"历史唯物主义与批判理论"第四期继续教育课程的主题是"法兰克福学派与社会批判理论"②，课程内容包括"法兰克福学派与社会批判理论""霍克海默：唯物主义、批判理论与启蒙辩证法""资本危机与抽象劳动""今天的批判理论""启蒙辩证法：灾难现代性的传说史""哈贝马斯的伦理学与批判理论：从观念哲学批判到道德观念维护"。2016年5—6月举办的"历史唯物主义与批判历史"第五期继续教育课程的主题为"当前挑战下的唯物主义"，课程内容包括："马克思主义与女性主义""拉美的马克思主义""中东地区的马克思主义""马克思主义、后马克思主义与后现代主义""世界体系论与马克思主义地缘政

---

① http：//www.ucm.es/emui/llp.
② http：//www.fim.org.es/actividad.phpid_actividad=923&buscador=1&id_seccion=18&anio.

治学的中心—边缘结构""对经济危机的马克思主义分析""马克思主义与生态学""文学、马克思主义与文化"。①

2016年7月，西班牙马克思主义研究会经济与社会部和欧洲左翼党（el Partido de la Izquierda europea，PIE），在马德里大学联合主办了为期5天的暑期班以"纪念《帝国主义论》发表100周年——世界危机与地缘政治重构"，分析后经济危机时代资本主义的重组。课程内容包括"如何改进当今世界体系""转型框架下的新帝国主义与新法西斯主义""全球化世界的国家边界""变动世界中的新旧冲突""资本主义变革下的世界经济重构：跨大西洋贸易与投资伙伴协议（TTIP）的角色""面向外围的西方重组""世界中的中国：霸权崛起？""克里米亚后俄罗斯地缘政治复兴的社会冲突""半外围国家及地区的挑战""后'冷战'时期世界体系中的拉美""纠结的现代性与多元欧洲"等。

2016年9月，西班牙马克思主义研究会经济与社会部与马德里自治大学联合主办了"第三文化与科学政策：跨学科的挑战"暑期班。② 1967年，英国作家史诺（C. P. Snow）提出，科学与人文"两种文化"存在着紧张关系，"如何打破两种文化的分野"成为学界迫切需要解决的问题。西班牙哲学家布伊认为，人文学家需要科学文化，不能单凭文字传统产生立场；而科学家亦需要人文养成。例如历史哲学、方法论、道德和去本体论等能够帮助科学家更为合理地解决人类文明危机中的种种难题。在技术时代，试图通过强迫普通民众听取专家意见以解决"两种文化"问题的做法，无异于技术官僚的独裁，只有倡导跨学科的开放、交互与融合，才能真正克服"两种文化"的冲突，从而开辟通往第三文化之路。课程内容分为第三文化与跨学科研究、争论中的跨学科研究、跨学科研究的经验分析、跨学科研究的实践、科学技术政策五部分。主要议题涉及：跨学科研究与范式改变；生态完整性与全球治理；跨学科研究中的人类学；历史、生态学和后旅游时代的老手艺人；包容性经济——不同经济范式间的桥梁；社会运动与公民社会的跨学科研究；跨学科研究发展；可持续农场系统的跨学科经验；布埃伊论第三文

---

① http：//www.fim.org.es/base_imagen.php? path =/media/2/2275.jpg.
② http：//www.fim.org.es/actividad.phpid_actividad = 931&buscador = 1&id_seccion = 18&anio = .

化及方法论问题；健康不平等——跨学科分析与系统阐释；厄瓜多尔的国家科技创新体系与祖先的智慧：走向知识经济社会；大数据时代的科技政策等。

此外，西班牙马克思主义研究会还和各大学主办了"马克思主义基本原理系列讲座"（2010.3—6）、"马克思主义经济学"系列研讨会（2010.2—4）、"生态学马克思主义系列研讨会"（2011.2—3）、"现代批判思想研讨会"（2010.3）、"马克思主义系列讲座"（2011.4）及"中国社会主义进程研讨会"（2011.3）等。

由此可见，西班牙马克思主义继续教育课程和暑期班，既注重经典马克思主义理论教育，又密切关注社会现实问题，尤其是对困扰西班牙民众的焦点问题进行了马克思主义的深度剖析，因而具有较强的时代感和使命感。自 2008 年金融危机爆发以来，受国际经济动荡和国内结构性调整影响，西班牙经济持续低迷，就业形势空前严峻，各地各行业罢工此起彼伏。在此背景下的西班牙青年群体始终处于社会边缘和焦虑之中，如何引导青年人正确认识当下与以后的社会矛盾和未来走向，是西班牙在推进马克思主义大众化过程中必须面临的重要课题。

综上所述，随着西班牙左翼政党理论探索的深入，尤其是西班牙共产党对马克思主义本土化的探索，以及马克思主义学术资源的整合优化、宣传教育方式的积极创新，西班牙马克思主义学者、左翼学者和组织机构多以独特的欧盟视角和伊比利亚文化圈视角出发，审视马克思主义的历史价值和当代意义：一方面，立足于西班牙工人阶级的现状与诉求；另一方面，又放眼欧洲、拉美及全球的资本主义危机与左翼运动，并积极主动地通过各种学术活动和社会政治运动，将当代资本主义危机、国际共产主义运动、21 世纪社会主义等重大时代课题的研讨推向高潮，从而使得 21 世纪西班牙马克思主义研究取得了一些重要成果。例如，西班牙共产主义运动与马克思主义传播史问题；经典马克思主义和西方马克思主义问题；西班牙社会阶级与劳工运动问题；西班牙民族国家统一与欧盟问题；全球化、依附发展与不平等问题；经济增长、生态环境与可持续性发展问题；当代资本主义危机批判与社会主义替代性选择问题。通过对这些问题的研究和阐发，西班牙马克思主义发展也显现出了一些新特征。例如，以左翼政党和工人运动为依托的马克思主义本土化不断推进；以各种学术平台为主阵地的马克思主义时代化不断深入；以宣传教育为主旨的马克思主义大众化不断拓展。面对人民的发展诉求与各种思潮之间的矛盾格局，西班牙马克思主义理论家和活动家唯有尊重人民的历史主体地位，坚持马克思主义理论的指导地位，不断积累和总结社会政治运动经验，才能在资本主义的重重危机中寻求制度突围、理论创新和道路替代的可能性与可行性。[①]

[①] "综述"由本书主编增删、改写而成，特此说明。

第二篇

21 世纪英语国家马克思主义研究

第五章　基于本土经验的马克思主义*
——21世纪英国马克思主义研究的多重视角

如果说德国是马克思主义的第一故乡，那么英国就是马克思主义的第二故乡。尽管伦敦大英博物馆的"脚印说"① 已被证明只是一个不实的传说，但马克思流亡伦敦后，为了总结1848年欧洲革命失败的经验教训，更是为了研究政治经济学（具体地说，是为了撰写《资本论》），马克思"牺牲了健康、幸福和家庭"，在大英博物馆查阅资料近30年。因此可以说，马克思若没有英国的经历，就没有"马克思之所以成为马克思的"宏伟巨著《资本论》。

毋庸讳言，19世纪80年代末以前，英国大多数人没有接触过马克思学说；只有极少数人对马克思有所了解。例如，社会民主联盟成员、唯物主义者H. M. 亨德曼（H. M. Hyndman）翻译了马克思的有关著作；社会民主基金会成员、英国伦理社会主义奠基人W. 莫里斯（William Moris）接受了马克思主义。不过，直到1920年英国共产党成立，英国都没有形成马克思主义理论传统。自20世纪30年代考德威尔（Christopher Caudwell）试图创立马克思主义文艺批评理论起，英国逐渐成为马

---

* 本章内容还受上海外国语大学校级一般科研项目规划基金（20171140021）资助。

① 为了说明马克思的勤奋刻苦，中国经济学家、教育家、社会活动家陶大镛（1918—2010）在《我怎样学习政治经济学》（1949）构造了一个"脚印说"，即马克思在大英博物馆总是坐在同一个固定的座位上，以至于脚下的地板上被磨出了两个深深的"脚印"。这个说法在中国流传甚广，甚至连原苏共中央总书记戈尔巴乔夫也对这个说法感到好奇。后来，经清华大学刘兵、北京大学陈平原，以及其他人的考证、分析，证明这个说法是虚构的。不过，马克思从19世纪50年代开始，在大英博物馆查阅资料前后近30年，则是真实的——该注释是由本书主编根据《马克思在大英博物馆》《马克思在大英博物馆留下脚印了吗？》编写而成。（http: //www. 360doc. com/content/18/0831/08/1302411 _ 782594965. shtml； http: //www. xinshaan. com/whpd/ss/201805/04/t20180504 _ 6347406. shtml）

克思主义传播与研究最活跃的地区之一,甚至出现了许多马克思主义流派。例如,马克思主义史学派、文化马克思主义、分析的马克思主义、生态学马克思主义、后马克思主义,以及英国共产党理论家 M. 康福斯和马克思学家麦克莱伦、P. 安德森、S. 塞耶斯等人。①

21世纪以来,随着全球资本主义的发展及其危机的发生,英国马克思主义研究总体上呈现出多维度、跨学科、批判性、全球意识等特征。现代社会发展日趋复杂,逆全球化、民粹主义、民族主义等思潮兴起,从而给理论家提出了诸多新的需要解读的时代课题。秉承着马克思的批判精神和解放意旨,英国马克思主义者在政治经济学批判、文化研究、社会政治批判、性别研究等方面做出了独特的理论贡献。借助马克思主义等思想资源,他们重新审视现代社会的政治、经济、文化、思想等领域,在给出诊断性分析、批判各种不正义的同时,也深入地挖掘了社会解放的潜能,试图建立一个更加美好的社会。

从内容上看,21世纪英国马克思主义研究主要集中在四个方面:(1) 马克思主义经济学研究与政治经济学批判;(2) 基于本土经验的西方马克思主义研究;(3) 具有现实指向的当代资本主义批判;(4) 关于乌托邦与未来新社会构想。

一 马克思主义经济学研究与政治经济学批判

2008年金融危机爆发以来,全球资本主义经历着严重的动荡和危机。在这之后,西方学界重新燃起对马克思研究的兴趣。对拥有悠久传统的英国马克思主义者来说,马克思也再次成为回应当代资本主义现实问题的重要理论资源。恰如霍布斯鲍姆②所说,"我们无法预见21世纪世界所面临的问题的解决方案,但是,倘若这些解决方案要获得成功的机会,它们就必须提出马克思所提出的问题,即便它们不愿意接受马克思的各类信徒所给出的答案"③。因而,对马克思思想及其著作进行深入研究和解读,成为英国马克思主义者关注的重要议题。

---

① 上述内容由本书主编撰写,特此说明。
② 霍布斯鲍姆(Eric Hobsbawm, 1917—2012),英国马克思主义历史学家。
③ 转引自俞吾金《探求马克思的当代意义》,《马克思主义与现实》2014年第1期。

第一，基于马克思经典文本的政治经济学研究。

在新的时代背景下，西方学者致力于重新解读马克思著作。其中，英国马克思主义者和左翼学者对政治经济学批判研究的热情日渐高涨，深入研究了《资本论》《1857—1858年经济学手稿》等经典文本；并借助这些理论分析工具，深入探究了资本主义危机产生的根源，以期对当代资本主义社会经济运行进行多方面探讨，找到应对危机的有效方法。

1. 英国学者出版了大量有关马克思主义经济学的研究性著作。

2012年，英国学者A.S-费洛等人为了编纂《马克思主义政治经济学的埃尔加指南》①一书，邀请了全球马克思主义学界的许多学者撰稿，如B. 杰索普（Bob Jessop）、E. M. 伍德（Ellen Meiksins Wood）、J. 威克斯（John Weeks）等人。该书既是一部辞典，也是一部学术研究著作；全书61个词条涵盖了资本积累、分析的马克思主义、人类学、危机理论、依附理论、国家、激进政治经济等内容。该书不单纯是知识性的梳理，还试图对当下的资本主义经济危机和历史现实做出回应与解释。例如，E. M. 伍德澄清了"资本主义"这一概念的历史发展及其与商业社会的关系，指出马克思很少使用一般意义上的资本主义概念，认为马克思用这一概念主要是指资本主义的生产或资本主义的体系，这就与启蒙理性中的"布尔乔亚社会"（即资产阶级社会）区分开来了。

在《公共领域中的马克思商品理论概论》②中，J. M. 罗伯茨（John Michael Roberts）将"公共领域"概念与马克思的政治经济学分析联系起来。J. M. 罗伯茨指出，最近几年来，"公共领域"概念意指市民社会中的人们可以通过对一系列有关自己权益的事项进行辩论和讨论的领域，并且逐步成为人文社会科学研究的重要领域之一。然而，遗憾的是，马克思主义在政治经济学框架中没有将其置于普遍的商品交换关系之下进行讨论。在J. M. 罗伯茨看来，（1）公共领域是资本主义社会特有的政治现象，即不同个体和组织就共同关心的话题进行争论和发表意见的领域。对自由主义者来说，公共领域是同质的、规范性的实体，即个体应该远离他们的偏见，让渡他们的私利，以便能够达成共识。

---

① Alfredo Saad-Filho, Ben Fine and Marco Boffo (ed.) *The Elgar Companion to Marxist Economics*. Cheltenham: Elgar. 2012.

② John Michael Roberts, Outline of a Marxist Commodity Theory of the Public Sphere, in: *Historical Materialism*, 25 (1), 2017.

（2）从教育和调节性视角看，公共领域是可以被培育和陶冶出来的，或者说公共领域是可以通过大众传媒形塑出来的。（3）对很多激进分子来说，公共领域是诸众声音得以被聆听的一个绝佳机会。所以说，在资本主义条件下，公共领域是普遍的商品交换关系某个侧面的拜物教领域，它是商品所有者之间相互中介的结果。在开展公共领域活动以前，他们已然是商品的购买者和出卖者的关系。即商品所有者之间是相互独立的，他们之间的关系只是为了自己利益而存在的原子个体之间的关系，并带着商品交换的逻辑彼此进入到对话和交流的环节。在这里，J. M. 罗伯茨也批判哈贝马斯意义上的公共领域，认为公共领域是不同的协调和还原力量以及利益相互中介的结果，其结果是多元性和冲突性的"冲突共识"（conflictual consensus），而不是"协商共识"（deliberative consensus）。因此，公共领域并不是超越结构的形而上的政治空间，而是现代资本主义结构的拜物教结果。

在《今日阅读〈资本论〉》[①]一书中，I. 施密特（Ingo Schmidt）和 C. 范内利（Carlo Fanelli）指出，尽管《资本论》写作的历史背景与今日已大不相同，但它仍然能够诠释今日资本主义的运行规律与发展趋势。尽管该书作者具有不同的学科背景，但他们的共同信念在于：要言说社会主义革命和政治实践，就必须认真阅读和深入研究《资本论》。因此，I. 施密特和 C. 范内利并不是将《资本论》视为一部经济学著作，而是认为它可以帮助人们理解社会主义政治斗争的场域、区分同盟军与敌人，以及从战略上把握当代社会政治格局。即《资本论》能够帮助人们理解资本主义是如何生成的，以及社会主义战略是如何可能的。

2. 英国左翼杂志《历史唯物主义》非常关注政治经济学批判研究。

例如，《历史唯物主义》第 8 届年会（2011）[②] 以"资本的空间、斗争的时刻"为主题，试图在新形势下重构马克思主义关于当下社会经

[①] Ingo Schmidt and Carlo Fanelli (eds)，*Reading Capital Today*，London：Pluto，2017，p. 224.

[②]《历史唯物主义》年会由《历史唯物主义》杂志、多伊彻纪念奖（the Isaac and Tamara Deutscher Memorial Prize）委员会和《社会纪实》杂志联合召开，每年一届。

济转型与解放政治的关系①。该主题表明，过去数年来，马克思主义的很多概念和理论不再无人问津，特别是自 2008 年全球金融危机爆发以来，马克思主义已然成为分析和认知资本主义的主流理论。对共产主义的哲学、政治理论尽管还没发展到顶礼膜拜的程度，但它们至少不再是受谴责和咒骂的对象。与此同时，艺术与文化实践也朝着批判的乌托邦主义转向，以求捕获资本主义的审美劳动方式。总之，会议讨论了权力、空间与资本的历史，资本主义与抵抗，斗争和政治经济，种族、性别和剥削形式等问题。

2016 年，《历史唯物主义》第 13 届年会以"限制、障碍和边界"②为主题，继续讨论资本自身的限制，以及资本与马克思理论和反资本主义政治的关系问题，同时也拓展至对现存社会主义、共产主义以及解放政治运动局限性或障碍的思考。例如，R. 安图内斯（Ricardo Antunes）等人以"马克思、服务部分的流通和价值"为题，讨论了劳动价值论在今日资本主义社会中的有效性。他们认为，对个别资本来说，不需要活劳动与死劳动的互动它仍然能够存活；但对总资本来说，它又不能不通过活劳动而存活。在"不可承受性：人的生活对资本的限制及其去价值化"发言中，D. 艾登（Delal Aydin）指出，在资本关系中，人类生活的地位远不如其他存在。在资本主义生产方式下，人的生活日益被去价值化和物化，资本主义生产方式中的人们日益不堪忍受这种生活，从而会爆发革命推翻资本主义统治。

2017 年，在《资本论》（第 1 卷）出版 150 周年之际，《历史唯物主义》第 14 届年会将主题确定为"《资本论》与革命的再思考"。本届组委会指出，在这样一个特殊的时刻，所有马克思主义者都不得不重新思考葛兰西命题，即社会主义政治革命与《资本论》的关系问题。本届年会的议题有："马克思主义、性别与政治经济：往前看、往后看""马克思主义—女性主义潮流""种族与资本"等。与会代表围绕着这些话题对《资本论》进行了广泛讨论。例如，意大利学者 R. 贝洛菲奥里指出，尽管我们可以从多个侧面对《资本论》价值理论进行分析，

---

① Feng Yanli & Liu Zixu, Spaces of Capital, Moments of Struggle, *International Critical Thought*, Vol. 2 (1), 2012.

② http：//www.historicalmaterialism.org/conferences/thirteenth-annual-conference-london-10-13-november-2016.

并提出多重的诠释路径，但作为马克思政治经济学批判思想根基的价值理论，并不只是一个理论。换句话说，马克思在《资本论》中并不旨在指出古典政治经济学的错误，更在于对资本主义社会关系进行批判。对马克思来说，"价值"这一概念只有在货币体系的分析中才能获得有效性。他认为，马克思在《资本论》中最为重要的贡献，是在货币商品生产经济的分析中，探究了劳动的剥削机制，以及这一机制走向危机的倾向性。因此可以说，马克思完成了从"价值的劳动理论"（labour theory of value）向"劳动的价值理论"（value theory of labour）的转换。

此外，《历史唯物主义》杂志还发表了大量相关研究文章。例如，英国马克思主义社会学家、"开放的马克思主义"① 代表人物霍洛威（John Holloway）发表了题为《阅读〈资本论〉：第一句话，或资本是从财富而不是从商品开始的》② 的文章，强调要对《资本论》进行政治性解读。霍洛威指出，当前国际学界对《资本论》的研究导致了一种悲观主义的、非政治性的解读。根据这种解读，《资本论》的主要贡献在于其将资本主义理解为一个由不同层次的社会关系构成的封闭体系，即通过对商品形式、价值形式、货币形式、资本形式之间关联的解释，将资本主义视为一个总体的体系。坚持这种观点的人主要有：美国马克思主义地理学家 D. 哈维（David Harvey）和德裔拉美学者 M. 海因里希（Michael Heinrich）等人。霍洛威认为，这种非政治性解读忽视了财富与商品形式之间的根本张力，并取消了《资本论》的革命意义。对《资本论》进行政治性解读，就意味着要从财富与商品形式的对抗出发进行阅读，并将《资本论》视为是关于阶级斗争而非仅仅是关于资本主义生产方式运行规律的理论。由此可见，霍洛威提出了从内在于资本主义生产方式的对抗性斗争角度理解《资本论》的新思路，这非常有助于考察《资本论》所具有的现实政治意义。

3. 英国学者将马克思的政治经济学批判方法运用于文化政治经济

---

① "开放的马克思主义"（Open Marxism）是这样一种马克思主义流派，它借助对共产主义的自由社会主义批判，强调通过基于马克思"实践反思性"概念的辩证方法对实践和历史敞开的需要；在对马克思思想进行反思的同时也借鉴卢卡奇、阿多尔诺、海德格尔等人的思想，批判黑格尔主义的马克思主义研究路径，推崇不确定的历史观；主要代表人物有霍洛威、S. 克拉克（Simon Clarke）、W. 博内费尔德（Werner Bonefeld）等。

② John Holloway, Read Capital: The First Sentence, Or, Capital starts with Wealth, not with the Commodity, *Historical Materialism*, 23（3），2015.

学、传播政治经济学，以及空间理论研究等领域。

21世纪以来，随着信息技术和互联网的发展，"媒介技术批判""网络社会批判"等成为西方左翼批判的新领域。例如，传播政治经济学专注于分析西方传播体制的经济结构和市场运行过程，以揭露资本对社会文化的影响；通过对传播所有权、生产、消费、受众等层面的分析，传播政治经济学力图展现社会权力关系和政治经济秩序。

传播政治经济学奠基人之一、英国拉夫堡大学传媒研究中心 G. 默多克（Graham Murdock）编辑出版了《传播政治经济学手册》① 一书。在"导言"中，G. 默多克指出政治经济学有三种反思路径。（1）像古典政治经济学家亚当·斯密所做的那样，政治经济学要去思考如何组织经济生活与平衡市场以反对国家干预的问题，这些问题与良好社会秩序的形成有关。（2）马克思的政治经济学批判通过要求消灭资本主义来实现这一"伦理"目的，并提供了详尽的分析。（3）马克思之后的马克思主义者则采取渐进主义路径分析资本主义机制的负面影响，这一机制为强大的公共监管所控制。G. 默多克说，这些反思路径对资本主义本身进行了强烈批判，并支持关于日常实践如何维持剥削与非正义、削弱互惠与团结的经验研究。这一批判传统对文化政治经济学、传播政治经济学产生了重要影响，其原因在于大众传媒在现代社会中起着双重作用，即一方面是凭借自身的工业实力，另一方面也是展示批判性反思资本主义体系如何被想象为争论的主要场域。2017年，在题为"传播与资本主义：马克思在他的时代与我们的时代"之中国系列讲座中，G. 默多克通过回溯马克思的政治经济学思想，将其运用于分析传播体系中的组织结构和基本要素、数字媒体在建构消费体系和塑造消费身份认同方面的作用，以及企业垄断及其对大众文化的控制、传播与生态破坏、新技术对人类发展的影响等问题，勾勒了文化空间的未来可能性。②

第二，马克思思想的深入研究。

除了基于马克思经典文本的政治经济学研究之外，英国马克思主义者还从不同维度挖掘马克思主义的基础理论和具体思想，主要包括马克

---

① Janet Wasko, Graham Murdock, Helena Sousa (ed.), *The Handbook of Political Economy of Communications*. Malden: Wiley-Blackwell, 2011.

② http://www.shehui.pku.edu.cn/second/index.aspx? nodeid = 1167&page = ContentPage & contentid = 1211.

思的异化理论、辩证法思想、意识形态与宗教问题、阶级问题与革命理论、历史哲学等内容。

1. 关于马克思的异化理论研究。例如，S. 塞耶斯①从黑格尔主义视角探讨了马克思异化理论的内涵。在《马克思和异化》一书中，S. 塞耶斯指出，异化是一种普遍化但又令人困惑的现实生活状态。作为马克思主义重要的理论术语之一，它在马克思进行资本主义批判和社会替代性选择的分析中起到了核心作用。因为异化概念贯穿于马克思思想发展的始终，它不仅在青年马克思思想中扮演着不可忽视的角色，而且在马克思一生思想的发展中也起着重要作用。与阿尔都塞将马克思思想进行"断裂说"理解不同，S. 塞耶斯认为在后期的经济学著作中，马克思同样阐发和拓展了异化概念，并使用诸如拜物教、抽象劳动、交换价值等新的术语来分析资本主义社会存在的普遍异化现象。在 S. 塞耶斯看来，马克思是一个彻底的现代主义者，他从黑格尔那里继承了历史的和辩证的方法，这也是理解异化概念的重要方法，即异化作为一种历史现象，不是人类生存状况不可改变的特征，不应被简单地理解为一种道德的和社会的恶。因而，异化不是一个纯粹否定性概念，而是具有积极的因素。资本主义本身固有的矛盾力量将最终导致异化的扬弃。②

《马克思和异化》一书的出版，将马克思的异化理论再次引入到当代哲学的讨论中。马克思主义理论家 T. 麦肯纳（Tony Mckenna）肯定 S. 塞耶斯对马克思与黑格尔思想内在关联的分析，并认为这是他所遇到的"关于马克思异化概念最好的一部书"。T. 麦肯纳指出，为了得到一种全新的革命的马克思主义的帮助，需要从黑格尔主义体系之思辨的、形而上学的、旧的累赘中解放出来。在这方面，S. 塞耶斯做出了有益探索，他详细论述了马克思思想之黑格尔根源有助于重建前者的辩证性，但针对现实境况的政治观点尚未得出更好的结论③。

2. 关于辩证法研究的当代阐释。在这方面值得关注的是"新辩证法"学派，主要代表人物有英国苏赛克斯大学的阿瑟和 A. 奇蒂，以及

---

① S. 塞耶斯（Sean Sayers），英国马克思主义学者，《激进哲学》《马克思与哲学社会》创始人之一，《马克思与哲学评论》创始人兼主编。
② Sean Sayers, *Marx and Alienation: Essays on Hegelian Themes*, London: Palgrave Macmillan, 2011.
③ http://marxandphilosophy.org.uk/reviewofbooks/reviews/2011/422.

S. 塞耶斯等。此外，还包括美国的 T. 史密斯（Tony Smith）、P. 默里（Patrick Murray），以及 N. 莱文（Norman Levine）等。"新辩证法"又称"体系辩证法"或"新黑格尔派辩证法"。与结构主义的马克思主义或分析的马克思主义拒斥黑格尔辩证法的做法不同，它关注黑格尔对马克思辩证法和社会理论的影响。

在《新辩证法与马克思的〈资本论〉》①中，阿瑟指出，为了回答"马克思哲学中'资本'是什么"这个问题，必须重建马克思辩证法。"新辩证法"之"新"是相对于辩证唯物主义的"旧辩证法"而言的。在阿瑟看来，马克思的"资本"概念与黑格尔的"观念"具有类似特征，故用"新辩证法"这一术语强调这一关联。阿瑟认为，马克思之所以能够借用黑格尔的概念逻辑，是因为资本主义的商品交换关系与黑格尔《逻辑学》中观念自我运动的逻辑具有关联性。就像黑格尔《逻辑学》中的"观念"范畴并不具有完全的经验基础一样，马克思《资本论》中的"资本"也成为一种"观念的现实"。资本本身也是一种自我运动的抽象，尽管这一抽象具有现实的根基，但它却构成了另一个世界，即"第二世界"。"第二世界"这一抽象在价值运动自我再生产的框架下，需要来自真实世界的自主性。所以，价值形式本身具有辩证的特征。尽管有学者担心阿瑟的分析有可能由于忽视不同价值形式与实践的关联而走向观念主义，但也肯定阿瑟的著作是"当代马克思主义政治哲学最具价值的贡献之一"②。

A. 奇蒂继承了阿瑟的研究路径，他主要的思想贡献在于论述了马克思"生产关系"概念与黑格尔"承认"思想之间的关联。A. 奇蒂指出，社会生产关系是马克思理论的关键概念，是区分不同社会形态的根本标志，但是马克思对此并没有太多阐述。通过考察生产关系的思想来源，A. 奇蒂提出了自己对马克思生产关系概念的新理解；通过分析费希特与黑格尔的承认思想，A. 奇蒂指出，"承认"不仅意味着"认知的承认"，也意味着"实践的承认"。马克思正是用"社会"概念继承了主体之间相互构成的承认思想。就财产权与承认之间的关系而言，

---

① Christopher J. Arthur, *The New Dialectic and Marx's Capital*, Brill: Leiden, 2002.

② Vasilis Grollios, Book Reviews on The New Dialectics and Marx's Capital, in: *Capital & Class*, 35（2），2011.

A. 奇蒂说,在黑格尔那里,财产权的作用是让人们自己的自由具体化的同时,合理地表达对其他自由个体的承认。在分析共产主义社会时,早期马克思也有类似的思想,即"真正的财产权"的作用在于使不同个体在对象化自身个体性的同时,承认他者是具有不同需要的自由个体。进而,马克思运用这一观念批判资本主义社会的私有财产和市场交换,认为其疏远了财产和承认之间的关联。① 这些思考对反思当前流行的"承认理论"也颇具启发。

3. 意识形态与宗教问题研究。在《马克思主义、宗教和意识形态:来自麦克莱伦的主题》② 文集中, D. 贝茨 (David Bates)、L. 麦肯齐 (Lain Mackenzie)、S. 塞耶斯等人指出,作为马克思的传记作者,很少有学者像麦克莱伦一样,在马克思、意识形态、宗教及其重叠方面做了如此多的探究。针对麦克莱伦关于这三个主题的看法,该文集收集了一些国际学者对其进行批判性分析的文章,从而深化和拓展了关于宗教和意识形态问题的研究。例如, T. 麦肯纳指出,作为一个虔诚的天主教徒,麦克莱伦在马克思主义学者中有特别之处。就是说,麦克莱伦的宗教思想为他阐释马克思思想提供了广阔的视野,同时导致他在研究马克思这位 19 世纪革命家时有着创造性的张力。例如,对青年马克思与成熟马克思的连续性问题, T. 麦肯纳认为,麦克莱伦的重要贡献在于,他论证了《资本论》使"巴黎手稿"中已然存在的主题得以深化和具体化的原因,并指出阿尔都塞所说的"认识论断裂"是一种简单的虚构,但他同时也质疑将"人道的、道德的"马克思与"经济的"马克思对立起来的做法。在该文集中, A. 麦克利什 (Alastair McLeish) 对人道主义的马克思主义阐释进行了批判。他认为,在马克思的早期著作中包含关于人性的一种乌托邦式的样板,这与他所分析的劳动的历史进程相脱离。Ch. 德韦伦尼斯 (Charles Devellennes) 则对马克思的宗教观和麦克莱伦的理解方式进行了深刻而又全面的批判性反思,他展示了马克思及作为代理人的麦克莱伦对宗教进行的"粗俗的"批判,认为这种批判将宗教视为未经历史发展影响的、原始的非理性主义。然而, T.

---

① Andrew Chitty, Recognition and property in Hegel and the early Marx, in: *Ethical Theory and Moral Practice*, 16 (4), 2013.
② David Bates/Lain Mackenzie/Sean Sayers, *Marxism, Religion and Ideology: Themes from David McLellan*, London: Routledge, 2015.

麦肯纳对麦克莱伦所说的马克思"既非有神论者又非无神论者"的论断存疑。①

4. 关于阶级问题与革命理论研究。例如，在《马克思的革命观念》② 一书中，卡利尼科斯③认为，马克思主义并未终结，它仍然是理解当代世界政治的"基本原理"。无论人们如何宣称要埋葬马克思主义，马克思的"幽灵"仍然困扰着他们；马克思主义观念对今天那些反对贫穷、不平等、压迫、环境迫害，以及资本主义体系非正义的活动家来说，仍然具有持久的影响力。在"导言"中，卡利尼科斯指出，对马克思的理解不能仅仅将其作为一种知识探究，他的思想对理解今天这个看起来越来越嘈杂和非理性的世界是不可缺少的。关键在于对当代世界的推动力要有一个深层的洞见，同时也要将这种洞见视为改变世界的方式。就经济危机根源而言，卡利尼科斯认为这不仅仅是客观的经济过程，也是富裕国家中的失业，以及第三世界中许多地区的饥荒和传染病等影响。由此，也会将人类带入完全野蛮的政治格局中。因而，需要对资本主义危机进行综合分析和批判。至于对待马克思的革命理念，卡利尼科斯坚持革命社会主义者的立场。他认为，在马克思那里，有一项最基本的内容用葛兰西的话说就是"实践哲学"（the philosophy of practice）。在卡利尼科斯看来，社会主义未来依赖于将这些革命理念视为一种激发工人反抗和取代资本主义体系的物质力量。因此，深入了解和批判资本主义是维系马克思主义生命力的重要支撑点。

5. 马克思主义历史哲学研究。众所周知，英国具有马克思主义历史研究传统，有许多马克思主义历史学家，从"英国历史学家小组"（1946—1956）发展成为马克思主义史学派，主要代表人物有 D. 托尔（Dona Torr）、多布（Maurice Herbert Dobb）、贝尔纳（John Desmond Bernal）、默顿（Arthur Leslie Morton）、霍布斯鲍姆、E. P. 汤普森（Edward P. Thompson）、希尔（Christopher Hill）、希尔顿（Rodney Hilton）、P. 安德森等。2012 年，英国马克思主义历史学家 R. 弗雷泽

---

① https://marxandphilosophy.org.uk/reviews/8115_marxism-religion-and-ideology-review-by-tony-mckenna/.
② Alex Callinicos, *The Revolutionary Ideas of Karl Marx*, Haymarket Books, 2012.
③ 卡利尼科斯（Alex Callinicos, 1950— ），当代英国左翼学者，《国际社会主义》杂志主编。

(Ronald Fraser）在《新左派评论》发表的《作为日常生活的政治》[①]一文中指出，人类在历史上的能动性，即有意识的、目标导向的活动主要有三类。（1）私人目标。例如，文化学习、婚姻选择、技能培训和家庭维持等。但这些看似个人的谋划，却被铭写进所依存的社会关系中，并且再生产了这些关系。（2）指向公共目标的集体的或个人的谋划。例如，宗教运动、政治斗争、军事冲突、外交事务、商业探索、文化创新等，这些活动中的绝大部分都并不旨在改变社会关系，而是在一个已被接受的主导秩序中追寻具体的目标。（3）从整体上对生存模式进行变迁的集体行动，其核心旨意在于创造或重塑整体社会结构。譬如，美国独立战争和法国大革命就是通过集体能动性来修正原初社会关系的实例。当然，R. 弗雷泽总结认为，只有集体目标才会对现存社会关系带来完全相反的激进变迁。

第三，重新塑造马克思的理论形象。

2011年，霍布斯鲍姆在生前最后一部著作，即《如何改变世界：马克思与马克思主义的传奇》[②] 中，通过对马克思的核心文本与基本思想的考察探求马克思主义的当代影响，断言马克思是我们这一世纪的思想家。霍布斯鲍姆指出，现代社会有三个方面的发展。一是苏联模式社会主义作为建设社会主义经济的唯一尝试，已经不复存在。二是随着全球化进程不断加速，人们在具有丰富财富创造能力的同时，也削减了民族国家的经济社会行为的力量和范围，从而削弱了社会民主主义运动（主要依靠向政府施加改革的压力）的经典政策，并导致国家内部以及地区之间的极端经济不平等以及全球经济危机等。三是由于全球经济大规模扩张破坏了自然环境，因而控制无限制的经济增长已经成为日益迫切的需要。然而，在扭转或至少控制经济对生物圈的影响与追求利润最大化的市场命令之间出现了明显的冲突。在这种情况下，霍布斯鲍姆认为马克思的分析在21世纪的世界仍然具有许多有效和有意义的核心内容。例如：（1）对全球资本主义经济发展动力及其摧毁力量的分析；（2）对资本主义通过制造内部矛盾实现增长机制的分析；（3）霍布斯

[①] Ronald Fraser, Politics As Daily Life. *New Left Review* 75，May-June 2012.

[②] Eric Hobsbawm, *How to Change the World: Tales of Marx and Marxism*, London: Little Brown, 2011.

鲍姆借用诺贝尔经济学奖获得者 J. 希克斯爵士的表述——大多数希望弄清历史一般进程的人都会运用马克思主义的范畴或者这些范畴的某种修正形式，因为几乎没有其他的范畴形式可用——试图指出，我们要在新的历史情境下获得解决问题的成功方案，就必须重拾马克思曾经提出的问题。①

2012 年，意大利帕多瓦大学 L. 巴索的《马克思与独特性：从早期作品到"大纲"》② 一书被 A. 波芙（Arianna Bove）译成英文出版后引发了人们的关注和讨论。在该书中，L. 巴索区分了"独特性"（singularity）和"个体性"（individuality）这两个概念。L. 巴索认为，个体性既为现代性奠定了思想基础，它本身亦是现代性的产物；而独特性是对个体性进行质询的关键性要素。与个体性不同，独特性不是封闭的自我，而是产生互动的"外在的能动者"（external reagent）。换言之，独特性概念并非仅仅是对个体性的承认，它指称的是个体对差异领域的承诺，并试图重新激活多样化的主体性维度。就其张力而言，独特性范畴是"超个体性的"（trans-individuality），它制造了"个体主义"（individualism）与"整体主义"（holism）之间的对立。因此，独特性概念既不是指绝对独立的个体，也不是指作为整体的共同体，而是居于个体与共同体之间。

在 L. 巴索看来，马克思不仅试图超越个体主义和整体主义，也揭示了两者之间的相互交织。对马克思而言，理论与实践之间总是有不能完全同一的剩余，个体在实践中总会被实践倒置，但与苏联式社会主义将社会完全置于个体之上并对个体进行否定不同，马克思理论并不是有机论的整体主义，马克思主义和自由主义也并非完全对抗而是相容的。尽管 L. 巴索认同个体观念，但他并不接受分析的马克思主义所持有的方法论的个体主义立场，他认为这一立场削弱了马克思主义对资本主义社会的激进批判。L. 巴索说，当马克思告别了早期对抽象的类概念的强调之后，就开始了对个体主义和有机论的整体主义的解构。在马克思那里，个体与集体之间呈现出持续的动态交换，两者的关系不是和解式

---

① ［英］霍布斯鲍姆：《马克思在 21 世纪具有什么样的意义》，吕增奎译，《当代世界与社会主义》2012 年第 6 期。
② Luca Basso, *Marx and Singularity: From the Early Writings to the Grundrisse*, Brill Academic Pub, 2012.

的，而是破裂与非对称的论争。由于独特性的主体化时刻在于它能够对物的现存状态进行质疑并再行制造，因此对马克思来说，在制造与实践之间存在一个持续的动态交换过程。实践很重要，但并非不受发展条件内在逻辑的影响，历史正是由这两者交互作用的剩余物推动着前行。

2016 年，在《马克思：伟大与虚幻》①一书中，伦敦玛丽女王大学历史学教授、剑桥大学历史和经济中心主任 G. St. 琼斯（Gareth Stedman Jones）也试图重塑马克思的理论形象，并展现一个"有血有肉"的马克思。为此，G. St. 琼斯离开传统的政治意识形态解读路径，将马克思置入 19 世纪的历史、政治、思想背景尤其是德国古典哲学脉络中介绍马克思的所惑与所思。在该书中，G. St. 琼斯首先肯定了马克思的理论贡献，并特别指出《资本论》首次描绘了在不到 100 年的时间里世界市场的出现以及现代工业释放的巨大生产力所带来的空前变化，强调了资本主义创造新的需求和满足需求的方式的内在倾向，以及资本主义对所有传统文化习俗和信念的颠覆。特别是在文化与精神领域，马克思深刻地洞见到资本主义对所有边界的无视，无论这种边界是神圣的还是世俗的：它打乱了所有神圣的等级秩序，无论这种等级是存在于统治者与被统治者之间，还是存在于男人与女人或者父母与儿女之间；它将一切都转化成可出卖的物品。不过，G. St. 琼斯也指出，马克思尚未最终解决《资本论》中提出的许多理论问题。例如：抽象的交换价值是如何转变成市场中的价格的？当资本主义席卷全球时，它与前资本主义世界如何交往？以及如何理解资本主义国家的典型特征？等。总之，这部大部头的传记刻画了一个"有血有肉"的马克思，并清晰地勾勒了马克思思想与 19 世纪思想状况之间错综复杂的关系，但并未对马克思理论观点作出全面评价。

2018 年，在《马克思》②一书中，英国马克思学家、布里斯托大学 T. 卡弗重新解读了马克思，并将其内容分为重塑马克思肖像、阶级斗争与阶级让步、历史与进步、民主与共产主义和社会主义、资本主义与革命、剥削与异化六个主题。在该书中，T. 卡弗并不是简单地介绍马克思的写作内容，而是反思当马克思写作时他"在做什么"。因此，该

---

① Gareth Stedman Jones, *Karl Marx: Greatness and Illusion*, Penguin UK, 2016.
② Terrell Carver, *Marx*, Cambridge: Polity, 2018.

书主要是从政治活动家的角度重塑马克思的理论形象的,而不是将其单纯视为一个哲学家、经济学家、政治思想家或知识分子。尽管只是用几个学术范畴来勾勒马克思思想传记,但 T. 卡弗在试图呈现马克思所处时代社会政治语境的同时,也审视了现代社会,以此阐释今天应该如何重拾"马克思的问题"。

二 基于本土经验的西方马克思主义研究

西方马克思主义是当代马克思主义的重要组成部分,它在反思性地继承马克思思想的同时,也关注当下资本主义社会的新发展。21 世纪资本主义呈现出一些新特点。一方面,全球化的资本主义世界在一些关键方面与马克思所预见的世界极为相似;另一方面,资本全球化、福利国家的出现与危机、科学技术发展等给资本主义社会带来改变的同时也带来了挑战。因此,对当代资本主义社会的复杂统治进行诊断,成为西方学者亟待解决的理论任务。面对这些现实改变,除了"回到马克思",将马克思主义视为反思和透视这些变化的重要思想资源之外,英国马克思主义者和左翼学者也批判性地借鉴批判理论、后现代主义、女性主义等理论资源,并密切关注世界政治经济局势。他们围绕着文化研究、民主政治、生态危机、种族主义、性别平等议题,针对当代资本主义、帝国主义以及自由主义等展开了分析和批判。

第一,早期西方马克思主义研究。

在对早期西方马克思主义的研究中,21 世纪英国马克思主义者继续关注卢卡奇、葛兰西等人的思想遗产,并从新的解读视角出发提出了一些新观点、新见解。

在《为〈历史与阶级意识〉辩护:尾巴主义与辩证法》[①] 一书中,齐泽克等人讨论了卢卡奇的《尾巴主义和辩证法》。在该书"导言"中,齐泽克提出不应将卢卡奇理解为西方马克思主义始祖,而应该将其视为"列宁主义的终极哲学家"。在《哲学的列宁主义与卢卡奇的"西

---

① Georg Lukacs, Slavoj Žižek, Esther Leslie, *A Defence of History and Class Consciousness: tailism and the dialectic*, London & New York: Verso, 2000.

方马克思主义"在东方》① 一文中，J. 弗拉基亚（Joseph Fracchia）支持齐泽克的观点。但与齐泽克不同的是，J. 弗拉基亚对卢卡奇的列宁主义持批评态度。J. 弗拉基亚指出，人们通常认为，卢卡奇的贡献在于运用 M. 韦伯的棱镜阅读马克思以分析相对剩余价值生产。在生产过程中，商品拜物教在客观形式和主观立场上都成为工人日常生活中不可避免的实在。因此，无产阶级与资产阶级分享着同样的物化生命，或者说，社会存在的客观实在对无产阶级与资产阶级来说是一样的。只有以政党为中介，无产阶级才会产生与资产阶级不一样的对总体性的渴望，从而从量化的逻辑中解放出来。然而，卢卡奇忽视了工人真实的生命经验，即在 M. 韦伯棱镜中被忽视的工人被剥削的经验。生产劳动中的关系并不仅是工人与机器的关系，也包括工人与雇主的关系，以及工人被剥削的经验。对这些经验的忽视必然会否定工人自我解放的可能性，因而要求助于列宁主义政党。就是说，我们需要看到商品拜物教具有客观性和主观性，否则就不能洞见到资本主义的意识形态及其垮台的可能性。

在《官僚化的君主政治：欧洲危机的葛兰西视角》② 一文中，R. 科西彦（Razmig Keucheyan）指出，葛兰西的"组织危机"（Organic Crisis）理论在今天仍然值得借鉴。葛兰西通过独特的霸权理论，指出西方资本主义经济危机很少会产生直接的政治后果，不会像东方社会那样短期内直接导致政权更替；灾难性的危机只会发生在东方社会。西方社会经济危机会被市民社会与国家之间的"堑壕—系统"（trench-system）所吸收或阻断，即阻止经济危机向政治领域传导，从而维护社会秩序的稳定。就是说，经济与政治之间所构成的历史集团具有具体性和辩证统一性的特征，历史集团的功能就在于阻止经济领域的动荡向政治领域过渡。因此，在葛兰西眼里，西方社会最致命的危机不是经济危机，而是事关霸权的"组织危机"，或者说"整体国家"（Integral State）的危机。这是因为，整体国家等于政治社会和市民社会的相加，它是经济强制和超经济强制的有机结合。在这个意义上，组织危机是历

---

① Joseph Fracchia, The Philosophical Leninism and Eastern Western Marxism of Georg Lukacs, in: *Historical Materialism*. Vol. 21 (1), 2013.

② Razmig Keucheyan, Bureaucratic Caesarism: A Gramscian Outlook on the Crisis of Europe, in: *Historical Materialism*. Vol. 23 (2), 2015.

史集团的解体。

2016年7月，在新版《新左派评论》第100期上，P. 安德森发表了《葛兰西的继承者》一文，以呼应40年前他在旧版《新左派评论》第100期上（1976年11月）发表的《葛兰西的二律背反》一文。在《葛兰西的继承者》一文中，P. 安德森指出，"没有哪个意大利思想家能够像葛兰西一样在今天享有盛名，无论就学术引用还是网络查阅而言，葛兰西都在马基雅维利之上"①。在这里，P. 安德森高度评价了葛兰西的《狱中札记》，认为其涵盖的主题之多，几乎是其他左翼思想家作品无法比拟的；而且，由于内容的碎片化，给后来的葛兰西阐释者提供了许多的重构空间。P. 安德森说，对葛兰西思想真正进行创造性运用的学者来自意大利之外。例如，牙买加人霍尔、阿根廷人拉克劳、孟加拉人R. 古哈和意大利人阿瑞吉，并高度评价他们在批判性地传承葛兰西霸权思想方面所做的贡献。P. 安德森指出，霍尔侧重阶级统治意识形态的复杂性，发展了威廉斯对霸权内涵的理解，即认为霸权是一种实践、意义和价值的中心系统，它比一般意识形态更深地渗透在社会意识当中。因而，必须持续更新霸权所包含的复杂结构，以收编替代性实践和意义。霍尔的研究是对20世纪70年代以后英国政治发展变化的"葛兰西诊断"。拉克劳、墨菲在融合后现代主义与马克思主义的基础上，提出激进民主思想；并用民粹主义代替霸权，将民主需求偶然地统一为集体意志。见证了孟加拉纳萨尔农民暴动的R. 吉哈则专注于研究"贱民"（Subaltern）的斗争，并展现印度不同形式的反抗斗争的意义。阿瑞吉则综合了关于霸权思考的两个脉络：作为阶级之间权力关系的霸权与作为国家之间权力关系的霸权。

2017年，在《这个H词：霸权的诸次突变》②一书中，P. 安德森又进一步讨论了霸权问题。他指出，以"H"为开头的词有很多，例如，"Hydrogen Bomb"（氢弹），但该书讲的是"Hegemony"中的"H"，即通常所说的霸权或领导权。就如以前许多著作所阐明的那样，P. 安德森梳理了霸权的各种语义及流变，包括这一概念在以古希腊为源头的西方文明中的变化、在中国文化中的传播与发展，以及葛兰西如

---

① https://newleftreview.org/II/100/perry-anderson-the-heirs-of-gramsci.
② Perry Anderson, *The H-Word: The Peripeteia of Hegemony*, New York: Verso, 2017.

何从俄国马克思主义者那里继承和重新阐发了这一概念。其中，P. 安德森推崇德国保守主义法学家 H. 特里佩尔（Heinrich Triepel）关于霸权的思考，并指出需重视中国历史中王霸不分的传统，即"强制"（coercion）与"赞同"（consent）的一体化。在呈现霸权概念史丰富视角的同时，P. 安德森也对当代社会的霸权现象进行了诊断。针对当前流行的单边主义与多边主义之争，P. 安德森说，尽管可能会出现一个没有单一霸权国家的"霸权体系"（hegemonic system）——在这个体系里，多边关系由于呈现出一种交融式的自我平衡稳态结构而不再需要一个维持霸权秩序的最高统治者，但是 P. 安德林对多边主义的持续稳定性持保留态度。

第二，文化马克思主义研究。

自 20 世纪 60 年代以来，英国马克思主义者尤为关注文化研究和文化批判。例如，伯明翰当代文化研究中心的霍加特、霍尔、威廉斯、E. 汤普森、伊格尔顿，以及美国的詹姆逊、费斯克等人，通常被称为文化马克思主义者。

首先，与传统马克思主义者不同，文化马克思主义者非常重视文化因素的作用。他们认为，文化是透视社会的一面镜子，文化批判本质上是一种社会批判。因此，他们大多关注文化本身所具有的社会政治内涵，致力于分析文学、艺术、传媒和电影等多元文化形式，试图重建马克思的文化视角。21 世纪以来，尽管伯明翰当代文化研究中心趋于衰落甚至关闭，但英国马克思主义者希望继续通过文化批判介入当代资本主义社会，同时也通过借鉴后现代理论、文化研究早期思想等拓展文化批判和研究的视域。

其次，与法兰克福学派主流理论家对大众文化持批判和否定态度不同，英国文化马克思主义者在一定程度上肯定甚至推崇大众文化。他们通常反对将精英文化与大众文化对立起来，认为文化作为一种生活方式和居于其中的人们的意义来源本身蕴含着解放潜能。例如，在《文化的观念》（2000）一书中，英国文学批评家、文化马克思主义者伊格尔顿就通过分析文化与社会、艺术、宗教的关系，透视了真实的权力运作和社会矛盾的复杂机构。伊格尔顿提出，"文化"具有三个重要的派生意义：一是针对资本主义的批判；二是狭义的生活方式；三是专门用于艺术。这三种意义彼此相关，从而拓展了文化的内涵。

可见，对一些文化马克思主义来说，他们并不是从意识形态角度分析文化的，而是将文化视为社会结构的组成部分，文化本身与政治、经济等复杂地交织在一起。

在《对革命者而言的阿多尔诺》（2011）① 一书中，英国马克思主义音乐理论家、文化理论家 B. 沃森（Ben Watson）认为，阿多尔诺既不是高雅文化的辩护者，也不是流行趣味的贬低者，其探讨的是在经典音乐与流行音乐中共有的机械化和标准化问题。换言之，在阿多尔诺眼里，资产阶级纯粹艺术将自己实在化了，变成了一种与物质世界相对的自由世界，从而从一开始就排除了底层群众，以及存在于这些阶层中的真实的普遍性。这样，艺术就从虚假普遍性中得到了自由，它凭借这种自由而恪守诺言；但底层群众生活的艰辛和压抑就是对这种自由最好的嘲讽。对他们而言，只要能不把时间全花在维持生计的劳动上，就应该感到非常高兴。就是说，资产阶级音乐远离了大众，却又奴役着大众。但在 B. 沃森看来，就像许多其他理论家一样，阿多尔诺尽管看到了交换价值领域的问题，却常常忽视价值生产本身的意义，即没有将音乐生产与无产阶级的劳动和斗争联系起来，从而没有考虑到通过劳动者的主体性来实现真正的音乐生产；更为关键的是，阿多尔诺未能区分不同的流行艺术形式的政治影响，从而未能认识到作为音乐对象的爵士乐本身仍然值得认真研究。因此，阿多尔诺没有能够考虑到音乐本身的解放力量这一点就不足为奇了。

在《马尔库塞：解放美学》（2012）② 一书中，M. 迈尔斯（Malcolm Miles）通过回顾马尔库塞的美学理论与哲学、艺术、历史、政治分析之间的联系，指出马尔库塞的一个具有启发性的洞见，即在失去控制的资本主义大变动中，过度需求已经越来越超出社会与生态环境所能够承受的范围。可以说，马尔库塞一生的研究为当下人们探求一个更加美好的社会提供了不可多得的洞见，因此非常值得进一步研究。与此同时，M. 迈尔斯也对马尔库塞的艺术与美学理论的不足之处做出了自己的批评。他指出，当马尔库塞寄希望于通过艺术与美学作为中断资本主义的主要力量，并重建一个更加自由、更加快乐和更加美好的生活方式

---

① Ben Watson, *Adorno for Revolutionaries*, Unkant Publishing, 2011.
② Malcolm Miles, *Herbert Marcuse*: *An Aesthetics of Liberation*, London: Pluto Press, 2012.

的构想时，实际上陷入了一种虚幻的乌托邦。

在文化与政治的关联问题上，一些左翼学者也警惕文化与资本、权力的联姻。譬如，T. 卡弗和 A. 钱伯斯合编的《M. J. 夏皮罗：话语、文化与暴力》（2012）① 一书就讨论了文化与权力之间的复杂关系。他们指出，M. J. 夏皮罗较早地证明了语言不是政治的附带现象，反而是政治的基质与结构性要素。M. J. 夏皮罗通过一系列研究展示了政治是如何通过并伴随语言的使用而发生，以及作为话语的物质实践最终是如何停留于话语之内的。T. 卡弗和 A. 钱伯斯指出，早在《公民文化》（1963）一书中，阿尔蒙德（Gabriel A. Almond）和维巴（Sidney Verba）就已经展示了文化与政治之间的复杂关系，揭示了文化作为独立变量是如何对政治发生影响的。但就文化与政治的关系而言，亨廷顿的《文明的冲突与世界秩序的重建》（1996）可谓使两者之间的冲突达到了极致。不过，M. J. 夏皮罗的大量论著完全颠覆了这种二元论主张。在他那里，政治与文化是水乳交融的，没有哪一方面能够成为单一的变量。关于暴力问题，T. 卡弗和 A. 钱伯斯指出，尽管现代政治理论早已将暴力作为重要议题之一，但通过对这个概念的考察和再阐释，M. J. 夏皮罗还是在重新思考政治理论的边界方面做出了重要贡献。他认为，并非只有刀枪才会有暴力，地图、电影、音乐和形而上学，甚至是诗歌和观念都可能成为暴力形式，从而成为政治理论探讨的内容。除了讨论 M. J. 夏皮罗本人的理论之外，该书还介绍了 M. J. 夏皮罗与福柯的相遇，以及与德里达、J. 巴特勒、德勒兹等人掀起的后结构主义运动之间的关系。

2014 年，英国文化马克思主义者、曾经担任伯明翰当代文化研究中心主任的霍尔②逝世，英国学者 R. 布莱克伯恩（Robin Blackburn）在《新左派评论》发表了纪念文章《斯图尔特·霍尔（1932—2014）》。在该文章中，R. 布莱克伯恩追溯了霍尔的生平经历以及对《新左派评论》的影响，并通过"政治与文化""加勒比人身份""撒切尔主义""新时代？"等主题分析了霍尔的思想遗产。R. 布莱克伯恩指出，霍尔对文

---

① Terry Carver & Samuel A. Chambers（ed），*Michael J. Shapiro：Discourse，Culture & Violence*，Routledge，2012.

② Robin Blackburn，Stuart Haul（1932–2014），*New Left Review* 86，March-April 2014.

化理论和文化阐释做出了重要贡献。霍尔的著作中，具有一种政治的动力，即对占支配地位的文化范式进行政治挑战以及对霸权政治进行文化挑战，由此促生了"文化研究"这一新的研究领域。在霍尔看来，这个研究领域具有政治信念与跨学科特征。由于作为牙买加人的独特经历，霍尔的思想具有独特的马克思主义特征。霍尔最具独创性、最具影响力的著作，是通过分析市民社会的权力关系拓展了政治视域。不过，他并没有夸大微观政治，从而掩盖社会整体层面的制度选择，而是常常回到作为宏观政治的新左派事业中。

在《创新性：在新文化产业中生存》[①] 一书中，伦敦大学的 A. 默克罗比（Angela McRobbie）从文化研究视角出发，对英国新创新经济的欢愉时刻进行了反思。例如，她重新反思了作为"逃离路线"的抵抗以及当下文化和创新性新政治面临的困境，并强调创新性工作和动荡之间的当代联结。在这里，A. 默克罗比尤为关注 2008 年金融危机以来欧洲年轻人的失业情况，并提出创新性具有意识形态效力，它既是劳动市场需要的能力，也会成为社会治理和劳动改革的新方式。A. 默克罗比批判这种新自由主义策略，并呼吁恢复"工作中的福利"。另外，A. 默克罗比还指出当前文化研究的困境在于：一方面文化研究在理解亚文化和时尚时，也将其作为在商业机会中起着工具作用的主要因素；另一方面文化研究也长期扮演着政治角色，即批判资本主义及出于市场目的的创新实践指派方式。在实践层面，A. 默克罗比也提出了新文化产业未来发展的策略，即这种文化产业要受社会民主思想而非新自由主义议程所驱动，只有创新性劳动才能提供未来改变的可能性。

第三，女性主义的马克思主义研究。

作为透视社会正义、实现人的解放的重要向度，女性主义和性别平等问题也是英国左翼学者关注现实、反思社会的重要方面。性别压迫和性别歧视问题非常复杂，它往往与资本主义、帝国主义、种族主义、后殖民主义等交织在一起，因而也有着不同的诊断和解放视角。根据话语理论和侧重点的不同，女性主义通常可分为马克思主义的女性主义、社会主义的女性主义、自由主义的女性主义、后现代的女性主义等不同的

---

① Angela McRobbie, *Be Creative：Making a Living in the New Culture Industries*, Cambridge, UK：Polity Press, 2016.

女性主义流派。英国左翼学者也从文化研究、心理分析、民主理论、左翼联盟等角度探究了现代社会的性别压迫和性别解放问题。

A. 默克罗比从大众文化角度研究了性别问题。早在《女性主义与青年文化》① 一书中，A. 默克罗比就考察了女性的文化实践，揭露了潜藏在亚文化研究中的男性偏见，并试图建构可以允许自信且激进的女性气质的大众文化。但该书尚未对生产及大众文化工业视角进行深入分析——借助这一视角可以对全球资本主义、新自由主义，以及"后—女性主义"（post-feminism）行为如何阻碍大众文化中的解放潜能进行反思②。到《女性主义的余波：性别、文化和社会变化》③ 中，A. 默克罗比一改过去的乐观态度，通过对 J. 巴特勒的性别理论与女性主义心理分析的融合，探究电影、电视、大众文化、女性杂志等的变化，并对植根于后—女性主义、新自由主义经济全球化的英国大众文化中的女性主体丧失进行了分析。A. 默克罗比指出，对性别、权力与大众文化的现代操演，英国社会存在着一种女性主义断裂的"双重纠缠"，即女性主义一方面受到抵制，另一方面又被制度生活借鉴，并转变成为一种可以被有效替代的个体话语，以此重新塑造了关于青年女性的传统观念。一些推崇"女性气质"的大众文化（例如，一些关于穿搭或减肥的电视节目和杂志），重新建构了关于阶级、种族与性别的社会等级。因此，A. 默克罗比猛烈抨击了这种"后—女性主义"文化，同时也将 J. 巴特勒、巴迪欧等人的思想介绍给英国学界。

英国伦敦大学人文科学教授 J. 罗斯（Jacqueline Rose）从心理分析视角讨论了女性主义。J. 罗斯因在女性主义、心理分析、文学、犹太复国主义的政治和意识形态等方面的研究而享有国际声誉，被齐泽克称为"公共知识分子的典范"。在《女性气质及其不满》④ 一文中，J. 罗斯探究了弗洛伊德等人关于女性气质及其批评者的讨论，并对心理分析

---

① Angela McRobbie, *Feminism and Youth Culture*: *From Jackie to Just 17*. London: Macmillan, 1991.

② Julia Downes, Review on Angela McRobbie, The Aftermath of Feminism: Gender, Culture, and Social Change. *Third Space*, Vol. 8 (2), 2009.

③ Angela McRobbie, *The Aftermath of Feminism. Gender, Culture and Social Change*. Sage, 2009.

④ Jacqueline Rose, Femininity and Its Discontents, *Feminist Review*, No. 80, Reflections on 25 Years, 2005.

如何可以给出关于女性屈从状态的分析进行了反思。在 J. 罗斯看来，心理分析代表着对女性主义来说是困难却十分重要的内容，而这些内容正在消失。她说，心理分析的提问方式与解决方式使女性主义分析更加充分。对女性主义来说，心理分析已然是政治的，即它已经进入了需要回应女性主义论争内在需要的舞台；另一方面，女性主义对心理分析的抛弃被视为与大众文化中心理分析的边缘性相关。因而，无法全面地认识女性被压迫的处境。2014 年，J. 罗斯还写作《黑暗时代的女性》[①]一书以致敬阿伦特的《黑暗时代的人们》。在该书中，通过对革命社会主义者卢森堡、受家庭悲剧和犹太迫害的德国犹太画家 Ch. 萨洛蒙（Charlotte Salomon），以及电影偶像梦露（Marilyn Monrose）的生平经历的阐释，J. 罗斯从心理分析视角，讨论了在不正义的世界，女性应该如何面对自身和正视黑暗的问题。

在《佩特曼：民主、女性主义与福利》[②]文集中，T. 卡弗和 S. A. 钱伯斯从民主、女性主义与福利三个方面分析了 C. 佩特曼（Carole Pateman）的性别政治思想。佩特曼是英国女性主义政治理论家，曾出版《女性主义挑战：社会政治理论》《性契约》《女性的混乱：民主、女性主义和政治理论》等著作。在女性主义研究方面，C. 佩特曼将性别概念与社会阶级、经济利益、权力差异、"自由"个体主义和契约等方面联系起来，致力于从民主政治角度思考性别问题。其中，她提出的"性契约"（the sexual contract）、"沃斯通克拉夫特困境"[③]等概念对今天的女性主义研究仍具有重要意义。

2016 年，在《危机中的团结？紧缩英国中的无政府主义、女性主义和左派合作的界限》一文中，D. 基思（Dan Keith）等人分析了目前英国左派面临的困境与挑战及女性主义的重要性。2008 年金融危机以后，为了躲避债务危机，欧洲各国纷纷收紧财政政策，英国也不例外。例如，为了减少财政赤字，英国自 2008 年开始引入包括降低公共部门

---

① Jacqueline Rose, *Women in Dark Times*, London: Verso, 2014.
② Terrell Carver, Samule A. Chambers (eds), *Carole Pateman: Democracy, Feminism, Welfare*, London and New York: Routledge, 2013.
③ "沃斯通克拉夫特困境"（Wollstonecraft's dilemma），C. 佩特曼用它来表示女性在努力获得完全公民身份时所对面的困境（Carole Pateman, *The Disorder of Women: Democracy, Feminism and Political Theory*. Cambridge: Polity Press, 1989, p.196.）

工资、减少社会福利支出等财政紧缩政策,从而对教育、医疗等公共服务产生了负面影响。英国左翼政治试图对这些植根于新自由主义意识形态和紧缩政策的政治决策进行挑战。其中,D. 基思主要讨论了三种反抗行动:无政府主义、女性主义、马克思主义和社会主义行动,并指出考虑到左派观念和实践的融合,需要关注目前左翼政治的"女性主义转向"。(1)性别作为一种权力关系,在包括左派行动在内的所有社会行动中扮演着形塑话语和实践的作用。当追溯性别操演时,女性主义提醒我们注意:性别主义并不总是意图行为的结果,重要的是去探究性别压迫是如何在不知不觉甚至是不情愿的情况下发生的;甚至在一些进步性的行动团体中,不同个体行为和集体行为也潜在地再复制着性别歧视和等级观念。(2)鉴于女性主义作为社会运动和主流媒体讨论的对象所具有的可见的活力,英国左派对未来的反思需关注女性主义的努力。(3)社会运动不是统一的、静止的实体,而是带有多种边界的情境化的、流动的反抗方式。因而,需要观照包括性别解放在内的不同的行动目标,从而促进左翼政治的发展。另外,D. 基思还通过援引 N. 弗雷泽、A. 默克罗比、N. 鲍尔(Nina Power)、H. 爱森斯坦(Hester Eisenstein)等人的思想,试图指出在当下政治话语中占支配地位的女性主义实际上是个体化的、新自由主义女性主义的变体,而早期"社会主义的女性主义"(socialist feminism)对资本主义的系统批判已经趋向边缘化。因而,她们建议找出"女性主义的社会主义"(feminist socialism)发展的阻碍,观照性别解放旨趣与其他解放意旨的联结,从而增强左派的团结。①

从马克思主义视角对性别压迫进行探究一直是女性主义研究的重要议题。与从价值、剩余价值入手去思考资本主义剥削与压迫的视角不同,T. 巴塔查里亚(Tithi Bhattacharya)在其主编的《社会再生产理论:重绘阶级、重思压迫》②一书中指出,社会再生产领域才是理解当今资本主义社会不平等和剥削的最重要领域。在他看来,只有将资本主

---

① Bice Maiguashca, Jonathan Dean, Dan Keith, Pulling together in a crisis? Anarchism, Feminism and the limits of Left-wing convergence in: austerity Britain. *Capital & Class*, Vol. 40 (1), 2016.

② Tithi Bhattacharya (ed.), *Social Reproduction Theory: Remapping Class, Recentering Oppression*, London: Pluto Press, 2017.

义社会中"生产"（production）与"社会再生产"（social reproduction）联系起来进行总体考虑，才能真正明白资本的利润来源和受压迫、受剥削的群体是谁。T. 巴塔查里亚认为，今天的马克思主义学者不仅要洞察到生产商品的劳动和劳动者，更需要揭示那被古典经济学家用解析方法隐藏并被政策制定者否认的劳动，特别是家务劳动。

T. 巴塔查里亚希望通过社会再生产研究，让原本被忽视了的性别歧视、种族压迫等非生产劳动的剥削和压迫，能够与生产领域的剩余价值的剥削一道受到马克思主义学者的重视。在 T. 巴塔查里亚看来，《资本论》已经潜在地指出了社会再生产与生产的联系与差异，但遗憾的是，马克思本人未能对其予以详细阐发。在该文集中，D. 麦克纳利（David McNally）也指出，我们应当使用"交汇性理论"（intersectionality theory）对马克思的剩余价值剥削理论，以及种族化和性别化的关系进行交融式互动研究，而不是将资本主义劳动与再生产领域的劳动进行对抗和排斥。另外，该文集还收录了诸如 N. 弗雷泽、S. 穆罕黛西（Salar Mohandesi）、E. 泰特尔曼（Emma Teitelman）、S. 弗格森（Susan Ferguson）、C. T. 霍普金斯（Carmeen Temple Hopkins）、S. S. 奥兰（Serap Saritas Oran），以及 A. 西尔斯（Alan Sears）等学者的文章。

第四，生态学马克思主义研究。

20 世纪六七十年代以来，伴随西方绿色运动的兴起，西方学界诞生了一大批生态学马克思主义者。例如，法国的高兹（Andre Gorz）、加拿大的莱斯（William Leiss）、美国的奥康纳（James O'Connor）和 J. B. 福斯特（John Bellamy Foster）等人。生态学马克思主义认为，资本主义生产关系、阶级关系直接导致了环境退化和生态危机，即资本主义制度是导致生态危机的真正根源。生态学马克思主义以生态视角为切入点，围绕着历史唯物主义与生态学的关联、如何支配自然、生态政治等问题对资本主义统治的新形式进行了反思，并重新审视了人与自然的关系、生态问题与资本主义制度的关系，以及社会平等与环境正义等议题；在此基础上努力寻求解决生态问题的方案。

伴随着人类生存环境的日益恶化，生态危机和环境保护议题也成为英国马克思主义关注的焦点之一。例如，生态学马克思主义者、英国诺丁汉大学的格伦德曼（Reiner Grundmann）试图立足于人类中心主义立场建立马克思主义与生态学之间的内在关联。R. 格伦德曼不同意西方绿色思潮对"支配自然"观念的批判，认为这些批判将"支配自然"观念归究于近代理性主义哲学二元对立的理论确定，并将其视为生态危机的根源。借鉴马克思思想，格伦德曼对"支配自然"观念进行了辩护。他认为，"支配自然"是人的力量释放的前提和基础，是人类文明发展的基本诉求，它不应受到道德谴责。造成生态危机的原因在于人类支配自然方式的不当；而在资本主义条件下，这种支配行为则以工具理性和经济理性为主导的方式存在着。因而，对待自然的正确方式不是去盲目地征服，而是对其进行合理开发利用。共产主义条件下的控制自然是人类控制自然的最高境界。此外，格伦德曼还关注与环境问题相关的知识生产与政治决策。例如，在《专家：知识与专业技术的权力》一书中，格伦德曼指出，所谓的"专业技能"（expertise），是指它在知识生产与知识运用中起到的协商调和作用，而非指某个领域不可置疑的专家权威。格伦德曼还进一步探究了科学知识的权力在研究和公共政策中是如何运作的，并关注了气候变暖问题及相关公共政策①。

　　牛津布鲁克斯大学的佩珀（David Pepper）也是英国生态学马克思主义主要代表学者之一。他坚持生态社会主义是一种人类中心主义和人道主义，批判资本主义制度导致的社会不公和环境退化。佩珀认为，资本主义以利润为导向，这就决定了它要不断地掠夺自然，并把自然作为获取利润的对象。因而，他反对将资本主义社会中人与自然的矛盾凌驾于社会矛盾之上，或者将二者等量齐观。在佩珀看来，生态问题主要是由对待自然的特殊方式带来的。资本主义生产方式不仅决定了资本主义社会中人与人之间剥削与被剥削的关系，而且也决定了人类与自然的关系，即资本主义对自然的剥夺是资本主义剥削的一部分。这样，对自然的支配并不是造成生态危机的原因，而是资本主义利润最大化的生产方式导致了生态危机。由于资本主义生态矛盾的存在，使得可持续发展及"绿色资本主义"成为不可能。

　　针对发达国家向发展中国家转嫁生态危机的生态殖民主义，佩珀还指出，环境质量与社会物质财富的丰裕或缺乏紧密相关，西方资本主义国家通过对第三世界国家资源的掠夺来维持和改善自己的环境，使之成

---

① Reiner Grundmann, *The Power of Scientific Knowledge: From Research to Public Policy*. Cambridge: Cambridge University Press, 2012.

为全世界羡慕的对象。跨国公司对世界的无尽掠夺及资本主义全球化，造成了发展中国家和落后国家生存的困难，如土地沙化、污染严重、粮食供应不足、资源短缺、南北差距增大等问题。为了解决生态危机问题，佩珀提出"生态社会主义"构想。他认为，生态社会主义需要生产力的发展，不能单纯为了保护环境而使经济发展处于停滞状态。只有理性和人性的经济增长，生态危机才能得到减缓和遏制。因而，当代生态社会主义者除了考察整个世界的复杂性之外，还要关注生态社会主义的实践性，并且建构顾及社会环境、关注生产的社会需要而非仅仅考虑资本利润的满足于消费主义的替代性选择。此外，还应当从社会正义角度思考生态学的发展。具体地说，可以通过工人阶级的自决运动、国家的作用及改革现行货币体系等方面缓解生态危机。①

D. 沃尔（Derek Wall）被称为是继佩珀、T. 本顿（Ted Benton）和S. 萨卡（Saral Sarkar）之后欧洲新一代生态学马克思主义者，他致力于阐述生态社会主义的全球视野和国际向度。② D. 沃尔指出，"绿色资本主义"方案已经遭受全球性失败。原因在于以市场或技术为手段的解决方式最终受益的是资本主义，在资本逻辑和利润追逐的驱使下，生态危机不可能会得到解决；而且，某些环境问题具有全球性质，因而需要世界性而非地方性的措施才能真正解决。D. 沃尔强调，生态社会主义才是替代资本主义解决生态问题的方案。其中，包括尊重自然的生态学原则，建立恰当所有权的共同体，以及把国家之间的跨国合作与民主原则相结合等具体方案。值得关注的是，D. 沃尔将生态社会主义与民主联系在一起。他认为，西方民主具有虚假性，直接民主与经济资源再分配对创建生态社会主义来说是非常重要的。此外，D. 沃尔还强调生态社会主义的社会关怀、平等价值等。③ 总之，D. 沃尔在全球视野下将生态社会主义分析与政治哲学分析联系起来，并关注现实的生态运动，通过阐明生态社会主义的替代性选择，推进了生态社会主义的理论与实践

---

① David Pepper, On Contemporary Eco-socialism, *Eco-socialism as Politics*, Huan Q. (ed.). Dordrecht: Springer, 2010. pp. 33–44.

② 详见蔡华杰《生态社会主义的全球视野与国际向度——德里克·沃尔的生态社会主义思想述评》，《华中科技大学学报》（社会科学版）2013年第4期。

③ Derek Wall, *The Rise of the Green Left: Inside the Worldwide Ecosocialist Movement*, Pluto Press, 2010.

的融合。

三 具有现实指向的当代资本主义批判

21世纪以来，资本主义社会面临着日益严重的挑战。面对当下资本主义社会发展的问题，任何致力于社会解放的理论家都无法回避。他们一方面揭露资本主义社会的不正义以及各种支配现象，另一方面也试图提供不同的解放策略。其中，全球资本主义批判、新自由主义批判、帝国主义批判、英国脱欧等议题得到进一步展开和深化，英国左翼学者致力于探究全球资本主义的运行机制和内在危机，力求把握当代资本主义的具体问题与解放路径。

第一，经济危机分析与新自由主义批判

今天，新自由主义市场经济蔓延全球，造成了新的剥削方式和不平等，世界范围内出现了诸多社会问题。例如，民粹主义、种族歧视、宗教冲突、移民问题等。随着全球资本主义新发展，这些问题成为英国左翼知识分子和政治家思考和关注的焦点，其中涉及全球金融危机、新自由主义的政治经济体制与意识形态、民粹主义与民族主义、全球化与逆全球化等问题。他们从不同角度揭示资本主义的新特征和新变化，深化了资本主义的批判和研究。

1. 经济危机分析。经济危机是马克思对资本主义批判的核心问题之一，自2008年金融危机以来，对全球资本主义内在危机的分析成为英国马克思主义学者关注的焦点。

在《僵尸资本主义：全球危机与马克思的重要性》一书中，《国际社会主义》杂志主编Ch.哈曼（Chris Harmann）讨论了国家资本主义、帝国主义的影响、金融化等内容，尤其是从制度层面分析了金融危机的根源。他说，21世纪的资本主义总体上是一个僵死的体系，尤其在实现人类目标、回应人类情感方面毫无生机，但也能够导致突然爆发的活动并引发喧嚣。① 因而，他用"僵尸资本主义"来形容全球资本主义是一种"死"对"生"支配的制度，即工人无权控制生产的方式和内容，

---

① Chris Harman, *Zombie capitalism: global crisis and the relevance of Marx*, Chicago, Illinois: Haymarket Books, 2010. p. 12.

工人生产的劳动产品转而成为控制工人的力量。他认为，全球金融危机的爆发，证明了资本主义发展的不稳定性和停滞性。其实，这是资本主义积累规律的必然结果，即便通过法律调整和金融监管，也无法避免危机的发生。

在《马克思主义与全球金融危机》文集中，英国马克思主义经济学家、道格拉斯大学荣誉教授 H. 蒂科汀（Hillel Ticktin）着重讨论了马克思的危机理论，并将其运用到对全球金融危机的分析中，涉及的问题包括：当代危机仅仅是正常的周期性上升和下降，还是存在某种更基本的东西？这是否是资本主义的结构性危机，其中有没有直接的解决方案？金融危机是否代表了资本主义本身的一个失败等。此外，他还分析了马克思的货币和金融思想，并从利润率趋向下降、比例失调和消费不足等方面反思危机产生的原因。①

在《马克思主义理论与策略：如何变得更好》② 一文中，L. 潘尼奇和 S. 金丁（Leo Panitch and Sam Gindin）批评了以列宁为代表的传统马克思主义将当代资本主义理解为从竞争资本主义转向垄断资本主义的线性发展观。在他们看来，当代资本主义竞争不是削弱了，而是更为加强了。跨国公司和投资银行的出现，是激发资本主义全球化的原动力。它们将集中化的管理和去中心化的生产和分配相结合，从而用跨国式竞争代替了地方性垄断。资本之间的竞争关系也不再局限于工业竞争，它一方面表现为资本流动的竞争，另一方面表现为技术的不平衡发展和从固定资本及劳动中完成了价值增值的压力，大型公司之间在价格、利润、市场份额和吸收新资本的能力方面，同样表现出了残酷的竞争关系。另外，他们还指出，马克思主义内部有两种误导性的理解，一是将资本理解为内在的、有自我意识的行动者，总是追逐自身利益和完成资本积累——这类似于理性选择和博弈式的游戏理论。二是将资本主义静态地理解为工业和金融、垄断和竞争、国外和国内的理论。在 L. 潘尼奇和 S. 金丁看来，上述两种理解根本无法把握资本流动性对资本生命本身的重要性，只有将竞争性分析与阶级剥削的双重视角结合起来思考，才

---

① Edited by Hillel Ticktin, *Marxism and the Global Financial Crisis*, London: Routledge, 2011.

② Leo Panitch and Sam Gindin, Marxist Theory and Strategy: Getting Somewhere Better. in: *Historical Materialism*, 23 (2), 2015.

能理解当代的资本主义。资本主义国家依靠资本积累与利润来维持自身的存在，国家总是处于阶级力量的对比之中，但却不能等同于阶级权力。每个国家在维持竞争和不平等的统治关系的法律秩序时，都会因为历史和文化的不同而在形式上有所差异。另外，L. 潘尼奇和 S. 金丁还对社会主义社会的阶级性、卢卡奇政党理论的困境，以及葛兰西政治理论贡献进行了剖析。

2. 新自由主义批判。为了拯救资本主义，新自由主义试图通过私有化和自由市场来延缓资本主义的结构性矛盾和危机，但却导致了许多社会政治经济问题。新自由主义批判成为英国马克思主义学者关注的焦点问题之一。

2007 年"马克思主义节"以"抵抗的节日——马克思主义 2007"为题于 7 月 5—9 日在伦敦主办。本届活动以"对新自由主义和战争的全球抵抗"开篇，以"另一个世界"为结束，充分体现了活动的宗旨和目的。伦敦"马克思主义节"始于 1977 年的反帝国主义运动，影响很大、活动非常丰富。它既有学术性探讨活动，也有政治性演讲和艺术表演。与往届一样，本届会议主题非常丰富，涉及当今世界变化、全球化出路、新自由主义批判、种族解放、激进理论视野，以及战争与社会正义等问题。会议报告人多是世界著名的马克思主义学者。例如，哈维作了"资本主义为什么走向新自由主义"的报告；M. 洛威作了"生态社会主义：资本主义生态危机的出路"和"本雅明的马克思主义"两场报告；卡利尼科斯作了"战略的回归：革命与运动""从《资本论》到 21 世纪资本主义""反资本主义运动处于危机之中？"的报告；Ch. 哈曼作了"今天阶级是否重要？""工人权利和普遍权利"的报告；梅札罗斯作了"政治的结构危机"的报告；《国际社会主义》原主编、《帝国主义及其抵抗》作者 J. 里斯（Johns Rees）作了"现代资本主义的经济与政治"的报告；风头甚健的齐泽克作了"宽容作为一个政治范畴"的报告。围绕着当今资本主义的变化，报告认为，19 世纪的资本主义建立于小企业所有制竞争基础上，20 世纪的资本主义建立在大垄断企业和国家所有制基础上，而 21 世纪的资本主义则是建立在跨国所有制基础上，将一国资本主义发展为全球资本主义。新自由主义是当代帝国主义的必然选择，它是帝国主义所发起的一场不是战争的战争，是为帝国主义攫取高额利润和维护霸权地位服务的。资本主义越是存在危机，就越依赖新自由主义政策。新自由主义推进了全球化进程，打破了国家和制度的界限，使得民族国家的重要性降低，使得世界屈从于少数帝国主义政治、经济和文化的统治，从而导致世界的政治经济发展日趋不平衡，两极分化格局越发明显。①

在《新自由主义、市场社会主义与后资本主义》（2017）一文中，英国学者 D. 莱恩（David Lane）指出，新自由主义是一种社会教条，它认为市场竞争是提升人类福祉的最好途径。这种市场竞争通过资本、劳动力、商品和服务的自由流动，以及私有财产保护与最低限度的国家监管来实现。新自由主义强调，个人利益只能通过激烈的市场来实现，国家和社会不能统筹所有利益，"交易经济"是协调动态经济的很好形式。诚然，新自由主义推动了资本主义全球化的发展，但也导致了许多社会困境。当前，关于替代新自由主义的讨论有两种观点：（1）企业要考虑社会责任而非仅仅追求利润最大化；（2）市场社会主义作为一种替代新自由主义的意识形态，从理论与实践来看都是可行的。因为市场社会主义创造了一个带有社会主义特征的市场，有利于社会主义的实现。不过，在反对资本主义全球化的浪潮中，新诞生的"后资本主义"认为资本主义将被内部产生出来的新形式取代，并以信息技术、信息产品和协作生产为基础。当然，"后资本主义"依然存在着生产力与生产关系的矛盾，有可能导致一种技术决定论，同时忽略所有制关系及全球化企业对经济和国家的影响。②

第二，新帝国主义批判

一些左翼学者认为，与传统的资本主义自由竞争阶段不同，资本主义垄断阶段表明其已经进入帝国时代。在运行机制上，资本在全球的统治已经不再直接借助国家强力。因而，由资本竞争导致的主权国家的地缘政治问题不再重要。围绕着资本主义新阶段、新变化，英国左翼学者讨论了包括主权国家在全球资本主义形成和运行机制中的地位、新帝国主义批判、现代资本主义统治新形式、世界体系变化与国际政治经济新秩序等问题。

---

① 曹亚雄：《关于"2007 年版马克思主义节"在伦敦举行有关报告的综述》，《当代生态农业》2007 年第 Z2 期。
② ［英］D. 莱恩：《新自由主义、市场社会主义与后资本主义》，黄斐编译，《国外社会科学》2017 年第 3 期。

在《帝国主义和全球政治经济》一书中，卡利尼科斯围绕着全球资本主义运行机制对帝国主义进行了分析。（1）考察了列宁—布哈林对帝国主义分析的历史有效性，从而更深入地理解了两种不同的竞争形式：地缘政治竞争与经济竞争，尽管它们之间存在内在关联。卡利尼科斯指出，一旦帝国主义被概念化为两种竞争形式的"交叉"（intersection），"洲际竞争就被整合进更大的资本积累进程中，而且这一进程会持续很长时间"①。由于帝国主义被地缘政治与经济两种驱动的模糊影响所塑造，就将会导致帝国主义不会被简化地对待。因此，在现存国际体系发生变化的情况下，要超越对帝国主义的简单解读。（2）通过将国家体系整合进资本主义生产方式来分析帝国主义。卡利尼科斯认为，国家体系的持续不能被理解为仅仅与资本主义的过去有关，它作为资本主义竞争逻辑的必要伴随物能够帮助资本主义政治系统的再生。具体地说，在帝国主义阶段，资本主义竞争形式支持将世界政治地缘划分为不同的领土国家，以避免民族对抗。在国家体系中，资本同时产生国有化、地区化和不均衡，并由此导致持续的政治分裂。（3）由于在全球竞争中所处的历史情境和经济地位不同，帝国主义呈现为不同的形式。因此，现代帝国主义批判的重点是要理解经济逻辑与地缘政治逻辑如何彼此强化，并分析在全球政治经济秩序中不同的帝国主义形式是如何被建构的。总之，卡利尼科斯在对帝国主义概念进行批判性重估的基础上，提供了一种反思马克思主义的独特路径，为现代社会进行资本主义批判提供了借鉴和启发。

在新帝国主义批判方面，J. 史密斯（John Smith）的《21世纪帝国主义：全球化、超级剥削和资本主义的最后危机》比较具有代表性，该书获得了首届巴兰－斯威齐纪念奖。在该书中，J. 史密斯结合马克思的价值理论和列宁的帝国主义理论，考察了新自由主义全球化时代资本主义国家的发展特征和剥削状况。他指出，生产全球化反映了跨国企业权势的大幅拓展，其中绝大多数跨国企业来自帝国主义国家。在这里，J. 史密斯基于许多具体实例深入揭示了当今帝国主义是如何通过"全球劳工套利"（global labor arbitrage）方式剥削被压迫的国家的，即这些

---

① Alex Callinicos, *Imperialism and Global political economy*, Cambridge: Polity Press, 2009. p. 15.

跨国企业为了降低成本、获得利润，通过外包或引进移工，以廉价的国外劳工代替本国工人。这是生产全球化的主要驱动力。J. 史密斯指出，新自由主义全球化是资本主义发展的新帝国主义阶段——在这个阶段，资本输出与民族压迫密不可分。而且，经济的本质定义了帝国主义的本质：北方资本家对南方活劳动的剥削。此外，J. 史密斯强调，超级剥削（指高于全球平均值的剥削率）的盛行与资本主义的系统性危机相关。由于北方国家长期维持低利率、降低资金成本、拓展债务并将利润不断投入次级市场、房地产等，导致这一危机以金融危机的方式展开。最后，J. 史密斯还驳斥了低工资对应低生产力的论断。他指出，"帝国主义国家的消费水平及其剥削率是由南方工人的生产力及其工资所决定的"[1]。该书被认为对全球资本主义的分析和批判具有重大贡献。

第三，新社会运动和新工人运动研究。

在资本主义危机的背景下，新社会运动成为西方左翼对抗资本主义体系的主要形式之一。21世纪以来，世界各地出现了不同类型的反抗运动和社会运动，以抗议不同形式的压迫和不公正。譬如，阿拉伯之春、希腊反紧缩运动、占领华尔街运动、西班牙的自助民运动，以及法国的"黄背心运动"、美国的"Metoo"运动等。英国也不例外，作为具有斗争传统的老牌资本主义国家以及左翼政治重心，反紧缩、反性别歧视等不同形式的抗议运动相继出现。那么，该如何重新理解工人阶级和反抗主体？如何看待这些新社会运动的性质和意义？它们意味着反资本主义斗争和社会主义政治议程的回归还是马克思主义的边缘化？这些问题成为马克思主义学者和左翼学者讨论的焦点问题。

围绕着新社会运动，英国马克思主义者和左翼学者对工人阶级问题进行了研究。一方面他们试图寄希望于工人阶级的反抗精神，以实现社会变革和人的解放；另一方面他们也清楚现实境况的复杂性、运动的曲折性，因此反思工人阶级背后的内涵。例如，2012年秋季的《国际社会主义杂志》发表了金斯伯格的《"傻冒"：阶级与表征》[2]一文，以评

---

[1] John Smith, *Imperialism in the Twenty-First Century: Globalization, Super-Exploitation and Capitalism's Final Crisis*, Monthly Review Press, 2016. p. 220.

[2] Nicola Ginsburgh, 'Chavs', Class and Representation, *International Socialism*, Issue 136-Autumn, 2012.

论 O. 琼斯 2011 年出版的政治畅销书《傻帽：工人阶级的妖魔化》①。在该书中，O. 琼斯描述了工人阶级是如何被上层社会贬低为小阿飞、醉鬼和社会寄生虫的。金斯伯格指出，这种阶级表征遮盖了社会结构对工人阶级的不平等，它将贫穷等同于个体选择和道德缺陷等个人原因，从而掩盖了资本主义体系和社会结构因素的决定作用。金斯伯格认为，将贫穷的原因仅仅归于个人因素，不仅会掩盖不平等的真正原因，也为进一步攻击社会福利制度提供了绝佳借口。金斯伯格认为，这些对工人阶级的贬损之所以成为主流，主要原因在于工人阶级很少有机会表征自己；相反，大量从事传媒工作的中产阶级通常会按自身的需要和利益来表征工人阶级。因此，媒体上关于工人阶级的表征存在着巨大的阶级偏见，是资产阶级这个"他者之镜"中的工人阶级。金斯伯格说，最近从文化上对阶级进行划分的做法之一，就是强调阶级不仅被生产关系决定，还被消费模式和生活方式的选择塑造，阶级也不再只是特定群体的社会地位问题，而且还是认同、感知和情感问题。因而，对阶级的分析不能被还原为一个没有情感因素的争论或者纯粹抽象的代数关系。按此理解，社会的变迁就不再只是政治经济的变迁，同时还是文化观念的变迁，平等问题也并非仅仅只是政治经济的平等，同时也是文化和表征的平等。金斯伯格对这种将阶级概念文化化、情感化和认同化的倾向是不满的，因为它取消了阶级分析的社会维度，也损害了工人阶级在公共政治生活中起作用的条件。

霍洛威从劳动角度对当代资本主义的反抗斗争进行了批判性反思。例如，在《裂解资本主义》②一书中，霍洛威指出，政治行动主义者在资本主义体系中挣扎或抗争，但问题在于，他们试图通过抽象劳动而继续延续资本主义。抽象劳动隶属于市场需要，它影响着国家组织人们日常生活的方式。因而，反资本主义的斗争应该是关于反对劳动的具体行为，而不是反对资本的劳动斗争。当然，我们要从危机、矛盾、弱点等方面来审视资本主义，正是这些裂缝隐藏着反抗和解放的空间。在《危机与批判》③一文中，霍洛威进一步批判当代资本主义社会。他指出，

---

① Owen Jones, *Chavs: the Demonisation of Working Class*, Verso Books, 2011.
② John Holloway, *Crack Capitalism*, London: Pluto Press, 2010.
③ John Holloway, Crisis and Critique, *Capital & Class*, 36 (3), 2012.

批判就是将封闭的范畴重新打开，以揭示其内部的对抗性，发现被掩盖的危机。对资本主义社会的批判不仅需要从理论上敲开其劳动范畴包含的双重性，关键还在于用具体劳动反对并超越抽象劳动的现实革命斗争，即我们需要从人类行动方面来达到对范畴的理解。如果必要的话，还需要对层层叠加的概念加以仔细考量。霍洛威主张通过敲开劳动范畴回到马克思，不仅仅是在重新发现抽象劳动概念的意义上，而且要将反抗抽象劳动的斗争视作阶级斗争的核心。霍洛威认为，这是通往另一个世界的希望。

瑞典裔英国左翼学者 G. 瑟伯恩（Göran Therborn）在当代阶级理论领域也有很多贡献。在题为《21世纪的阶级》①的文章中，G. 瑟伯恩对这个问题做了新的思考。在他看来，尽管人们可以用很多标签来描述20世纪，但从社会史角度看它无疑是工人阶级的世纪，不拥有财产的劳动者在历史上第一次成为主要和持续的政治力量。因而，它也是工人具有更多自我确认和更紧密团结的世纪，从发达国家到殖民地和后殖民地国家的历史都无不证明了这一点。然而，20世纪末21世纪初以来，这种情形发生了巨大变化。一方面，工人阶级力量日益萎缩。尽管最近几十年第三世界经济快速增长，穷人的生活却几乎没有明显改善。另一方面，各种松散的、去中心化的抗议活动日益强大。不过，这种无领袖、无骨干组织特性的非等级抗议运动并不内在地具有民主和进步的特性。事实上，集体讨论和个体自主无疑是1968年左翼运动的遗产，并且也将是未来左翼运动的重要组成部分。G. 瑟伯恩指出，就意识形态而言，新工人运动是一种拒绝主义+实用主义的运动。一方面通过拒绝主义展现了巨大的活力，创造出持续冲突的动态；另一方面又通过实用主义保持非教条的策略灵活性。因而，全球新左翼政治需要意识到：（1）全球资本主义并未带来普遍繁荣，而是严重地加剧了不平等和周期性经济危机；（2）帝国主义老话题仍然是当下的现实，性别压迫与民族等级结构仍然存在，并在21世纪再次成为讨论主题。这个双重性使得阶级斗争将持续存在，但对中产阶级还是平民大众谁将成为这场斗争的主要承担者，尚无定论。

---

① Göran Therborn, Class in The 21st Century, in: *New Left Review* 78, November-December, 2012.

面对困扰当代左翼激进运动的组织难题，2013 年《历史唯物主义》第 10 届年会将"世界工人阶级的形成"当作主题。① 会议吸引了上千名学者，他们就阶级与性别、种族与资本、社会斗争与反抗、政党与阶级等问题展开了广泛讨论。该主题旨在表明：资本不是物，而是人与人之间的社会关系，其中最重要的是阶级关系。对资本主义社会阶级结构，以及如何改变和超越这种阶级结构的复杂分析是马克思主义的核心理论遗产。值得注意的是，2013 年还是英国马克思主义历史学家 E. P. 汤普逊的著作《英国工人阶级形成》出版 50 周年、非裔哲学家詹姆斯（C. L. R James）的著作《黑人罗宾逊》出版 70 周年。E. P. 汤普逊曾经指出，工人阶级不只是被资本所构成，而且也能在日常斗争和政治行动中自我构成。C. L. R 詹姆斯也说过，在种族和帝国主义背景下需要探究劳动的国际分工，从而找出"黑人罗宾逊"，以及其他资本主义和殖民主义敌人的革命主体，这些人在历史上常常被忽略。因而在全球视野下探讨当今资本主义社会工人阶级的自我构成，是马克思主义的重要任务。

随着各种碎片化抵抗运动的展开，政党政治也受到了左翼学者的关注。例如，J. 迪恩（Jodi Dean）认为，对当代左翼政治来说，政党组织形式依然必要。在《群众与政党》② 一书中，他将政党视为复兴政治实践的重要组织，认同齐泽克对政治主体的分析，认为我们需要重新理解政治的集体主体。J. 迪恩对 2008 年以来的各种抵抗、占领和骚乱、示威持批评态度。他认为，这些运动已经突破了个体自由主义的左翼政治藩篱，显示了强大的集体性力量；但这些运动并不会带来真正的社会转型。在 J. 迪恩看来，只有通过政党这种组织形式，我们才能够集中地进行政治思考，才能一起行动从而产生政治权力，促进社会转型。此外，J. 迪恩还指出，以往关于政党的讨论都忽略了情感维度，即它通过一种无意识进程的联结而将人们联合在一起。实际上，J. 迪恩认为，唯有政党能够通过群众完成与资本主义的断裂，从而真正形成集体中的政治主体。

---

① http：//www.historicalmaterialism.org/conferences/tenth-annual-conference.
② Jodi Dean, *Crowds and Party*, London & New York：Verso, 2016.

2017年，英国剑桥出版社出版了M. 哈特和奈格里的《集会》① 一书，试图回应最近几年因齐泽克和J. 迪恩所鼓吹而日益复兴的"政党拜物教"问题。在该书中，M. 哈特和奈格里试图超越稳定架构的主权政治，致力于探讨诸众的共同性及其反权力机制。他们对现代社会的主权架构，即官僚理性、私有财产、主权政治是排斥的，甚至主张要将其完全撕碎。对他们来说，真正的激进左翼与具有稳定框架的国家治理不可能同时存在。因而，左翼需要的是一个"新君主"，而不是已然陈旧腐烂的"君主"。就是说，解放政治的革命主体不是一个领导人或者一场运动，而是具有共同性的奇异性集体。总之，《集会》一书提供了反抗全球资本的各种潜在路径及其斗争的新模型，重新思考了霸权的问题，并强调一种新的情感本体论和主体性的社会必然性。其中，社会罢工成为抵抗资本的最主要途径。

第四，民粹主义与左翼思潮研究。

近年来，伴随着逆全球化以及民粹主义兴起，这些新近趋向也成为左翼学者探究的重要课题。例如，2018年，《历史唯物主义》将第15届年会主题定为"面对右翼"（Taking On The Right）②。组委会指出，目前全球范围内出现了右翼种族主义、民族主义、民粹主义的复活，因此我们应该对这些现象进行思考；在新的时代背景下重思传统马克思主义理论是否能够对当下问题提供指引，以及思考最新的右翼政治的主要特征等内容。年会的主要议题有：新极权主义、民族主义、民粹主义与资本主义政权危机的关联；社会民主党和中间党在抵制或平息极右翼问题上所承担的历史任务，以及所扮演的当代角色；种族与国家的新载体以及反犹主义；伊斯兰恐惧症、反黑人、反移民、反残障与反性别和性别多元政治的关系；帝国主义形式的改变，以及它们与资本主义危机、原始积累、全球颜色链的关联；激发极右翼势力的新媒介技术，以及审美和感知的支配等。

此外，一些马克思主义学者还从思想史角度研究了左翼思潮问题。例如，英国新生代政治学家、谢菲尔德大学M. 肯尼（Michael Kenny）致力于英国当代政治理论与战后英国左翼政治思想史的研究。M. 肯尼

---

① Michael Hardt and Antonio Negri, *Assembly*, New York: Oxford University Press, 2017.
② http://www.historicalmaterialism.org/index.php/conferences/fifteenth-annual-conference.

认为，新左派运动是一股由外部传入英国的、反对工党和英国共产党这两个主要左翼政党的思想潮流和政治潮流。在很大程度上，它还是一股吸引了众多知识分子、学者、艺术家、教师以及其他专业人员的思想活动。新左翼与传统左翼的区别在于：新左翼反对与传统左翼政党及其领导传统有关的中央集权下的经济统治、政治集权和制度化的等级制，它更加重视自下而上进行社会解放的自主性、差异性和多样性。这在激发左翼运动创新性思想的同时，也使运动由于缺乏群众基础而难以为继。另外，M. 肯尼还分析了新左翼与新自由主义的复杂关系。一方面，一些新左翼学者严厉抨击新自由主义观念对英国政治及其决策的影响，尤其英国一些社会经济决策的局限性；另一方面他们也积极赞颂市民社会在未来社会主义解放中的地位和作用，尤其推崇其个人主义的社会文化。在 M. 肯尼看来，尽管今天各种社会运动和政治运动式微，但新左派运动在延续文化研究、社会政治理论等研究主题，以及引入左翼政治想象问题等方面为当代英国留下了间接的遗产。①

都柏林大学 K. 艾伦（Kieran Allen）更加关注左翼的新发展。K. 艾伦指出，后期资本主义的动荡不安已经导致政治的两极分化。可以看到，极左翼和极右翼同时发展。左翼改良主义的信念激发了激进左翼的再度出现。但是，由于按照传统的方式，国家结构及全球资本的压力使其不可能实现这些理想。因此 K. 艾伦强调，需要新的转变组织来联结那些试图推翻资本主义以及那些想要真正改革的人。针对目前的左翼策略，他认为左翼一方面需要继续推动对资本主义的批判，另一方面还需要借助基层力量，真正实现马克思的解放理想②。

对英国社会政治问题的探究也是左翼研究的课题之一。例如，2016 年 6 月 23 日，英国公投准备"脱欧"以便结束其在欧盟 43 年的历史，这成为英国历史上重大的政治事件，同时也成为英国马克思主义者探讨的重要课题。英国"脱欧"（Brexit）公投之后，英国工党领袖科尔宾于第一时间声明，未来工党的首要任务是"治愈分裂"。2017 年，J. 斯塔福德（James Stanfford）和布雷思韦特（Florence Sutcliffe Braithwaite）

---

① 详见张亮《英国新左派运动及其当代审视：迈克尔·肯尼教授访谈录》，《求是学刊》2007 年第 5 期。
② Kieran Allen, Strategies for a radical Left, in: *Global Discourse*, Vol. 8, No. 2, 2018.

在左翼刊物《异见》上发文指出,全民公投和特朗普上台后,英国左翼面临着严重危机。为了克服这些危机,采取对民主、多元主义和社会改变的有效举措,英国左翼需要深入理解当今的主流政治和激进左翼,以便对危机有更加清醒的认识。他们指出,目前阶段最紧迫的斗争存在于 20 世纪末出现的"新右翼"的新自由主义和社会保守主义的矛盾之中,这一矛盾正在重塑英国的政治经济秩序。因而,为了维持生存,英国左翼必须为现代左翼的抵抗和重建的两种路径中做出选择,即要么为英国的欧洲社会保护进行辩护,从而开放贸易经济;要么允许与全球资本主义体系的追求彻底决裂。① 英国"脱欧"无疑导致左翼势力进一步分裂,他们面临的一个共同课题还在于,如何借助马克思主义相关理论对"脱欧"做出合理解释和积极回应。

四 关于乌托邦与未来新社会构想

在全球资本主义危机背景下,英国学者除了揭示当代资本主义新特征、内在矛盾与危机之外,还试图提供关于资本主义的替代性选择。正如美国政治哲学家 S. 本哈比(Sara Benhabib)所指出的那样,社会批判分析除了规范阐释维度,还要有解放乌托邦维度,后者在某种程度上对经验分析起到规范引领作用。尽管马克思并未详细阐发未来社会究竟是什么样子,他只是希望在批判旧世界中发现新世界,但未来社会构想以及资本主义替代性选择仍然是一些左翼学者热衷的话题。他们反驳将马克思与乌托邦主义等同的谬误,试图"回到马克思"重新寻找替代性选择,或者积极提供理解共产主义和未来新社会的新视角。

在风靡一时的《马克思为什么是对的?》② 一书中,伊格尔顿反驳了人们对马克思主义的种种错误认知。例如,"马克思主义终结了""马克思主义将世间万物都归于经济要素""马克思对人类精神层面毫无兴趣",以及"马克思主义不过是乌托邦之梦,它将希望寄托于一个完美的社会"等说法。在伊格尔顿看来,这些说法更多地反映出问话者

---

① https://www.dissentmagazine.org/online_articles/british-left-crossroads-brexit.
② Terry Eagleton, *Why Marx was Right*, New Haven and London: Yale University Press, 2011.

自身的无知，而不是马克思主义的幻象。实际上，在马克思眼里，尽管未来是不可避免的，但单纯地预测未来不仅无益而且是有害的。这是因为，单纯地描述未来社会蓝图常常会分散人们对现实政治任务的关注。对马克思来说，重要的不是对理想未来的美好憧憬，而是去解决阻碍这些理想实现的现实矛盾。因此，伊格尔顿强调，为人们指出合理解决问题的方向，才是马克思以及所有马克思主义者的历史使命。

在《21世纪共产主义》（3卷本）中，布林卡特（Shannon K. Brincat）概括了当代马克思主义学者关于共产主义和资本主义的最新研究。其中，第1卷①以"共产主义之父：重新发现马克思思想"为主题，从不同角度考察了马克思思想。该卷收录了伊格尔顿的《赞美马克思》、S. 塞耶斯的《马克思论共产主义社会的财产、需要和劳动》，以及美国马克思主义者 B. 奥尔曼（Bertell Ollman）的《共产主义：乌托邦主义的"马克思主义版本"与科学辩证的马克思主义路径》、柏克特（Paul Burkett）的《马克思关于人类持续发展的设想》等文章。这些文章主要从三个层面考察共产主义：（1）通过展示当代马克思主义学者关于共产主义的论述，提供关于现代共产主义的不同理解；（2）重新考察共产主义和激进政治的论争，展示这些讨论如何被重新配置，从而讨论共产主义如何居于现代世界政治之中，以及在未来社会如何继续发展；（3）从不同视角阐释马克思思想，包括后现代主义、女性主义、生态主义、文化主义，以及世界主义等视角。第2卷以"共产主义走向何处"为题，讨论现存共产主义政党面临的挑战。第3卷以"共产主义的未来"为题，探究现代资本主义危机背景下共产主义的实践与未来。②

针对马克思关于未来社会的经典论述，T. 卡弗与美国西北大学政治学者 J. 法尔（James Farr）在合编的《〈共产党宣言〉剑桥指南》③中，讨论了《共产党宣言》的写作背景、政治回应、思想遗产，以及不同的英译本等问题，围绕着《共产党宣言》的革命背景、修辞局限

---

① Shannon K. Brincat（ed.）, *Communism in the 21th Century*（Volume 1：*The Father of Communism：Rediscovering Marx's Ideas*）, Oxford：Praeger, 2014.
② Shannon K. Brincat（ed.）, *Communism in the 21th Century*（Volume 1：*The Father of Communism：Rediscovering Marx's Ideas*）, Oxford：Praeger, 2014, Introduction.
③ Terrell Carver/James Farr（ed.）, *The Cambridge Companion to The Communist Manifesto*, Cambridge：Cambridge University Press, 2015.

性、阶级分析，以及全球化和后资本主义时代下的《共产党宣言》等方面展开具体分析。他们指出，文集的目的在于补充对《共产党宣言》相关导引文章、传记内容以及书目历史的介绍；同时，也专注挖掘《共产党宣言》关于政治、社会、人性、科技、劳动、生产、经济、贸易、道德、家庭、女性、观念、行动、阶级、战争、和平、政府、民族等内容的论述。

作为主编之一的 T. 卡弗考察了《共产党宣言》在马克思恩格斯生活时代的传播和影响状况。在《追逐女性，性别追捕：〈共产党宣言〉的修辞局限性》一文中，J. C. 特隆托（Joan C. Tronto）考察了"女性"在《共产党宣言》中的"在场"，将《共产党宣言》中的性别视角与女性主义解放旨趣联系起来，尤其是对家庭领域的性别平等和正义问题进行了反思。E. 安克（Elisabeth Anker）则用本雅明的"左派忧郁"来形容后资本主义时代的《共产党宣言》，意在表明左派对《共产党宣言》的一种情感依赖。通过援引奈格里、M. 哈特、阿甘本等左翼学者的思想，E. 安克试图说明，正是因为这样一种情感依赖使得左派的当代批判失去效力，从而阻碍了参与现实政治的能力。此外，文集还关注《共产党宣言》直接的、充满激情的叙述风格等。例如，伦敦大学 J. 马丁（James Martin）讨论了《共产党宣言》文本中的论述策略，并分析了这部著作如何能够引发人们的行动而不限于只是赞同。也因此，他将修辞视为一种说服的艺术，而非精心设计的欺骗。J. 马丁还从马克思恩格斯所接受的修辞教育的古典传统中去挖掘这方面的资源。总之，《〈共产党宣言〉剑桥指南》从相互补充的不同视角研读《共产党宣言》，这些视角大多来自一些多元但重叠的洞见，从而扩充了我们对这一非凡著作成就的进一步理解。

在《马克思与资本主义的替代性选择》一书中，K. 艾伦将马克思对革命的分析与她关于资本主义替代性选择的论述联系了起来。相对于关于马克思的传统解释，K. 艾伦着重展示了马克思思想如何应用至现代社会的内容。该文第一部分阐述了马克思的生平著作，然后分析了马克思的核心思想，包括异化、历史唯物主义、剩余价值和意识形态的作用等。第二部分考察了资本主义的替代性选择、分析了"反资本主义"概念，并提供了一些在当今世界将马克思理论应用于实践的具体案例。为了将马克思与乌托邦的预测区分开来，K. 艾伦强调，"资本主义的替代性选择需要在实践过程中被建构出来,而不是先进行完全的理论化"①。在 M. 伍德(Matthew Wood)看来,K. 艾伦从不平等与不正义的事实出发激发了读者道德上的不安,这对呼吁那些因为资本主义体系崩溃而走向马克思的人是有用的;但风险在于,当这些人发现对资本主义的批判无法与社会改良主义相区分时,他们会很快远离马克思主义。因此,《马克思与资本主义的替代性选择》一书中的某些内容需要继续改进。②

在《新共产主义:恢复乌托邦的妄想》③一文中,英国政治理论家 A. 约翰逊(Alan Johnson)将奈格里、M. 哈特、巴迪欧、齐泽克等人对共产主义的新阐释视为"新共产主义"学派。A. 约翰逊指出,金融危机的爆发使人们对资本主义经济系统产生怀疑,并为新共产主义创造了政治空间。新共产主义的吸引力主要在于,它宣称当代自由资本主义社会的诸多危机是系统性的,而且是相互关联的;立法改革无济于事,只有通过革命方式才能解决这些问题。新共产主义者梦想着在 21 世纪重新锻造共产主义"假说"的存在方式,并希望从对抗体系的过程中产生出新共产主义运动。针对这一理论视角,A. 约翰逊认为,作为大写的"理念"或永恒的"假说","新共产主义"变成了"旧共产主义"的单纯重复。除了在理论层面无视曾经的历史经验之外,也容易对现实施暴,即诉诸极端暴力解决现实问题。因此,需要警惕新共产主义成为左翼极权主义的一种形式。

在 J. 坎迪亚里主编的《重估马克思的社会——政治哲学:自由、承认与人的发展》一书中,第 12 章收录了 S. 塞耶斯的《共产主义观念》④。在该文中,S. 塞耶斯追溯了共产主义观念的历史。他说,共产主义观念最早出现在柏拉图的《理想国》中,今天它被视为马克思主义的首要概念。最近,这一观念由于巴迪欧、齐泽克等后马克思主义者

---

① Kieran Allen, *Marx and the Alternative to Capitalism*, Pluto Press, 2011. p. 223.
② https://marxandphilosophy.org.uk/reviews/7731_marx-and-the-alternative-to-capitalism-review-by-matthew-wood/.
③ Alan Johnson, *The New Communism. Resurrecting the Utopian Delusion*, World Affairs, May/June, 2012. (http://www.worldaffairsjournal.org/article/new-communism-resurrecting-utopian-delusion.)
④ Jan Kandiyali (ed.), *Reassessing Marx's Social and Political Philosophy: Freedom, Recognition and Human Flourishing*, New York: Routledge, 2018. Chapter 12.

的论述引起了人们极大关注。伴随当代资本主义危机,共产主义观念被重新提上议程。在这里,S. 塞耶斯主要分析了马克思和巴迪欧对"共产主义"的理解。他指出,在传统马克思主义者那里,有两种共产主义观念:乌托邦的共产主义与科学的共产主义。前者基于理想社会应该如何建构的道德和政治概念,从而展示出理想未来社会的肖像;后者基于马克思对资本主义社会的经济学和社会理论分析,阐明它是发展的并可以实现的。因为对马克思来说,资本主义是特殊的、有限的历史阶段,它本身固有的不可调和的矛盾最终导致资本主义灭亡。共产主义的出现不是因为它是可以被希望的,而是由在资本主义社会中内在地起作用的物质力量导致的。因而,马克思将共产主义视为未来的历史阶段,它产生于资本主义的社会经济矛盾之中。

然而,S. 塞耶斯也意识到,尽管资本主义已经陷入危机之中,但尚未存在马克思所说的可以导致资本主义灭亡并建立新社会的革命力量。为了回应这一状况,巴迪欧认为共产主义产生于突然的、未曾预料的"事件"。S. 塞耶斯认为,巴迪欧既不是乌托邦的共产主义者,也不是传统的马克思主义者,而是对历史做了不同的解释,即历史不会遵循必然的轨道,其中包含断裂和非连续性。对此,S. 塞耶斯提出了批评。他说,"事件"的发生并非无中生有,它们是以前发展和更大力量的结果。将共产主义视为纯粹自由意识和政治信念的结果而忽视历史情境,实际上脱离了马克思思想。围绕着"变化与连续性",S. 塞耶斯回到黑格尔的历史哲学和辩证法,认为马克思的共产主义观念将历史分成一系列不同的阶段,在每一个阶段上变化逐渐发生,并最终达致一个新的阶段。其中,质的变化不是任意的、绝对的破坏,而是逐渐的、量的变化。因而,在量的发展阶段与革命的质的突破之间存在着根本的联结。但是,这并不意味着取消政治的作用和自由行动。S. 塞耶斯指出,未来的不确定性并不会敞开任何特殊的内容。倘若对将要发生的事情一无所知,那么就没有资格去言说这就是共产主义。共产主义不仅是一种"观念",而且是实际展开的历史本身。

综上所述,21 世纪英国马克思主义研究具有以下特点。(1)作为新左派、撒切尔主义和第三条道路等思想的发源地,英国也具有悠久的马克思主义批判传统,同时拥有一大批具有国际影响力的马克思主义者和左翼学者,对当代社会政治思想具有重大影响。(2)英国马克思主义具有强大的理论阵地，相关学术杂志非常多。例如，《新左派评论》《激进哲学》《历史唯物主义》《今日马克思主义》《社会主义纪实》，以及维尔索出版公司等，都在研究和传播马克思主义方面起到了重要作用。(3)英国与马克思主义相关学术活动非常活跃。例如，每年主办的"《历史唯物主义》年会"和伦敦"马克思主义节"等都是具有较大影响的学术活动，为英国本土和其他国家的马克思主义者提供了交流平台。(4)作为老牌资本主义国家，英国具有工人运动传统；作为左翼政治活动的重心，不同形式的新社会运动相继出现。这些复杂的历史政治背景在激发英国左派批判性研究热情的同时，也为马克思主义研究提供了现实政治基础，推动了马克思主义的复兴。(5)英国马克思主义研究取得了丰硕成果，尤其是在马克思主义政治经济学研究与政治经济学批判、基于本土经验的西方马克思主义研究、具有现实指向的当代资本主义批判，以及关于乌托邦与未来新社会构想等方面。当然，英国马克思主义研究在理论深度和现实关注、国内与国际学术交流和合作方面，尚待加强。

第六章 传承经典与关注当下
——21世纪美国马克思主义发展趋向

这也许超出了人们的想象：从19世纪80年代起，马克思主义在世界上最强大的资本主义国家（美国）就开始传播并逐渐活跃起来。1919年成立的美国共产党，到1943年党员达10万之众。在马克思主义早期传播过程中，出现了美国第一个马克思主义者魏德迈（德裔）、第一国际美国支部通讯书记佐尔格（德裔），还有当时美国"最不妥协的马克思主义辩护者"德·利昂。20世纪30年代以后，尽管马克思主义并不为美国意识形态和主流学界所接受，但马克思主义在美国还是得到了长足发展。不仅有美国共产党领袖白劳德、W. Z. 福斯特，以及其他共产党理论家，而且还有古尔德纳、海尔布隆纳、麦克莱伦、N. 莱文等马克思学家；不仅有批判理论在美国的传播与发展，而且还出现了各种不同的马克思主义学派，例如：马克思主义经济学派（垄断资本学派）、世界体系论、文化马克思主义、分析的马克思主义、女性主义的马克思主义、生态学马克思主义等①。

21世纪以来，美国马克思主义研究在理论上呈现出批判性、跨学科的特点。其关注点主要集中在：（1）基于经典著作的马克思主义研究；（2）西方马克思主义及其最新发展研究；（3）对资本主义进行全方面批判；（4）阶级斗争和工人运动问题。除了理论上的努力，美国马克思主义者还具有强烈的现实关怀，他们亲身参与各种社会进步运动、动员和组织左翼人士、对时事发表评论、抨击国内和国际上的不公正事件、在青年人中传播马克思主义和社会主义思想。在全球化进程突飞猛进、资本主义爆发总体危机、民粹主义汹涌的时代背景下，美国马

---

① 上述内容由本书主编撰写，特此说明。

克思主义者感到了空前的震荡,这种震荡体验体现在他们的一系列研究成果和活动中。他们不约而同地表达出了极为强烈的"当下的时间意识"或"时刻感",这也正是美国马克思主义学者和左翼学者在当前不利的处境下,全面反思并积极应对现实问题的反映。从这个意义上说,美国马克思主义非但没有萎缩,反而焕发了新的生机,甚至可以说,出现了所谓的"新马克思主义时代"(New Marxian Times)。

一 基于经典著作的马克思主义研究

马克思经典著作始终是当代美国马克思主义学者最为重要的思想理论资源。伴随着资本主义危机的不断加剧,美国马克思主义者对马克思著作,尤其是《资本论》的兴趣与日俱增。通过对《资本论》的阅读和再思,可以诊断当前危机的基本维度,构想摆脱危机的方略,并且把后危机的资本主义发展看作是社会斗争和政治斗争的战场。[①] 例如,在《马克思的幽灵:关于改变世界的午夜对话》[②] 中,Ch. 德柏(Charles Derber)构想了这样一个场景:他来到伦敦海格特公墓的马克思墓前,被马克思的精神所打动。随后,他与马克思的幽灵进行了一整夜的对话。这场对话涉及当今世界的重要问题:经济危机、全球化、气候变化、战争、种族主义、左翼或右翼政治、资本主义的未来、欧洲出现的新经济模式、拉美问题、中东问题、亚洲问题、突尼斯、埃及、利比亚甚至是威斯康星的革命激进主义。马克思的幽灵重新审视了自己原有的理论,并且雄辩地谈论起美国劳工、环境、和平、社会正义、公民权利、移民问题,以及性别问题和反种族主义斗争问题。他们之间展开的引人入胜的、有趣的和挑战性的对话被凯恩斯的幽灵所打断,但这些对话却对历史上的马克思与今天惊人的相关性及其缺陷提出了新看法。Ch. 德柏认为,马克思已经揭示了通向未来的巨大转变的可能性。对社会活动家和环保行动家来说,马克思的幽灵是根本性的指南。

---

① Aleksandr Buzgalin and Andrey Kolganov, *Economic Crisis: Scenarios of Post-Crisis Development*, *Science & Society*, 2010(2).

② Charles Derber, *Marx's Ghost: Midnight Conversations on Changing the World*, Paradigm Publishers, 2011.

第一，《资本论》研究。

许多学者认为，《资本论》不仅是马克思的经济学著作，而且是马克思的哲学著作和政治学著作。应该说，《资本论》是马克思思想的富矿，每一个想真正理解马克思的人都会回到这个文本上来。从20世纪中期阿尔都塞的阅读《资本论》小组到今天的詹姆逊、D. 哈维、N. 莱文等人，对《资本论》的解读已经形成了各种方式。近年来，德裔拉美学者 M. 海因里希倡导的"马克思的新德意志阅读"（new German reading of Marx）属于这一系列解读的最新尝试。在《马克思的〈资本论〉导读》中，M. 海因里希将马克思的价值论不是理解为一种经济理论，而是理解为一种现代社会的"非人格化的社会统治"（impersonal social domination）理论。M. 海因里希认为，传统马克思主义是"世界观的马克思主义"（worldview Marxism），它将19世纪的经济主义、历史决定论和目的论与20世纪早期工人运动结合起来，着眼于将马克思主义作为阶级政治的"身份建构"理论。他指出，《资本论》是在考察理想化的资本主义生产方式的本质规定性基础上完成的，其核心在于揭示出资本主义社会是抽象价值统治的社会，这一统治特别地体现在货币的作用上。在 M. 海因里希看来，马克思不是一个政治经济学家，而是政治经济学的批判家。因为马克思的目标是要证明这两点：一是资本主义社会构成和再生产的倒错性质；二是由此而产生的巨大的社会和人性代价。从 M. 海因里希的"马克思的新德意志解读"可以看出，他属于马克思主义的价值批判传统。按 M. 海因里希的理解，《资本论》对价值概念的讨论不是要证明与劳动时间相一致的价值量，而是要将价值理解为"生产商品的劳动之特定的社会性质"①。资本主义作为一个价值系统是历史地形成的；由于强调价值是资本的非人格化的社会统治形态，货币范畴在《资本论》中具有特殊的重要性，因而"马克思的价值理论就是价值的货币理论"②。

近40年来，D. 哈维一直讲授《资本论》。在他的思想中，《资本论》有着至关重要的作用。在《马克思〈资本论〉指南》（2010）一书中，他试图透过密集的、复杂的、艰涩的文本，把握马克思的原创性

---

① Michael Heinrich, *An Introduction to the Three Volumes of Karl Marx's Capital*, New York: Monthly Review Press, 2012, p. 47.

② Michael Heinrich, *An Introduction to the Three Volumes of Karl Marx's Capital*, New York: Monthly Review Press, 2012, p. 62.

思想和当代意义。他认为,《资本论》的写作是为了回应 19 世纪工业化引发的政治经济问题,但它对分析当代资本主义危机仍然具有重要意义。在对《资本论》第 1 卷研究和近期一系列相关讲座的基础上,D. 哈维将关注点转向了《资本论》第 2 卷,并于 2013 年出版了《马克思〈资本论〉第 2 卷指南》。在这里,D. 哈维指出,自 20 世纪 20 年代大萧条之后,2008 年的规模最大的经济危机并没有真正结束的迹象,而马克思著作仍然是我们在今天理解这个导致衰退的循环性危机的关键。他说,《资本论》第 1 卷主要关注生产问题,第 2 卷则关注资本是如何循环的,即如何通过购买和出售来实现价值增值的。因而,对每一位试图对马克思的政治经济学获得更为充分理解的读者来说,《资本论》第 2 卷都是不可或缺的。

在《历史与理论:对马克思的〈资本论〉方法的评论》① 一文中,D. 哈维认为在马克思的政治经济学著作(如《资本论》3 卷本)和历史著作(如《路易·波拿巴的雾月十八日》《法兰西内战》)之间存在着一个难以弥合的裂缝,这源于马克思政治经济学研究的某种局限性。在《政治经济学批判大纲》中,这些局限性就已经存在了。在其中,马克思区分了自然新陈代谢关系的普遍性、资本运动法则的一般性、分配和交换的特殊性,以及消费的奇异性。D. 哈维说,关于资本内容的分析所展现的是,马克思确认了生产的类似规律的排他性特征;这使得马克思确认,在任何形式的资本生产方式内部都存在着资本运动的一般规律。通过马克思对资本运动一般规律的确认,需要进一步理解的是马克思理论如何适用于特殊的境况。D. 哈维指出,就方法来说,马克思倾向于一种辩证的有机整体概念;不过,这个有机整体是一种生态结构,而非仅仅是纯粹黑格尔式的结构,它包含了葛兰西和列斐伏尔称之为"聚合"(ensemble)或德勒兹所说的"装配"(assemblage)的维度。在 D. 哈维看来,马克思反对古典政治经济学家将生产视为独立于历史之外的自然过程,拒绝把资本主义政治经济现象自然化,物质生产也并非机械地决定社会关系、人的观念和欲望;相反,恰恰是剩余价值的生产主导着整个资本主义生产方式,而剩余价值又主要与阶级而非某

---

① David Harvey, History versus Theory: A Commentary on Marx's Method in Capital, *Historical Materialism*, 2012 (2), pp. 3 – 38.

种纯粹客观的物质关系有关。因而，我们只有突破马克思曾经设定的框架，将历史性的思考运用到对资本运动一般规律的理解之中，才能找到从资本主义向社会主义转变的可能性。这样，我们就不能将马克思理论仅仅看作是规律性的东西，简单地将其运用到当下的语境中来，还需要根据当下的历史语境对马克思曾经做出的论述进行再论述和再分析。[①]

W. 罗伯茨（William Clare Roberts）对《资本论》进行了全新解读，即把《资本论》理解为一部政治学著作。在《马克思的地狱：〈资本论〉的政治理论》[②] 一书中，W. 罗伯茨梳理了马克思的资本主义理论与共和主义政治思想之间的联系。他认为，《资本论》不是对古典政治经济学的简单批判，它仔细考察了工人运动的动机和目标。从这个角度理解，《资本论》是一部深刻的政治学著作。W. 罗伯茨将《资本论》置于19世纪社会主义的背景下进行研究，说明它是如何巧妙地以但丁的《地狱》为模型的。他说，马克思对无产阶级的作用就像维吉尔式的诗歌：将工人的解放游击队引向了现代"社会地狱"的秘密深处。马克思以这种方式，修正了共和主义的自由观念，以应对资本主义的崛起。此外，W. 罗伯茨还探讨了商业的本质、劳动经验、老板和经理的权力、政治组织的可能性，以及它们对当今世界政治生活的意义。

与《资本论》研究相关，价值理论研究也是一个重要议题。D. K-古拉尔（David Kristjanson-Gural）从阿尔都塞角度探讨了马克思的价值理论[③]，关注马克思的价值理论中的后结构主义逻辑。在《马克思的价值理论中的后结构主义逻辑》一文中，D. K-古拉尔借用了阿尔都塞对《资本论》的逻辑之共时性和历时性的洞察，详细阐明了贯穿于《资本论》（第1—3卷）中的"价值"概念的含义变化，将之界定为社会必要抽象劳动时间。此外，他还进一步运用这种分析来辨明在阅读马克思时经常会出现的三个普遍的逻辑错误，即共时性错误、历时性错误和终结性错误。在他看来，这些错误源于未能辨明马克思的方法论部分。而

[①] 关于《历史与理论：对马克思的〈资本论〉方法的评论》一文的评述，由课题组撰写"英国"部分的作者鲁绍臣提供；本书主编根据需要，经过仔细修改后调整至此。特此说明。

[②] William Clare Roberts, *Marx's Inferno: The Political Theory of Capital*, Princeton University Press, 2016.

[③] David Kristjanson-Gural, Poststructural Logic in Marx's Theory of Value, *Rethinking Marxism*, 2009（1）.

通过辨明马克思的共时性与历时性方法，就有可能采用非经济主义方法来理解价值理论，从而是把价值和阶级作为理解社会政体的核心概念。

第二，基于经典著作的问题研究。

除了《资本论》，《关于费尔巴哈的提纲》《德意志意识形态》《哲学的贫困》《1844年经济学哲学手稿》《政治经济学批判大纲》等都是美国马克思主义研究的重点对象。

1. 关于人的本质与家庭生产问题。K. J. 斯召（Karsten J. Stuhl）通过阅读《关于费尔巴哈的提纲》《德意志意识形态》探讨了人的本质问题。① K. J. 斯召指出，传统马克思主义者经常忽视人的本质观念。他们认为，对马克思来说，不存在什么人的本质或者仅存在作为一种历史概念的人的本质。他们的依据是《关于费尔巴哈的提纲》第6条："费尔巴哈把宗教的本质归结于人的本质。但是，人的本质不是单个人所固有的抽象物，在其现实性上，它是一切社会关系的总和。"② 还有经常被引用的是《德意志意识形态》中的这个段落："这种生产方式不应当只从它是个人肉体存在的再生产这方面加以考察。更确切地说，它是这些个人的一定的活动方式，是他们表现自己生命的一定方式、他们的一定的生活方式。个人怎样表现自己的生命，他们自己就是怎样。因此，他们是什么样的，这同他们的生产是一致的——既和他们生产什么一致，又和他们怎样生产一致。因而，个人是什么样的，这取决于他们进行生产的物质条件。"③ 马克思在《哲学的贫困》中直言，"整个历史也无非是人类本性的不断改变而已"④。根据 K. J. 斯召的解读：人的本质不是单个个体的特性，而是一种社会和集体现象。人的本质是由生产方式通过阶级关系和其他各种社会的、政治的和意识形态的机制所决定的，即它是各种社会关系的总和。因而，生产方式改变，人的本质也会随之改变。K. J. 斯召指出，通过深入阅读马克思就会发现，马克思既论述了一种跨历史的人的本质概念，又论述了一种历史的人的本质概念。这两个概念层次是不同的：历史的人的本质概念是指特定历史时代中的人的

---

① Karsten J. Struhl, Marx and Human Nature, The Historical, the Trans-Historical and Human Flourishing, *Science & Society*, 2016（1）.
② 《马克思恩格斯选集》第1卷，人民出版社2012年版，第135页。
③ 《马克思恩格斯选集》第1卷，人民出版社2012年版，第147页。
④ 《马克思恩格斯选集》第1卷，人民出版社2012年版，第252页。

社会性和个体性的特殊表现；跨历史人的本质概念是指《哲学的贫困》中提到的不断变化的"人类本性"，它解释了人为什么在特定历史中具有特殊本质，并为马克思的共产主义社会构想隐含着的人的发展提供了基础。

在这个问题上，S. 塞耶斯强调共产主义的基础在于历史的人的本质概念，认为资本主义社会否定的需要和能力将在社会主义实现，它们本身就是历史的产物，具体地说，就是资本主义生产方式的产物。那么，马克思是如何从资本主义社会产生出来的需要和能力中得出人的发展的理想呢？社会主义是有价值的，因为它是自我实现的积极形式吗？什么样的自我实现才是积极的呢？与 S. 塞耶斯不同，K. J. 斯召强调跨历史的人的本质概念，认为马克思赋予跨历史的人的本质概念一些特征：若人根据自己的能力自由地工作，那么他就应该具有除物质刺激之外的工作动力，例如展示创新的能力或从工作中获得巨大快乐。若每个人的自由发展是所有人的自由发展的条件，那么人还应该是利他的。这些能力很难从资本主义条件下产生出来，当然，它们存在于资本主义社会中并且与资本相对立，它们是跨历史的人的本质的一部分，它们的满足将带来人的自我实现与所有人的发展。

J. M. 赞克（James M. Czank）则认为，当代许多学者都把马克思的类存在概念当作某种社会合作原则，当作科技能力、意识，当作某种物种中心主义和人类中心主义的信条，或是当作某种想象其他伦理主体的隐秘计划。① 在《关于类存在的起源：重新定义马克思》一文中，他发现了一个非常有趣的现象，即马克思将"类存在"这个概念描述为本质性的，描述为可以改变我们作为某种环境性存在物的人的力量，描述为人类生活的自然发生和形成的属性。J. M. 赞克认为通过这些研究，可以得出这样一个结论：当前的社会学界、政治学界和哲学界，没有人能够对"类存在"进行某种确切的、清晰的和历史性的描述。他从马克思的《1844年经济学哲学手稿》出发来对类存在进行分析和定位；与此同时，他也坚持从马克思本人的意图出发，即尽可能从原始文本的完整性出发进行理论阐述。

---

① James M. Czank, On the Origin of Species-Being, Marx Redefined, *Rethinking Marxism*, 2012（2）.

在马克思主义研究中,家庭生产是被长期忽视的问题。在《封建主义与家庭生产》一文中,P. 奎克(Paddy Quick)对之进行了专门研究。① 他指出,在主流马克思主义关于资本主义的分析中,对于忽视家庭生产这一点有着惊人的一致;与之相应的,不仅忽视封建主义的非农业生产,也没有认识到封建领主家庭中的剩余劳动力问题。对这些问题的重新认识,不仅会带来某种有关从封建主义向资本主义转变的新视角,同时也会带来有关性别关系的结构性转变的新视角,而性别关系转变则同时也必然伴随着阶级关系转变。P. 奎克认为,在资本主义社会关系中,资本家与工薪阶层劳动者之间的契约关系代替了领主与家庭成员之间的封建关系。但有一点不能被忽视,那就是统治阶级家庭内部的仆人们所生产的剩余产品,一旦这种剩余有助于统治阶级内部封建关系的再生产,它们就可以被用于资本积累。

2. 关于技术与异化问题。技术和异化是马克思研究中的传统主题,虽然在结构主义—后结构主义盛行的氛围下,这一主题已经部分地边缘化了。近年来,学者对此问题的兴趣有所恢复,出现了一批有影响的学术著作。例如,在《马克思论技术与异化》② 一书中,A. 温德林(Amy E Wendling)使用了一些从前少为人用的档案材料,包括马克思论女性、论父系社会、论技术的笔记,对后期马克思著作中异化概念的发展提供了一种新解释。A. 温德林指出,在马克思那里,技术是人与自然之间交互作用的典范,在他的著作中,对这种交互作用的描述前后是有变化的。陈旧的人道主义与活力论的范式将人置于自然的对立面,当作一种与之全然不同的力量;而新的热力学范式则把人与自然视为连续体。马克思的工作是对这些范式的结合,同时保留了它们各自的要素。这就在很大程度上影响了他对劳动概念的阐发。S. 塞耶斯评论称,《马克思论技术与异化》一书对马克思理论中的一些基础性的核心问题做了学术性极强的充分论证,对大多数读者来说,它呈现出一种原创的足以发人深省的风格。

3. 关于辩证法与货币问题。M. 史密斯(Murray E. G. Smith)考察了马克思对二元论及其在社会本体论上影响的批判。在《反对二元论:

---

① Paddy Quick, Feudalism and Household Production, *Science & Society*, 2010(2).
② Amy Wendlin, *Karl Marx on Technology and Alienation*, Palgrave MacMillan, 2009.

马克思主义与辩证一元论的必要性》一文中，M. 史密斯指出，围绕着辩证法在马克思主义整个思想中地位的论争，人们未能充分地估量二元论的社会本体论之持续性影响。然而，对二元论的明确批判，对唯物辩证法、马克思主义社会理论，以及对马克思主义教育理论来说，都是根本性的，因为这种批判揭示了资本主义社会关系在阻碍人的发展中的特殊位置。马克思的历史唯物主义的辩证一元论的本体论，要求用辩证的本体论的三个要素——"自然的""社会的""自觉的行动"——对它加以阐明。在谈到这三个要素的作用时，M. 史密斯揭示了辩证一元论的本体论与二元论的本体论对社会理论关键性问题的不同研究方法，这个关键性问题就是：经济价值概念。①

Ch. 洛茨（Christian Lotz）对在早期马克思那里作为"物自体"的货币概念进行了分析，并阐明了这个概念在《政治经济学批判大纲》中如何被转换为社会性概念的方式。② Ch. 洛茨认为，马克思并没有将货币定义为供社会交往与交换的手段，而是将货币定义为真正存在的普遍物与抽象的社会统治形式。这一构想是将康德的"物自体"概念转换成物质概念所导致的结果，但很多学者都忽视了这一点。因此，摆在我们面前的问题是，应该如何思考真正抽象的社会关系以及社会再生产形式，这种形式因其依赖于货币形式而成为抽象的。

4. 关于资本主义与法国革命问题。H. 海勒（Henry Heller）则接着 P. 奎克对封建关系向资本关系转变的论述，着重讨论了马克思对法国革命的判断。H. 海勒指出，修正主义学者试图否定法国大革命的资产阶级性质和资本主义性质，他们认为法国资产阶级并未作为自在的和自为的阶级而存在。但在 H. 海勒看来，所谓的作为阶级本身而存在的资产阶级，是随着近来的研究被逐渐确立起来的。对于在法国大革命中发展起来的资产阶级，是否可以将其理解为一个为了自身利益而革命的阶级，需要一种更加复杂的答案。在《路易·波拿巴的雾月十八日》中，马克思曾经断定，革命者的意识因为古典共和主义的修辞而变得模糊不清。只是在大革命之后，法国资产阶级才发展成为一个意识到自己是自

---

① Murray E. G. Smith, Against Dualism. Marxism and the Necessity of Dialectical Monism, *Science & Society*, 2009（3）.

② Christian Lotz, The Transcendental Force of Money, Social Synthesis in Marx, *Rethinking Marxism*, 2014（1）.

为阶级的阶级，并将大革命视作资产阶级的革命。事实上，大革命的剧变创造出了资产阶级作为一个阶级的自我意识，其力量根源于他们不断增长的经济力量。然而，由于其潜在的社会分裂倾向，这种意识被革命的主导力量边缘化了。① 在《处于边缘的马克思：关于民族主义、种族与而非西方社会》② 一书中，K. B. 安德森（Kevin B. Anderson）参照马克思对前现代和非西方社会的看法，以及马克思所处的时代（尤其是波兰和爱尔兰）的民族独立斗争，第一次从文化学和地缘政治学角度，完整地再现了马克思对资本已取得支配地位和文化多元的世界所持有的看法。③

第三，比较视域中的马克思与马克思主义。

比较研究是西方马克思主义的重要研究方法之一，美国马克思主义学者也继承了这一传统。21 世纪以来，美国马克思主义学者在现象学、海德格尔与马克思、M. 韦伯与马克思、凯恩斯主义与马克思主义、无政府主义与马克思主义、不同类型的马克思主义之间，甚至克尔凯郭尔与马克思之间，进行了大量比较研究，并取得了一系列研究成果。

1. 现象学、海德格尔与马克思。在《马克思与帕齐论表象问题，或：阅读作为现象学的〈资本论〉》一文中，加拿大约克大学的阿罗珠（Christopher Duarte Araujo）指出，《资本论》中的批判方法、科学观念和叙述模式都是现象学的（由 E. 帕齐在《科学的功能和人的意义》首次阐释）。阿罗珠认为，虽然现象学的马克思主义者运用现象学对马克思进行了重新解读，但他们都忽略了马克思著作中的现象学维度。其实，现象学不必嫁接到马克思理论上，因为马克思的批判就是现象学的理论来源之一。甚至可以说，马克思主义在形式上是现象学的，现象学在内容上则是马克思主义的。在《资本论》中，马克思将现象学的表象问题作为政治经济学批判的核心。马克思的分析始于"物"（即商品）在资本主义社会中呈现自身的方式，而后系统性地揭示了这种疏离

---

① Henry Heller, Marx. the French Revolution and the Spectre of the Bourgeoisie, *Science & Society*, 2010 (2).

② Kevin B. Anderson, *Marx at the Margins. On Nationalism, Ethnicity and Non-Western Societies*. University of Chicago Press, 2010.

③ Kevin B. Anderson, *Marx at the Margins. On Nationalism, Ethnicity and Non-Western Societies*. University of Chicago Press, 2010.

的外在表象背后的社会剥削关系。这种现象学路径是对资本主义经济的"自然化"伪装进行祛魅的最好方法。马克思主义的批判任务是展现这些外在表象背后的实在,如现象生活的物质本质。在资本主义社会中,表象与实在倒置、劳动过程颠倒,社会劳动生产力与个体工人越来越疏离,活的劳动越来越异化。生产者之间的社会关系变成了永恒的、物的关系,劳动产品却被人格化。一般来说,现象学拒斥所有的自然主义,马克思也警惕政治经济的自然化倾向,认为这种僵化的表象完全是历史的产物,而不是自然的产物。马克思的经济批判是一种科学批判——不仅是在黑格尔的现象学意义上,而且是在胡塞尔的意义上。黑格尔的《精神现象学》与胡塞尔的现象学都宣称自己是一门关于意识形式和人类经验结构的科学,当然《资本论》也不例外。马克思不仅分析了资本主义经济的单个形式,而且考察了其最初表象。作为使用价值,商品似乎是微不足道、毫不神秘的;但作为一种社会符号,它的根本秘密还需要通过进一步的批判和分析进行解码。顺着商品的线索,马克思找到了资本主义生产方式的实质,并且提出了实际的行动方案①。

J. 温赖特(Joel Wainwright)主张对照《存在与时间》阅读《资本论》(反之亦然),那么,要怎么阅读呢?毕竟,《存在与时间》常常被视为一部反马克思主义的著作。J. 温赖特指出,从三个方面来说,将这两本书放在一起阅读,可以加深我们对每一部书的理解:(1)根据海德格尔关于本体论差异的构想探讨马克思的价值理论;(2)考察这两本书对主体性的处理方式;(3)对比两本书在政治上得出的结论。②不过,Ch. 洛茨的观点正相反,他试图开启一条通向"海德格尔式的马克思主义"之新的研究路径。Ch. 洛茨批评霍耐特将物化重新构想为心理的或非经济的做法,并从马克思的视角概述了物化问题,这也为他在海德格尔与马克思之间设立对峙做出了准备。因为真正的问题在于,物化到底是科技(洛茨称之为"因果形式")的结果还是商品形式的结果。站在与海德格尔相对的立场,Ch. 洛茨声称,马克思的商品形式概念并非建立在主体性之上;海德格尔的生存本体论也无法解释他对现代

---

① Christopher Duarte Araujo, Marx and Paci on the Question of Appearances (Or, Reading Capital as a Phenomenology), *Human Studies*, 2017 (1).
② Joel Wainwright, Reading *Capital* with Being and Time, *Rethinking Marxism*, 2015 (2).

现象描述中所蕴含的架构与资本主义结构之间的联系。①

2. M. 韦伯与马克思。在《马克思、M. 韦伯和机器资本主义兴起、历史解释的逻辑》一文中，M. 古尔德（Mark Gould）指出，马克思和M. 韦伯关于资本主义生产的论述是互补的。马克思所描述的制造业的第一阶段特征是，资本控制劳动并且保留了前资本主义生产过程。其结果，生产规模的不断扩大带来了生产的增殖，对竞争的约束没有完全发展起来，公司形式是简单的，这种经济结构与许多传统和理性价值相符合。机器资本主义的竞争限制（"铁笼"）是不存在的，如果资本积累出现在制造业的第一阶段，它必然是由主观驱动的。M. 韦伯解释了这种主观动机的本质。他关于新教伦理与推动资本积累的资本主义精神之间关系的理论，系统地提出了经济生产逻辑的特征，但M. 韦伯没有对之进行深入阐述。新教伦理成为资本主义精神，当它贯穿制造业的第一阶段时，它有条不紊地刺激着资本积累。毋庸讳言，马克思和M. 韦伯都没有充分地解释机器资本主义的出现原因。就是说，马克思忽略了制造业第一阶段中资本积累主观动机的必要性；M. 韦伯没有充分地说明制造业的本质，以及被资本主义精神主观合理化的经济生产结构。然而，他们的论述是互补的，如果把两者结合起来，则可以充分地解释这一发展过程。总之，M. 古尔德通过对制造业的第一阶段资本积累的描述，提出了关于马克思与M. 韦伯在分析经济和社会结构时对价值约束作用的理解，以及他们理论中的历史解释的普遍逻辑。②

3. 凯恩斯主义与马克思主义。在《明斯基之后的马克思：资本过剩和当前的危机》一文中，J. 金凯德（Jim Kincaid）试图用激进凯恩斯主义者明斯基（Hyman P. Minsky）的理论来解读马克思。J. 金凯德指出，尽管明斯基的观点与马克思主义理论相左，但可以借助他的"金融动荡"（financial instability）理论说明，为什么马克思对19世纪金融和生产部门关系的分析可以解读当前高度金融化的资本主义，以及2008年以来的金融经济危机。发达经济体在生产部门拥有很高的实际利润和滞后的投资率，来自股东的压力使公司策略倾向于股票市场评级和并购

---

① Christian Lotz, Reification through Commodity Form or Technology? From Honneth back to Heidegger and Marx, *Rethinking Marxism*, 2013（2）.

② Mark Gould, Marx and Weber and the Logic of Historical Explanation, The Rise of Machine Capitalism, *Journal of Classical Sociology*, 2016（4）.

业务，而忽略生产投资，避税和公司的储备金累积导致了马克思所谓的"借贷资本"的全球过剩，个体与国际经济的贫富差距更是火上浇油，最终导致了金融机构的高利润、低利率，资产市场的周期性繁荣和萧条，家庭和政府债务的大幅增加，借贷资本过剩导致的动荡和停滞。马克思在《资本论》第 1 卷中预言了由生产力进步带来的利润率下降趋向，但 J. 金凯德认为在马克思主义话语中，利润率概念往往是机械的、抽象的。因而，他提出在范围更广的资本主义核算语境中分析利润率变化的成因和影响。他还指出，马克思主义者经常脱离《资本论》第 2 卷关于流通过程的分析来理解《资本论》第 3 卷关于利润率的部分，明斯基近期的著作十分强调资本流通及其相应的金融动荡模式，正好是重新思考马克思主义经济理论的借鉴材料。①

在《相互竞争的经济理论：新古典主义、凯恩斯主义和马克思主义》一书中，R. D. 沃尔夫（Richard D. Wolff）和雷斯尼克（Stephen A. Resnick）对新古典主义、凯恩斯主义和马克思主义这三种主流经济学理论进行了独特比较。②他们考察了每种理论的出发点、目标、核心问题以及内在逻辑，将它们与宏观政策问题联系起来进行考察，并围绕着一些核心问题，将相互敌对的理论阵营区分开来。例如，政府在经济中应该扮演的角色，以及生产的阶级结构等。此外，他们还考察了由经济学的概念化产生的理论分析、经济政策和社会决策。实际上，该文中的观点源于以前的著作《经济学：马克思主义与新古典主义》。在该书中，R. D. 沃尔夫和雷斯尼克对凯恩斯主义经济学进行了拓展性的解读，对马克思主义经济学进行了全面介绍。除对新古典主义经济学的逻辑结构进行系统性解读之外，还分析了市场缺陷、信息经济学、新均衡理论、行为经济学等方面的进展及其性质。他们认为，尽管整个 20 世纪经济学思想不断翻新，但迄今仍然是由新古典主义、凯恩斯主义和马克思主义三大思潮主导的，只是在不同的时期，各自所起的作用大小会发生变化，如在 2008 年金融危机中，新古典主义立场让位于新凯恩斯主义方法。R. 麦金泰尔（Richard McIntyre）高度评价他们的研究，认为

---

① Jim Kincaid, Marx after Minsky. Capital Surplus and the Current Crisis, *Historical Materialism*, 2016（3）.

② Richard D. Wolff and Stephen A. Resnick, *Contending Economical Theories, Neoclassical, Keynesian and Marxian*, The MIT Press, 2012.

这是对当前经济学理论做出的最好的比较性研究。

4. 无政府主义与马克思主义。在《马克思主义—无政府主义的对话：双向学习曲线》一文中，D. 莱伯曼（David Laibman）对马克思主义与无政府主义在阶级、剥削、权力、国家和挑战资本主义统治的组织形式方面的观点进行了比较。关于无政府主义，D. 莱伯曼关注两点：一是无政府主义社会理论的本质核心，以及巴枯宁、马拉泰斯塔①等人的无政府主义思想；二是复杂的（集中的和分散的或联邦的）组织形式问题。D. 莱伯曼认为，巴枯宁不像马克思主义者所说的那样犯有抽象个人主义的错误，他只是尽力区分左翼无政府主义与"无政府主义的资本主义"、自由意志主义。因而，巴枯宁的无政府主义实质是根据社会现实所呈现的异化的、表面的形式来对抗剥削。在他那里，剥削和压迫是同一回事，工人和农民都是革命主体，国家和官员的权力来源是不可见的，阶级权力和国家权力合并在一起，组织、等级和领导力是同等可疑的。无政府主义者和马克思主义者的共同主题是联合与政治问题，区别在于前者考虑的是是否进行联合和建立政治组织问题，后者考虑的则是如何进行联合和政治动员问题②。

5. 不同类型的马克思主义之间的区分问题。在《马克思主义》一文中，雷斯尼克和 R. D. 沃尔夫将两种不同类型的马克思主义加以比较，一种是传统的或正统的马克思主义，另一种则是多元决定论的马克思主义。在这里，他们准确地定位了每一种马克思主义为左翼及其在历史上和今天反资本主义斗争带来的理论后果和政治后果。当然，他们更倾向于多元决定论的马克思主义，因为它将消除阶级剥削（凭借"剩余劳动"等术语）放回到左翼争取社会变革的议程中，马克思也曾将它放置在这样一个位置上。此外，两位作者还试图说明，为什么多元决定论对重组剩余的生产和分配（消灭剥削）投入的关注，与传统马克思主义对消除生产方式的私有制或赋权于工人投入的关注是不同的。因而，他们的结论表明了：多元决定论的马克思主义为什么能够以及如何能够推动社会重构，并以此获得一种新型的阶级民主。③

---

① 马拉泰斯塔（Errico Malatesta, 1853—1932），意大利无政府主义革命者。
② David Laibman, Marxist-Anarchist Dialog, A Two-Way Learning Curve, *Science & Society*, 2016（3）.
③ Stephen A. Resnick and Richard D. Wolff, Marxism, *Rethinking Marxism*, 2013（2）.

6. 克尔凯郭尔与马克思。西方学界对克尔凯郭尔与马克思的比较研究很少，但 K. 洛维特（Karl Löwith）的《从黑格尔到尼采》（1941）无意间填补了这一空白。鉴于此，J. 阿路西（Jamie Aroosi）深入思考了克尔凯郭尔与马克思的联系。首先，J. 阿路西概述了人们对克尔凯郭尔思想的通常理解：克尔凯郭尔是一个纯粹内省的思想家，为了个人自我发展可以脱离物质现实；对克尔凯郭尔误会最深的是阿多尔诺，后者将克尔凯郭尔当作一个拜物教徒，认为他的哲学是完全禁欲的（拜物教徒是被物异化的、压抑欲望的）。这些理解会阻断克尔凯郭尔与其同时代人马克思在政治和社会领域的实质性对话。其次，J. 阿路西研究了克尔凯郭尔的早期著作，表明克尔凯郭尔使用了与马克思相同的术语来解释经济生活——克尔凯郭尔把经济生活当作他希望培育的真实生活方式的对立面，这与马克思的思路相同；他们都批判了德国观念论，但克尔凯郭尔是从伦理学和宗教角度进行的批判，马克思则是从社会和政治角度进行的批判；克尔凯郭尔对"本真性"（authenticity）的看法也与马克思相似：克尔凯郭尔和马克思都使用黑格尔的术语进行批判，他们的本真性观念意思相近，这也要归因于黑格尔。

二 西方马克思主义及其最新发展研究

第一，西方马克思主义—批判理论研究。

1. 葛兰西与 E. 布洛赫研究。21 世纪以来，在西方左翼学者的核心词汇库中，"安东尼奥·葛兰西"被使用的频率持续升高。这是因为葛兰西的理论指向与当代资本主义的重大问题密切相关，而在当前全球资本主义的一系列危机面前，葛兰西又成为左翼制定应对策略的重要思想资源之一。在西方马克思主义传统中，葛兰西是永不退场的明星："葛兰西是一个经典人物，这意味着一个作者从不成为时髦，但总是被阅读。"[①] 其实，早在 20 世纪 70—80 年代，西方学界便出现了"葛兰西热"，随之出现了所谓"葛兰西转向"。这一现象与 60 年代后期到 70 年代左翼遭到重大挫折有关，也直接与当时的伯明翰当代文化研究中心的推动有关，尤其是与霍尔的贡献有关。21 世纪以来，西方学界的葛

---

① Eric Hobsbawm, *How to Change the World*. Yale University Press, 2012, p. 334.

兰西研究日趋多样化，除了保留文化霸权、市民社会、国家理论、"阵地战"战略、有组织的知识分子，以及成为物质力量的哲学等传统主题之外，从语言政治角度重新解读葛兰西思想，并将葛兰西研究与当代全球经济文化、国际政治联系起来，成为新的发展趋向。从近年来英语世界出版的有关葛兰西研究的著作中，不难看到这一点。例如，加拿大温伯格大学 P. 艾夫斯（Peter Ives）的《葛兰西理论中的语言和霸权》（2004）和《葛兰西的语言政治：巴赫金小组与法兰克福学派》（2004）、皇后大学 R. J. F. 戴伊（Richard J. F. Day）的《葛兰西死了：新近社会运动中的无政府主义趋向》（2005）、阿尔伯特大学 A. 莫顿（Adam Morton）的《阐明葛兰西：全球经济中的霸权和消极革命》（2007）、西蒙菲莎大学 A. 艾尔斯（Alison J. Ayers）的《葛兰西、政治经济以及国际关系理论：现代君主和赤裸的皇帝》（2008）、密西根州立大学 J. 弗朗西斯（Joseph Francese）的《透视葛兰西：政治、文化与社会理论》（2009）、埃塞克斯大学 M. 麦克纳利（Mark McNally）和利兹大学 J. 施沃兹曼特尔（John Schwarzmantel）主编的《葛兰西与全球政治：霸权和反抗》（2009）等。

其中，P. 艾夫斯的《葛兰西的语言政治：巴赫金小组与法兰克福学派》一书[①]是这一趋向的重要代表作。在该书中，P. 艾夫斯从语言政治角度对葛兰西思想及其对其他西方马克思主义思潮的影响进行了重新解读，阐明了马克思主义与语言学的结合是如何产生出一种通往社会政治分析的独特方法的。他指出，葛兰西的霸权概念已经渗透进了政治理论、文化研究、教育研究、文学批评、国际关系和后殖民理论等广泛领域，但在葛兰西思想中处于核心位置的语言学问题却被长期忽略了。P. 艾夫斯认为，大学期间的语言学学习经历和他对意大利语的政治性关注都影响了葛兰西思想的形成。为了说明葛兰西论述语言问题的文本，P. 艾夫斯还将它们与其他马克思主义语言研究进行了比较，包括巴赫金小组、法兰克福学派，尤其是本雅明和哈贝马斯。通过这些比较，P. 艾夫斯阐明了葛兰西作品的影响力。他认为，巴赫金的符号性、对话性视角与法兰克福学派的批判性视角所体现出来的解释力，是这种

---

① Peter Ives, *Gramsci's Politics of Language*, *Engaging the Bakhtin Circle and the Frankfurt School.* University of Toronto Press, 2004.

影响力被保存下来的标志。J. 弗朗西斯同样通过语言政治角度对葛兰西的政治哲学立场进行了细致深入的考察，他特别关注葛兰西在《狱中书简》中提到的"为了不朽"概念。他说，"不朽"这个词在葛兰西那里不是指向美学领域的退却，而是指对某种历史连续统一体的浸入。与之类似，"无私"这个词，既意味着源于当下偶然性的自由，也是指对同质团体的有机集群这个话题的研究。总之，葛兰西的这两个术语共同表明了其心态的某种转变，即从一名从事起义的"战争演习"的战士，转变成为一名思考长期"战争状态"的战略家，即思考如何在市民社会中争夺文化霸权和意识形态霸权的战略家。

我们知道"内在性"概念是从葛兰西到奈格里用以解释历史之唯物主义性质的核心概念。在《复刻马尔库塞？关于哈特、奈格里的理论和解释》一文中，J. 格兰特（John Grant）从这个概念出发，提出拉克劳、哈特、奈格里，以及马尔库塞之间某种意想不到的冲突，这种冲突现在已经成为某种试验场，它涉及政治理论最为基础的任务之一：那些将政治理论化的概念说清楚[①]。J. 格兰特认为，通过倒转哈特和奈格里的作品为他们辩护，可以揭示出他们与马尔库塞的批判理论之间未被公认的也不是有意为之的亲和性。对这种亲和性的揭示，把某种对内在的创造性理解从拉克劳的批判中解救了出来。此外，J. 格兰特指出，马尔库塞使用的辩证逻辑，在理解帝国与众多的政治并使之清晰化方面非常有用。哈特和奈格里著作中的辩证性源于马尔库塞，这是一种通往当代政治的辩证方法，其意义远远超出对劳动和劳工运动的解释。

在《葛兰西是一个马克思主义者吗？》[②] 一文中，J. 温赖特提出了这个尖锐问题。他认为，葛兰西的霸权理论是植根于马克思的价值理论的，尽管价值理论以及马克思更一般的经济学著作，并不是《狱中札记》的主题，它们在基本方面也从未塑造葛兰西的理论倾向和政治分析。因此，葛兰西对经济主义的批判，应该被视为对马克思政治经济学批判的拓展。J. 温赖特还指出，葛兰西曾经将布尔什维克革命称作一场"反对《资本论》的革命"，因为这场革命并不是由于资本主义本身

---

① John Grant, Marcuse Remade? Theory and Explanation in Hardt and Negri, *Science & Society*, 2010（1）.

② Joel Wainwright, Was Gramsci a Marxist?, *Rethinking Marxism*, 2010（4）.

的矛盾发展而导致的,而是通过列宁关于革命在落后国家获胜的理论赢得了胜利。如果我们认为葛兰西的解释是正确的,那么随后斯大林主义的兴起则代表了"对《资本论》的反革命"。马克思在《资本论》中对资本主义的批判,对斯大林没有任何意义,但对葛兰西却意义非凡。因此,我们必须回到《资本论》,进而回到马克思的价值理论。只有这样,才能真正阅读葛兰西。

在《幽灵:E. 布洛赫、德里达与乌托邦工作》①一文中,J. 科斯诺斯基(Jason Kosnoski)对 E. 布洛赫和德里达的乌托邦理论进行了比较研究。他指出,无论 E. 布洛赫的乌托邦理论,还是德里达关于马克思主义弥赛亚承诺的解释,都对"工作"概念特别强调。本来,这个概念可以充当综合上述两种观点的基础,但却都没有得到应有的重视。一旦我们从这个角度来看待这两种理论,那就可以把它们视为两种有弹性的乌托邦式"工作"的体现,这种工作非常类似于马克思对异化劳动的矫正。这样的综合可以体现为德里达之消极性的"乌托邦式工作"和 E. 布洛赫之积极性的"乌托邦式工作"的交替,即个体在乌托邦式的最好社会中从事多样性的、不断发展的和集体性的生产。这就体现了马克思所设想的在取消了劳动分工之后那种创造性的类似艺术家式的工作。在他看来,只要个体能够从事这样的工作,那么即便在异化了的资本主义社会中,他们也能够认同马克思主义的这种基本价值。

2. 法兰克福学派批判理论及其最新发展研究。与大陆传统中的许多重要思想家(包括黑格尔、尼采和海德格尔)不同,阿多尔诺从未受到英美学界太多的关注,至少在哲学界是如此。姑且不论阿多尔诺著作是否太晦涩难懂,以至于令人望而生畏;他的著作,特别是他对分析哲学的批评,仍没有得到很好的研究。J. M. 伯恩斯坦②的《阿多尔诺:觉醒与伦理》扭转了这一局面。自 1969 年阿多尔诺逝世以来,美国学界将阿多尔诺置于当代哲学伦理论争中进行讨论。可以肯定的是,尽管阿多尔诺可能无法说服许多分析哲学家,但至少 J. 伯恩斯坦表明,阿

---

① Jason Kosnoski, Specter and Spirit, Ernst Bloch, Jacques Derrida and the Work of Utopia, *Rethinking Marxism*, 2011 (4).
② J. M. 伯恩施坦(Jay M. Bernstein, 1947—),美国哲学家、英语世界阿多尔诺哲学重要阐释者。

多尔诺的论述值得认真对待，这是一个不小的成就。① 正如 J. 伯恩斯坦所暗示的那样，"阿多尔诺"可以作为自己出版的《恢复道德生活：哈贝马斯与批判理论的未来》（1995）一书的"导论"，该书是 J. 伯恩斯坦对哈贝马斯交往行为理论和话语伦理学的批判研究。从《阿多尔诺：觉醒与伦理》这一书名来看，J. 伯恩斯坦更加推崇阿多尔诺的伦理思想，但在《恢复道德生活》中，还不能将阿多尔诺的伦理思想明确地归为某种伦理学说，至少应区别于哈贝马斯精心构思的话语伦理学。当然，正如大多数阿多尔诺研究者所指出的那样，不能确定阿多尔诺在道德哲学中是否为某个立场辩护。《否定辩证法》《道德哲学问题》都在讨论伦理问题，从中我们可以发现阿多尔诺将哲学理论置于社会历史语境中加以理解的"元批判"（meta-criticism）的努力，但这一努力与"元批判"的传统意义或积极意义已经相去甚远。

人道主义的马克思主义虽然受到阿尔都塞的批判和后结构主义的冲击，但它的影响并没有完全消失。苏联女学者杜娜耶夫卡娅②的学生在美国建立了一个国际组织："马克思主义与人道主义协会"。K. P. 安德森和 L. 洛克维尔编辑出版的《杜娜耶夫卡娅—马尔库塞—弗洛姆通信（1954—1978）：关于黑格尔、马克思和批判理论的对话》③ 是这个协会的最新成果之一。该书收录了她与马尔库塞、弗洛姆的通信。其中包括他们对马克思与黑格尔、马克思与弥赛亚，以及马克思主义与人道主义等问题的讨论。该书是了解 20 世纪中期人道主义马克思主义在美国活动及影响的重要文献。

"在他者中认出自身"是一个极有吸引力的观念，霍耐特用它来表达承认的核心；柯亨的自传性文集也以此为书名。2010 年，B. 史密斯（Bryan Smyth）出版的《评承认哲学：历史的与当代的视野》④ 全面地讨论了这个问题。B. 史密斯指出，相对说来，承认主题在马克思主义传统中是比较弱的。当然，这并不是说，马克思主义与承认理论建立在

---

① https://ndpr.nd.edu/news/adorno-disenchantment-and-ethics/.
② 杜娜耶夫卡娅是托洛茨基的秘书，她对黑格尔作了重新解释，认为黑格尔是一个激进思想家，甚至认为马克思的共产主义概念直接源于黑格尔的"绝对"观念。
③ *The Dunayevskaya-Marcuse-Fromm Correspondence*, 1954 – 1978, *Dialogues on Hegel, Marx and Critical Theory*. Lexington Books, Lanham MD, 2012.
④ Bryan Smyth, *Comment to The Philosophy of Recognition*, *Historical and Contemporary Perspectives*. Lexington Books, Plymouth, 2010.

完全不相容的基础之上；相反，如果我们意识到，承认的文化动力和制度机制具有物质性，那么，即使承认理论对历史唯物主义构成挑战，总体上也处于历史唯物主义边界之内。关于马克思思想与承认理论的关系，D. 布鲁德尼（Daniel Brudney）认为，《1844年经济学哲学手稿》中的共产主义社会可以理解为以主体间"相互关心"（mutual concern）的实践态度为基础来组织生产和消费的社会；然而，即使我们承认历史唯物主义与承认理论之间具有共同点，霍耐特与 N. 弗雷泽（Nancy Fraser）论争的问题仍然存在：人的解放是以认同为核心的承认概念，还是以社会地位平等为基础的正义概念。因而，为了抵制现代性的抽象主义和商品拜物教的同质化暴力，需要把文化承认结合到马克思主义的议程中，但在新自由主义时代，更需要突出经济正义的优先性。如果是这样，历史唯物主义与社会主义政治，相对承认理论和认同政治，应该具有理论与实践的优先性。

3. 分析的马克思主义研究。在《平等主义精神的限度：G. A. 柯亨对罗尔斯自由主义的批判》一文中，J. P. 霍尔特（Justin P. Holt）讨论了分析马克思主义奠基人柯亨对罗尔斯式自由主义的批评。[①] J. P. 霍尔特指出，柯亨对罗尔斯的差异原则的批评表明，后者理论表述上存在着某种不一致性。实际上，在"无知之幕"中，处于原初状态的人所决定的原初平等，无法由受到差异原则制约的不平等加以保障。柯亨一方面证明了原初平等的崩溃阻碍罗尔斯体系所设想的目标的实现，另一方面还证明了一个坚持经济分配平等的社会需要某种平等主义的社会风尚。不过，柯亨对罗尔斯的分析没有涉及到资本积累促成的不平等的最终成因。只有社会主义生产方式才能促进某种平等主义的社会风尚。此外，在 J. P. 霍尔特看来，柯亨通过直觉主义论争对罗尔斯的建构主义进行的批评并没有涉及人类的自然物质存在。

4. 文化多元主义研究。在《文化多元主义》一文中，斯皮瓦克（Gayatri Chakravorty Spivak）剖析了近年来盛行于美国学术界、教育界和政界的文化多元主义的局限和盲区。该文分析了文化多元主义意识形态的生成，认为它是一种经济全球主义认识论，实质上是一种殖民主义

---

① Justin P. Holt, The Limits of an Egalitarian Ethos, G. A. Cohn's Critique of Rawlsian Liberalism, *Science & Society*, 2011（2）.

策略：没有把握真正的文化异质性，仅仅简单地将不同文化叠加在一起。就像资本主义自由观念一样，不断地修改"发展"概念，保持非主流文化可承受的欠发达状态，而不必考虑主体的形成过程，只是承认当前状态就可以了。因此，文化多元主义不像通常所理解的那样是马克思主义的，而且也不是民主的。就文化的生成来说，"文化的"不适合修饰"多元主义"，因为两者的结合撕裂了文化与人性的必然联系。某个鲜活的文化代表了它自己或人类的本性。文化与多元主义的关系应该是自由与平等的问题：我的文化（自由）与其他所有文化（平等）。事实上，鲜活的文化是不可能对接的。此外，该文还指出，即使在经济全球化与政治全球化的时代，人们也不可能同时完全参与两个或多个国家的公民社会中。即使一个人具有双重公民身份，如印度裔美国人，他也只能在美国投票。斯皮瓦克提请人们注意，不要把庞大的底层选民一般化，相对文化多元主义，语言多元主义更为可取。①

第二，协商民主理论研究。

21世纪以来，N. 弗雷泽、艾利斯·扬、S. 本哈比、J. 博曼等人在哈贝马斯的话语民主理论基础上，兼顾规范性与事实性，进行跨学科、跨领域研究，同时回应了来自不同领域的挑战，进一步发展了协商民主理论。

在这个问题上，N. 弗雷泽的主要理论贡献在于以下两点。（1）提出参与平等是协商民主的本质和前提。她十分强调协商民主的参与性，这是与她的正义理念分不开的。在她看来，民主的终极目的是要实现社会正义，正义包含再分配、承认和代表权三个维度，并用参与平等原则统摄三者，从而构建了其独特的一元三维正义论框架。"参与平等"这一术语，最早出现于N. 弗雷泽对哈贝马斯公共领域概念的批判中。"参与"指所有社会成员在各个领域中的互动，尤其是对国家立法和政治决策的影响，"不参与"是专制主义的核心内容。"平等"指"平起平坐"（being equal）的状态或境况，其重要性在于：如果一个人失去了平等的权利和地位，那么他（她）也会失去"人类特有的行动自由"。在不平等的状况下，公共领域中的政治互动是不可能的。N. 弗雷

---

① Gayatri Chakravorty Spivak, Cultural Pluralism, *Philosophy and Social Criticism*, 2016（4-5）.

泽认为,协商民主的本质是公民对政治决策的平等参与,并且理性地表达自己的诉求。(2)独创性地提出强公共领域和弱公共领域概念。前者是指自治议会,既有意见形成又有决策制定;后者就是非政府话语意见的非正式鼓动实体,其话语实践只存在于意见形成中,不包括决策制定。N. 弗雷泽批评哈贝马斯在《公共领域的结构转型》中的一个不言自明的假设:起作用的公共领域需要在市民社会与国家之间做出严格区分,她认为这个假设是不合理的。在《重新思考公共领域》① 一文中,她提出"强公共领域"(strong public)与"弱公共领域"(weak public)的概念,认为弱公共领域的意见和强公共领域的意志可以相互转换。这一区分既保护了公共领域的自主性和批判性,又保证了民意转化为决策的有效性。哈贝马斯接受了 N. 弗雷泽的区分,并提出了一种"双轨制"(two track)协商民主模式,一方面立足于弱公共领域的意见形成;另一方面立足于强公共领域(即政治系统)的意志形成,构建从公共意见到正式立法过程的制度模式。②

　　艾利斯·扬的深层民主构想除了公共领域的民主化外,还包括私人领域的民主化,即隐私的民主化问题,这是民主理论中经常被忽略的一个问题。艾利斯·扬强调,民主不仅包含言说的权利和自由,而且涵盖不被言说的权利和自由。她说,在隐私权不民主的国家里,只有上层阶级才享有他人对其个人资讯和空间的尊重。那些没有这种权利的人会被随意询问,个人的一举一动都仿佛是一场"公众事件"。对隐私的侵犯成为一种社会规训,甚至惩罚的有效手段。艾利斯·扬指出,除了对个人信息的掌控权,隐私权还涉及私人空间不被侵犯和私人活动不被干扰的权利(《像女孩一样抛球》)。如果一个人连自己的身体以及与其密切相关的事物都缺乏控制力,更不用提他们(她们)在公共领域中的参与度以及对政治决策的影响力了。从这个意义上讲,私人领域的民主化在很大程度上制约着公共领域的民主化,只有基本实现了私人领域的民主化,公共领域中才有足够的"理性"对话者;反过来,一个成熟的公共领域能够为私人领域的民主化提供法律保障和制度支持。因此,只

---

① Nancy Fraser, Rethinking the Public Sphere, A Contribution to the Critique of Actually Existing Democracy, *Social Text*, 1990 (25/26).
② 谈火生、吴志红:《哈贝马斯的双轨制审议民主理论》,《理论研究》2008 年第 1 期。

有两者同时推进，深层的民主才是可以期待的。

　　S. 本哈比的理论特色在于：（1）深入思考在文化多元主义背景下民主何以可能的问题。S. 本哈比认为，能够应对文化多元主义对民主挑战的路径，只有哈贝马斯的双轨制协商民主模式。她以穆斯林头巾为例说明，应该给予戴头巾的穆斯林女孩们以自信和自我表达的机会。然而，就是在标榜自由平等的开明社会中，边缘人群依然缺乏表达观点的机会，协商对话也没有真正出现过。她呼吁人们要认识这些斗争，提醒人们注意这些问题已经超出了个体意识和宗教自由的范畴，变成了关于国家和主权的政治论争。也许，只能在民主协商框架中才能合理地解决这些问题。（2）对哈贝马斯的协商民主理论进行辩护。许多批评者认为，双轨制协商民主并不能够产生"假想"的愉快结果。公民社会不同群体的参与经常产生相反的结果，特别是在高度两极化的社会中，不同的文化、伦理和语言群体之间相遇往往引发仇恨。所以，应该减少他们相遇的次数。如果不同群体之间的仇恨过于强烈，法律只能在一定程度上控制仇恨的爆发。对这个问题的建议大致有两种：一是要求捍卫公共领域的语言或文化的多样性；二是要求承认源于不同群体经验的司法的多样性。S. 本哈比认为，值得讨论是第二种建议，它不仅是一种新颖的提议，而且挑战了一般的法律体系——它建议创造多重司法层级来解决文化和宗教的冲突。这种多重司法模式抓住了文化多元主义的难题，把权威区分为习俗的权威和国家的司法权威，认为诸如婚姻可由持特定风俗的群体承认，但儿童抚养费、家庭财产分配只能由国家来规定。当然，这个模式也存在一些问题，最主要的是司法制度多元化可能会损害法治的核心品质，即法律面前人人平等。此外，这种模式还可能会由于动态的、不可控的政治对话遮蔽法律的程序性特征。（3）尽管S. 本哈比没有提出解决前一个问题的方法，但她对政治对话进行了约束，主张政治对话应该遵循以下基本原则：平等主义的互惠原则、自愿的自我归属、退出和联合的自由[①]。从根本上说，这些原则要求在保证司法权威的前提下，给予少数群体以最大限度的选择自由，即政治对话必须是规范的协商式的。

[①] Seyla Benhabi, *The Claims of Culture*, *Equality and Diversity in the Global Era*. Princeton University Press, 2002, pp. 131–132.

然而，协商民主模式仍然受到了各种批评。例如：（1）协商民主模式只能应对浅层次的差异，无法真正包容深层的差异；（2）基于"给出理由的公共本质"的协商模式可能会因为空洞的、无情感的言语规范而变得有偏见；（3）达到理性共识的条件，特别是哈贝马斯所主张的条件，将共识的门槛抬得过高，有些要求是不现实的，甚至是排斥性的。作为对上述批判的回应，S. 本哈比特别指出了协商民主理论应注意的几个问题：（1）协商民主不能从单一的公共领域模式出发；（2）协商民主不能假定在政治和文化上处于边缘的群体代表"理性的他者"、是异质的物种；（3）反对公共性的建制原则。当然，总是存在一些通过协商难以达成的目标，如所有参与者的共识。在《后期资本主义的合法性问题》中，哈贝马斯也承认协商民主理论对参与者之间共识的要求过高，他希望"说理的力量"永远获胜。但不管怎样，协商参与者可能出于不同的理由达成一致意见，但这些理由有一个共性，即它们都是"可识别的"、有一定依据的理由，这是协商对话最起码的要求。政治话语是一种混合模式，它包含普遍正义诉求、主体和群体相关的策略理由、文化领域的伦理考虑等。通常在民主话语的各种规范说理和论证之间也存在张力，解决这个问题的途径似乎只剩下不断学习这一条了。

与哈贝马斯的协商民主不同，J. 博曼试图使协商民主在复杂的、规范碎片化的社会中更加具有可行性。为了兼顾少数人与多数人的利益，J. 博曼试图结合协商民主与代议制民主的优势。他所构想的协商政治之特征是手段和结果的平等、诚信磋商、在少数人接受过程公正性的基础上实行多数原则，这一模式被称为"完全自由主义的协商民主"。在这个路径中，个人利益是个体偏好和动机的主要来源，参与民主过程的公民不可避免地被深层的规范差异所区分；但一个公民在论证自己的政策立场时，必须至少在某种程度上超越个人利益。J. 博曼质疑在现代复杂的民主中存在任何公共理性或共同善的可能性，更不用说在它们基础上达成共识了。就是说，J. 博曼对公共理性或理想对话的要求不高，民主协商的说理可以是工具性的或策略性的。[①] 当然，这不意味着主张

---

① James Bohman, *Public Deliberation, Pluralism, Complexity and Democracy*. MIT Press, 1996.

协商民主的人应该屈服于当前民主生活中明显的不正义。像其他主张协商民主的人一样，J. 博曼支持民主资源和能力的平等化。但这种平等化不是将在公共协商背景下处于不利地位的人与其他有影响力的利益群体的地位拉平，而是确保他们可以"有效地运用他们的政治自由"①。严格的平等对协商民主来说既无必要，也不利于保持一种批判性立场。完全自由主义的协商不要求得到所谓的"正确的"方案。这个观点决定了 J. 博曼拒绝单一形式的公共理性，而倡导一种复数的公共理性形式。J. 博曼十分强调文化多元，他主张政策立场的公共理性应该充分考虑文化多样性的存在，公共性既不能太强也不能太弱，太强会排除掉许多公民，太弱则不能解决当代民主的困境。

社会理论中一直存在一种政治怀疑主义，如 M. 韦伯和卢曼，他们把公民之间的协商视为"制度的虚构"，把公众视为"幽灵"，主张政治只能是专家的事业。这种论调是政治规范与社会事实之间思考失衡的结果。应对民主问题上的政治怀疑主义，通常有两种方式。（1）像马克思一样，主张如果社会事实不能与民主理想调和，那就通过对事实的改变以达到规范的要求。这种方式在有些情况下是有效的，但当规范本身就是不现实、不可能时，如果要求完全参与、平等尊重和一致同意，这个方法也是无效的。（2）改变原则以使其在当前的条件下具有可行性，这是罗尔斯的立场。但这种方法往往事与愿违，过多的迎合社会事实可能产生较为实用的原则和稳定的制度，但代价很可能是牺牲掉民主。因此，协商民主理论应该兼顾事实与规范，在多元主义的复杂社会中重新理解协商民主理想。

公共协商总是在特定文化、特定背景下展开的。在没有相应的理性制度时，公民只有通过公共行动来影响政治决策，这是纯粹策略性的，而不是为了达成共识。这就极大地限制了公民参与公民社会的范围和质量。为了克服策略行为，创造一个真正的民主公共领域，J. 博曼提出了以下要求。首先创造一个"言说者向别人表达自己的观点，别人能够回应他们并提出自己的观点"②的平台。其次，这个平台必须保证交往

---

① Amy Gutmann and Dennis Thompson, *Democracy and Disagreement*, Belknap Press of Harvard University, 1996, p. 277.

② James Bohman, Expanding Dialogue, The Internet, the Public Sphere and Prospects for Transnational Democracy, *Sociological Review*, 2004（52），p. 133.

的自由和平等，目的是创造影响政治的机会和途径，以及在国际社会中广泛分配有效社会自由的决策环境。最后，公共领域的交往必须是公共的、开放的、没有门槛的。此外，协商程序本身也很重要，它应该具有深刻的伦理维度和更高的公共性，让每个人都具有对他人负责的态度，把交往的不平等降至最低。J. 博曼把公共协商程序称为"关于交谈的交谈"（talk about talk），是关于"公共性规范和交往开启的社会空间的规范轮廓"[①]的协商，或者是"元协商"，这种元协商对处理国际公共领域的事务来说尤为重要，因为它让人注意到国际社会中不平等结构的存在。

第三，女性主义及其最新发展研究。

在《女性主义、资本主义与历史的"狡计"》[②]一文中，女性主义批判理论家 N. 弗雷泽讨论了如何对待第二波女性主义运动的矛盾和政治暧昧性问题。她认为，第二波女性主义历史与资本主义历史相关联，都经历了三个关键时刻。在第一个关键时刻中，女性主义者对"国家—管理的资本主义"的"大男子主义"（androcentrism）提出了彻底挑战，具有明显的解放和进步意义。在第二个关键时刻中，它由于过于强调差异和多元主义，为新自由主义的资本主义精神提供了关键要素，无意识地充当了新自由主义同盟军。现在正处在第三个关键时刻中，资本主义陷入了危机，女性主义有机会重新激活其解放承诺，并将平等与认同重新结合起来。该文发表后受到了广泛关注，因为它不仅对过去 40 年第二波女性主义进行了批判性分析，而且对如何将女性政治与解放政治结合起来提出了新的看法。

在《女性主义的机遇：从国家管理—资本主义到新自由主义危机》[③]一书中，N. 弗雷泽进一步追溯了 20 世纪 70 年代后女性主义运动的发展历程，并展望了某种激进的、平等主义的女性主义新阶段的到来。在新左派风行一时之际，第二波女性主义争取女性解放，并且与其

---

① James Bohman, Expanding Dialogue, The Internet, the Public Sphere and Prospects for Transnational Democracy, *Sociological Review*, 2004（52），p.136.

② Nancy Fraser, Feminism, Capitalism and the Cunning of History, *New Left Review*, 2009（56）.

③ Nancy Fraser, *Fortunes of Feminism. From State-Managed Capitalism to Neoliberal Crisis*, New York: Verso Books, 2013.

他激进运动一起质疑资本主义社会的核心特质。但是，女性主义随后陷入认同政治，标志着其活力的衰退，这与新自由主义的兴起相关。在该书中，N. 弗雷泽预言女性主义运动的某种复兴。她指出，某种激进主义的女性主义复兴应该能够回应全球性经济危机。在争取经济民主化的斗争中，女性主义应该充分发掘早期女性解放运动的理想和潜能，成为一股能够与其他平等主义运动相呼应的力量。在《资本主义的关怀危机》[①] 一文中，N. 弗雷泽延续了《女性主义的机遇》中的观点，认为自由主义的女性主义与资本主义纠缠不休，主张女性主义应该将新自由主义从女性解放的神坛上驱逐下去。此外，该文还探讨了女性主义将人们从无情的剥削中解放出来的方式。在这里，N. 弗雷泽继续推进对资本主义的批判，阐明了性别正义必须成为任何争取平等社会斗争的核心。她提出，家庭再生产（生育）是维系社会的基础，它一方面涉及代际之间的联系：抚育儿童、照顾老人；另一方面又涉及朋友、家庭、邻里和社群之间的联系。过去，生育的义务主要在女性身上，资本主义加剧了这种分工，把生育局限在私人领域。事实上，家庭再生产是一项公共事务，它与公共机构和公民社会有密切而直接的关系，甚至它的某些部分已经被商品化了。N. 弗雷泽认为，家庭再生产与经济再生产的分裂是资本主义压迫女性的主要制度基础，也是女性主义首先要解决的问题。她提出，资本主义正在遭遇关怀危机，它认为生育能力是无限的，因而用长时间的、繁重的工作压榨家庭再生产能力，会破坏社会联系的纽带，导致关怀危机。

J. 巴特勒（Judith Butler）长期致力于"性别述行"理论的阐发。2010 年以后，她继续将性别、身份和述行作为研究的重点。例如，在《性别问题：斯科特的批判女性主义》[②] 一书中，她讨论了斯科特（Joan W. Scott）那篇颇具影响的文章《性别：历史分析的一个有用类别》。通过梳理斯科特在历史和其他学科中的贡献，J. 巴特勒提出性别研究应该独立地或者与其他维度（如种族、阶级和性倾向）相结合，采用历史的、哲学的、文学的、艺术史的，以及其他领域的视角来研究

[①] Nancy Fraser, Capitalism's Crisis of Care, *Dissent*, 2016（4）, pp. 30 – 37.
[②] Judith Butler and Elizabeth Weed, *The Question of Gender, Joan W. Scott's Critical Feminism*, Indiana University Press, 2011.

性别问题，使它在 21 世纪仍然是一个"有用"的范畴。在《主体的感觉》①一书中，J. 巴特勒对主体形态中的激情进行了反思，强调欲望、愤怒、爱、悲伤等与权力结构的纠结，讨论了在不同的哲学语境中主体在违背自己意愿的情况下，如何被语言塑造。她指出，权力虽然通过语言对主体产生作用，但并不是主体的所有能动性都将忠实地体现、贯彻权力的意志。主体在接受权力的同时也会反抗权力。波伏娃曾经说过，女人并非生来"就是"（be）女人，而是在社会中"成为"（become）女人。在波伏娃的影响下，女性主义一度主张"生理性别"（sex）与"社会性别"（gender）的区分，前者是天然的生来"就是"如此；后者有一个被社会塑造"成为"的过程。那么，巴特勒的"语言塑造主体论"是否只是又一种"性别是社会的构建"呢？答案是否定的。其实，她走得更远，她对女性主义的贡献在于，借助重读波伏娃解构了生理性别与社会性别的区分，而这一解构正是在"语言和言说者互相言说"的框架里完成的。

近年来，A. 艾伦（Amy Allen）在学界十分活跃，逐步成为具有一定影响力的女性主义批判理论家。她的研究领域涉及现代性、规范性、合法性、权力、民主等，并与女性主义相结合，得出具有启发性的结论。例如，在《女性主义、福柯与理性批判》②一文中，A. 艾伦提出，现代性与规范性的关系是批判理论研究的核心，但这种关系近年来遭受到越来越大的压力，尤其是来自后殖民主义批评家的压力。对女性主义批判理论来说，重新思考现代性与规范性的关系，原因有两个方面：（1）女性主义理论需要真正包容所有女性的视角和经验，包括发展中国家的女性，发展一种包含种族、性别和帝国统治交叉分析的维度；（2）从批判理论方向来看，只有采取后殖民视角，批判理论才真正具有批判性。然而，重新思考现代性与规范性的关系，严重挑战了女性主义批判理论的某些核心观点。尤其是，只要批判理论的规范性依赖于与历史进步观念相联系的特定现代性，那么后殖民主义的、反种族主义的、反帝国主义的女性主义似乎就威胁到了批判理论的规范性。A. 艾

---

① Judith Butler, *Senses of the Subject*, Fordham University Press, 2015.
② Amy Allen, Feminism, Foucault and the Critique of Reason, Re-reading the History of Madness, *Foucault Studies*, 2013（16）.

伦试图调和两者之间的矛盾。她认为，女性主义理论只有包含解释、诊断、预测和乌托邦等要素，才是真正的批判理论和女性主义。然而，对两性权力关系的复杂性进行深刻的解释—诊断任务，似乎削弱了乌托邦任务所依赖的解放的可能性，即权力与解放的悖论。因而，她试图通过借鉴福柯的理论，提出一种消极的解放观来化解这一悖论，并将其转化为一种激发批判的创造性张力。①

恩格斯及其《家庭、私有制和国家起源》在左翼女性主义那里有着特殊的声望和地位，那么，马克思是否有自己的性别与家庭理论呢？这个问题一直很少有人研究，H. 布朗（Heather Brown）填补了这一空白。她的《马克思论性别和家庭：一个批判性研究》②是西方第一部聚焦于马克思关于性别和家庭观的学术著作，该书按 21 世纪的关注点对上述主题提出了新看法。在这里，H. 布朗详细考察了马克思关于性别的论述，也研究了马克思晚期的人类学笔记关于前资本主义社会家庭和性别关系的论述，提出了一些具有启发性的观点。在《马克思论家庭和阶级意识》一文中，蔡海淑（Haesook Chae）讨论了家庭与阶级意识的关系。她指出，人们通常认为女性问题在马克思思想中只是边缘性的，但事实上，女性解放是内在于马克思革命理论中的一部分。通过对马克思家庭观的分析，她提出对工人阶级意识的形成不可或缺的社会性，只有在基于性别平等的家庭、而非父权制家庭才能得到发展。因此，在马克思的革命理论中，女性在家庭中的解放是至关重要的环节，这对克服在资本主义社会中社会性的发展所遇到的困难具有本质意义上的重要性。此外，她还提出，这种有关家庭与政治关系的马克思主义视角已经被忽略了，主要原因在于很多马克思主义的女性主义者倾向于错误地将马克思和恩格斯在女性问题上的看法等同起来。③

与上述看法不同，M. 吉门兹（Martha Gimenez）和 L. 沃格尔（Lise Vogel）承认《家庭、私有制和国家起源》是马克思主义经典文献，恩格斯揭示了女性被压迫的根源不是男性统治女性的潜在欲望，而

---

① Amy Allen, Emancipation without Utopia, Subjection, Modernity and the Normative Claims of Feminist Critical Theory, *Hypatia*, 2015（3）.
② Heather Brown, *Marx on Gender and Family: A Critical Study*, Haymarket Books, 2012.
③ Haesook Chae, Marx on the Family and Class Consciousness, *Rethinking Marxism*, 2014（2）.

是商品生产和社会生产方式,一夫一妻制不以自然条件为基础,而以经济条件为基础。在性别与婚姻问题上,马克思和恩格斯没有本质区别——并非马克思将人类行为作为历史的驱动力时,恩格斯只看到历史发展的"阶段";马克思看到社会冲突和矛盾的地方,恩格斯只看到生产力以不可抗拒的形式发展;马克思是人道主义,而恩格斯是经济决定论。其实,在核心和基本问题上两者是一致的,都不是简单地认为经济结构改变一定导致两性关系和家庭结构自动地改变。M. 吉门兹和 L. 沃格尔还提到同性恋问题,认为应当对恩格斯反对鸡奸的观点进行历史分析。在恩格斯时代,同性恋还不太为人知所,他有这种看法很正常。对恩格斯的评论不能局限于个别问题,而应着眼于他对一切性关系之扭曲和商品化所作的批判。恩格斯强调,只有在财产关系和商品被消灭之后,男人才会知道不能用金钱和权力去购买女性的屈服,而女性也会知道除了爱情之外不会有其他委身于男人的理由。

在《工作问题:女性主义、马克思主义、反对工作的政治与后工作的想象》① 一书中,K. 威克斯(Kathi Weeks)对下述预设提出了直接挑战,即工作或有偿劳动天然就是一种社会性和政治性的善。当进步政治运动,包括马克思主义运动和女性主义运动努力争取同工同酬和更好的工作环境,并且认识到无偿工作也是有价值的劳动时,他们总是倾向于将工作视为某种自然而然的或不可避免的行为。K. 威克斯强调,当我们把工作视为某种既定的东西时,我们已经在对它进行"去政治化"了,或者说,使它脱离了政治批判领域。现在,雇佣已经在很大程度上私有化了,而工作本位的激进主义在美国也已经萎缩了。我们将按劳取酬当作收入分配的基本机制、当作伦理义务、当作界定我们自己与他人的社会及政治主体性的手段。按马克思主义和女性主义的批判理论,K. 威克斯提出了后工作社会的构想,那种社会将允许人们去生产和创造,而非被冷酷无情地束缚在雇佣关系中。

在特朗普赢得美国总统大选之际,J. 詹森(Robert Jensen)出版了《父权制的终结:为男性而写的激进女性主义》② 一书。该书的出版显

---

① Kathi Weeks, *The Problem with Work. Feminism, Marxism, Antiwork Politics and Postwork Imaginaries*, Duke University Press Books, 2011.
② Robert Jensen, *The End of Patriarchy, Radical Feminism for Men*, Spinifex Press, 2016.

得尤为重要，它抛出了一个重要问题：如何建立和保持一种稳定的、体面的人类社群，并与更广阔的生活世界维持可持续性关系？J. 詹森的回答是女性主义对父权制的批判。他认为，父权制的病态理念——一部分人控制、占有另一部分人——是当代各种危机的核心，正如 S. 比达尔夫（Steve Biddulph）的评论所说，父权制是一个有毒的、恶臭的水池，我们都在里面游泳。除非我们觉醒，否则永远无法逃出，呼吸新鲜空气。因此，J. 詹森呼吁以一种激进女性主义对抗制度性的男性统治，拒绝男性控制女性的性和生育，终结所有统治与被统治关系中的暴力和压迫。一个公正的社会至少需要一种激进女性主义对父权制的全面解构。有些人一看到"激进"就害怕，事实上"激进"不等于"疯狂"，其含义是直达问题的根本，认真探究产生性别歧视的制度和社会结构。在此意义上，"激进"的意思是"深刻"。激进女性主义在人际关系和商业语境中批判男性对女性的性剥削。过去，激进女性主义者认为性骚扰和家庭暴力是父权制下男性控制女性的必然结果。因而，若想减少强奸和性伴侣之间暴力的发生，就必须推翻父权制。今天，激进女性主义用同样的逻辑分析了性剥削产业（例如，卖淫、色情作品、脱衣舞），它们都是男性为了性目的而买卖女性的身体。这种"男性可以用钱购买性愉悦"的观点是父权制的产物。

J. 詹森认为，尽管希拉里经常说要打破玻璃天花板，而且她成为总统候选人的确是一个里程碑，但任何主流的政客或政党关于父权制的言辞都是不可信的。当然，新的可能性已经开启，女性主义的任务是去实现这个可能性，解除男性对女性的控制。在父权制问题上，右派和左派往往持同一立场，两者都会威胁性别平等和性自由。侵犯女性生育权的势力来自保守主义，尤其是宗教保守主义。对女性进行性剥削的是自由主义，是世俗的人和运动。保守主义者试图让特定身份的男性（丈夫和父亲）控制女性的身体；自由主义者则试图通过将出卖自己身体的女性称为"性工作者"，让尽可能多的男性共享女性的身体。在这些方面，特朗普将保守主义与自由主义的父权制之"恶"展现得淋漓尽致。未来需要更多的进步人士参加战斗，不仅批判父权制，而且批判白人至上主义，以及向更广阔的生活世界发起攻击，推翻导致生态灭绝的资本主义经济。J. 詹森指出，进步人士的斗争方向有以下几个：保护草根阶层的生育权利，包括支援负担不起堕胎的女性；在主流的反强暴运动中复兴激进女性主义的分析；挑战性产业中男性对女性的性剥削；揭露资本主义对人的自我意识和民主精神的破坏；努力阻止美国用武力干涉发展中国家的内政。

在《在性别与阶级等方面重新思考女性主义与马克思主义》一文中，D. 卡姆菲尔德（David Camfield）对《资本论》（第1、3卷）、《德意志意识形态》《路易·波拿巴的雾月十八日》《关于费尔巴哈的提纲》等著作进行了诠释。他认为，将马克思的主要理论与当前反种族主义—酷儿女性主义结合起来是批判理论最有前途的趋向之一，因为它们的观点对现时代都十分重要，而且各有局限性。但近年来，严格的马克思主义学者与反种族主义的女性主义学者之间的对话较少，因为结合两者的跨学科研究不足，它们结合的理论基础没有完全被澄清。他指出，反种族主义—酷儿女性主义的历史唯物主义根据反种族主义—酷儿女性主义所提供的范围更广的社会现实，重新思考了马克思的历史唯物主义和资本主义生产方式理论；与此同时，马克思的历史唯物主义对历史特殊性和社会形式的关注也改进了反种族主义—酷儿女性主义的研究成果。与正统马克思主义者的理解不同，D. 卡姆菲尔德认为马克思并未打算构建一种"无所不包"的世界观，"最好的马克思"提供给人们的是批判的社会理论，即历史唯物主义和资本主义生产方式理论。历史唯物主义的起点是人的社会实践，核心是人与人、人与自然之间的实践活动，即劳动。①

因此，历史唯物主义比深深影响了反种族主义—酷儿女性主义的语言理想主义和尼采主义更为可取，它承认人的生理需求，但又不认为人的社会活动由生理决定。如何满足生物需求是社会组织问题，而非生物必然性问题。这与近期的自然科学和社会科学结论相同：人的身体是社会的和历史的，父权制、种族主义和异性恋主义左右了生物决定论。马克思理论不像解构主义那样将社会理解为语言，而认为社会变革与语言变化的方式是完全不同的，语言的变化往往是无意识的。解构主义认为，历史只能生成，而不能变革；历史进程的观察者或参与者只是事件的通量。历史唯物主义也不像新尼采主义者（福柯）那样把知识—权

---

① David Camfield, Beyond Adding on Gender and Class, Revisiting Feminism and Marxism, *Studies in Political Economy*, 2016（3）.

力当作历史的中心，个体只是知识—权力的产物和对象，后者在遇到"行动"（agency）的能动性时无法给出合理的解释。马克思的社会本体论避免了这些问题，它与所有关于社会制度压迫关系的研究都不冲突。马克思特别强调社会物质现象的历史特征，并用一种批判的方法发现产生它们的条件。在当代，这种态度具有非常重要的意义。某些后殖民理论倾向于将思想、行动和社会构造一般化，实际上，它们是特定历史语境下社会关系的产物，如把东方主义当作古代的自然产物，而不是完全现代的现象。

在 J. 米汉（Johanna Meehan）看来，女性主义受到两种不充分的自我模式的阻碍，而人们的自主、自由、解放、性别和批判观念都依赖于对自我本质及其与他者、社会机构、实践关系的理解：一种是"从内在到外在"的模式，它认为自我的主体性源于某种内在的特质，这种观点可以追溯到康德；另一种是"从外在到内在"的模式，它强调自我之外的构建和内化过程，这种观点源于马克思。J. 巴特勒主张一种"从外在到内在"的模式，她把自我的来源确定为语言和心理反应，但却没有阐明语言是如何塑造自我的。S. 本哈比在"从外在到内在"与"从内在到外在"的模式之间摇摆，既像 J. 巴特勒那样将主体性的来源确定为语言，又承认情感和具象化经验的重要性，他对语言的论述更倚重哈贝马斯，而不是索绪尔。在哈贝马斯那里，语言的含义不是由语言规则本身规定的，而是由互主体的协商形成的。但他也遇到了与 J. 巴特勒相同的困境。J. 米汉指出，这两种模式都没有重视权力在主体性构建和捍卫自主与批判能力中的作用，由于这两种模式的内在局限性，它们都不能描述自我的内在发生，没有解释清楚外在是如何变成内在的，或者内在怎样与外在互动的。因此，J. 米汉试图用"呈现"概念来解释权力如何在互主体层面塑造和构建主体性，从而阐释自我的本质和发展。生命体的活动产生了他们的身份，"呈现"是这些生命体在成为自身的过程中的所作所为，它可以有说服力地解释一个婴儿是如何学习语言、文化等社会技能的。成为自我的过程既不是先天存在的本能，也不是外部施压的结果。自我形成是一个人在一定环境下行为和改变的能力。自我既非源于内在力量，也非源于外在力量，而是源于自身活动。那么问题就变成了：何种建设性的交互作用使儿童成长为具有社会能力和道德能力的成年人？

第四,生态主义及其最新发展研究。

在《生态革命:与地球和平相处》一书中,美国生态学马克思主义者 J. B. 福斯特探讨了全球变暖、石油峰值、物种灭绝、世界性水资源短缺、全球饥饿、替代性能源、可持续性发展,以及环境正义等问题①。他断言,人类与地球的关系已经达到了一个转折点。要真正解决我们所面临的上述问题,如果离开了真正的社会关系,仅仅依靠技术、工业或自由市场手段,是不会成功的。因为当前生态危机的根源在于资本的贪婪扩张。这种经济上的扩张,必然要向外寻找原材料、廉价劳动力和新市场。这种扩张在全球现在已经达到了前所未有的非理性的顶点。无限制的资本积累和保护地球之间存在着不可调和的矛盾,而公共财富与私人财富之间则永远成反比关系,即所谓"劳德代尔悖论"。因此,J. B. 福斯特与马格多夫一起,断定人类的唯一出路就在于一场生态革命,即为了与我们的行星言归于好而奋斗。他们指出,这样一场人与环境关系的革命已经开始,这种行动正在逐步遍及全球,特别在世界体系的"外围",最具抱负的实验正在进行着。在他们看来,"绿色资本主义"并不是最终解决上述危机的可行性方案。因为只要在资本主义经济运作体系中,上述方案在应对日益加重的环境问题上最终还是无能为力的。对于这个问题的解决,唯一可行的方案仍旧是社会主义。②

J. B. 福斯特还从资本主义经济危机和生态灾难等方面入手讨论了危机概念。例如,在《时代危机》一文中,他指出,在我们这个时代,人类正面对着巨大的历史性挑战,自大萧条以来的最大规模的经济危机,也被称作第二次大萧条,正被整个星球所面临的更大的灾难所笼罩,这就向我们提出了无数物种能否长期生存的问题,也包括人类自身的生存问题。对今日世界来说,最为紧迫的就是建立起对不断深化的资本主义经济僵局与日益加剧的生态威胁之间的关联性了解,后者正是资本主义发展的副产品。J. B. 福斯特解释说,他使用的"空前的危机"一词,指的是经济矛盾与生态矛盾的一致性。在这种矛盾中,整个社会的物质条件遭到了破坏,这就向我们提出了如何向新的生产方式过渡的

---

① John Bellamy Foster, *The Ecological Revolution*, *Making Peace with the Planet*, Monthly Review Press, 2009.

② Fred Magdoff and John Bellamy Foster, Why Every Environmentalist Needs to Know About Capitalism, *Monthly Review*, 2010(3).

问题。这一空前的危机完全不同于资本主义历史上那些普通的发展危机[1]。

在《马克思与自然界普遍新陈代谢的断裂》[2] 一文中，J. B. 福斯特认为，在过去的15年间，马克思的新陈代谢断裂理论（亦即人类社会与自然之间的交互关系，因为资本主义生产而导致的紊乱）的重新发现，给了了左翼强有力的支持，以便对自然与当代资本主义社会的关系展开批判。在他看来，资本积累导致了生态危机和生态灾难。因而，我们要发展一个更具有内在协调性的生态世界；同时，也要超越自然科学与社会科学之间的分裂。J. B. 福斯特强调，马克思的生态唯物主义对在21世纪探讨生态危机和生态灾难具有重要意义。他说，如果还试图将人类从由资本主义之无情的破坏性创造活动造成的生态灾难边缘挽救回来的话，那么社会的革命性重建的潜在条件，其范围和愿望必须是普遍性的，必须包括全球和全人类。而人与自然之间的新陈代谢将始终是一个问题，这同时也是一个关于人类生产和人类自由的问题。

三 当代资本主义全方位批判

21世纪以来，以美国为代表的资本主义陷入了一系列政治、经济和生态等深重的危机，2008年的金融危机是自大萧条以来最严重的一次。数百万人失去了工作、住房和医疗保障，而其他人则眼看着自己的养老金、福利和工作保障系数不断下降，越来越多的人受到危机的影响。这个制度只是使富人越富，它不仅无法广泛满足人民的需要，甚至也无法继续复制其剥削模式，无法再有效地推行其强制性的意识形态霸权。全球资本主义经济危机远未结束，这场危机导致了经济停滞不前、国家债务突破红线、失业率增长、环境退化、国际间冲突和社会矛盾加重等严重问题，这也使得美国马克思主义者在对这场长期的危机进行反思的同时，重新深入地思考资本主义的性质，并就当前的经济学理论、经济政策和金融管制等问题展开广泛的讨论，将批判的矛头指向了资本

---

[1] John Bellamy Foster, Epochal Crisis, *Monthly Review*, 2013 (10).
[2] John Bellamy Foster, Marx and the Rift in the Universal Metabolism of Nature, *Monthly Review*, 2013 (12).

主义制度本身。

第一，资本主义起源及其历史演变考察。

近年来，资本主义的起源问题受到了特别关注，这在很大程度上是由"政治马克思主义"推动的。按这一传统，根本不存在历史发展的抽象过程和阶段，每一个国家进入资本主义都是经济、政治、人口和其他因素相互结合的产物。因而，对资本主义起源和发展的研究，需要对个别的、具体的民族国家进行历史研究。Ch. 波斯特（Charles Post）的《通向资本主义的美国之路：对阶级结构、经济发展和政治冲突的研究》[①]是这方面的代表作。它以马克思的政治经济学为出发点，依据大量历史文献，对美国从独立战争到内战期间资本主义发展进行了阐释。作为关于美国发展的第一部系统的历史唯物主义著作，它具有里程碑意义。

美国学者不仅讨论了资本主义起源问题，而且对资本主义历史演变，以及平民主义的历史进行了考察。例如，阿普尔比（Joyce Oldham Appleby）指出，经过数个世纪的演变，资本主义制度已经发展成熟并且渗透到日常生活的方方面面。这个制度是一个不断变化的框架——这种变化有时可以预测，有时又无法预测；有时可以控制，有时却会完全失控。如果回顾这个框架的诞生史，便可以发现它在早期现代的英国农业、制造业和贸易中的生成变化，并最终导致了一种催生财富、新的权力的行使，以及新的意识形态制度的形成。阿普尔比指出，资本主义制度的演变史，其实也是资本主义文化的诞生和演变史。因而，研究其思想史和价值观的演变史，与研究其社会经济创造力和社会政治系统具有同等程度的重要性。在《人民资本主义：重新找回美国繁荣的精髓》一文中，L. 金格尔斯（Luigi Zingales）对19世纪末20世纪初美国的平民主义历史进行了详尽的考察，并指明现在的处境与那时并无不同。他指出，美国资本主义的根基正在坏死，其结果就是转向了一个更加腐败的制度——在欧洲和世界上的许多国家都可以发现这种制度。在 L. 金格尔斯看来，美国资本主义是在具有明显竞争优势的、由精英管理而养成的、对市场及流动性信任的独特摇篮中生长起来的。然而，近年来这种信任已经被商业精英的背叛所侵蚀，他们垄断市场而非服从市场；知

[①] Charles Post, *The American Road to Capitalism, Studies on Class-Structure, Economic Development and Political Conflict*, 1620-1877. Haymarket Books, 2012.

识阶层也在很大程度上配合了这一背叛行为。留下来的，或者是一种民粹主义，或者是一种商业的技术偏狭倾向。它们当中没有任何可能提供一条可以维护美国资本主义灯塔的道路。现实情况是，处于社会中间和底层的民众受到压榨，而处于社会顶层的人群变得更为富有。因此，现在的结论也和当时一样，对制衡竞争领域的经济政策进行改革。他说，以后的发展方向或许是一种有利于市场的平民主义，为了人民的利益而非大财团的利益去培养真正的自由竞争精神。也许，反商业（尤其是反大商业）会真正有利于市场。但问题在于，人们能否再次鼓起勇气面对现有的权力①。

第二，资本主义新形态分析。

在技术全球化、信息全球化、经济全球化，以及全球经济危机的背景下，资本主义发展呈现出一些新特点。在有关当代资本主义转型的研究中，西方学者提出了一些新概念，例如，"债务资本主义""技术资本主义""信息跨国资本主义""数字资本主义"等，它们对理解当代资本主义的本质特征具有重要意义。2007—2008 年金融危机爆发后，西方许多国家都陷入了主权债务危机。不仅希腊、西班牙、意大利陷入债务重组危机，美国也频频突破债务上限。为了减少财政赤字，这些国家纷纷采取冻结工资、减少政府雇员、削减社会福利和减少公共支出等紧缩政策。不仅采取紧缩政策，而且债务危机也成为新自由主义政策扩张的工具。因此，一些学者提出了"债务资本主义"（indebted capitalism）的概念。例如，在《债务债券：以公共利益为抵押的借贷》② 一书中，R. 狄恩斯特（Richard Deinst）提出了一个惊世骇俗的观点：当今的问题不在于债务水平太高，而在于它还不够高。R. 狄恩斯特将"债务"从一个纯经济概念拓展为一个社会学概念，并认为债务的魔力在于，通过相互间的联结而创造出人类生活的公共善。在资本主义体系中，债务是攫取的工具，但也是人与人相互依赖的纽带和渠道。因而，他认为当前的经济危机并不令人惊奇。他认为，R. 布隆纳（Robert Bronner）对全球资本主义发展的分析、阿瑞吉（Giovanni Arrigh）对康

---

① Luigi Zingales, *A Capitalism for People*, *Recapturing the Lost Genius of American Prosperity*, Basic Books, 2012.

② Richard Dienst, *The Bonds of Debt*: *Borrowing Against the Common Good*, Verso, 2011.

德拉捷夫周期①的解释，以及 D. 哈维对新自由主义的批判，都预测到新自由主义全球化必然会陷入危机。因而，对于历史如何走到了今天并不难解释，问题是今后向何处去？在这里，R. 狄恩斯特提出了一个大胆的观点：一切未来之道都是借助巨大债务的叠加。一般人对债务总是持消极立场，强调在生活中要奉行量入为出原则，把债务视为必须避免的现象；但狄恩斯特认为债务并非是完全消极的，世界范围的巨大金融债务是人类团结的社会、经济和政治纽带。在这个意义上，债务关系内在包含着积极的解放潜能。

在《技术资本主义：关于技术创新和社团主义的批判视角》②和《全球化和技术资本主义：公司权力和技术统治的政治经济》③等著作中，"技术资本主义"概念的支持者 L. S - 维拉（Luis Suarez-Villa）指出，技术资本主义是商业资本主义和工业资本主义之后的资本主义发展新形态。在他看来，商业资本主义的特征是对劳动的剥削，并从被占有的土地和商品交换中抽取剩余价值；工业资本主义依赖于以工厂生产为基础的批量生产，并从劳动力和原材料中抽取剩余价值；技术资本主义则把自己建立在技术与科学以及非物质的商品基础上，从知识和技术创新中抽取剩余价值。L. S - 维拉强调，在技术资本主义当中，创意是最宝贵的资源。当前，新自由主义的全球经济范式和它的金融化体系，实际上是由技术资本主义全球化推动的，它代表着新的积累模式和资本主义精神。因而，技术资本主义有三个特征：（1）公司是权力和统治社会的资源，而不仅仅是经济工具；（2）高技术与商品化相互依赖，创意通过公司实现商品化，同时公司又依赖于创意进行再生产；（3）高技术产生的全球权力也涉及公司对公共管理和社会服务的控制。总之，技术资本主义不仅意味着当代资本主义生产的技术条件变化，而且也意味着新的社会不平等和全球统治形式的形成。不平等和统治的方面可以

---

① 康德拉捷夫周期是由苏联经济学家康德拉捷夫在《大经济周期》（1925）等著作中提出的经济长周期（K - 波）理论，它认为在资本主义经济发展过程中，有一种长达 50—60 年一循环的经济周期现象；一个长波分成两段：上升的 A 阶段与下降的 B 阶段。不过，康德拉捷夫没有给出强有力的理论支持。

② Luis Suarez-Villa, *Technocapitalism*: *A Critical Perspective on Technological Innovation and Corporatism*, Temple University Press, 2009.

③ Luis Suarez-Villa, *Globalization and Technocapitalism*: *The Political Economy of Corporate Power and Technological Domination*, Ashgate, 2012.

通过与技术资本主义相联系的新部分观察到。生物技术、纳米技术、生物影像学和其他新兴技术部门将被用来维持由技术资本主义强加的新的全球现实。因为这些部门的新发展能够用于军事和监控,它将以前所未有的形式加强新的全球秩序及其不平等。技术资本主义的出现给马克思主义和激进左翼提出的挑战是全面和深刻的,它既涉及对当代资本积累体制的理解,也是理解全球化、不平等、统治与反抗、解放之间关系问题的关键。

与"技术资本主义"概念相似,S. 贝斯特(Steven Best)等人提出的"加速资本主义"(Fast Capitalism),以及"认知型资本主义"[①] 和"监督型资本主义"[②] 等,都对把握和理解资本主义新形态有所帮助。

第三,资本主义制度性危机批判。

资本主义制度性危机始终是美国马克思主义者关注的问题之一。在他们看来,这种制度性危机的表现形式是多种多样的,不仅体现在资本主义的政治运作机制、经济政策和对外政策等方面,也体现在民众的心理状态、弱势群体的现存状况、食品和生态等方面。这就是所谓的"经济衍生伤害"(econogenic harm)[③]。

在《17个矛盾和资本主义终结》[④] 一书中,D. 哈维对资本主义矛盾及其政治前景进行了分析。(1)他分析了引发危机的资本流动的内部矛盾。例如,使用价值与交换价值、劳动的社会价值及其货币表征、私有财产与资本主义国家、私人使用与公共财富、资本与劳动、作为过程和物的资本、关系与生产的矛盾联合等根本矛盾;劳动分工、竞争的集中与分散、空间生产的不平衡发展、财富与收入的错位等动态矛盾,以及资本与自然、人性的反抗、普遍的异化等危险矛盾。(2)他指出,尽管矛盾的存在使得资本主义具有了一定的弹性和灵活性,但同时也包含着引发系统性灾难的种子。许多矛盾都是可控的,但有些却是致命

---

① Brendan McQuade, Cognitive Capitalism and Contemporary Politics, A World Historical Perspective, *Science & Society*, 2015 (3).

② John Bellamy Foster, Robert McChesney, *Surveillance Capitalism*, http://monthlyreview.org/2014/07/01/surveillance-capitalism/.

③ "经济衍生伤害"是德·马蒂诺(De Martino)自创的概念,用来指经济学家好心办坏事引起的伤害。

④ David Harvey, *Seventeen Contradictions and the End of Capitalism*, Oxford University Press, 2014.

的：无止境的复合性增长的压力、掠夺自然至于极限的必然性和普遍异化的趋向。资本主义总是设法通过"空间修复"来拓展外在边界,通过扩大体制的地理学范围来覆盖原本处于其界限之外的国家和人民。然而,将来它是否还能继续拓展已经成为有争议的问题。他认为,在不远的将来,这种拓展是不可能继续的:边界无法进一步拓展了,这场金融危机就是这种情况的先兆。(3) 他还用"剥夺性积累"这一术语把握原始积累在成熟资本主义发展中,特别是在新帝国主义中所发挥的作用。虽然并非总是如此,但这种术语上的改变应当得到清晰的限定,亦即将其限定为下述尝试:它更好地将资本主义历史中原始积累的运作定性为资本积累扩张的因变量。剥夺性积累与积累的扩张,两者日益深刻地交织在一起;这两者之间的辩证法所追随的周期运动,最好以马克思主义的长波理论去历史地理解。(4) 以社会政治术语强调在既定时段内剥夺性积累的相对重要性,以及被剥削的雇佣工人和其他受剥夺的人建立联盟的必要性并认为这两者之间存在着具有战略重要性的紧密关系。

  2008 年的金融危机深刻地影响了全球经济。关于这场危机的原因与后果,美国马克思主义学者做了不同的分析。例如,在《金融风暴、原因和后果》[①] 一书中,J. B. 福斯特与 F. 马格多夫指出,只有在一种更为广泛的垄断金融资本主义危机背景中,我们才能真正地理解这场危机,其根源在于成熟资本主义经济中存在着的某种停滞趋向。尤其是自 20 世纪 80 年代的金融化以来,这种停滞趋向降低了在"生产性"实体经济中的投资机会,这就导致了资本去寻找另外的利润来源。然而,建立在投机和不断复杂化的金融机制之上的"赌博性"经济结构不仅无法解决问题,反而由于自身的矛盾而正在瓦解。这样,潜在的基本问题——生产性经济危机——也正日趋明显。唯一的办法是对整个经济进行彻底重建,以适应绝大多数人的需求,使之重新适应社会性生产,而非私人索取。R. 布伦纳(Robert Brenner)将这场危机的直接原因归于 20 世纪 70 年代以来全球性制造业的产能过剩,更深层的根源则是制度性问题。[②] 至于这场经济危机的政治后果,R. 布伦纳重点谈了美国霸权

[①] John Bellamy Foster and Fred Magdoff, *The Great Financial Crisis*, *Causes and Consequences*, Monthly Review Press, 2009.

[②] Robert Brenner, *The Economy in a World of Trouble*, http://www.internationalviewpoint.org/spip.php? article1657.

问题。与沃勒斯坦（Immanuel Wallerstein）的美国霸权衰落论不同，R. 布伦纳并不认为美国会失去世界性霸主地位。原因在于，各个国家的精英，尤其是核心资本主义国家的精英，十分乐意看到美国霸权，因为这意味着美国要扮演世界警察的角色，并为此承担各种费用。另外，随着苏联解体、东亚走上市场经济道路，以及民族解放运动在中美洲的挫折，发展中国家对自由资本的挑战与对资本主义制度的抵抗已经大大削弱。因此，多数国家的精英仍旧希望美国扮演保障世界秩序的角色，为全球性的自由贸易和资本流通提供稳定的环境。当然，政治不只反映精英们的愿望，况且，他们的意愿也是可以改变的。如果危机严重到不可挽救的程度，那么就无法阻挡保护主义、民族主义、国家主义，甚至军国主义等极右势力的崛起。20 世纪 30 年代大萧条中的保护主义导致世界市场关闭，随之而来的是战争。目前，世界各国的精英都在努力避免这个灾难的重演。这一局面对左翼来说未必不是一次机会；但对左翼行动人士来说，最为首要的任务仍是重建劳工群众组织。

2008 年金融危机是自大萧条以来全球资本主义的最大危机，甚至连全球统治精英也不再怀疑一个重要的历史性转折已经到来。新自由主义的资本主义发展似乎走到了终点，这表明所谓的"历史的终结"本身的终结，并预示着全球反革命时代的终结。在马克思主义理论中，经济危机理论长期占有重要位置。原因之一在于，人们相信严重的经济危机会在资本主义灭亡和向社会主义转变中起到关键性作用。早期马克思主义者曾经阐发了一套由于经济危机而导致资本主义崩溃的理论，它认为资本主义再生产有着绝对的障碍。但在《最终冲突：是什么导致了资本主义的系统危机？》一文中，D. M. 科茨（David M. Kotz）指出，我们不应该简单地追随这种机械的方法。合理的说法似乎是：一种严重的、长期集聚的危机，将会创造出某种有利于向社会主义转变的条件，尽管这种危机并不能够保证转变的必然性，而只是一种潜在的可能性。当前，各主要资本主义国家虽然企图复苏，但困难重重。因而，危机为左翼提供了一个机会，这个机会将会持续多年，重点在于把各种力量组织起来，实现对资本主义的真正替代。①

---

① David M. Kotz, The Final Conflict: What Can Cause a System-Threatening Crisis of Capitalism?, *Science & Society*, 2010（3）．

四　工会问题与新左派运动

发展工会和工人运动是传统左派与传统马克思主义始终坚持的策略。在全球资本主义条件下，工会组织及工会运动的发展空间一度受到极大限制，但随着全球经济危机的深化，美国的左派与马克思主义者再次看到了复兴这一运动的希望，尤其是行业工会被寄予了较大的希望。例如，C. H - 诺布尔（Carmen Huertas-Noble）设想了一种工人所有和工会所有的合作社。它们是民主管理和所有权共享的，可以纠正严重的收入不平等和糟糕的工作环境。合作经济体现了民主的实质：自我决定和自我管理。事实上，收入不平等不仅仅指工资差距，还包括一个人的收入对其生活状况的影响——收入不平等会导致食物短缺、居住条件恶劣、教育机会减少、看不起病，更不用提有意义的生活方式了。那么，这种合作社是否能够存活下来？工人所有的合作社已经存在了多年。C. H - 诺布尔举出两个成功案例：蒙德拉贡①和家庭护理合作协会，它们很好地结合了资本化策略、合作式的生态系统、各种战略联盟，使合作经济可持续发展。现在的问题是将这种形式普及开来。C. H - 诺布尔提出，左翼机构应该在国内和国际层面支持合作经济，市政府也应该给予合作社以政策支持。

G. 卡萨诺（Graham Cassano）呼吁"回到人民阵线"②。他指出，20 世纪 30 年代，一种团结文化最初在美国工人中间出现。这种文化因为经济衰退而加速发展，但苦难本身从来无法激发工人状况的根本改变。通过工业组织代表大会、革命积极分子及组织者、艺术家、作家以及与人民阵线有关的理论家，一种新的共同体观点浮现出来。为了面对大萧条所造成的新的现实状况，也许有必要去思考那个承诺的时刻，以及这个承诺的失败与成功之处。在 J. R. 巴雷特（James R. Barrett）看来，共产国际人民阵线的历史（1935—1941）是一个战场的象征，这个战场处于"传统的"学者与"修正主义者"之间。前者将这个阵线

---

①　蒙德拉贡（Mondragon）是 20 世纪 50 年代在西班牙出现的一种新经济模式，因蒙德拉贡小镇而得名。这个小镇就是第一个合作社的发源地，它已成为巴斯克地区的合作社系统的代名词。在英格兰、威尔士、美国也存在着类似的模式。

②　Graham Cassano, Symposium, Rethinking the 1930s, The Great Depression and the Popular Front, *Rethinking Marxism*, 2009（4）.

仅仅视为临时性策略；后者将这个阵线视为引导了某种类型的新的激进社会运动——这个运动是由对当时美国共产党的反思激发的，希望有更多的女性、本土工人以及知识分子和专业人员加入其中。这个运动为分散的激进分子提供了团结的基础，并促进美国社会和文化发生转变。尽管在宗派主义和战后政府的压制下，人民阵线消亡了，但它却深刻地影响了新左派运动的不同方面，并为新社会运动持续地提供了广泛性的左翼模式。J. R. 巴雷特指出，美国左翼应该有长远的策略，尤其应该有具体的行动来实施这种策略。当然，这种策略想得以实施，民众对危机的体验和自觉的观念是必不可少的。

综上所述，21 世纪的美国，仍然是 21 世纪世界马克思主义研究非常活跃的地区之一。不仅有（纽约）全球左翼论坛、《每月评论》《新德意志评论》《再思马克思主义》等与马克思主义研究有关的组织结构和学术杂志，而且有一大批重要学术成果；不仅有众多马克思主义学者，而且有许多马克思主义流派，例如，垄断资本学派、世界体系论、文化马克思主义、分析的马克思主义、女性主义的马克思主义、生态学马克思主义等，并且在许多方面推进了马克思主义在美国的传播与发展。例如，（1）基于《资本论》《1844 年经济学哲学手稿》等经典马克思主义著作的研究，包括比较视域中的马克思与马克思主义研究（现象学、海德格尔与马克思，M. 韦伯与马克思，凯恩斯主义与马克思主义，无政府主义与马克思主义，不同类型的马克思主义比较，甚至是克尔凯郭尔与马克思的比较）；等。（2）西方马克思主义及其最新发展研究，包括葛兰西、E. 布洛赫等早期西方马克思主义者，以及阿多尔诺、马尔库塞等批判理论家；协商民主理论；女性主义及其最新发展；生态马克思主义及其最新发展等。（3）当代资本主义全方位批判，包括资本主义起源与历史演变考察、资本主义新形态分析、资本主义制度性危机批判等。（4）工会问题与新左派运动等问题。当然，尽管 21 世纪美国马克思主义研究与 21 世纪英国马克思主义研究一样，比在原苏东国家、拉美国家、非洲国家，甚至比意大利、西班牙等欧陆国家的状况乐观得多，但也难以逃脱被主流社会边缘化的结局。所以，马克思主义在美国的传播与发展，像在整个西方世界一样，任重而道远。①

---

① 上述内容由本书主编撰写，特此说明。

第七章　另辟蹊径的马克思主义研究[*]
——加拿大马克思主义的发展路径

位于北美的加拿大是一个多元文化社会，人口来自世界各地。在历史上，加拿大曾经是英国和法国的殖民地。因而，在加拿大英语和法语占支配地位。在经济上，加拿大是在与美国、英国等国家的工业、商业和贸易往来中步入资本主义社会，并成为世界经济强国的。所以，加拿大对英美的经济依赖性很强。加拿大的民族独特性、文化多元格局与历史发展的特殊性，决定了加拿大马克思主义研究和发展的基本轮廓和总体特征。马克思主义在加拿大的传播肇始于19世纪80年代，但从20世纪50—60年代开始才有真正的深入研究。问题域也随着国际和国内局势的变化而不断改变。从总体上看，加拿大马克思主义传播与发展既符合世界马克思主义发展大势，又具有鲜明的加拿大特色。在这里，本章将从总体状况、研究路径、主要派别、问题聚焦等对21世纪加拿大马克思主义研究现状与发展前景进行全方位透视。

一　加拿大马克思主义总体状况

苏东剧变后，世界社会主义运动陷入低潮，加拿大马克思主义研究也被进一步边缘化。加拿大学者B.帕尔默（Bryan D. Palmer）指出："在当代，马克思主义有权存在，但这一生存权来之不易。在这种环境中，西方马克思主义总是处于不安定之中，总是屡受攻击，总是相当

---

[*] 本章尤其是第三部分由本书主编增删、改写而成，特此说明。

'狭隘'。正由于此，马克思主义内部各'派别'从未有机会成长壮大。"① 马克思主义在北美史学界的"有限影响"，就可以"证实"这一点。从苏联解体到20世纪末，原来的马克思主义学者纷纷离开了马克思主义。在加拿大，由于没有马克思主义理论学科和专业研究团体，"马克思主义研究"只是哲学、政治学、社会学、经济学等某一学科中的一个组成部分，因此马克思主义研究并没有特别大的影响力和效应。不过，步入21世纪以后，加拿大马克思主义研究并未受到社会主义运动低潮的太多影响。一方面，由于受美国文化的影响，马克思主义研究在加拿大从未获得令人尊敬的崇高地位；另一方面，加拿大左翼政党力量薄弱，其将工作重点放在选举上，没有理论刊物，故没有什么有影响力的研究成果。这些特点，使得加拿大马克思主义研究避开了世界社会主义运动低潮的困境，另外开辟了生态学马克思主义、传播政治经济学等领域，形成了特色鲜明、纷繁复杂、派别众多的局面。

第一，加拿大马克思主义基本格局。

就学术影响力而言，在加拿大马克思主义研究派别当中，影响最大的当属生态学马克思主义、分析的马克思主义；当然，新马克思主义历史学、马克思主义传播政治经济学也非常有特色。另外，关于马克思文本研究，以及加拿大共产党的理论与实践探索也值得一提。

1. 生态学马克思主义，以莱斯（William Ieiss）、阿格尔（Ben Agger）、I. 安格斯（Ian Angus）等人为代表，它是加拿大马克思主义中最有影响的派别，是加拿大马克思主义发展本土化的理论成果之一，"生态学马克思主义作为北美的马克思主义哲学的原创形态，是北美马克思主义把西方马克思主义北美化的成果，它融合了西方马克思主义哲学中有关马克思辩证法的思想，却赋予了它北美的问题和思想传统，使它成为一种有别于欧洲马克思主义哲学的新的哲学传统"②。

2. "分析的马克思主义"致力于对经典马克思主义理论的重新阐释。例如，R. 韦尔（Robort Ware）和K. 尼尔森（Kai Nielsen）主编的《分析的马克思主义新论》（1989—2000）一书，继承了分析哲学传统，

---

① 《史学理论丛书》编辑部编：《当代西方史学思想的困惑》，中国社会科学出版社1991年版，第327页。

② 何萍：《西方马克思主义的哲学传统及其历史嬗变》，《马克思主义哲学研究》，湖北人民出版社2009年版，第271—279页。

又从当代社会科学发展角度探讨了马克思主义,试图在"分析的马克思主义"框架下"重新阐释马克思"。作为分析的马克思主义者,R. 韦尔主要研究行为理论、民主理论、马克思思想,以及社会科学中的解释问题;K. 尼尔森主要研究元哲学、伦理学、社会哲学、政治哲学,以及马克思主义等问题。

3. 新马克思主义历史学聚焦工人阶级历史使命的研究。20 世纪 70 年代以来,在加拿大新左派中出现了以 G. 基利(Gregory S. Kealey)、B. 帕尔默等人为代表的一批新马克思主义历史学学者,他们立足于加拿大本土实践,探讨了马克思主义劳工史、工人运动史等问题,致力于加拿大工人阶级历史使命的研究;但由于加拿大忽视工人阶级运动,故长期以来,这一研究并未受到真正重视,而是一直处于边缘化状态。即便如此,新马克思主义历史学仍然是加拿大马克思主义研究的特色之一。

4. "政治的马克思主义"致力于对资本主义的批判。在新马克思主义历史学当中,E. M. 伍德①因对全球资本主义的猛烈批判,又被冠以"政治的马克思主义"称号。E. M. 伍德生前长期任加拿大约克大学政治学教授(1967—1996)、《新左派评论》编辑(1984—1993)、《每月评论》编辑(1997—2000)。在《资本的帝国》中,E. M. 伍德从历史唯物主义的理论分析转向新帝国主义时代之资本和领土扩张问题的深入研究。E. M. 伍德和 R. 布伦纳等人开创的"政治的马克思主义"不仅没有背离马克思主义,反而澄清了传统马克思主义关于资本主义的起源、本质和发展形态等一系列问题,并通过重构社会历史分析模式,强化了马克思的历史唯物主义分析方法,彰显了马克思主义的当代价值。

5. 马克思主义传播政治经济学立足于历史唯物主义,对传播媒介进行了政治经济学研究,认为在现实生活的生产、分配、交换和消费领域无时无刻不存在着媒介的传播与交换。该学派奠基人是 H. 英尼斯(Harold Innis)、D. 斯迈思(Dallas Walker Smythe)等;领军人物是麦克卢汉(Marshall McLuhan)、V. 莫斯可(Vincent Mosco)等,他们以当代科技哲学为基本框架,力图从自然本体论角度重释马克思主义科技

---

① E. M. 伍德(Ellen M. Wood,1942—2016),加拿大新马克思主义历史学家、政治理论家,"政治的马克思主义"代表人物。

哲学和异化理论；他们关于技术在传播过程中作用的分析，开启了传播政治经济学对传播、技术和社会的激烈批判。

6. 马克思学家致力于马克思文本研究。例如，加拿大学者 M. 穆斯托（Marcello Musto）组织编写的《马克思的〈大纲〉——〈政治经济学批判大纲〉150 年》，试图通过挖掘马克思文本的当代价值而"重新发现马克思"。

7. 加拿大共产党对马克思主义和社会主义的探索。苏东剧变后，尽管加拿大共产党内部先后经历了两次危机，但是探索社会主义道路的步伐并没有停止。21 世纪以来，加拿大共产党先后召开了第 33—35 次中央会议，通过了《加拿大共产党新纲领》《加拿大共产党章程》《国际形势、争取和平与社会公正的斗争》等一系列重要决议，形成了关于马克思主义理论，以及社会主义走向等问题的根本看法。

概言之，加拿大马克思主义学者认识到，苏联政权的垮台，只是意味着两个超级大国之间的"冷战"结束，并不等于马克思主义对资本主义的挑战结束。美国金融危机引发的全球性危机既是一场严重的金融危机、经济危机，又是一场深刻的文化危机、意识形态危机、社会危机、资本主义制度危机，即资本主义的全面危机。从危机根源来看，这次金融危机是资本主义制度固有的危机，只要资本主义制度不改变，资本主义就无法克服金融危机。因而，马克思对资本主义周期性经济危机的分析依然是正确的。

第二，加拿大马克思主义总体特征。

1. 继承发展了加拿大马克思主义研究传统。由于语言差异，加拿大的英语地区和法语地区的马克思主义研究传统并不一致。在加拿大英语地区，马克思主义研究受到分析哲学的影响，主要聚焦于历史唯物主义和马克思主义道德理论研究。例如，加拿大哲学家 J. 麦克默特里（John Mcmurtry）的《马克思的世界观结构》就是这方面的重要研究成果之一。另外，在早期论文《马克思对正义的批判》中，E. M. 伍德提出正义仅仅是由生产方式决定的，而不能从较高层面上进行道德评价——这个说法引发了争议①。在加拿大法语地区，马克思主义研究受到欧洲马克思主义，尤其是法兰克福学派批判理论与阿尔都塞结构主义

---

① 黄楠森等主编：《马克思主义哲学史》（第八卷），北京出版社 1996 年版，第 120 页。

马克思主义的影响，主要聚焦于意识形态和文化理论研究。20 世纪 80 年代，在具体历史环境和学科背景的影响下，加拿大马克思主义学者在唯物辩证法的理论结构研究、马克思主义道德理论研究、列宁思想研究，以及科技革命的社会效应研究等方面，为马克思主义发展做出了重要贡献。① 21 世纪以来，加拿大马克思主义学者承续了从前的研究特色，并从新的时代特征出发，结合新科技革命引起的社会历史和人类思维的变化，在马克思主义辩证法、社会主义发展规律、马克思主义意识形态等方面进行了多视角研究，取得了不少积极成果。

2. 研究力量主要来自加拿大共产党和高校学者。（1）加拿大共产党是传播马克思主义的主力军。诚然，诞生于 1921 年的加拿大共产党，在苏东剧变以后，先后经历了两次危机，内部分裂严重，几近瘫痪②。然而，21 世纪以来，加拿大共产党先后召开了第 33—35 次中央会议，认为党必须继续坚持以马列主义为指导思想，目标是实现社会主义，最终建立共产主义社会；除此之外，没有"第三条道路"③。（2）高校学者是加拿大马克思主义的另一批重要力量。从 20 世纪 70 年代开始，加拿大各大学的发展带来了学术繁荣。例如，加拿大多伦多大学就聚集了阿格尔等一批优秀的马克思主义学者；莱斯、E. M. 伍德则就职于加拿大约克大学；加拿大共产党中央委员、魁北克省党委书记、新马克思主义历史学家赖尔森就职于魁北克大学历史学系。21 世纪以来，加拿大的皇后大学社会学系、卡尔加里大学哲学系、新布伦斯威克大学等，也有不少学者将目光转向马克思主义研究。

3. 形成了跨学科、多维度研究马克思主义的特色。加拿大马克思主义学者结合自身的学科特点，从批判资本主义着手，分析当代资本主义在资本、能源、文化、信息等方面的扩张与侵略，形成了以莱斯、阿格尔和 I. 安格斯为代表的生态学马克思主义，这在一定程度上代表着加拿大当代马克思主义的发展方向。R. 韦尔和 K. 尼尔森不仅讨论了

---

① 黄楠森等主编：《马克思主义哲学史》（第八卷），北京出版社 1996 年版，第 120 页。
② 第一次危机源于以加拿大共产党第七任总书记乔治·休伊森为首的党内多数派宣布放弃马列主义，以及将党引向社会民主主义的企图；第二次危机发生于 2005 年，加拿大共产党中央执行委员、魁北克人帕利佐由于在党的纲领中增加"民族自决"提议遭到否决，便鼓动部分中央委员进行分裂活动，在其他党员强烈的质疑和反对之下，帕利佐宣布脱离加共，并另立全国执行委员会。
③ http: //communist-party. ca/chapter-1-our-aim-is-socialism.

"分析的马克思主义"之方法论和微观基础,而且研究了马克思的剥削观和一些具体问题。例如,历史进步、意识形态、异化等①。E. M. 伍德详细分析了新帝国主义的特征、解决路径等问题。M. 穆斯托则关注马克思文本研究,试图重新发掘马克思文本的当代价值。而《马克思归来》主编之一,加拿大皇后大学社会学名誉教授 V. 莫斯可,则关注资本主义背后的媒介拓展和意识形态问题,以马克思主义理论阐释当代新闻报道、重大事件及社会热点,对大众传媒问题进行了深刻反思,从而发展了马克思主义传播政治经济学理论。

4. 相关学术刊物和研究会的质量有待提升。(1) 与马克思主义相关的学术刊物可以分为两类。一类是加拿大共产党的党报党刊。例如,党报《人民之声》、党的理论刊物《火星报》(前者原名为《加拿大论坛报》、后者原名为《共产党观点》,1992 年加拿大共产党第 30 次全国代表大会后分别更名);此外,党刊《青年工人》主要报道地方、国家和国际事件。一类是《世界马克思主义评论》,报道各大洲发生的事件。(2) 与马克思主义相关的研究会。例如,加拿大哲学协会,自 20 世纪 80 年代开始就多次将马克思主义哲学作为大会主题。另外,社会主义研究会是一个使用两种语言、约有 500 名成员的多学科小组,它将来自各领域的人们团结在一起,主办有关社会主义理论和现实问题的定期会议,出版小册子,还出版了年鉴,至今已经活跃了 20 年。② 但从总体上看,不论数量还是质量,加拿大与马克思主义研究相关的理论刊物和研究会都需要提升。

二 加拿大马克思主义研究路径

加拿大马克思主义学者、左翼学者立足于社会现实,从哲学、生态学、政治学、经济学、历史学、传播学等视角,对马克思文本、马克思主义、当代资本主义、社会主义道路等问题进行了深入思考,形成了独特的研究路径。

---

① 详见 R. 韦尔、K. 尼尔森《分析马克思主义新论》,鲁克俭、王来金、杨洁等译,中国人民大学出版社 2002 年版。
② [加拿大] 鲍勃·维尔:《加拿大的马克思主义哲学》,载中国社会科学院哲学研究所编《世界哲学年鉴》(1991),上海人民出版社 1993 年版,第 8 页。

第一，唯物辩证法研究路径。辩证唯物主义研究一直是加拿大马克思主义研究的重点问题。例如，阿格尔的《西方马克思主义概论》、M. 本格（Mario Augusto Bunge）的《科学的唯物主义》，以及 E. M. 伍德等人都从辩证唯物主义视角讨论马克思主义；J. 麦克默特里的《马克思的世界观结构》对马克思辩证法的基本问题进行了思考。他们从辩证唯物主义视角出发，形成了不同的研究路径。

1. 作为方法论的唯物辩证法。阿格尔的生态学马克思主义就是建立在马克思辩证法基础之上的。阿格尔指出，马克思辩证法是由三部分构成的：异化理论和对异化的批判，深深植根于制度的内在矛盾理论，危机理论和过渡理论。在阿格尔看来，"马克思的辩证法只有把异化理论、内在矛盾理论和危机模式（它把对结构性崩溃的认识与能动的阶级斗争联系起来）结合起来时才是完整的"①。这三者是相互联系的：一方面，资本主义内在矛盾会导致资本主义危机的发生；另一方面，危机并不必然导致资本主义崩溃，除非被异化的工人阶级起来革命，才能使社会主义最终取得胜利。根据这一逻辑，阿格尔认为马克思主义危机理论"既强调资本主义的内在结构矛盾（导致马克思称之为利润率趋于下降的矛盾），又强调发达资本主义加深异化、分裂人的存在、污染环境以及掠夺自然资源的趋势"②。这就促使马克思主义危机理论走向了"生态学马克思主义"。

2. 作为本体论的唯物辩证法。加拿大科学哲学家 M. 本格在国际哲学界享有盛誉。自 20 世纪 80 年代以来，M. 本格的学说在中国得到了传播，对中国的科技哲学和科学方法论研究起到了重要的推动作用。M. 本格指出，自 20 世纪以来，西方科学哲学界有着忽视甚至回避本体论的倾向。在《科学的唯物主义》一书中，M. 本格对此进行了猛烈抨击，强调现代科学发展需要得到科学本体论的支持。因此，他试图创立一种能够全面综合现代科学成就的本体论学说。在 M. 本格看来，唯物主义作为一种哲学，既不能等同于享乐主义的道德学说，也不能混淆于

---

① ［加拿大］阿格尔：《西方马克思主义概论》，慎之等译，中国人民大学出版社1991年版，第12页。

② ［加拿大］阿格尔：《西方马克思主义概论》，慎之等译，中国人民大学出版社1991年版，第426页。

"用以描述实在的认识论学说"①,而应当是一种本体论学说。这种本体论学说所持的基本观点是:"真实世界是唯一地由物质性的事物构成的"②。

3. 作为阶级论的唯物辩证法。E. M. 伍德立足于当代资本主义社会现实,运用马克思主义阶级分析法,对资本主义进行了总体性批判、对新帝国主义的领土扩张进行了严厉批判。她指出,"新的军事占领与旧的殖民征服之间存在着重要差别,美国帝国主义的特殊性就在于,他不会也不可能回到旧的殖民帝国主义,美帝国主义是通过市场的力量而不是军事专制暴政来进行统治的"③。"这样讲并不是因为它是第一个拥有帝国的资本主义力量,而主要是因为它在很大程度上是通过'操纵'资本主义的经济机制来控制整个世界的。"④ 在《新社会主义》一书中,E. M. 伍德以马克思主义理论为基础,结合当前西方发达国家的状况,重新界定了意识形态、阶级、共产主义等概念,并提出了自己的新社会主义主张。

第二,意识形态研究路径。在加拿大马克思主义研究中,"道德"一直被当作一种将被抛弃的意识形态形式。⑤ 例如,V. 莫斯可运用马克思主义文化批判理论,认为信息资料、传播媒介就是意识形态,在资本主义条件下它已经转化为可在市场买卖的商品。不过,关于马克思主义与道德的关系问题,历来存在着"道德主义"与"非或反道德主义"之争。加拿大马克思主义学者结合加拿大社会现实和当代社会科学发展,对马克思主义道德(意识形态)的基础和社会功能进行了新的探索。

众所周知,在西方马克思主义研究中,关于马克思在评价社会制度

---

① [加拿大] 马里奥·本格:《科学的唯物主义》,张相轮、郑毓信译,上海译文出版社1989年版,第1页。
② [加拿大] 马里奥·本格:《科学的唯物主义》,张相轮、郑毓信译,上海译文出版社1989年版,第1页。
③ [加拿大] E. M. 伍德:《资本的帝国》,王恒杰、宋兴无译,上海译文出版社2006年版,第2页。
④ [加拿大] 马里奥·本格:《科学的唯物主义》,张相轮、郑毓信译,上海译文出版社1989年版,第2页。
⑤ [加拿大] 鲍勃·维尔:《加拿大的马克思主义哲学》,载中国社会科学院哲学研究所编:《世界哲学年鉴》(1991),上海人民出版社1993年版,第9页。

或生产方式时是否诉诸道德问题，一直存在论争。例如，E. M. 伍德将马克思视为"一位道德批判者或反对者，他不仅批判或反对虚假的道德信念，而且批判或反对全部道德"①。在《马克思主义与道德观念》一书中，K. 尼尔森站在柯亨（Gerald Allan Jerry Cohen）、格拉斯（Norman Geras）、埃尔斯特（Jon Elster）坚持的马克思主义是道德主义立场上，批评 R. 塔克（Robert Tucker）、E. M. 伍德、R. 米勒（Richard Miller）主张的马克思主义是非或反道德主义观点。在这里，K. 尼尔森不仅对正义问题发表了自己的见解，而且更深入地探讨了马克思主义道德观念的基础问题，如道德与意识形态的关系问题、马克思主义的道德价值立场问题，以及马克思主义的科学性和道德性问题等。尼尔森认为马克思是一个道德主义者，马克思想展现的是"在阶级社会里，有哪些实际的规则、道德实践和体制约束着我们的生活，以及道德化过程在这种社会中又是怎样地、标准地、普遍深入地发挥作用的"②。在马克思那里，道德同法律和宗教一样，以欺骗性的蒙蔽方式履行着意识形态的职能，并具有维护现存制度的保守功能。道德的意识形态通过各种方式不断地使人们相信他们希望实现社会变革的理想只是一种内心的狂想、危险的乌托邦，从而使人们屈从于现存社会秩序、安然地接受现实的悲惨命运。简言之，道德通过这种方式发挥着合法化的功能。当然，道德领域内部区分为意识形态的信念和非意识形态的信念；"所有的意识形态信念都是上层建筑，但并不是所有的上层建筑信念都是意识形态"③。

三 加拿大马克思主义主要派别

第一，生态学马克思主义。加拿大生态学马克思主义始于莱斯。在《自然的控制》（1972）一书中，莱斯将生态危机的根源归于控制自然观念，并指出既然生态危机的根源在于控制自然这个观念，那么解决生

---

① Ellen M. Wood, Marx and Immoralism. in: Bernard Cha-vance（ed.）, *Marx en Perspective Paris：Editions de l' Ecoledes Haute Etudes en Science Sociales*, 1985.
② ［加拿大］K. 尼尔森：《马克思主义与道德观念——道德、意识形态与历史唯物主义》，李义天译，人民出版社2014年版，第154页。
③ ［加拿大］K. 尼尔森：《马克思主义与道德观念——道德、意识形态与历史唯物主义》，李义天译，人民出版社2014年版，第44页。

态危机的关键也就在于改变这个观念。在《满足的极限》(1976)一书中，莱斯围绕着"满足"概念区分了真实需要与虚假需要，并要求人们重视自然与社会的关系，建立一个易于生存的社会。"莱斯对生态学马克思主义的主要贡献是旗帜鲜明地主张用马克思主义的观点透视绿色理论，致力于马克思主义与生态学的结合，正是从他开始，一些生态主义者又公开地、明确地自称是马克思主义者。"① 阿格尔是莱斯学说的追随者，在《论幸福和被毁灭的生活》(1978) 等著作中，阿格尔敏锐地觉察到生态环境问题对社会的影响，试图用马克思主义解释生态危机问题，并寻找解决生态危机的途径，从而对生态学马克思主义研究做出了重要贡献，也使自己成为生态学马克思主义主要代表人物之一。在《西方马克思主义概论》(1979) 一书中，阿格尔第一次正式提出"生态学马克思主义"概念，并系统阐发了生态学马克思主义观点，使生态学马克思主义作为一种国际思潮走向了世界。I. 安格斯是 20 世纪 90 年代加拿大生态社会主义者，也是加拿大"气候与资本主义"网站编辑。在《是否太多的人口、移民导致环境危机？》《为气候正义的全球斗争——反对资本主义者对全球变暖和生态破坏的回应》《面对人类世：化石资本主义与地球系统的危机》等著作中，I. 安格斯主要研究气候、人口、资本主义制度与生态危机的关系，提出未来生态社会主义的发展方向，是在人与自然和谐共处的环境中发展经济。生态学马克思主义不仅分析了资本主义社会危机的新变化，而且提出了消除资本主义危机的途径。

1. 资本主义社会危机新变化。加拿大生态学马克思主义是从分析资本主义危机着手的。20 世纪 70 年代以来，生态问题日益加剧，威胁到人类的生存和发展，越来越多的人对资本主义制度表示不满。面对日益严重的生态危机，人们重新思考人与自然的关系，揭示生态危机的根源，寻找从根本上解决生态危机的途径。莱斯认为，在发达资本主义国家，资本家源源不断地为消费者提供种类翻新的产品，而这种行为是建立在控制自然基础之上的，他们将控制自然视为实现人类幸福的必然途径。然而，在工业生产中利用科学技术无止境地向自然索取材料，人的

---

① 俞吾金、陈学明：《国外马克思主义哲学流派新编——西方马克思主义卷》（下册），复旦大学出版社 2002 年版，第 627 页。

需要和商品之间的辩证运动必然会危及生态环境。因而，这种建立在控制自然观念基础之上的科学技术和异化消费是造成当代资本主义生态危机的根源。阿格尔指出，经典马克思主义对资本主义危机的分析主要聚焦于生产领域的经济危机，但现实资本主义通过国家干预和调节劳资关系在很大程度上缓和了资本主义社会的矛盾。因此，"历史的变化已使原本马克思主义关于只属于工业资本主义生产领域的危机理论失去了效用。今天，危机的趋势已转移到消费领域，即生态危机取代了经济危机"①。生态危机出现的原因在于：资本主义表面上具有的无限的生产能力与生态环境之有限的承受能力存在着不可调和的矛盾，这一矛盾导致人们对资本主义"期望的破灭"，并由此引发社会主义革命。正是在"我们称之为'破碎了的期望的辩证法'的动态过程中，我们看到了进行社会主义革命的强大动力"②。

2. 消除资本主义危机的途径。如上所说，在《满足的极限》一书中，莱斯提出要建立一个"易于生存的社会"构想，即在稳态经济基础之上构建一个"较易于生存社会"，才能建立起人类合理的需要结构。阿格尔也提出了消除生态危机的途径。他说，生态学马克思主义的目的是双重的，它要设计由打破过度生产和过度消费控制的社会主义的未来。消除过度生产的办法是实施分散化的工业生产和降低工业生产的规模；消除过度消费的办法是向人们提供有意义的、非异化劳动（这种劳动是小规模的、民主管理的生产者联合体的劳动）。因此，阿格尔做了如下论证："生态危机将迫使资本家削减商品生产，将促使人们通过我们称之为'破碎了的期望的辩证法'，去调整自己的需求和价值观，并向人们提供创造性劳动的前景，从而使人们从不必要的（且有害于生态的）消费中摆脱出来。"③ 由此可见，阿格尔将消除生态危机的途径具体化为消除过度生产和过度消费，而实现这一途径的关键在于分散化和非官僚化。在阿格尔的构想中，分散化和非官僚化不仅适用于技术、

---

① ［加拿大］阿格尔：《西方马克思主义概论》，慎之等译，中国人民大学出版社1991年版，第486页。
② ［加拿大］阿格尔：《西方马克思主义概论》，慎之等译，中国人民大学出版社1991年版，第232页。
③ ［加拿大］阿格尔：《西方马克思主义概论》，慎之等译，中国人民大学出版社1991年版，第272页。

生产过程，同样适用于社会、政治过程。更确切地说，沿着分散化和非官僚化的方向去改造资本主义社会，不仅可以解决生态危机、保护生态环境，而且可以从整体上改变社会制度、经济制度和政治制度。

概言之，加拿大生态学马克思主义的主要贡献在于构建了资本主义生态危机理论、资本主义社会批判理论、社会主义革命理论，以及生态社会主义构想的提出。

第二，分析的马克思主义。由于受到英美分析哲学的影响，加拿大分析的马克思主义发展迅速。所谓分析的马克思主义，就是用语言分析、数理逻辑、模型建构、理性选择、博弈论等哲学社会科学方法去重新解释马克思，试图建立一种"既是科学的又是革命的"马克思主义，它是西方马克思主义主要流派之一。在加拿大，主要以 K. 尼尔森、R. 韦尔等人为代表。

毋庸讳言，分析的马克思主义已经成为哲学、政治学、经济学、社会学等领域许多人投身其中的重要流派；但严格说来，分析的马克思主义只是一种现象，"把它看作是一个运动或学派就是错误的，把它看作一种理论甚至是一种'范式'也同样是错误的"[②]。除了使用"分析的马克思主义"这一名称之外，还有"博弈论马克思主义""理性选择的马克思主义""新古典马克思主义"等称谓。作为一种马克思主义研究的新现象，分析的马克思主义之众多成员，在马克思主义研究路径、研究方法、研究范围、研究内容，以及深浅程度等方面都有很大不同。即使在同一问题的研究中，其观点也往往大相径庭甚至到了互相攻讦的程度。

就是说，分析的马克思主义者之间存在着巨大分歧，也并非只存在一种分析的马克思主义理论，不论从理论角度还是从实践角度看，分析的马克思主义肯定不是具有一套核心概念的马克思主义学派，但它仍然是一个重要的现象，各个分析的马克思主义者因某些共同的特征而具有"家族相似性"。对大部分愿意标榜自己为"分析的马克思主义者"的学者而言，追求论证细致、概念明晰和对细节的容忍是他们的共同风格。因而，R. 米勒的说法是有根据的，即"英语圈哲学那种细致、抽象及富有想象的分析传统可以对马克思主义社会理论做出巨大贡献"[①]。

[①] ［加拿大］R. 韦尔、K. 尼尔森：《分析马克思主义新论》，鲁克俭、王来金、杨洁笃等译，中国人民大学出版社 2002 年版，第 3 页。

此外，尽管各个分析的马克思主义者在研究路径、研究方法、研究范围、研究内容，以及深浅程度等方面有很大不同，但在"分析的马克思主义"这个共同称谓下，他们在为数不多的几个问题上是有共识的。例如，对资本主义罪恶的控诉与对共产主义理想的向往，是许多学者走上分析的马克思主义道路的重要原因。他们相信，"至少有这样的一个条件可以保证马克思主义目标的实现——尽管共产主义的实现可能有很多名义——那就是资本主义的罪恶，这一点足够引发人们对现存社会秩序大规模的反抗"[①]；同时，"承诺共产主义是一种可能和值得追求的未来约束着马克思主义理论的内容"[②]。

目前，分析的马克思主义所关注的问题已经从"什么是马克思主义"转向了更为实际的马克思主义未来发展问题。马克思的历史唯物主义、道德主义、剥削理论和阶级冲突论成为他们研究的核心；物质本体论已被斥责为"源于笛卡尔的错误"[③]而排除在当代马克思主义研究范围之外；在西方哲学"语言学转向"之后，马克思主义认识论亦成为理论研究的真空地带。另外，分析的马克思主义也很少诉诸马克思主义经典著作。他们认为，过去几十年的发展已经清晰表明：致力于捍卫马克思的一些明确的观点和相关的表达这一任务是不可能成功的；并断言作为一个当代马克思主义者，"真正重要的是什么是真理，而不是马克思认为什么是真理"[③]。

第三，新马克思主义历史学。赖尔森[④]是最早运用马克思主义解释加拿大历史的人。在《1837年：加拿大民主的诞生》"前言"中，赖尔森写道，他希望自己为一项长期迟到的事业提供一个起点，即以马克思主义观点分析加拿大历史；不过，他反对将马克思主义等同于经济决定论，认为马克思主义的基本观点是：人民创造了历史，以他们的劳动、斗争和理想。在这样真实的背景下，历史才能被理解、才有意义。"人们的斗争和观念造就了历史，但他们不是在真空中，而是在一个特定的

---

① [加拿大] R. 韦尔、K. 尼尔森：《分析马克思主义新论》，鲁克俭、王来金、杨洁筠等译，中国人民大学出版社2002年版，第414页。
② 谭伟林：《评"分析马克思主义"及其〈新论〉》，《攀登》（双月刊）2009年第1期。
③ [加拿大] R. 韦尔、K. 尼尔森：《分析马克思主义新论》，鲁克俭、王来金、杨洁筠等译，中国人民大学出版社2002年版，第28页。
④ 赖尔森（S. B. Ryerson, 1911—1998），加拿大新马克思主义历史学家。

背景下，在既定的社会制度中"①。这样，历史的自由与必然就有机地交织在赖尔森的史学著作之中。加拿大早期劳工史学家麦肯齐·金（W. L. Mackenzie King）、B. 斯图沃特（Bryce Stewart）、H. 洛根（Harold Logan）等人深受康满斯学派②的影响，强调阶级调和、忽视工人阶级斗争。然而，以 G. 基利、B. 帕尔默为代表的新马克思主义劳工史学家试图突破劳工史研究中康满斯学派对工人运动史的解释，他们不同意传统劳工史学只注重工会和工人运动史的研究方法，批评传统劳工史研究局限于政治经济学范畴，是工人阶级领袖的神圣训条、地方工会的编年史、罢工活动的谱系学；他们也不受新左派的反对者，即社会民主主义者，如 E. 佛斯（Eugene Forsey）、S. 詹弥森（Stuart Jamieson）、D. 默顿（Desmond Morton）等人的影响，而是强调要在阶级和阶级斗争分析的基础上研究工人阶级整体的历史。

在加拿大新马克思主义历史学中，G. 基利的劳工史研究占有重要地位。在《世纪之交多伦多的工人阶级》（1973）、《加拿大工人阶级史文集》《多伦多工人回应工业资本主义（1867—1892）》（1980）、《工人的梦想：1880—1900 年安大略劳工骑士团》（与 B. 帕尔默合著，1982）、《阶级、性别和地区：加拿大历史社会学文集》（1988）、《阶级、社区和劳工运动：威尔士和加拿大（1850—1930）》（与 D. 霍普金合著，1989）、《劳工和加拿大史》（1995）、《加拿大大西洋沿岸地区劳工和工人阶级史》（与 D. 弗兰克合编，1995）、《加拿大政府对劳工和左翼的镇压（1914—1922）》（2006）等著作中，G. 基利通过对劳工与工人阶级史、种族和移民史，以及阶级、性别和地区研究，阐发了自己的新马克思主义历史学观，尤其是运用阶级分析与文化分析方法，对劳工与工人阶级史进行了整体研究，强调工人阶级在加拿大历史发展中的作用；他还研究了产业关系体系的形成与发展。此外，G. 基利还任《劳工》杂志主编，并编辑出版了"加拿大社会史系列"，在经济结构、社会结构、社会控制、劳工、妇女和暴力等方面提供了对加拿大社会史

---

① 刘军：《加拿大马克思主义史学家赖尔森》，《史学理论研究》2012 年第 4 期。
② "康满斯学派"否认工人阶级意识和阶级斗争，提出所谓的"职业意识论"，认为美国工人运动不是依靠无产阶级的阶级觉悟，而是依赖"中产阶级"的思想意识，工人斗争只是希望通过寻找职业上升为"中产阶级"。据此，他们认为美国工人运动是例外，马克思主义不适合美国。

的最佳解读。概言之，G. 基利"在阶级和阶级斗争分析的基础上，运用社会文化分析方法来描述劳工和工人阶级史，在加拿大历史的整体中考察工人阶级在加拿大国家建立和政治经济发展中的作用，由此形成对加拿大历史的新看法。G. 基利认为，历史唯物主义仍然是历史研究最重要的工具"①。

第四，"政治的马克思主义"②。"政治的马克思主义"是由加拿大新马克思主义历史学家、政治理论家 E. M. 伍德与美国马克思主义经济学家 R. 布伦纳共同提出的，至今已经成为具有国际影响的社会思潮。"政治的马克思主义"理论主题非常广泛，主要包括马克思主义观、资本主义理论和社会主义理论等。

1. 马克思主义观。在 E. M. 伍德看来，马克思主义既不是技术决定论，也不是经济决定论或结构决定论，而是植根于社会实践的科学理论体系；它提供了批判资本主义的理论和方法。但是，由于一些马克思主义学者对马克思的曲解，导致马克思主义走向教条主义和形式主义。与他们不同，E. M. 伍德坚持历史唯物主义的基本原则和方法，从历史唯物主义的基本概念、历史领域、政治领域三个维度对历史唯物主义进行了重建，澄明了历史唯物主义的真精神，恢复并发展了历史唯物主义。

2. 资本主义理论。E. M. 伍德的"政治的马克思主义"之核心内容是对资本主义进行批判性分析，揭示了资本主义的历史特殊性和局限性。(1) 资本主义起源论。她认为，资本主义源于英格兰农业，财产关系是转向资本主义的决定因素。资本主义产生于英格兰证明了其独特性，而且封建制度在西欧有多种形态，产生了不同结果，资本主义只是其中之一。(2) 资本帝国主义理论。她认为，资本帝国主义是资本主义的最新发展形态，是通过纯经济手段谋求世界霸权的新帝国。(3) 资本主义民主观。她认为，在资本主义民主中，社会经济不平等和公民权利平等共存。因而，资本主义民主从理论与实践上看都是虚假的、是反人民和反社会主义的。就是说，资本主义的经济民主和政治民主都没有真正实现，而后马克思主义将民主去阶级化、将资本主义的自

---

① 王立端：《加拿大新马克思主义劳工史的典范之作——基利的〈劳工和加拿大史〉》，《三明学院学报》2009 年第 1 期。

② "政治的马克思主义"部分由湖北工业大学冯旺舟撰写，特此致谢！

由民主当作民主的全部，从而变成了资产阶级意识形态。（4）资本主义阶级观。她坚持马克思的阶级政治和政治经济学批判，批判后马克思主义消解工人阶级主体的做法，揭示了工人阶级成为社会变革主体的条件和特点。她认为，现在需要将各个民族国家中的工人阶级团结起来，批判取消阶级政治的行为，将反对资本主义的全球运动转变成政治运动，实现工人阶级的世界性联合，完成从资本主义的仆人向资本主义掘墓人的转变。（5）资本主义危机理论和革命理论。她认为新帝国主义通过市场机制控制世界，无限的霸权扩张必将带来无限战争，导致资本主义危机四伏。因而，她坚持阶级斗争在历史发展中的作用，强调在资本主义体系中心而非边缘爆发无产阶级革命的必然性，坚信未来的出路在于社会主义取代资本主义、工人阶级仍然是革命主体。（6）民族国家与资本主义全球化。她认为不能将国家定义成阶级统治的工具和阶级矛盾不可调和的产物，应该将国家定义为任何一种形式的公共权力；她反对将资本主义史划分为现代性和后现代性两个阶段，因为这种划分将现代性等同于资本主义，既掩盖了资本主义的特殊性，也遮蔽了现代性的特征。资本主义全球化是为了满足世界市场中资本流动和竞争的要求而形成的，不是自然规律作用的结果，也不是不可避免的历史结果，而是政治选择的结果。

3. 社会主义理论。她认为社会主义天然是民主的——民主既是社会主义的本质特征，也是社会主义追求的目标。社会主义国家必然要以民主为根本制度，民主与社会主义是辩证统一的。社会主义既创造了新的民主结构和模式，也造就了新的社会制度，为人的自由解放提供了前提条件。

概言之，E. M. 伍德重建历史唯物主义的目的，不是要构建生产方式或各种结构层次的抽象的和静态的理论模型，而是去理解和解释过程，包括从一个社会形态到另一个社会形态的历史变化过程，也包括每个社会形态的具体动态。E. M. 伍德特别强调资本主义的两个特点：一是独特的规律，即资本主义遵循由财产关系决定的竞争强制、无限积累、利润最大化、提高劳动生产率；二是资本主义经济与政治之间的复杂关系。她认为资本主义经济是一个独特的领域，它有自身的原则、权力、支配和层次形式。当然，这并不意味着资本主义只是一种经济机制；相反，从马克思的资本是社会关系的重要原则出发，E. M. 伍德把资本主义视为一个整体的社会关系系统、一个新的社会权力配置。E. M. 伍德的"转型资本主义"批判深化和拓展了西方马克思主义的国家资本主义批判、消费社会批判、后期资本主义批判和全球资本主义的批判模式。

第五,马克思主义传播政治经济学。传播政治经济学是以马克思主义政治经济学进行传播研究、媒体研究、文化研究的理论派别,主要分为欧洲和北美两大流派。欧洲流派以英国的 N. 加汉姆(Nicholas Garnham)、G. 默多克、P. 戈尔丁(Peter Golding)等人为代表,他们在修正经济基础决定上层建筑理论的基础上,偏向对大众文化的政治经济学批判,因而又称为"批判的政治经济学"。北美流派大致分为四代传人:理论先驱是加拿大的 D. 斯迈思,提出"受众商品论",从媒体消费角度重新定位传播政治经济学;第二代是美国的乔姆斯基,批判传统的"新闻自由与客观性"理论,重视市场对媒体的影响,提出"新闻宣传模式"与"新闻过滤器"理论;第三代是美国的 H. 席勒(Herbert Schiller),从国际经济视角探讨媒体与文化的关系,确立传播、信息与政治经济之间的关联,创立了文化帝国主义理论;第四代学者是美国的 S. 威利斯(Susan Willis),从使用价值角度反思消费社会,揭示资本逻辑对日常生活的影响;此外,还有 H. 席勒之子 D. 席勒侧重于对现代信息社会的分析。①

在 H. 英尼斯、D. 斯迈思等人努力下,加拿大传播政治经济学在传播学内部应运而生。加拿大学者格拉哈姆(Phil Graham)把 H. 英尼斯视为传播政治经济学先驱。他说,"传播政治经济学最明显的理论根基就是由加拿大经济学家 H. 英尼斯提出和发展的'知识垄断'(knowledge monopolies)概念"②。H. 英尼斯运用这个概念阐明历史上特权阶层享有垄断某些特定种类知识的事实。作为经济学家的 H. 英尼斯,在《帝国与传播》(1950)、《传播的偏向》(1951)等著作中,从媒介与权力结构关系出发,提出了"传播媒介偏向"理论。H. 英尼斯关注传播、媒介与文明的关系,为传播政治经济学提供了历史唯物主义这个重

---

① https://www.douban.com/group/topic/19972040/.
② Graham Phil, Political Economy of Communication: A Critique. *Critical Perspectives on International Business*, 2007(3).

要方法；通过分离传播内容和传播技术形式，提供了一个看待媒介如何维持、侵蚀或转变各种文明的方式；将传播媒介置于社会和政治发展的联系中，提出一种非实证的传播社会学研究路径。他认为传播技术对理解社会发展非常重要，传播媒介赋予和维持了统治阶级对知识的垄断，这也使北美传播政治经济学将统治阶级对传播媒介和知识的垄断作为传播工业的核心特征之一。正是在 H. 英尼斯的影响下，北美传播政治经济学远离了经验传播研究，开始注重定性研究；并对传播技术在社会发展中的作用进行批判分析。总之，H. 英尼斯对传播系统和技术的历史学、社会学分析以及传播媒介偏向的论断，影响了传播政治经济学对技术的认识，并使传播政治经济学成为一个引人注目的研究领域。

D. 斯迈思对传播政治经济学最重要的贡献就是"受众商品论"（audience commodity thesis）。在《传播：西方马克思主义的盲点》（1977）中，D. 斯迈思特别关注广播电台和电视节目中传播内容的商品化，强调广告的驱动性因素。通过对广播电台、电视节目特征的分析，提出"媒体、受众、广告商的三位一体互惠关系"，即"受众商品论"认为，媒介提供喜剧、音乐、新闻、游戏、戏剧等免费节目，目的是吸引受众，就像以前的小酒馆为了吸引顾客来喝酒而提供的"免费午餐"一样。但媒介则根据"产品"（受众）多少和质量（年龄、性别、文化程度、收入等指标）高低（购买力的强弱）向广告客户收取费用。所以，媒介公司的使命就是将受众集合打包，以便出售。现在，媒介主要将受众以"收视率""阅读量""粉丝量"等形式打包卖给广告商并收取广告费以获取利润。广告商则将广告费用计入产品成本，在售卖产品时转嫁给受众。① 此外，D. 斯迈思还立足于公共领域与私人领域中各种要素的互相作用，关注公共领域的公共利益问题，特别是关注国家广播电台、电视、卫星对公共领域的有效控制问题；并提出建立非商业性公共媒介的必要性。由此，斯迈思被公认为媒介公共利益研究的代表人物。

麦克卢汉是加拿大马克思主义传播政治经济学的关键人物，被誉为最具原创性的传媒理论家。在《古腾堡群星：印刷文明的诞生》（1962）、《理解媒介：人体的延伸》（1964）、《媒介即讯息》

---

① http://www.jinciwei.cn/b351611.html.

(1969) 等著作中，麦克卢汉提出的"冷媒介与热媒介""媒介是身体的延伸""媒介即信息"等观念，改变了传播政治经济学对社会存在和运行方式的思考。在他的影响下其他多伦多学派学者如 N. 波茨曼（Neil Postman）对新技术的局限性和人道的关怀开启了传播政治经济学对个人权利的关注。总之，以麦克卢汉等人为代表的多伦多学派，对传播技术在历史发展和传播过程中作用的分析，以及对媒介技术导向的社会进行的激烈批判，直接开启了北美传播政治经济学的媒介技术批判和社会批判。

V. 莫斯可是马克思主义传播政治经济学的重要人物。在《传播政治经济学》《数字化崇拜：迷思、权力、赛博空间》《信息社会的知识劳工》等著作中，V. 莫斯可根据资本主义条件下媒介生产的历史和现状，分析了大众传媒的商品形式。在传播的商品化方面，他从劳动力的商品化而不仅仅从媒介内容的商品化入手，描述了资本在媒介文化生产中的作用。他指出，政治经济学家思考传播的商品形式时往往以媒介内容为出发点，认为传播的商品化过程涉及信息即资料、有体系的思想（在文化研究者那里被视为"话语"或意识形态）如何被转化为可在市场买卖的产品。这样，新闻记者的工作便是运用专业技能，去生产尽管使用程度高低有别，但却都具有使用价值的新闻。当然，如果从劳动力的商品化出发，资本主义社会新闻生产的特点就是使"讲故事的人"变为出卖劳动力即撰稿力以获得工资的雇佣劳动者。"资本将劳动力转化为新闻稿或专栏文章，和其他文稿及广告一起组合成整套的产品。资本把这套产品在市场中出售，如果成功＝赚取到的剩余价值（利润），资本就可以将利润用于扩充报纸的规模，或投资在其他任何可以带来更多资本的事业中。马克思主义政治经济学认为这个过程实现了剩余价值，因为资本控制了生产工具（拥有印刷机、办公室等），使资本能够从劳动者身上获取比付出工资更多的东西。"[①] 这一分析，体现了 V. 莫斯可对马克思主义政治经济学的借鉴，反映了资本支配物质生产与精神生产过程的一般规律。

[①] ［加拿大］V. 莫斯可：《传播政治经济学》，胡春阳、黄红宇、姚建华译，华夏出版社 2000 年版，第 141—143 页。

四 加拿大马克思主义研究问题聚焦

第一，关于辩证唯物主义与历史唯物主义研究。

1. 辩证唯物主义研究主要从本体论与方法论两个维度展开。（1）M. 本格注重辩证唯物主义的本体论维度。M. 本格主张用实证科学成果和物质的系统方法改造辩证唯物主义与历史唯物主义，从而实现从自然到社会的唯物主义一元论。经过 M. 本格的改造，辩证唯物主义成了"科学的唯物主义"，从而具有了现代实证科学的一般特征，即精确性、系统性、科学性。可见，M. 本格的研究方法体现了马克思主义与科学主义的融合。（2）阿格尔注重辩证唯物主义的方法论维度。阿格尔主张用"期望破灭了的辩证法"解决资本主义生态危机。他认为，马克思的辩证法只有把异化理论、内在矛盾理论和危机模式结合起来时才是完整的。马克思辩证法的三方面内容不仅是对人类历史发展因素的考察，也体现了马克思不同时期理论发展的侧重点，但危机模式理论并未完全成熟，因而需要改进。阿格尔指出，资本主义社会消费领域的异化趋势导致了生态危机，需要运用生态学马克思主义的"期望破灭了的辩证法"来解决，以重新确立正确的消费观念，扭转消费异化现象。

2. 历史唯物主义研究主要从历史学与政治学两个层面展开。（1）B. 帕尔默立足于历史唯物主义，提出了新劳工史概念。在对传统劳工史提出挑战的同时，B. 帕尔默重新定义了劳工史研究范围——劳工史应该是研究工人阶级的历史，而且应该既包括经济维度，也包括政治维度、文化维度。在考察了工人组织与各种社会团体关系的同时，B. 帕尔默从阶级斗争的话语体系出发，分析了资本主义社会转型期的边缘文化与主流文化之间的斗争，这是运用历史唯物主义解决社会历史问题的典范。此外，B. 帕尔默还批判了20世纪70年代末西方史学界出现的"语言还原论"现象，认为"语言不是生活"，语言的精炼并不能表达社会历史丰富的内涵；强调运用经济结构、阶级斗争等话语结构来阐释社会历史。换言之，面对社会历史研究中语言学转向对历史唯物主义的挑战，B. 帕尔默主张用对话模式捍卫历史唯物主义在历史研究中的主导地位。（2）E. M. 伍德有力地回击了西方右翼对社会主义的质疑，捍卫了历史唯物主义真精神，并从政治领域实现了对历史唯物主义的改造，形成了"政治的马克思主义"派别。她运用历史唯物主义的经济基础与上层建筑、生产力与生产关系的辩证关系原理来论证资本主义社会的历史特殊性。E. M. 伍德认为，在经济基础与上层建筑的辩证关系中，某些政治法律形式也是生产关系的组成部分，且在生产领域起支配作用；在生产力与生产关系的辩证关系中，E. M. 伍德通过分析古罗马社会的生产关系，得出了这样的结论："贯穿马克思的历史唯物主义和构成马克思毕生著作核心的政治经济学批判的唯一线索是他对资本主义特殊性的坚持。"① 总之，在资本主义社会的起源、本质等方面，E. M. 伍德进一步论证了资本主义作为社会历史发展的特殊阶段终将被社会主义所取代。

第二，关于马克思之道德主义与非或反道德主义之争。

马克思的资本主义批判是否站在道德主义立场上，这是一个具有重大分歧的问题。加拿大马克思主义学者为此也展开了论争。E. M. 伍德、R. 塔克认为马克思的资本主义批判是基于非道德主义立场的，此乃所谓的"伍德—塔克命题"。在《马克思思想传记》中，E. M. 伍德通过区分道德的善与非道德的善、正义与非正义等问题，得出了这样的论断，即马克思的资本主义批判是一种"非道德主义的社会批判"。她认为，马克思所处的时代面临着传统道德与现代道德冲突的困惑，因而，他一方面需要回答自亚里士多德以来的传统道德问题；另一方面又需要回答无产阶级道德问题。马克思通过对资本主义异化现象的政治经济学批判，运用历史唯物主义完成了批判与继承的时代任务。在 E. M. 伍德看来，马克思尽管批判资本主义道德的虚假性和非正义性，但并不表示他是站在道德的立场上的；相反，马克思还表现出对资本主义"正义"的拒斥和愤怒。因为马克思以前的道德哲学家，无论是康德与穆勒，还是蒲鲁东与李嘉图，都是在道德范围内对资本主义道德规范进行改良与修补，结果总是逃不出资本主义道德窠臼。因此，只有基于无产阶级社会经济基础的道德，才能实现对资本主义道德的超越，这种超越是通过经济基础与上层建筑的辩证关系来实现的。

K. 尼尔森和 R. 韦尔则认为马克思的资本主义批判是基于道德主义

---

① 朱华彬：《对历史唯物主义普遍性的再思考——兼评艾伦·伍德〈民主反对资本主义——重建历史唯物主义〉》，《理论界》2010 年第 11 期。

立场的。在他们看来，学界之所以会引发关于马克思之道德主义与非或反道德主义之争，是因为没有区分马克思之道德主义的事实判断与价值判断。这里的"事实判断"，就是指马克思对资本主义道德现实之必然性，诸如异化等现象的批判；这里的"价值判断"，则是指马克思基于现实必然性而提出的价值应然性要求。例如，共产主义道德对人的自由而全面发展的诉求。毋庸讳言，马克思对资本主义道德的批判是在意识形态框架内进行的，尽管这种批判具有道德相对主义之嫌疑，但在价值判断上却具有自己秉持的规范道德，因而其道德理论的现实指向具有规范性和科学性特征。K. 尼尔森主张用"情景客观主义"道德阐释模式来实现马克思之道德价值判断的主客观统一。所谓"情景客观主义"，就是根据主体所处情景的不同对主体道德行为进行评判的模式，这种模式不同于道德相对主义，它既坚持主体情景的多样性原则，又具有客体的"道德自明之理"。总之，在 K. 尼尔森看来，马克思在历史唯物主义原则下将自己对道德的客观真理性认识与主观价值性追求达到了统一，就是说，马克思的道德理论既有对现实的批判，也具有明确的未来指向，是理论与实践的辩证统一。

第三，关于青年马克思与老年马克思之争。

在马克思主义历史上，"青年马克思与老年马克思之争"主要是围绕着《1844 年经济学哲学手稿》展开的，特别是"异化"概念在马克思主义哲学中的地位问题。在马克思主义哲学史上，是否存在着"认识论断裂"，即成熟时期的马克思思想与未成熟时期马克思思想之争，根据马克思学术研究重点的不同，则是研究哲学的青年马克思与晚年的政治经济学马克思之争。1932 年，《1844 年经济学哲学手稿》第一次全文公开发表后，"苏联马克思主义"和"西方马克思主义"对其内容和地位的理解产生了分歧，甚至将"青年马克思"与"老年马克思"对立起来。前者认为，"手稿"关于工资、地租等问题的分析，是马克思对资本主义特征的一般看法，此时的马克思已经完成了从哲学向政治经济学的转变；后者则认为，"手稿"是青年马克思的巅峰之作，其后的著作意味着马克思创造力的下降，青年马克思是一种人道主义的马克思。此后，"两个马克思"之争就引发了马克思主义学者关于如何阐释青年马克思文本的问题。总体来说，以"苏联马克思主义"为代表的正统马克思主义阵营，对"手稿"在马克思主义历史上的地位和作用未给予充分重视,甚至故意贬低;而"西方马克思主义"则给予"手稿"以高度评价,甚至故意拔高。

在《"巴黎手稿"解读中的"青年马克思"问题》一文中,M. 穆斯托聚焦于《1844 年经济学哲学手稿》的传播接受史,以期对围绕着马克思"早期"和"晚期"著作而展开的相关论争作了批判性考察。"各种阅读方法都无不昭示了这样一个基本事实,即理论和政治的冲突是如何不断歪曲马克思著作的本意以便服务于文本之外的其他目的的";"通过对《1844 年经济学哲学手稿》及所谓的'巴黎笔记'的文本分析,使我们有可能一方面反对将前者视为一部完全成熟的文献,并借此宣称马克思思想是一个以其为基础的整体;另一方面也反对将其视为一个定义明确的理论文献,并借此将之与马克思成熟时期的'科学'阶段相对立"①。

第四,关于马克思主义与媒介传播关系研究。

2008 年美国次贷危机引发的全球金融危机,让人们有足够的理由相信新一轮资本主义危机已经到来,并又一次验证了马克思主义的预言。因此,再次运用马克思主义理论分析并解决当前危机,被认为是新马克思主义时代的到来。V. 莫斯可和瑞典乌普萨拉大学教授福克斯(Christian Fuchs)以"马克思主义理论的重要性与当代传播学批判研究"为目标,通过网络刊物《3C:传播、资本主义与批判》向全球征集关于马克思主义传播政治经济学的文章,并编辑出版了文集《马克思归来》(2012)。他们指出,运用马克思主义理论,特别是历史唯物主义范畴下的辩证法,分析当代人现实生活世界的知识传播途径,即"运用辩证推理去批判地理解文化和意识,是马克思政治经济学与批判的政治经济学文化研究之间的关键节点"②。质言之,运用马克思主义方法论分析当下的文化和意识问题依然有效,从这个意义上说,预示着"马克思归来"。V. 莫斯可认为马克思主义传播学的任务在于:"阐明传播与文化如何成为物质实践,劳动与语言如何相互构建,以及传播与信息如何成为社会活动和社会意义建构的辩证实例。将这一任务放置于理解

---

① [加拿大] M. 穆斯托:《"巴黎手稿"解读中的"青年版马克思"问题》,张秀琴、刘娟译,《哲学动态》2016 年第 11 期。
② [瑞典] 福克斯、莫斯可主编:《马克思归来》,"传播驿站"工作坊译,华东师范大学出版社 2016 年版,"导论"第 1 页。

权与反抗的大框架内,才能将传播直接融入至今仍具有活力和实质意义的马克思主义传统中"①。就是说,马克思的资本主义批判应该在当代资本主义传播与知识的分析中得以传承,马克思主义传播不仅具有理论应然性,而且具有现实可行性。在《马克思回来了!但到底是哪个马克思?知识劳工抑或媒体实践?》② 一文中,V. 莫斯可指出,马克思主义传播学研究者需要将马克思《政治经济学批判大纲》的理论与马克思作为职业新闻记者的实践辩证地结合起来看待,这对关注"传播、文化以及知识产业中的劳动现象"至关重要。

综上所述,在 21 世纪,加拿大马克思主义研究聚焦于马克思主义的基本问题,着重批判了当代资本主义在资本、能源、文化、信息等方面的问题,开辟了生态学马克思主义、分析马克思主义、新马克思主义历史学、政治的马克思主义、马克思主义传播政治经济学等具有特色的研究领域,是马克思主义在加拿大本土化的成果,尤其是生态学马克思主义和马克思主义传播政治经济学,对 21 世纪马克思主义研究具有重要意义。但同时也要看到,加拿大马克思主义研究始终停留在学术研究层面,马克思主义理论对社会实践的指导成效不大;其整体研究实力偏弱,对学术问题的思考相对于其他地区而言,基本停留在马克思主义早期研究阶段,发展较为缓慢;由于受到北美马克思主义研究的影响,加拿大马克思主义研究的西方中心主义立场明显。这些因素,是我们在研究加拿大马克思主义发展过程中必须注意的问题。

---

① [瑞典]福克斯、莫斯可主编:《马克思归来》,"传播驿站"工作坊译,华东师范大学出版社 2016 年版,第 7 页。
② [瑞典]福克斯、莫斯可主编:《马克思归来》,"传播驿站"工作坊译,华东师范大学出版社 2016 年版,第 814 页。

第八章 深受英国传统影响的"本土化"努力*
——21世纪澳大利亚马克思主义发展趋向

1788年,菲利普(Arthur Pyillip)任澳大利亚第一任总督,这被认为是澳大利亚真正历史的开始。由于特殊的历史和文化原因,澳大利亚早期工人运动与社会主义运动受持改良主义取向的澳大利亚工党支配;再加上澳大利亚缺乏革命传统,有利于改良主义的民主民族精神的形成。经过1860—1890年、1950—1970年两次繁荣,澳大利亚已经成为发达资本主义国家。所以,马克思主义在澳大利亚并没有多大发展空间。然而,(1920年10月30日)成立时只有26人的澳大利亚共产党,到澳大利亚大萧条时期却达到了2万人。尽管自1921—1922年起,澳大利亚共产党在共产国际影响下,犯了教条主义、急躁冒进等错误,但澳大利亚共产党始终致力于探索马克思主义与澳大利亚实际相结合的"通往社会主义之路",如20世纪30年代的澳共领导人卡瓦纳①;在70年代澳大利亚陷入"滞胀"之前,澳共总书记艾伦斯(Laurence Aarons)就强调"和平、民主"的重要性;1979年,澳共党纲确立的中期目标是"民主的、自治的社会主义"②。

就是说,由于历史文化的特殊性,澳大利亚马克思主义研究具有独特内涵,并带有强烈的本土特征。就研究内容而言,大致可以分为以下方面:深受英国传统影响的马克思主义文化研究;与马克思主义有关的历史研究和哲学研究;聚焦于资本主义分析的政治经济学研究;关注澳大利亚本土问题的左翼政治文化研究;除此之外,澳大利亚马克思主义

---

* 本章内容还受上海外国语大学校级一般科研项目规划基金(20171140021)资助。

① 卡瓦纳(Jack Kavanagh,1879—1964),曾任澳大利亚共产党领导人。

② 上述内容由本书主编撰写,特此说明(详见蔡声宁《马克思主义在澳大利亚》,《社会主义研究》1985年第5期)。

研究的其他路径也在继续发展。这些研究焦点一般存在于某所特定大学或者独立组织之中。而且，许多碎片化的左翼政党也出版了自己的刊物。另外，老一代澳大利亚马克思主义学者仍然受到托洛斯基主义的影响，这也是欧洲马克思主义的特征，由于托洛斯基被认为是某种"真正的"马克思主义，而斯大林主义和苏联马克思主义则被认为是马克思主义的"偏离"。不过，需要指出的是，在今天许多马克思主义学者那里，这一看法正在发生改变，他们不再满足于传统的研究范式和假设。

一 深受英国传统影响的马克思主义文化研究

20世纪60年代，马克思主义旨趣在澳大利亚复苏；20世纪70年代到90年代，许多澳洲马克思主义学者深受欧洲马克思主义，尤其是英国文化马克思主义的影响。其中，伯明翰学派的威廉斯，以及威廉斯的学生伊格尔顿在澳洲具有很大影响力。澳大利亚马克思主义文化批判的另一思想来源还有布达佩斯学派。20世纪70年代卢卡奇去世后，受国内政治局势的影响，东欧新马克思主义代表人物赫勒和费赫尔夫妇、马尔库什夫妇移居澳大利亚，并在悉尼大学、墨尔本大学、拉筹伯大学等地任教，他们的思想也在澳大利亚得以传播。以赫勒、费赫尔、马尔库什等人为代表的布达佩斯学派从"复兴马克思主义"这一理论主题出发，围绕着现代性危机进行的全方位批判，尤其是对文化研究的关注影响了一批澳大利亚马克思主义学者。他们秉承布达佩斯学派传统，以澳大利亚本土经验为参照，注重在文化生活层面对社会进行批判性反思。特别是马尔库什，他是对澳大利亚马克思主义发展作出突出贡献的哲学家之一。我们从以下几个方面可以更好地分析澳大利亚文化研究的特点。

第一，一些学术杂志的出现可以看出这一研究的侧重点。其中，《论纲十一条》（Thesis Eleven，又称《批判理论和历史社会学杂志》）就是首要例证[①]。20世纪80年代，《论纲十一条》在拉筹伯大学创办。《论纲十一条》重点关注文化研究和文学，同时也拓展性地包括社会学和人类学。此外，从反思与批判现代性出发，该杂志也涉及区域性理

---

① https://thesiseleven.com/.

论、调查、批判、争论阐释，以及与当今世界有关的问题，鼓励文化分析和现代性替代选择研究。例如，2016 年 4 月期以"批判的政治与政治的批判"为主题，深入讨论和反思现代性问题。该杂志也重点关注马克思主义的变化及其传统，包含原初的马克思主义以及后马克思主义。从新近发表的文章中，我们大体可以看到这一研究侧重。例如，2014 年 12 月期以"赫勒：哲学组曲"为题，包括《论赫勒的美学维度——从"复活马克思主义"到"后马克思主义"范式》《在存在与文化之间——论赫勒》等一系列围绕着赫勒哲学思想的纪念文章；2018 年 2 月期以"悖论、冲突、辩证法和和解"为主题，其中包括《文化悖论与现代性批判》《作为"真诚进步"的乌托邦》《作为社会行动的恶》等文章，讨论有关马尔库什，以及阿多尔诺等西方马克思主义者的思想。

第二，由于该杂志最初的成功及国际关注，导致了拉筹伯大学文化研究中心的创建。2001 年，拉筹伯大学创立了"论纲十一条文化社会学中心"，2007 年改为"论纲十一条批判研究中心"。该中心声称批判理论是其主要的资源和传统，但文化社会学是关于他们正在以及将要做什么的更加宽泛的描述，旨在促进世界范围内社会和政治理论的发展和应用。这一文化关注也意味着有关马克思主义的研究逐渐出现在澳大利亚大学的文学系和语言系中。例如，早期的突破出现在悉尼大学的法语系，文化研究学者 M. 莫里斯（Meaghan Morris）和 P. 帕顿（Paul Patton）开始了具有影响力的工作。其中，M. 莫里斯是第一个以"翻译福柯理论和支持法国理论"[①] 著称的澳大利亚人。在《福柯：权力、真理和策略》（1979）等著作中，M. 莫里斯与 P. 帕顿融合了法国后结构主义（福柯和德里达）的早期发展与马克思主义的文化分析。伴随福柯、德里达、利奥塔等思想家著作的翻译和介绍，20 世纪 60 年代，法国思想在澳大利亚学界得以传播。之后，澳大利亚的文化研究越来越带有文化政治维度，借以讨论权力压迫、后殖民主义、后现代主义和女性主义等问题。

另外一个例子是莫纳什大学的比较文学研究中心，后来更名为比较文学和文化研究中心。在 20 世纪 60—70 年代，莫纳什大学一直是澳大

---

① R. Felski & Z. Sofia, Introduction to Australian Feminism, *Cultural Studies*, （10）1996.

利亚马克思主义研究和发展的主要阵地,其中,比较有影响力的学者有以下四位:(1)从英国移民到莫纳什的 A. 米尔纳(Andrew Milner)。由于受到威廉斯和伊格尔顿的影响,A. 米尔纳出版了涉及科幻小说、文学和文化等领域的著作。例如,《重新理解文化研究》(2002)、《文学、文化和社会》(2005)、《定位科幻小说》(2012)等。在这些著作中,A. 米尔纳继承了威廉斯及其后继者的遗产,追溯文化唯物主义在文学理论和文化研究等方面的影响;同时,他也强调威廉斯与霍加特的区分,认为不能将"文化主义"标签轻易地贴在他们身上。A. 米尔纳认为,威廉斯与英国文化主义传统之间的根本关联,就像巴迪欧和福柯之于法国结构主义、哈贝马斯之于批判理论的关系。因此,文化马克思主义最好被理解为一种积极的后文化主义,而不是文化主义。(2)马克思主义学者、著有《澳大利亚共产党简史》(1969)的 A. 戴维顿(Alastair Davidon)。他比较重要的贡献是将葛兰西和阿尔都塞的思想介绍给澳大利亚学界,并任《澳大利亚左派评论》(1966—1993 年,由澳大利亚共产党出版发行)、《干预》(1971,在墨尔本开始发行),以及《论纲十一条》等澳大利亚主要左派杂志的编辑。(3)B. 弗兰克尔(Boris Frankel)的贡献则在于哈贝马斯的早期思想研究,以及撰写《马克思主义国家理论》(1978)、《超越国家?》(1983)、《后工业乌托邦》(1987)等。跟 A. 戴维顿一样,他也致力于澳大利亚学术与西方思想的联结。(4)Z. 河内(Zawar Hanfi)在 20 世纪 70—80 年代将费尔巴哈、弗洛伊德、马克思、马尔库塞、哈贝马斯等人的思想翻译介绍给澳大利亚学界。目前,莫纳什大学比较文学和文化研究中心已经关闭,这也暗示澳大利亚文化马克思主义研究的没落。

第三,澳大利亚的文化研究更加具有本土化特征,主要代表性学者有 J. 费斯克(John Fiske)、M. 莫里斯、T. 本尼特(Tony Bennett)、T. 米勒(Toby Miller)等,他们于 1983 年合作创办了《澳大利亚文化研究杂志》。他们致力于从日常生活实践出发,承认和挖掘澳大利亚大众文化的活力和重要性,并基于左派立场批判性地考察这些文化现象背后所蕴含着的经济文化议题。在这个方面,法国学者列斐伏尔、德·赛托等的"日常生活实践"研究、伯明翰学派的"葛兰西转向"、后期威廉斯文本中对马克思主义和结构主义的批判,以及 20 世纪 80 年代末 90 年代初英国学者 M. 费瑟斯通、德国后现代美学家 W. 韦尔施主导的

"日常生活审美化"等成为他们的主要思想资源。例如,曾任职于澳大利亚科廷大学、目前享誉英美世界的大众文化理论家 J. 费斯克致力于大众文化和大众传媒研究。在《电视文化》(1987)、《理解大众文化》(1989) 等著作中,他致力于分析媒介作为一种"文本"所蕴含的不同意义层面和社会文化内涵。另外,他还将后结构主义传统的符号学应用于媒介分析,并具体考察这些文化内涵在社会中是如何被创造出来的,其中涉及阶级、种族、性别等因素的复杂交织。到 20 世纪 80 年代末 90 年代初,随着英国伯明翰当代文化研究中心等实体性文化研究机构的消失,澳大利亚的文化研究逐渐成为显学,并日渐成为"3A 轴心"之一,联袂英国文化研究、美国文化研究,合力支配全球文化研究。① 这一方面源于英美文化研究,尤其是伯明翰学派的影响,因而它带有某种程度的"英国性";另一方面澳大利亚文化研究学者也试图跳出这一框架,建构属于自己的理论叙事和独特风格。J. 辛克莱(John Sinclair)与 J. 戴维森(Jim Davison)合著的《澳大利亚文化研究等于伯明翰加本土》(1984) 一书形象地揭示出了澳大利亚文化研究的这一复杂交织特征。②

由此可见,马克思主义对澳大利亚文化研究学者产生过深刻的影响。在马克思主义研究"文化转向"中,可以确认其主要有两个方面的影响:一是 20 世纪 70 年代欧洲左翼兴起,"文化转向"本身是对广泛的世界反殖民运动的一个回应,同时也意味着欧洲殖民主义特殊阶段的终结③;二是西欧和北美共产主义革命的可能性逐渐消失;与之密切相关的是苏联"背叛"了共产主义运动,并且不再是真正的社会主义,更不用说是共产主义。除了这些马克思主义者理解的西方殖民主义理论框架,这一理解也属于占支配地位的托洛斯基理论框架的一部分,其结果便是将马克思主义从政治和经济分析转向对文化的研究。

---

① 参见徐德林《"被屏蔽的澳大利亚文化研究"》,《国外文学》2012 年第 4 期;该文将英国文化研究、澳大利亚文化研究、美国文化研究视为"3A 轴心"文化研究帝国。
② John Sinclair and Jim Davidson, *Australian Cultural Studies = Birmingham + Meanjin: An occasional paper in Australian cultural studies*. Melbourne: Footscray Institute of Technology, 1984.
③ Fredric Jameson. *The Ideologies of Theory*. London: Verso, 2008. pp. 483 – 515.

二 与马克思主义有关的历史研究和哲学研究①

澳大利亚哲学家一直有对马克思主义不是很感兴趣的传统，但我们发现在澳大利亚有不少马克思主义历史学家。需要指出的是，在澳大利亚各大学中，一个普遍的模式是每个系拥有一到两个代表性的独立研究领域或研究路径。历史系和历史学院在人文社科中一般大于其他专业或学院，这是因为历史在澳大利亚的民族思想论争中起着重要的作用。

为了理解澳大利亚的国家现状，我们应该如何去讲述过去的历史？它是带有西方价值的欧洲殖民的故事？还是关于世界上最古老的并在最近遭受严重殖民破坏的连续文化的解释？抑或它是一种有关东南亚与更早期的马六甲和中国联结的交往叙事？所有这些组成部分都很重要，而且它们以一种复杂的方式相互影响，但是对于如何强调和评价它们则产生了不同的历史叙事。在这一背景下，一些马克思主义历史学家做出了重要贡献。例如，墨尔本大学的 St. 麦金泰尔（Stuart Macintyre）就指出，澳大利亚共产党对理解澳大利亚的政治和社会历史来说是很重要的②。另一位以前也在墨尔本大学工作的 V. 伯格曼（Verity Burgmann）多年来一直致力于劳动历史和社会反抗运动方面的研究，并著有《21世纪的全球化和劳动》（2016）。其他学者则更加关注全球史，尽管他们探究的主要是澳大利亚在世界中的角色。还有一些学者研究俄国革命以及苏联的马克思主义历史，如悉尼大学的 G. 吉尔（Graeme Gill）和纽卡斯尔大学的 R. 马克威克（Roger Markwick）。G. 吉尔在许多方面的研究都很有洞见。例如，在《苏联政治的集体领导》（2018）一书中，关于斯大林、苏联共产党的解体，以及后共产主义政治的研究。R. 马克威克则研究苏联历史学的本质，以及女性尤其在伟大的卫国战争期间于红军中所具有的重要作用。

回到哲学以及纽卡斯尔大学，首先需要指出的是，澳大利亚的哲学系一般很小，而且历史上一直存在分析哲学和欧陆哲学两种哲学路径之

---

① 本书主编根据有关资料对该部分做了较多增删和修改，特此说明。
② Stuart Macintyre, *The Reds*, *The Communist Party in Australia from Origins to Illegality*, St Leonards: Allen and Unwin, 1998.

争。在这种情况下，就留有很小的空间给马克思主义哲学。但悉尼大学的萨奇汀（Wal Suchting，1931—1997）是一个例外。萨奇汀深受阿尔都塞思想的影响，在《知识与实践：对传统认识论的马克思主义批判》（1983）、《马克思与哲学》（1986）、《重构马克思主义》（1993）、《论晚期阿尔多塞的唯物主义概念》（2004）等文本中，他抛弃了传统认识论，强调物质实践的重要性，主张实践唯物主义；拒斥"历史唯物主义"，宣扬"偶然相遇的唯物主义"及其"开放性"；尤其是阐发了马克思主义哲学与科学（逻辑）哲学的关系，对澳大利亚马克思主义哲学的多元性发展做出了较大贡献。① E. 卡门卡（Eugene Kamenka，1928—1994）也推进了澳大利亚马克思主义哲学的探究。1937年，他作为纳粹集中营的难民与其父母来到澳大利亚，后在澳大利亚国立大学求学。随着博士论文《马克思主义与伦理学》（1969）的出版，他推进了对马克思主义伦理学基础理论的探究，试图建立马克思所忽略的规范伦理学观念；另外，他还强调将"自由联合体"作为马克思革命规划的基础以及马克思思想的核心价值。尽管没有为自由联合体观念提供一个可行的基础，但在20世纪70—90年代，卡门卡促进了澳大利亚马克思主义哲学问题的探讨。

萨奇汀的学生、属于"新辩证法学派"（New Dialectic School）的伊安·亨特（Ian Hunt）对分析的马克思主义、结构主义的马克思主义均持批判态度，与马尔库什、萨奇汀一样致力于阐发马克思主义的科学方法论，在马克思主义哲学与经济理论方面做出了重要贡献。其中，《对罗默、霍奇森、柯亨关于马克思的剥削理论的一个批判》（1986）一文，以及其代表作《分析的和辩证的马克思主义》②（1993）一书，对推进马克思主义哲学的主要贡献在于，为历史唯物主义阐释提供了最为成熟的分析。换言之，亨特通过为马克思辩证法辩护，重新阐释了历史唯物主义和资本批判，并探讨了当代西方工人阶级革命的可能性。苏东剧变后，马尔库什放弃了同情马克思主义的立场，但亨特仍然对作为上层建筑的政治法律制度进行了研究，并将自由正义理论引入其中，坚持

---

① ［澳］伊安·亨特：《澳大利亚马克思主义研究的历史与现状》，载复旦大学组编《国外马克思主义研究报告2007》，人民出版社2007年版，第171—172页。

② 参见［澳］伊安·亨特《分析的和辩证的马克思主义》，徐长福、刘宇等译，重庆出版社2010年版。

了马克思主义立场。例如,《马克思与罗尔斯论资本主义及其正义》一文。

除此之外,还有墨尔本大学哲学教授 G. 普里斯特(Graham Priest)对马克思主义辩证法做了重新解释,认为马克思辩证法是主张矛盾真理性的非经典的逻辑学;S. 曼恩在《无情世界中的情感:作为意识形态的宗教》(1999)中为丰富马克思主义理论做出了颇为有趣的贡献;M. 哈德(Michael Head)阐发了马克思主义法哲学。①

总体而言,马克思主义哲学研究在澳大利亚学术研究中仍处边缘地位,纽卡斯尔大学的情况也是如此。因而,在正式的制度结构之外,必需建构一种独特的马克思主义研究路径。

以纽卡斯尔大学为例,有许多要素为这种独特路径的建构提供了可能性。(1)该大学坐落在一个传统的工人聚集区,并拥有一个主要港口、矿山、工业以及左翼贸易联盟,这一事实提供了一个更容易接受左翼政治的环境(在这些方面,澳大利亚共产党一直具有很强的影响)。(2)该学校具有 50 多年的历史,它建立于 20 世纪 60—70 年代繁荣时期,所以它并不受国家或联邦首都城市中古老大学的期待和限制,从而具有探究替代性路径和观念的空间。(3)一系列不同学科的马克思主义学者的影响,能够使马克思主义网络得以发展。这一网络包括历史学家、教育学家、经济学家、社会学家及哲学家等;而且,无论是在拉美、俄罗斯、中东或者东亚,他们每个人在世界的不同地方提供了独特的社会主义研究路径。例如,T. 格里菲斯(Tom Griffiths)继续推动拉美社会主义政府下的教育实践,评估政策、实践或者效果,从而致力于改进这些路径,并编辑出版了《社会主义教育的逻辑:参与危机、不安全和不确定性》(2013)、《为了社会主义的教育:历史、现在和未来的视角》(2016);同样,无论在教育还是在解放本质方面 S. 莫塔(Sara Motta)都提供了有关拉美社会主义更倾向于社会学角度的分析,她的研究接近社会主义的女性主义和马克思主义的交叉,并新近出版了《阈限主体:编织(我们的)解放》(2018)一书;更重要的是,他们关注"执政的社会主义"问题,即探究一个社会主义政府试图在复杂且有时

---

① [澳]伊安·亨特:《澳大利亚马克思主义研究的历史与现状》,载复旦大学组编《国外马克思主义研究报告2007》,人民出版社2007年版,第173—175页。

充满敌意的世界中如何进行社会主义建设。尽管历史学家 R. 马克威克和 E. C – 卡多纳（Euridice Sharon-Cardona）比较关注苏联历史，但他们的著作同样也包括上述方面的研究。

澳大利亚马克思主义学者 R. 波尔（Roland Boer）的著作则更倾向于哲学的方法。鉴于西欧文化深受宗教的影响，他的著作开始处理的是西方马克思主义与宗教之间的复杂关系问题。2014 年，由于出版的"天国批判与世俗批判"系列著作（共 5 部），R. 波尔获得（艾萨克和塔玛拉）多伊彻纪念奖（the Isaac and Tamara Deutscher Memorial Prize）。迄今为止，R. 波尔是获得该奖项的第二位澳大利亚学者。2015 年，在第 12 届《历史唯物主义》年会之"马克思主义与神学"专题讨论中，R. 波尔从区分本体性超越与时间性超越、马克思主义与宗教批判出发，讨论了马克思主义与宗教神学的对话问题。在关于马克思主义与宗教神学的对话问题上，R. 波尔追溯了"超越"（transcendence）一词的拉丁语词源，讨论了"本体性超越"（ontological transcendence）与"时间性超越"（temporal transcendence）的辩证关系，认为这个关系被宗教传统与马克思主义传统忽略。R. 波尔指出，"超越"一词的重要含义是"越界"（transgression），意指人类对上帝所确认之秩序的违背和越界。它不仅包含了本体论意义上的超越，同时还包含了从此时到彼时之时间上的破坏和跳跃。由此，R. 波尔剖析了基督教神学末世论传统中的本体论—时间论上的双重超越，以及这种双重超越是如何在布洛赫关于"Ultimum"和"Novumm"的乌托邦理论中来呈现的。在 R. 波尔看来，布洛赫这种带有双重超越维度的乌托邦哲学有望为马克思主义与宗教神学的对话打开一种新的可能性。①

此外，R. 波尔的著作还关注列宁和斯大林，并仍然在哲学与宗教的交叉方面进行研究，但这一研究敞开了"执政的社会主义"研究的整体领域。列宁，尤其斯大林的著作在十月革命后出现，那时布尔什维克开始了建设社会主义的漫长和复杂过程。这一思考使得 R. 波尔关注中国问题，并准备研究中国特色社会主义的不同方面，以及继续展开"执政的社会主义"研究项目。这一项目包含纽卡斯尔大学的其他合作

---

① 参见李雅芝《第十二届"历史唯物主义年会"会议综述》，载复旦大学组编《国外马克思主义研究报告 2015—2016》，人民出版社 2017 年版。

者以及中国的一些主要研究人员,该项目主要考察诸如社会主义国家、社会主义民主发展、政治政党尤其共产党的角色、教育政策和实践、伦理或社会主义核心价值,以及"人类命运共同体"的国际关系新形式等。

此外,澳大利亚还有一批学者对中国化马克思主义感兴趣。关于中国的研究,早期做出重要贡献的是格里菲斯大学退休教授 N. 奈特(Nick Knight)。N. 奈特的研究关注的是中国早期从瞿秋白到毛泽东的马克思主义哲学研究状况。他出版了关于毛泽东 1937 年"辩证唯物主义"讲座文本的批判性评价,并结合《实践论》《矛盾论》的文章进行了分析。这一里程碑式的著作成为对《实践论》《矛盾论》等著作进一步研究的起点。在《分析的和辩证的马克思主义》一书中,澳大利亚弗林德斯大学的伊安·亨特也专题讨论毛泽东的矛盾理论,关注中国马克思主义哲学思想。此外,澳大利亚有着诸多中国研究机构。例如,澳大利亚国立大学的当代中国研究中心、悉尼大学中国研究中心、墨尔本亚洲语言与社会研究所等,马克思主义在中国的发展也成为澳大利亚学者关注的方面之一。

三 聚焦于资本主义分析的政治经济学研究

然而,澳大利亚马克思主义文化研究侧重并没有持续很长时间。越来越多的马克思主义学者意识到,马克思主义的基本特征即政治经济学批判正在被忽视,因而,他们开始抨击澳大利亚文化研究过于强调文化现象的重要性。于是,在澳大利亚马克思主义发展过程中,从对文化的强调就逐渐转向对政治经济学研究的关注。

悉尼大学政治经济学系的发展是这一转变最明显的信号。这一历史可追溯至几十年前:20 世纪 70 年代,与对数学、微观经济学及资本主义机制描述的新古典主义关注一致(那时可被视为经济学科的"美国化"),悉尼大学管理层尝试全面改革大学的经济学科[①],这需要采取制度化的形式以拒斥这些发展。最终于 2007 年,悉尼大学成立了政治经

---

① Weintraub E. Roy, *How Economics Became a Mathematical Science*, Durham: Duke University Press, 2002.

济学系。这主要是因为，文化马克思主义已经真正失去势头①。2008年，该系从商学院转移到了艺术和社会科学学院。

那么，这一政治经济学研究是否主要关注马克思主义？从该系网站上可以看到，它关注的核心是：经济现实并不独立于社会历史进程而存在，市场不能与诸如全球化的社会环境要素分开，经济活动、财富和机会如何进行集中，自由市场视角与更广的社会关注的关系，以及经济增长与环境持续之间的复杂关系等。此外，还提及能源、劳动、性别、种族、公共政策以及人权等方面，但并未提到马克思主义。"马克思主义"最终出现在一个涉及研究专长的介绍中："该研究规划被广泛地认为是参与以及致力于非正统思想的发展，特别是有关后凯恩斯主义经济学、制度经济学、马克思主义、发展经济学，以及女性主义经济学的发展。该研究认为，不同的理论经常是互补性的而非替代性的。我们的理论所理解的经验研究试图提供有关当代问题和政策的批判性分析，并建构针对正统观点的替代性选择。"②

由此可见，马克思主义研究被掩盖在一系列其他研究路径当中。尽管可以确定的是，这些路径被视为"互补性的而非替代性的"，但总体研究不应该被视为明确的马克思主义的。不过可以这样理解，即马克思主义政治经济学提供了分析其他研究路径的基本框架，所以他们倾向于用"非正统"来称呼自己的研究路径。这一术语来自基督教传统，其中"正统"意味着"正确的教义"，非正统则意味着"异端学说"（这一词汇最开始来自古希腊）。换句话说，悉尼大学的政治经济学系关注这样的经济理论，它不属于在其他地方占支配地位的新古典主义路径。当然，马克思主义只是这些经济理论中的一种。

通过参考《澳大利亚政治经济学季刊》，可以获得有关政治经济学系研究侧重的其他视角。该杂志最先于1977年发刊，它主要关注促进"针对传统经济学的政治经济学替代性选择，并在澳大利亚语境中，挖掘当代资本主义批判，促进有关资本、劳动、生态和国家之间相互影响的论争"③。这一描述涉及一些关键点。（1）它为传统经济学提供替代

---

① Schroeder Susan and Lynne Chester, eds. *Challenging the Orthodoxy*, *Reflections on Frank Stilwell's Contribution to Political Economy*, Berlin: Springer, 2014.
② http://sydney.edu.au/arts/political_economy.
③ http://australianpe.wixsite.com/japehome.

性选择（复数）。这一点呼应前面提到的对非正统的自我理解，并通过继续运用"正统"概念暗指基督教历史。在最近一期（总第 80 期，2017—2018 夏季刊）中，它继续将主流经济学、新古典主义经济学或简单的经济学，称为"正统"经济学，并按内在要求自称非正统经济学。（2）它进行当代资本主义批判，无论是澳大利亚的资本主义，还是世界其他地方的资本主义抑或是全球资本主义，在某种程度上它仍然继承了马克思主义传统，集中对资本主义进行批判。

就《澳大利亚政治经济学季刊》而言，一方面，我们或许会理解对资本主义分析的强调是编辑的选择。从一个非正统的视角来讲，当然也存在很多可用的研究材料；另一方面，对政治经济学的关注同时也是马克思后期著作的重要方面，这一点在《资本论》三卷本中可以看到，更不用提马克思的其他相关文本。奇怪的是，该杂志很少讨论马克思对资本主义的分析。不过，有一个例外，在总第 70 期（2012—2013 年夏季刊）中，关注了《资本论》对资本主义的分析。那么，这一杂志在 1977 年开始时是否更加马克思主义呢？经过仔细考察可以发现，杂志最初的三期文章甚至有更少的马克思主义视角，即使后面的文章也很少。

关于对资本主义分析这一关注的影响，首先，假设我们必须挑战资本主义并试图改变它，那么，正如《澳大利亚政治经济学季刊》总编、悉尼大学政治经济学弗兰克·史迪威（Frank Stilwell）所讲的，该杂志一直拥有一个公开的目的，即有助于进步的社会改变。他注意到，一些斗争一直存在于大学校园里，这是因为学生和持不同看法的学者试图寻求主流经济学教育的替代性选择；但也有反对新自由主义和其他混合经济不稳定、社会不平等以及生态不可持续的政治实践的更广范围的斗争。在这方面，这种关注本身即成为社会运动的一部分。① 当然，这些斗争也是值得肯定的，因为它们也基于这样的假设，即很少有真正的替代性选择。但在澳大利亚左翼学者那里，这种探究和斗争一直持续着。

应该指出的是，《澳大利亚政治经济学季刊》及悉尼大学政治经济

---

① 在对杂志角色的反思中，F. 史迪威（Frank Stilwell）指出了这些内容（http：//australianpe. wixsite. com/japehome/single-post/2016/1/27/Food-for-Thought-The-Journal-of-Australian-Political-Economy.）。

学系，并不是澳大利亚政治经济学关注的唯一地方。此外，还有其他一些关于政治经济学研究的杂志。例如，《劳动与工业》（格里菲斯大学）和《澳大利亚劳动公告》（南澳大学、佛林德斯大学）等。

在政治经济学研究领域比较有影响的著作有：（1）A. 威尔斯（Andrew Wells）的《建构资本主义》（1989）。在该书中，A. 威尔斯考察了东澳的经济史，揭示了澳大利亚如何从 1788 年时一个巨大和孤立的监狱发展成为自由资本主义经济体的。他强调土地政策、劳动市场以及政府在这一转变过程中扮演的重要角色。（2）澳洲国立大学的 K. 索卡斯（Kosmas Tsokhas）的代表作《市场、货币与帝国：澳大利亚羊毛产业的政治经济学》（1990）、《成为民族国家：澳大利亚历史的文化认同、经济民族主义与性别》等，在这里，他注重运用政治经济学分析探讨澳大利亚的历史和现状。（3）澳大利亚国立大学的 R. 库恩（Rick Kuhn）由于《格罗斯曼与马克思主义复兴》①一书被授予多伊彻纪念奖，该奖项旨在奖励在马克思主义传统下最具创新意义的著作。经济史学家和统计学家格罗斯曼（Henryk Grosman）最初来自波兰，后来在东德的莱比锡大学工作。格罗斯曼通过严格遵循数学公式的方法，提出了运用积累理论和崩溃理论分析资本主义的新视角。他认为，经济崩溃趋向必须从资本主义生产的内在本质，而不是从商品流通和交换的外表来推断。R. 库恩通过研究格罗斯曼的政治经济学思想直接发展了马克思主义的资本主义分析的内容。

四 关注澳大利亚本土问题的左翼政治文化研究

第一，左翼组织与左翼文化。澳大利亚马克思主义研究的另外一个特征，与不同的左翼政党和组织相关。早在 20 世纪 20 年代初，澳大利亚就是一个左翼社会主义运动发展较快的国家。20 世纪 60—70 年代的西方左翼运动对澳大利亚左派具有深远的影响，而且在引入马克思主义的过程中，英国的《新左派评论》对澳大利亚学界来说也起着重要作用。澳大利亚左派中的大多数试图坚持马克思主义理论关注，并出版相

---

① Rick Kuhn, *Henryk Grosmanand: the Recovery of Marxism*, Urbana and Chicago: University of Ilinois Press, 2007.

关研究杂志,致力于寻求一个更好的社会。其中,比较具有代表性的是以下三个左翼组织和杂志。

1. 澳大利亚共产党及其出版的《澳大利亚马克思主义评论》①。1920年10月30日,澳大利亚左派和社会主义小组在悉尼召开会议,成立了澳大利亚共产党,此时人数仅为26人。几经分裂,并在苏东剧变的冲击下解散;但于1996年重建。澳大利亚共产党是澳大利亚的社会主义组织,讨论受马克思、恩格斯、列宁等人著作影响的意识形态。该党的理论在澳大利亚马克思列宁主义者那里具有独特性,他们相信通过革命从美帝国主义那里获得国家独立是实现澳大利亚社会主义的首要步骤;另外,该党强烈关注马克思主义与澳大利亚语境的结合,在对当代资本主义进行批判性分析的同时,关注本国的社会政治问题。② 它声称,澳大利亚共产党的工作包括消除贫困、社会不正义、无家可归、种族主义和战争等,目的在于维护工人和原住民的权利、促进澳大利亚的社会进步。

2. 社会主义替代性选择及其出版的《马克思主义左派评论》③。1995年成立的社会主义替代党是澳大利亚的一个革命社会主义政党,它倡导马克思主义、托洛茨基主义,致力于抵制人们在工作、社区、校园等日常生活中所遭遇的剥削和非正义等。2013年,社会主义替代党开始发行报纸,并创立名为"红旗"的网站。

3. 社会主义联盟及其出版的《链接:社会主义复兴国际季刊》④。社会主义联盟是澳大利亚的一个极左翼政党,自称是澳大利亚最大的左翼政党。2001年,澳大利亚民主社会主义视点、国际社会主义组织及其他六个社会主义组织联合成立该党。该党的意识形态是社会主义、反资本主义、生态社会主义和环境保护主义。社会主义联盟参与澳大利亚的贸易、气候变化、教育等运动,在难民权利、反种族主义以及公有制等方面,持有极左立场。

除了上述三个组织和杂志之外,其他一些杂志也持续了一段甚至很

---

① http://www.cpa.org.au/amr.
② https://en.wikipedia.org/wiki/Communist_Party_of_Australia_(Marxist‐Leninist).
③ http://marxistleftreview.org/.
④ http://links.org.au/.

长时间的马克思主义理论关注①。

由此可以看出，澳大利亚的左派是非常碎片化的，包含一系列声称对马克思主义进行自身理解的小政党。这一区分也延续了托洛茨基主义和斯大林主义的旧有对立。如果一个杂志或一个政党自称是"社会主义的"，那么它们大多具有托洛斯基主义信念；而"共产主义"以及"马克思列宁主义"的术语则暗示对马克思主义传统的承诺。

那么，这些杂志的学术标准是什么？他们就此并未达成共识。一些杂志，诸如《联结》（最初影响仅限澳大利亚但后来具有国际影响），很明显是非学术的，但关注的层面却非常广泛。其他的杂志，尤其是《澳大利亚马克思主义评论》，则会提供更加详细的理论分析。与更加学术的《澳大利亚政治经济学季刊》一样，所有这些杂志都具有一个共同特征，就是将行动主义视为他们工作的一个固有维度，尽管根据各自的马克思主义路径，在如何理解行动主义上有所不同。换句话说，他们试图践行马克思的《关于费尔巴哈提纲》"改变世界"的要求。这一倾向也出现在澳大利亚的一些定期会议中，尤其是每年的"马克思主义"会议中②。这是澳大利亚激进左翼最大的年度会议，每次会吸引上千名参会者。它由社会主义替代党主办，也具有强烈的行动主义政治向度，而且主要是托洛茨基主义的。例如，2018年的会议主题是"混乱世界中的激进观念"，特别围绕特朗普时代的反抗政治展开讨论。相比之下，澳大利亚每年的"历史唯物主义"会议③则更为学术性、小型化，而且常常以分析资本主义为主导。

第二，女性主义与社会批判。在澳大利亚左翼思想中，还有一项重要内容即女性主义。伴随国际女性主义运动的发展，在澳大利亚女性主义产生和发展过程中，比较具有影响的有"女性主义官僚运动"和"新澳大利亚女性主义"运动。1973年，澳大利亚工党政府迫于"妇女选举团"的压力任命了一位总理妇女顾问，"女性主义官僚运动"随即展开。在学院领域，澳大利亚女性主义借助福柯思想，试图将对现实权力批判与实际的国家政策联系起来。另外，随着伊利格瑞（Luce Iriga-

---

① 其中，包括国际社会主义出版的《社会主义评论》（1990—1993），以及澳大利亚共产党出版的《澳大利亚共产主义》（1963—2001）。
② https://marxismconference.org/.
③ https://hmsydney.net/.

ray，1931— ）、克里斯蒂娃（Julia Kristeva，1941— ）等法国后结构女性主义思想在澳大利亚的传播，"新澳大利亚女性主义"集女性主义的修辞、拉康的心理分析与 J. 巴特勒的符号学为一体，综合法国女性主义、后结构主义和本土的特征，体现了 20 世纪 80 年代末澳大利亚女性主义的发展特点①。1985 年夏天，阿德莱德大学的妇女研究中心创办《澳大利亚女性主义研究》杂志，旨在认识女性主义之间以及女性主义学术内部的差异性和多样性。之后，澳大利亚女性主义综合本土资源和国际资源，提供了关于思考澳大利亚文化批判和性别解放的独特方式。

目前，澳大利亚多所大学设有性别研究中心。例如，悉尼大学的性别与文化研究中心②、莫纳什大学的女性和性别研究中心③等。其中，比较知名的女性主义学者有 M. 莫里斯、M. 加滕斯（Moria Gatens）、E. 格罗斯（Elizabeth Grosz）、R. 康奈尔（Raewyn Connell）等。现代澳大利亚女性主义关注更加广泛的领域。例如，2017 年 6 月 7—10 日，国际女哲学家学会第 16 届会议在莫纳什大学召开，会议主题为"女性与哲学：历史、价值与知识"。大会回顾了女性在哲学发展中的历史贡献和现代贡献，并纪念在女性主义理论和哲学发展过程中女性哲学家的思想贡献，在女性主义伦理学、美学、政治学及认识论等方面探究全球化时代的性别正义。除了知识探究之外，澳大利亚女性主义学者还对公共政策进行干预，致力于社会的性别平等和解放。

在社会批判领域，面对全球化时代的各种危机，澳大利亚左翼学者致力于社会的批判性诊断和分析，以促进社会正义和进步。在这个方面，左翼学者及研究机构不仅诉诸马克思主义的批判传统，还借鉴了后现代主义、女性主义、法兰克福批判理论和布达佩斯学派等思想资源。例如，2014 年创办的澳大利亚天主教大学的社会正义研究中心，负责人是曾经师从哈贝马斯的 N. 康普里迪斯（Nikolas Kompridis）。他的研究领域涉及法兰克福学派批判理论、浪漫主义和政治美学等，代表作有《批判与呈现：批判理论的过去和未来》（2006）、《政治理论的美学转

---

① 参见徐德林《"被屏蔽的澳大利亚文化研究"》，《国外文学》2012 年第 4 期。
② https：//sydney. edu. au/arts/gender_ cultural_ studies/undergrad/gender. shtml.
③ https：//arts. monash. edu/social-sciences/womens-and-gender-studies/.

向》（2014）等。在他提出的"反思性呈现"（Reflective disclosure）和"接受性"（Receptivity）理论中，康普里迪斯试图挖掘批判理论的美学和乌托邦解放维度。自2015年开始，社会正义研究中心每年5月都会主办"社会批判理论悉尼学派"论坛，并邀请在社会批判领域具有影响力的国内国际学者参加。该论坛一般会历时两周，深入讨论国内外社会政治议题，旨在更广泛的范围和意义上促进有关社会正义的跨学科研究。2015年论坛的研讨主题包括"新自由主义、批判与抵抗""性别、种族和后殖民批判""宗教、世俗化和民主""移民、边界和安全"等；2016年论坛邀请了加拿大哲学家查尔斯·泰勒，并拓展讨论基于澳大利亚本土的"去殖民化和跨国女性主义""暴力、创伤与和平""本土认同政治和主权"以及"国家间的难民"等问题。

第三，阶级分析与认同政治。在一篇探究马克思主义与澳大利亚关联的文章①中，澳大利亚社会学家、科廷大学 P. 贝尔哈兹②指出，作为一系列政治论争和西方文化的知识传统，马克思主义—社会主义本身体现着对现代社会的批判和解放旨趣。因而，应该关注马克思主义对澳大利亚激进学术的影响，包括社会学、后文化马克思主义、女性主义、社会批判理论和激进运动等。

在社会学领域，受马克思主义的启发，澳大利亚许多社会学学者关注阶级分析问题。例如，St. 克莱格（Stewart Clegg）、杰夫·道（Geoff Dow）、P. 波勒姆（Paul Boreham）等人出版了大量相关著作；在历史上，澳大利亚共产党理论家 E. W. 坎贝尔（E. W. Campbell）、左翼学者 B. 菲茨帕特里克（Brian Fitzpatrick）、工人教育协会等对澳大利亚社会学的发展也具有重要影响。

在文化领域，澳大利亚学者还批判了文化帝国主义，反对全球化文化浪潮。例如，贝尔哈兹认为，在澳大利亚，资本主义作为一种文化、一种思维范式和行动方式正展现出其强大和持久性，通过抓住人们的想象力，在股票交易、生产技术重组的跌宕中可以轻易地存活；透过消费能力，可以看出人们受到控制的程度，后现代文化与市场的融合即是这

---

① Peter Beilharz, Australian Radical Scholarship in the Wake of Marxism, *Political Theory Newsletter*（2），1990.

② P. 贝尔哈兹（Peter Beilharz），澳大利亚社会学家，《论纲十一条》创办人之一。

一程度展现的最好信号。因此，他指责来自美国电影、电视、音乐等的文化渗透，认为这一方面会引起民族抵抗，另一方面又会导致对美国大众文化的乐观认同。在潜在的层面上，这种全球化文化导致了对澳大利亚本土传统和价值的冲击，也使得以实行多元文化政策著称的澳大利亚面临"认同焦虑"。近年来，由于移民国家的复杂性以及多元文化的发展，认同政治也越来越受澳大利亚左翼学者关注，其中涉及原著居民、少数群裔、难民等的权利和自治问题。

由此可见，尽管澳大利亚左派取得了一些成绩，但仍然面临许多理论上和实践上的问题。正如澳大利亚共产党领导人 B. 塔夫特（Bernie Taft）所指出的，"与西方同等发达资本主义国家相比，在我们（即澳大利亚）的理论界还缺乏对资本主义发展方向以及左翼当前危机状况的严肃分析。关于现存制度的可能的替代性形式，以及如何使之成为现实并且应该从 20 世纪吸取哪些经验教训，我们还缺乏足够的理论研究"[①]。除了无法给出充分的理论阐释之外，澳大利亚的左翼运动还较混乱而且分散，对现实政治的参与程度非常有限。这除了历史原因之外，还跟澳大利亚的社会变化和现实状况有关，在此不再详细展开。

综上所述，"澳大利亚马克思主义"并非一个统一的系统流派，它具有边缘化、碎片化、跨学科等特点，在对马克思主义的吸收和应用上带有强烈的本土特征。尽管马克思主义研究在澳大利亚处于边缘位置，但也成为当今澳大利亚左派进行社会分析和社会批判的思想来源之一。澳大利亚学者一方面将马克思主义与其他研究领域相互结合，拓展性地理解马克思主义理论，它涵盖了文化、历史、哲学、经济学、政治学等诸多领域，扩大学术交往的范围和领域，致力于不同语境和不同内容下的马克思主义研究之融合，从而形成对当前资本主义社会的整体性认识和批判，尽管这种批判是碎片化的；另一方面，围绕着本土语境，澳大利亚左翼学者坚持马克思主义批判精神，试图为现实实践提出各种有助于社会进步的替代性改革策略。目前，国内学界对西方马克思主义的研究已经很多，但对澳大利亚马克思主义的译介和研究却很少。对其进行探究有助于我们拓展对世界马克思主义研究状况的了解，并从理论与实践维度启发我们对马克思主义思

[①] 朱毅：《澳大利亚左翼面临的现实问题》，《国外理论动态》2003 年第 2 期。

想遗产和批判精神的继承和发展。在这里，我们引用亨特的一段话作为结尾："苏东剧变后，最先认为需要引起重视的马克思思想被抛弃了，许多解释与捍卫马克思思想的哲学家也转换了自己的主题。然而，进入21世纪，人们不再轻率地抛弃马克思，反而重新讨论马克思。这说明，澳大利亚马克思主义正在复苏。主要集中在政治法律制度、自由正义……有理由期待未来将取得更大的进展。"①

---

① ［澳］伊安·亨特：《澳大利亚马克思主义研究的历史与现状》，载复旦大学组编《国外马克思主义研究报告2007》，人民出版社2007年版，第177页。